HISTOIRE DES RÈGNES

DE CHARLES VII

ET

DE LOUIS XI

PARIS. — IMPRIMERIE DE CH. LAHURE ET Cie
rues de Fleurus, 9, et de l'Ouest, 21

HISTOIRE DES RÈGNES

DE CHARLES VII

ET

DE LOUIS XI

PAR THOMAS BASIN
ÉVÊQUE DE LISIEUX

JUSQU'ICI ATTRIBUÉE A AMELGARD

RENDUE A SON VÉRITABLE AUTEUR
ET PUBLIÉE POUR LA PREMIÈRE FOIS AVEC LES AUTRES OUVRAGES HISTORIQUES
DU MÊME ÉCRIVAIN

POUR LA SOCIÉTÉ DE L'HISTOIRE DE FRANCE

PAR J. QUICHERAT

—

TOME QUATRIÈME

A PARIS
CHEZ Mme Ve JULES RENOUARD
LIBRAIRE DE LA SOCIÉTÉ DE L'HISTOIRE DE FRANCE
RUE DE TOURNON, N° 6
M. DCCC. LIX

EXTRAIT DU RÈGLEMENT.

Art. 14. Le Conseil désigne les ouvrages à publier, et choisit les personnes les plus capables d'en préparer et d'en suivre la publication.

Il nomme, pour chaque ouvrage à publier, un Commissaire responsable, chargé d'en surveiller l'exécution.

Le nom de l'Éditeur sera placé à la tête de chaque volume.

Aucun ouvrage ne pourra paraître sous le nom de la Société sans l'autorisation du Conseil, et s'il n'est accompagné d'une déclaration du Commissaire responsable, portant que le travail lui a paru mériter d'être publié.

---

*Le Commissaire responsable soussigné déclare que l'Édition de l'*Histoire des règnes de Charles VII et de Louis XI, *de* Thomas Basin, *préparée par* M. J. Quicherat, *lui a paru digne d'être publiée par la* Société de l'Histoire de France.

Fait à Paris, le 8 juin 1859.

Signé L. BELLAGUET.

Certifié,

Le Secrétaire de la Société de l'Histoire de France,

J. DESNOYERS.

BREVILOQUIUM

NOTICE

SUR LE

BREVILOQUIUM.

Bref discours ou *discours en bref* serait en français du xve siècle l'équivalent de *Breviloquium* : mais en traduisant de la sorte, il aurait fallu traduire aussi tout ce qui vient après, dans le latin, pour expliquer sur quoi porte le discours. Pour la commodité de ceux qui auront à citer l'ouvrage, il m'a semblé meilleur de le désigner par le premier mot du titre qu'il a dans les manuscrits, tout insignifiant qu'est ce mot par lui-même. On peut se permettre avec le latin ce qu'on éviterait de faire avec le français.

Thomas Basin écrivit le *Breviloquium* à Utrecht et l'y publia au mois de mai 1488, étant dans sa soixante-seizième année. Ainsi que je l'ai plus amplement expliqué dans ma Notice préliminaire, c'est l'histoire de sa vie présentée d'une manière allégorique, assimilée à la marche des Israélites dans le désert; et, comme il est écrit que les Israélites eurent à s'arrêter quarante-deux fois avant d'atteindre la Terre promise, l'auteur s'est borné à consigner les quarante-deux déplacements qui avaient le plus marqué dans son existence, laissant de côté les autres, moins dignes de mémoire, qui l'auraient entraîné au delà du nombre quarante-deux. Malgré l'extrême brièveté du récit, il a trouvé encore le moyen d'exprimer en plus d'un endroit son aversion pour Louis XI, et par là il rendit pour longtemps ce livre aussi difficile à imprimer que son Histoire et que son Apologie. Les bibliographes en ont parlé vaguement d'après les manuscrits qu'ils n'avaient pas vus. Il a été mieux connu des auteurs du *Gallia christiana*, qui en ont tiré la plus grande partie de leur notice biographique sur Thomas Basin.

Le *Breviloquium* vient à la suite de l'Apologie dans tous les trois manuscrits qui nous ont conservé cet ouvrage :

1° Dans le volume 5970 A de la Bibliothèque impériale[1]. Il commence au bas de la première colonne du fol. recto 59 par la rubrique *Breviloqu. peregnacois*, etc. Le texte est décoré de majuscules initiales en azur, et les divers paragraphes sont indiqués en marge par des mouchettes en vermillon. Il se termine au fol. 62 par l'inscription qu'on trouvera rapportée à la fin de l'ouvrage : *Explicit breviloqu. pegnacois*, etc., cette formule écrite à l'encre noire, mais soulignée en vermillon.

2° Dans la copie exécutée pour Pierre Du Puy, qui occupe le volume 664 de la collection de ce savant.

3° Dans le ms. 5970 B, écrit de la main de Baluze. Indépendamment de ce texte, on trouve sous la même

---

[1]. Voy. t. III, p. 208.

couverture, mais non attachée avec le reste du volume, une copie en quatre feuillets d'un autre exemplaire où manquaient le prologue de l'auteur et l'oraison finale. Cet abrégé faisait partie des manuscrits de Saint-Victor, ainsi qu'on l'apprend par l'intitulé de la transcription dont il s'agit : *Fragmentum historicum ex breviloquio peregrinationis et mansionum XLII quas in deserto hujus sæculi nequam habuit Thomas Basin, episcopus primum Lexov.*, etc. *Ex codice ms. bibliothecæ Cœnobii S. Victoris Parisiensis.* C'est le même fragment qui est indiqué dans la Bibliothèque historique du P. Lelong (t. II, n° 17320), d'après l'ancien catalogue de Saint-Victor : *Fragmentum historicum ex breviloquio peregrinationis Thomæ Basin, episcopi Lexoviensis, scripto anno* 1488. Il était encore à la bibliothèque de Saint-Victor au milieu du siècle dernier, car Lenglet-Dufresnoy l'a cité dans sa préface des *Mémoires de Commines* (p. 20, note 30). Il m'a été impossible de le retrouver.

BREVILOQUIUM

PEREGRINATIONIS ET MANSIONUM XLII, QUAS IN DESERTO HUJUS SÆCULI NEQUAM HABUIT THOMAS, EPISCOPUS PRIMUM LEXOVIENSIS IN PROVINCIA ROTHOMAGENSI, POSTMODUM CÆSARIENSIS ARCHIEPISCOPUS CÆSAREÆ PALESTINÆ, AMBULANS PER FIDEM AD SPECIEM ET VERAM TERRAM PROMISSIONIS, PER ANNOS LXXVI.

Quemadmodum in Job c. VII. legimus, « Malitia est vita hominis super hanc terram, quæ potius peregrinantium et morientium, quam civium aut viventium terra appellari rationabiliter debet; » unde beatus Apostolus in Epistola ad Hebræos dicit quod « non habemus hic civitatem manentem, sed futuram inquirimus; » quam inquisierunt olim sancti patriarchæ et patres Veteris Testamenti, contestantes, ut idem Apostolus ait, « quia peregrini et hospites erant super terram. » Qui enim hoc dicebant, significabant patriam inquirere non in hoc transitorio et instabili mundo, ubi nullæ sunt perpetuæ et mansuræ sedes, sed meliorem, scilicet cœlestem; exspectabant enim fundamenta habentem civitatem, cujus artifex et conditor est Deus, quæ nullo hostium impetu turbari vel expugnari, nullo metu vel terrore concuti possit. Illic profecto, qui cives esse meruerint, nunquam inde emigrare vel inde exsulare, nulla quorumcumque desiderabilium bonorum inopia, nulla fame aut peste seu quacumque corporis aut animi molestia affici possunt, ut inde alio transferri vel oporteat vel urgeantur; sed certas et perpetuas inibi sedes, omnium quæ desiderari queunt copia atque abundantia refertas, sortiuntur. Hanc hujus labentis sæculi peregrinationem et absque ulla pæne cessatione mutationem atque instabilitatem si minus, quæ misera nostra mortalitas dietenus experitur, sufficiant, bene etiam et abunde ostendunt tot castrorum mutationes et mansiones, quas habuerunt filii Israel, postquam exierant de Ægypto, peregrinantes et tendentes per desertum ad terram promissionis, quarum catalogum scripsit Moises Numerorum c. 33; de quibus beatus Hieronymus libellum scripsit adtitulatum : *De* XLII *mansionibus Israelitici populi per desertum*. Omnia autem in figura illic contingebant; scripta sunt vero propter nos, ut Apostolus ait, ut videlicet erudiantur et admoneantur fideles et agnoscant non habere se nec sperare debere in deserto hujus mundi civitatem manentem, nec certas et permansuras sedes, sed se velut hospites et peregrinos in hoc sæculo debere tendere ad veram terram promissionis, quæ est terra viventium, cujus illa terra olim promissa patribus, quæ terra promissionis dicitur, erat duntaxat typus et figura.

Et quia etiam per fidem ad hanc veram terram promissionis tendentes et ambulantes atque in Dei misericordia et gratia ad eam perventuros sperantes, per desertum hujus mundi in hac peregrinatione mortalitatis nostræ multas jam et varias habuimus mansiones (et an adhuc alias novas et quot habituri simus, incertum habemus), veluti brevem catalogum quemdam earum quas jam experti sumus, et locorum in quibus per annos vel menses diversati sumus, litteris mandare nobis in mentem venit, ut tot velut hospitiorum et locorum migrationes et tædio ac fastidio plenas tot sedium mutationes animo observantes atque recolentes, ferventius desideremus et enitamur fide ac bonis operibus ambulando ad illam felicissimæ quietis patriam ac civitatem pervenire, unde nunquam optare vel compelli ullatenus possimus emigrare. Tunc enim cum illo, Dei gratia et misericordia nos dirigente, pervenerimus, in æterna et secura sede collocati, canemus Deo nostro cum regio Propheta illud quod ipse in LXI psalmo cecinit : « Ipse Deus meus et salutaris meus, susceptor meus, non movebor amplius, » et paulo post : « Quia ipse Deus meus et salvator meus, adjutor meus, non emigrabo. »

Nostras itaque hujus labentis et instabilis vitæ peregrinationes et per varias regiones, urbes et mansiones atque demigrationes relaturi, ab infantia nostra et pueritia initium faciemus.

Cum enim anno Domini 1412, in oppidulo quod Caletibeccum, vulgari vero sermone *Caudebec* appellatur, sito ad ripam Sequanæ, ab urbe Rothomago VII leucis gallicanis versus mare distante, in hanc lucem ex materno utero editi fuissemus, triennio circiter post[1] Anglorum rex Henricus de *Lencastre*[2] cum magna classe et valido exercitu ex Anglia trajiciens, castrum contra oppidum Harefluti atque obsidionem

---

1. Août 1415.
2. Henri V. Voy. t. I, p. 16 et sq.

firmissimam posuit ; compulsisque qui illic erant fame et penuria, tam loci accolis, quam militibus qui ad tuendum oppidum inibi fuerant collocati, oppidum pro suo arbitrio et sub legibus et pactionibus quas sibi obsessis dare collibuit, in deditionem accepit.

I. Ubi cum suorum valida præsidia reliquisset, et Gallici etiam oppidum præfatum, unde nobis origo est, militibus implevissent, statuerunt parentes nostri, ut militum insolentias, injurias atque violentias devitarent, e loco migrare, et inde, spe illic residendi, Rothomagum transierunt cum familia et potioribus mobilibus suis, nos secum, quocumque se conferrent, semper deferentes.

II. Cum vero post nonnullis effluxis mensibus, incursantibus totam istam patriam Caletensem ex una Anglorum et ex altera partibus Francorum militibus, atque omnia diripientibus, terra habitatoribus vacuata fuisset, jacerentque squalentia deductis arva colonis, e quibus pars non modica ob loci munitionem ad urbem Rothomagum propter metum Anglorum confugerat, atque obortæ inde fames et pestis illic sævissime grassarentur, noluerunt inibi parentes pericula sævientis pestis exspectare, sed inde Vernonem oppidum, qui locus securior videbatur, denuo demigrarunt, nos semper cum eis deducentes.

III. Atque cum pluribus inibi mensibus stetissent, et urbs ipsa Rothomagum utcumque a peste liberior diceretur, illuc denuo redierunt.

IV. Porro cum in dies magis ac magis rumor invalesceret quod prædictus Henricus, Anglorum rex, ad aggrediendum Normanniam et regnum Francorum majores longe et classem et copias cum omni genere bellici instrumenti, quam antea, in Anglia appararet[1], existimantibus fere cunctis quod ad partem fluminis Sequanæ in qua est oppidum Harefluti, quod jam acquisierat, trajicere et copias suas illic effundere atque exponere et Rothomagum, totius Normanniæ metropolim et caput, aggredi deberet, nolentes parentes periculum illic exspectare, sed cupientes potius, quoad turbo imminentis belli conquiesceret, in aliquo tuto delitescere loco, amicorum consilio ad oppidum firmissimum Falezíæ e Rothomago sese cum familia et potioribus mobilibus suis contulerunt, nobis, qui tum quadriennes et paululum amplius eramus[2], secum eo deductis.

V. Quo loco cum per paucos menses, qualis futurus esset eventus belli opperientes, constitissent, et rumor repente universam regionem implevisset regem Anglorum cum suis exercitu et classe non ad illam partem Sequanæ in qua Hareflutum acquisierat, quemadmodum putatum fuerat, trajecisse, sed ex alia parte versus inferiorem Normanniam, ad villam de Tolca[3] suas copias deposuisse, unde primum Cadomum et inferiores partes Normanniæ foret aggressurus, deliberavere parentes propere versus Armoricam Britanniam proficisci. Relicta itaque Falezia cum festinatione, aggressi sunt iter versus Britanniam, et primum circa confines Normanniæ et Britanniæ, in villa quæ Sancti

---

1. Au printemps de 1417.
2. Puisque Thomas Basin n'avait qu'un peu plus de quatre ans, au commencement de 1417, il fallait qu'il fût né tard dans l'année 1412.
3. Août 1417. Comparer l'Histoire du règne de Charles VII, t. I, p. 26 et suiv.

Jacobi de *Brevant* nomen habet, sermone vulgari *Saint-Jame de Brevant*[1], stationem fecerunt.

VI. Ubi cum intelligerent Anglos sese quaquaversum per inferiorem Normanniam diffundere, loco illo relicto, versus civitatem Redonensem iter ceperunt, quocumque transirent nos secum deducentes. Quo cum pervenissent, ibi mansionem prope per annum habuerunt[2].

VII. Postmodum vero cum Anglorum milites, qui totam fere inferiorem Normanniam conquisierant, usque in fines Britanniæ (a quibus non multum distat civitas Redonensis) percursarent et prædas agerent, volentes ad tutiorem se conferre locum, relicta Redonense civitate, ad civitatem Nannetensem sese contulerunt, quæ sita est super ripam Ligeris, non longe a loco ubi influit in Oceanum. In ea autem civitate mansionem plus anno habuerunt.

VIII. Interea vero cum, per Anglorum regem subacta primum inferiore Normannia, etiam ipse urbem Rothomagum, longa obsidione vexatam, ad deditionem coegisset[3], et totam fere Normanniam sub imperium suum acquisiisset, rebus in eadem utcumque pacatis, deliberaverunt parentes ad propria remeare. Unde non multo post ad agros proprios suasque sedes redierunt, ad præfatum scilicet nominatum oppidulum *Caudebec*, cum jam ferme ætatis annum septimum attigissemus[4].

1. Aujourd'hui Saint-James-de-Beuvron, dans le département de la Manche.
2. Ce qui conduit à peu près vers le milieu de l'année 1418.
3. Tome I, p. 34.
4. 1419.

IX. In quo cum in parentum domo annum ætatis pæne duodecimum exegissemus nosterque affectus tenderet ad litteras capessendas, ipsi parentes, non volentes hujusce nostram affectionem avertere aut infringere, nos ad illud famosissimum litterarum studium Parisiense transmiserunt[1]. In quo sub pædagogo paulo amplius quinquennio dialecticis et philosophicis litteris operam dedimus, et super ætatis defectu, quoniam nondum XVIII. ætatis annum attigeramus, dispensato nobiscum, gradum magisterii in artibus, more illius studii, assecuti sumus[2].

X. Inde vero cum generale studium noviter in Lovanio, oppido Brabantiæ, fuisset erectum[3], de parentum ordinatione ad dandum operam studio juris civilis illuc nos contulimus[4].

XI. Ubi cum per annos aliquot stetissemus, volentibus eisdem parentibus nostris, ad Ticinum urbem, quæ et Papia, hujusce studii juris civilis gratia nos transtulimus.

XII. Ubi cum per aliquantum tempus studuissemus, recepto gradu licentiæ, ad natale solum revisendorum parentum gratia rediimus, ad oppidulum videlicet *Caudebec*.

---

1. Fin de 1424.
2. Premier semestre de 1430, car les examens de licence commençaient en carême, et l'on arrivait à la maîtrise immédiatement après.
3. L'université de Louvain fut créée en 1427 par le duc de Brabant.
4. Il fut obligé auparavant de se faire recevoir dans la Faculté des arts de Louvain; ce qui eut lieu le 31 décembre 1431, au témoignage de Valerius Andreas, rapporté ci-après.

XIII. In quo cum paucis mensibus remorati essemus, denuo ad dandum operam studio juris canonici Lovanium repetiimus. Illic vero, hujusce studio vacantes, stetimus per plures annos.

XIV. Et demum, recepto in jure canonico licentiæ gradu, anno septimo pontificatus Eugenii papæ IV, incarnationis dominicæ 1437[1], ex Lovanio, transmissis iterum Alpibus, Bononiam, Italiæ urbem, petiimus, in qua tunc idem pontifex cum sua curia residebat.

XV. Porro cum inibi tum curiam, tum litterarum studia sequendo menses circiter septem transegissemus, iterum per Germaniam domum parentum repetiimus, qui tum Rothomagi morabantur[2]. Illo enim sese contulerant fugientes immanes oppressiones quas civibus oppiduli sui de *Caudebec* et totius patriæ Caletensis accolis dietim faciebat quidam Fulco Ethonis, Anglicus impiissimus et sævissimus prædo, qui cum certo satellitum numero, non inferioris nec imparis nequitiæ, a rege Anglorum pro præsidio illic collocatus erat. Sane cum illic circiter menses quatuor stetissemus, videremusque miserandas patere clades, quæ tribus simul divinæ justitiæ flagellis, bello scilicet, fame et peste, mirum in modum lamentabiliter atterebatur atque affligebatur[3], non valentes æquis oculis tantas ac tam sævas simul grassantes clades

---

1. Le 15 novembre, d'après les fastes de l'Université de Louvain par Valerius Andreas.

2. A la fin de 1437 et au commencement de 1438 ; mais il est impossible que son séjour à Bologne ait été aussi long qu'il le dit, d'après les synchronismes qui suivent.

3. Comparer l'Histoire du règne de Charles VII, l. III, c. 5.

intueri atque perferre, suadente genitore optimo, qui contemplabatur nos lamentis et gemitibus continuis confici nec consolationem posse nos recipere, videntes singulis pæne horis pauperum turbas fame pestilentiaque deficere, iter redeundi in Italiam denuo arripuimus[1].

XVI. Transmisso autem mari, cum nusquam per terras Galliæ, ob bellorum et prædonum immanitatem, tutus cuiquam transitus pateret, in Angliam et urbem Londoniarum appulimus. Ubi longa et acuta febre correpti, duorum facere illic mensium mansionem compulsi fuimus.

XVII. Recuperata autem valetudine, per mare iterum navigio in Zelandiam et Hollandiam delati, inde per Germaniam ad transitum Alpium ascendentes, Papiam petiimus, in qua jamdudum studiorum causa mansionem feceramus. Et quia pestis tunc Ferrariæ sæviebat (ad quam urbem Eugenius se et curiam suam e Bononia transtulerat causa adventus Græcorum, qui ab eo accersiti celebrandi œcumenici concilii[2] gratia illo adventarant), necesse nobis fuit Papiæ tres aut quatuor menses remorari.

XVIII. Quibus emensis, cum hujuscemodi pestis jam Ferrariæ, non quidem exstincta, sed utcumque remissa fuisset, dimissa Papia, Ferrariam descendimus. In qua urbe tres circiter menses exegimus, curiam simul apostolicam et litterarum studia secuti.

XIX. Cum autem Eugenius pontifex, eo quod propter hyemem minime cessaverat pestis Ferrariæ,

---

1. Été de 1438.
2. Le concile de Ferrare était ouvert depuis le 10 janvier 1438.

curiam cum œcumenico suo concilio Florentiam transtulisset [1], e Ferraria curiam sequendo Florentiam migravimus.

XX. In qua urbe cum menses septem et amplius egissemus, litterarum semper studia et curiam frequentantes, cum reverendissimo patre Johanne [2], archiepiscopo Tarentino, in Pannoniam profecti fuimus. Erat enim in hisce regionibus legatus apostolicæ sedis. Fecimus autem et habuimus mansionem cum eo in oppido Budæ, supra ripam Danubii, menses quatuor. Plures etiam alias quaquaversum particulares mansiones habuimus, nunc in Vicegrado [3], nunc in Strigonio [4], nunc in Jaurino [5] civitatibus, atque hac et illac, prout se rerum gerendarum opportunitas offerebat seu urgebat.

XXI. Exactis itaque in ea legatione mensibus octo, demum Florentiam cum eodem domino repetiimus [6]; in qua urbe post regressum de hujusce legatione paulo amplius anno uno temporis exegimus.

XXII. Quo exacto, Italiæ valefacientes, Rothomagum repetiimus, canonicatum et præbendam illius insignis Ecclesiæ Rothomagensis assecuti, cum nonnullis aliis etiam ecclesiasticis proventibus [7]. Tunc autem inibi menses sex residentiam fecimus.

1. Janvier 1439.
2. Jean de Tagliacozzo.
3. Vicegrad, près de Bude.
4. Ou autrement Gran, sur le Danube.
5. Javarin ou Jaszbereny, capitale de l'Iazygie.
6. Commencement de l'année 1440.
7. Thomas Basin acquitta le prix de sa bienvenue au chapitre de Rouen le 23 mai 1441, comme on le verra par l'extrait des Registres capitulaires, rapporté parmi les pièces justificatives.

XXIII. Quibus transactis, cum in studio Cadomensi, quod noviter erectum et inchoatum fuerat[1], nulli aut rarissimi doctores aut periti juris essent, qui ordinariarum et publicarum lectionum oneri, uti par erat, satisfacere possent, illo e Rothomago ex ordinatione consilii regii ad lectionis ordinariæ juris canonici munus subeundum destinati fuimus. Cui incumbentes muneri, simul etiam conservatoriæ ipsius universitatis primum, ac deinde episcopalis jurisdictionis officio atque administrationi suffecti[2], annos sex in eo insigni oppido et aliquid amplius residentiam fecimus.

XXIV. Exacto autem hujusce temporis spatio, cum vacasset ecclesia Lexoviensis per obitum pontificis[3], ad eam regendam, indigni licet, concorditer ab omnibus canonicis electi, et per bonæ ac felicis recordationis Nicolaum papam V, primo pontificatus sui anno, anno gratiæ 1447[4], ætatis nostræ anno xxxv, imperante adhuc in Normannia Henrico de *Lencastre*[5], prioris Henrici filio, de quo supra mentionem fecimus, Anglorum rege, promoti, dimisso Cadomo, Lexovias migravimus.

XXV, XXVI, XXVII, XXVIII. In qua civitate, nostro imcumbentes pastorali officio pro viribus nobis a Deo datis, residentiam per annos decem et octo atque mansionem habuimus. Hisce tamen intercur-

---

1. L'université de Caen fut fondée, puis augmentée par le gouvernement anglais, en 1431 et 1437.
2. Official et vicaire général de l'évêque de Bayeux.
3. Pasquier de Vaux, qui figure dans le procès de la Pucelle.
4. Le 11 octobre.
5. Henri VI.

rentibus annis, semel Carnoti, semel Vernone, semel Bituris et semel Parisius¹, Rothomagi vero sæpius, pro publicis regni atque ecclesiæ conciliis et conventibus accersiti, uno vel pluribus mensibus stationes atque morationes habuimus².

XXIX. E Lexoviis vero cum ad jucundum adventum felicis recordationis Karoli, ducis Normanniæ, filii illustrissimæ memoriæ Karoli VII, Francorum regis, Rothomagum advenissemus, circa festum Omnium Sanctorum 1465, paulo post, impio rege Ludovico, fratre suo, ipsum et qui sibi adhæserant persequente, nobis necesse fuit, si salvi esse volebamus, impias ejus manus et furorem declinare atque effugere. Unde nostrum antiquum Lovanium, in quo olim studio juris civilis et canonici operam dederamus, tanquam tutum nobis latibulum atque profugium, duximus repetendum anno 1465, more gallicano, quinta die mensis januarii³.

XXX. In quo cum menses circiter octo delituissemus, opperientes quod furorem suum adversus fratrem et cæteros, qui fuerant partium suarum studiosi, Ludovicus ipse temperaret, allecti atque a quamplurimis amicis persuasi, sub confidentia amplissimarum abolitionum suarum, quibus omnia cunctis condonabat, quæ adversum se quocumque modo delinquendo ad-

---

1. Il alla au moins deux fois à Paris, puisqu'il y était en 1454 pour aviser à la réforme de la justice, et qu'il y fut encore à l'avénement de Louis XI. Voir ci-après son Épilogue.

2. Il oublie ou omet à dessein l'ambassade en Lorraine dont le chargea le duc d'York, et son voyage à Reims lors du sacre de Louis XI.

3. Le 5 janvier 1466.

mittere potuissent, eos ad omnia sua plenarie restituendo, ita ut ea apprehendere et recuperare pro suo nutu absque aliqua justitiæ vel exsecutorum ministerio valerent; simul etiam potissime ad hoc persuasi ut ecclesiæ nostræ Lexoviensis et populi, curæ nostræ crediti, regimini atque administrationi vacare et incumbere possemus[1], relicto Lovanio, ad urbem Aurelianensem accessimus[2], in qua tum ipse Ludovicus cum suo comitatu agebat, postquam præfatum Karolum, suum unicum germanum, contra fidem et sacramenta, a se solemnissime eidem fratri suo præstita, Normannia expulerat. In ea urbe, curiam suam secuti, instanter postulabamus et supplicabamus quatenus suis amplissimis abolitionibus et pollicitationibus nos gaudere permittens, qui sub earum confidentia ad præsentiam majestatis suæ redeundi ausum sumpseramus, sinere vellet nos ad ecclesiam nostram reverti atque in eadem juxta suas pollicitationes residentiam facere. Et hoc assidue prosequendo et supplicando, plusquam duorum mensium spatium Aurelianis stationem cum multo tædio habuimus, pluribus etiam injuriis sæpe affecti.

XXXI. Cum autem inde movens idem Ludovicus ad Bituricensem urbem cum suo comitatu se transtulisset, vestigia ejus nos illo etiam sequi necesse fuit[3]. Unde in ea urbe trium paulo minus mensium mansionem fecimus. Quibus decurrentibus, cum instanter et assidue precaremur ut, nos dicti suis amplissimis abolitionibus gaudere permittens, redire nos ad ec-

1. Comparer l'Apologie, l. I, c. 10.
2. Au mois de novembre 1466.
3. Janvier 1467.

clesiam nostram permittere vellet, aliud ab eo obtinere nequivimus, quam quod in Cataloniam, regionis illius intemperantissimæ æstibus conficiendi, proficisci et in Perpiniano oppido residentiam facere deberemus. Quod, licet valde inviti, adigente nos tamen necessitate, oportuit ut faceremus, cum manus impiissimi tyranni et imperium, quantumvis iniquum, nullatenus tunc effugere valeremus.

XXXII. Itaque ex urbe Biturica Perpinianum profecti[1], in eo oppido mansionem fecimus per annum integrum et duos menses. Unde cum emigrandi et de tali exsilio in Franciam revertendi licentiam obtinuissemus et ea potiri speraremus, quorumdam pravorum hominum suggestione, ipse Ludovicus rex paulo post eam revocavit et in irritum deduxit.

XXXIII. Hoc autem cum audiissemus, non exspectato nuntii adventu, qui jam in itinere erat accedendi ad nos, priusquam hujusce revocationis atque inhibitionis litteræ, ne inde discederemus, ad nos usque perlatæ forent, relicta Catalonia, propere per patriam Occitanam et Delfinatum Gebennas, Sabaudiæ civitatem, impias tyranni manus effugientes, pervenimus[2], Deo nos sua benignissima clementia conducente et iter nostrum dirigente. Quod ita facere utique necesse nobis erat, si incolumes superesse volebamus.

XXXIV. In ea autem civitate stationem habuimus trium mensium, prout latius in nostro apologetico

1. Avril 1467. Thomas Basin omet d'expliquer ici qu'il partit pour Perpignan, non pas de Bourges, mais de Tours. Il faut faire attention qu'il ne veut parler que de ses séjours, et non pas de ses déplacements. Voir l'Apologie, l. I, c. 11.
2. Juin 1468.

narravimus[1]. Quibus emensis, Basileam, Germaniæ urbem, nos contulimus[2], sperantes tyranni animum ad nostros, in quos nostri causa sæviebat, reddere utcumque mitiorem. In ea autem urbe sex mensium residentiam habuimus.

XXXV. Quibus transactis, per Rhenum ad partes inferiores[3] descendentes, cum fœdus pacis percussum apud Peronam inter Ludovicum regem et Karolum, Burgundionum ducem, stabile, firmum atque permansurum putaretur, nostrum antiquum Lovanium iterum repetiimus[4].

XXXVI. In quo cum paulo minus duorum annorum spatio mansissemus, illius pacis apud Peronam factæ rupto fœdere, et ad recidiva bella redito inter præfatos Ludovicum regem et ducem Karolum, ex Lovanio Treverim migravimus[5], in qua urbe satis quiete et tranquille circiter annos quinque et menses totidem transegimus.

XXXVII. In anno tamen quarto Romam profecti sumus, ubi duorum mensium mansionem habuimus[6].

XXXVIII. Et hisce exactis, Treverim iterum rediimus in eaque urbe quinquennium integrum complevimus, non computatis in eo quatuor illis mensibus, quorum duos eundo Romam et redeundo, et alios duos illic manendo confecimus.

XXXIX. Cum autem, discesso ab armis, treugæ inter

1. Livre I, ch. 18.
2. Août 1468.
3. Niederland.
4. Commencement de 1469.
5. Décembre 1470 ou janvier 1471.
6. Mars-juillet 1474.

Ludovicum regem et ducem Burgundionum Karolum compactatæ et firmiter juratæ ad novem annos fuissent[1], quæ immobiliter et inconcusse, interveniente licet etiam interim alterius morte, secundum formam et tenorem pactorum duraturæ putabantur, valefacientes insigni Treverensium urbi, nostrum Lovaniense domicilium repetiimus[2]; ubi unius anni mansionem fecimus.

XL. Verum cum, nondum emenso anni spatio, Karolus, dux Burgundionum illustris, in Lotharingia prope Nanceyum exstinctus fuisset cum magna parte copiarum suarum[3], et Ludovicus, iterum fracto treugæ a se promissæ fœdere (quæ novennis permansisse debuerat), bella contra hæredem ducis Karoli filiam unicam terrasque ac subditos suos recidiva inchoasset, ad urbem Trajectum inferius[4], insignem utique civitatem, licet frequentibus civium inter se seditionibus agitari et afflictari nimium, proh dolor! assuetam, nos contulimus, anno videlicet Domini 1477, quarta die junii.

XLI. In qua cum annos sex exegissemus, oborta inter se civium et adversus pontificem suum ac principem gravissima seditione et perniciosissima factione[5], ex ipsa urbe, videntes de proximo sibi imminere periculosam obsidionem, ad tempus discessimus,

---

1. Il veut parler de la paix de Soleuvre, conclue au mois de septembre 1475. Histoire du règne de Louis XI, l. IV, ch. 18.
2. Avril ou mai 1476.
3. Janvier 1477.
4. *Trajectum inferius* pour distinguer Utrecht de Maestricht, qui était *Trajectum superius*.
5. Voir l'Histoire du règne de Louis XI, l. VII, ch. 7.

atque ad Bredam, Brabantiæ oppidum, transivimus, locum utique tunc satis quietum et tranquillum[1].

XLII. In quo cum menses undecim demorati essemus, finem obsidionis et belli Trajectensis opperientes, soluta obsidione et ad sui pontificis atque principis optimi obedientiam civitate reducta, ad eam nos reduximus; ubi domum commodissimam atque amœnissimam, gratias Deo, sortiti sumus, quam magna ex parte ad levamen utcumque nostræ senectutis (qui nunc ætatis annum septuagesimum et sextum agimus) construi fecimus.

An autem hæc nobis ultima ac novissima in terris statio futura sit et in hoc sæculo nequam, vel adhuc divina bonitas alio nos migraturos constituerit, nos clementer per flagellorum suorum visitationem ac patientiam exercendo seu castigando, incertum habemus. Speramus tamen, Dei misericordia, nos in terris hanc novissimam stationem ac mansionem habituros; de qua cum migrandum fuerit, peragratis desertis hujus sæculi per septuaginta et sex annos, et super hoc etiam per totidem quibus superstites nos adhuc hic permanere divina miseratio permiserit, veram terram promissionis, quæ nec est terra viventium, ingrediamur. In qua speramus bona Domini visuros et ibi sedes perpetuas ac felicissimas habituros, nec inde ullo post hoc ævo alio migraturos aut peregrinaturos. Quod nobis misericorditer concedere dignetur Dominus noster Jesus Christus, qui cum Patre et Spiritu Sancto vivit et regnat Deus benedictus in æternum. Amen.

1. Juin 1483.

In hoc autem catalogo et breviloquio mansionum, quas in peregrinatione hac nostræ mortalitatis habuimus, in numero posuimus interdum sæpius eumdem locum (quod in catalogo mansionum populi Israelitici in deserto legisse nos meminimus), eo quod per intervalla et varias temporum vices ad eumdem locum redire vel necesse vel commodissimum nobis fuit, annorum tamen aut mensium spatiis inter ipsas varias vices semper decursis. Quod si numerare voluissemus singulas vices quibus a rege vel Parisius, vel Rothomagum evocati fuimus, illic etiam interdum per menses remorati vel in consilio regio, vel ad conventus publicos totius patriæ, vel etiam ad Scacarium Normanniæ, quod est supremum tribunal et summa curia Normanniæ, in qua omnes causæ provincialium irrevocabiliter diffiniuntur, procul dubio, nedum ad quadraginta duarum numerum mansionum, sed ad majorem etiam multo pervenire potuissemus. Verum eas quæ majores et principaliores diutiorisque remorationis exstiterunt, satis nobis visum est suffecisse referre.

ORATIO.

Omnipotens et misericors Deus, qui, ut me indignum servum tuum erudires et doceres, in hujus mundi deserto non habere civitatem manentem, sed futuram in cœlis debere inquirere, unde nullo unquam eventu cuiquam necesse aut velle esse possit alio emigrare, multas et varias mansiones in eodem deserto habere voluisti, per quas peregrinantem me etiam ab innumeris periculis misericorditer præservasti : tribue propitius et concede in hac mortalitatis meæ peregrinatione, per fidem in tua dilectione ambulantem, in tuo sancto famulatu tuorumque observantia mandatorum in finem usque perseverare, ut tandem, exacto ejusdem peregrinationis cursu, veram terram promissionis, cœleste scilicet regnum supernamque tuam sanctam civitatem Jerusalem, feliciter valeam ingredi, atque in ea cum omnibus sanctis et electis tuis beatæ divinitatis tuæ visione atque fruitione perpetuo satiari. Per nostrum Jesum Christum, cui est laus, honor et gloria in sæcula sæculorum. Amen.

EXPLICIT BREVILOQUIUM PEREGRINATIONIS ET MANSIONUM,
QUAS USQUE AD QUADRAGINTA DUAS HABUIT IN DESERTO
HUJUS MUNDI, THOMAS, PRIMUM EPISCOPUS LEXOVIENSIS,
IN PROVINCIA ROTHOMAGENSI, DEINDE ARCHIEPISCOPUS
CÆSAREÆ PALÆSTINÆ, TENDENS PER IDEM DESERTUM
AD VERAM TERRAM PROMISSIONIS, EDITUM
TRAJECTI, ANNO DOMINI MCCCCLXXXVIII,
MENSE MADIO. DEO GRATIAS.

PROJET

DE

RÉFORME EN MATIÈRE DE PROCÉDURE

NOTICE

SUR

LE PROJET DE RÉFORME

EN MATIÈRE DE PROCÉDURE.

Il résulte des dates indiquées dans le titre et dans la préface, que cet ouvrage, commencé après les fêtes de Noël 1454, fut publié après celles de Pâques 1455. L'auteur l'écrivit pour Pierre de Brézé, seigneur de Maulevrier et de la Varenne, grand sénéchal de Normandie, avec qui il avait fait partie d'une commission convoquée à Paris pour aviser à une réforme générale de la justice.

Nous avons dans les trois manuscrits 5970 A, 5970 B (fonds latin) et 664 de Du Puy, à la Bibliothèque impériale, l'exemplaire original et deux copies modernes de cet intéressant mémoire. Le texte du ms. 5970 A est le seul sur lequel il importe d'appeler l'attention.

C'est un cahier en parchemin rapporté à la suite de la transcription que Thomas Basin fit faire de ses petits ouvrages lorsqu'il était à Utrecht. Il se compose de 13 feuillets en belle gothique demi-cursive du temps de Charles VII. Les pages sont écrites en longues lignes.

Primitivement il n'y eut pas d'autre marque pour distinguer les chapitres que des initiales de vermillon ou d'azur sur des fonds brodés de couleur inverse. L'auteur ajouta plus tard les titres, de sa propre main. Il a écrit en marge ceux des chapitres, et a numéroté ces mêmes chapitres en chiffres arabes; mais il s'est trompé dans son numérotage en répétant deux fois le chiffre 4, de sorte qu'au lieu d'arriver à douze, il n'est arrivé qu'à onze.

Le texte est entièrement inédit. Il n'était pas dans le plan primitif de cette édition de le faire connaître autrement que par des extraits. Mais la Société de l'Histoire de France, ayant reconnu l'intérêt de l'ouvrage, a décidé qu'il serait reproduit en son entier. C'est un écrit on ne peut plus curieux pour l'histoire de la jurisprudence, et qui montre peut-être mieux qu'aucun autre combien il y avait d'originalité et de hardiesse dans l'esprit de l'auteur.

LIBELLUS

EDITUS A THOMA, EPISCOPO LEXOVIENSI, DE OPTIMO ORDINE FORENSES LITES AUDIENDI ET DIFFINIENDI, AD CLARISSIMUM VIRUM DOMINUM PETRUM DE BREZI, MAGNUM SENESCALLUM NORMANNIÆ, ANNO DOMINI 1455.

PRÆFATIO.

Cum anterioribus diebus una essemus Parisius, spectabilis ac magnifice domine, mihi colende semper atque honorande, et de rebus forensibus, circa quas erat commissio regia pro qua illo conveneramus, versato inter nos sermone, quæstio incidisset quænam via promptissima ac commodissima omni hominum statui foret, et potissimum tenenda et amplectenda ad causas brevissime audiendum et jura reddendum, vestra adhortatione et suggestione memini me fuisse magnificentiæ vestræ pollicitum litteris mandare quidnam mihi super hac re sequendum optimum videretur. Quod utique nunc, reversus ad otium litterale, in quo mihi summa voluptas est, transactis festis solemnibus nativitatis dominicæ, vestræ spectabili ac magnificæ dominationi in omnibus obsequi et parere desiderans, facere institui. Non autem hoc scribendi munus assumo, ut mea opinione, quæ forsitan a multis minime probanda sit, præjudicatum velim aliorum sententiæ atque opinioni, qui aliter sentiunt; sed ut, cuilibet arbitrii libertatem, prout volet, sentiendi relinquens, quantum mihi sit ad colendam justitiam zelus atque desiderium manifestem. Ut enim verum fatear, nihil mihi magis in republica necessarium esse videtur quam justitiam colere et eam unicuique membrorum reipublicæ decenter et facile ministrari, per quam humanæ et civilis societatis convictus perseverat, per quam pax, maximum mortalibus bonum, magnis plerumque bellorum discriminibus quæsita conservatur, et sine qua, procul dubio, non perdurat.

CAPITULUM I.

Quod valde necessarium atque utile sit expeditionem causarum brevem et facilem fieri, ex querelis omnium pæne ubique in regno manifestum fore.

Quo autem modo, qua via, quo tramite facilius et commodius id possimus assequi, difficile in primis plerisque videtur invenire. Compertum satis est et exploratum omnes bonos ut id quam optime fiat summopere optare et desiderare, compertumque item et re ipsa, et infinitorum hominum querelis conspicuum atque famosissimum, hujuscemodi transitum atque callem nondum in principalibus et amplissimis hujus regni tribunalibus esse repertos. Quanti enim homines de omni conditione et statu, ut a capite ordiar, quotidie queruntur de prolixitate processuum ac litium, qui devoluti sunt ad curiam supremam Parisiensis parlamenti! Quot sumptus, quot expensas, quot labores oportet sustinere, priusquam ad calculum sententiæ diffinitivæ possit perveniri! Quibus superatis, etsi frequenter satis, juxta illius amplissimi fori consuetudinem, ferantur sententiæ, promulgentur arresta, quota tamen portio illa est comparatione causarum quas adhuc vel nunquam, vel post longissimas demum, sumptuosissimas ac tædiosissimas temporis moras ad hujuscemodi terminum venire concessum est! Profecto tot sunt et tantæ, omnium fere communi et vulgata opinione, ut melius et consultius quamplurimis foret causis justissimis ab ipso initio cedere, quam post tam molestas ac graves sumptuum et laborum jacturas victoriæ indubitatæ eventum exspectare.

Neque hoc a me dictum quisquam accipiat, ut illi venerabili senatui et doctorum hominum atque in jure probatissimorum velim detrahere, quem semper venerandum et in summo honore habendum censui, cujusque judicii atque sententiæ ea mihi semper opinio fuit ut, quidquid decreverit, justitiæ et æquitati consentaneum esse nil dubitem; sed certus sum illos spectatissimos dominos etiam mecum sentire quod per stylum hactenus practicatum non fit satis multitudini causarum et veterum et novarum, quæ dietenus ad illam famosissimam curiam deferuntur.

Scio me aliquando ab uno doctissimo homine (ille fuit venerabilis vir dominus Guillelmus Juvenalis, cancellarius illustrissimi Karoli septimi, Francorum regis[1]) audiisse, qui uni ex primioribus regni hujus administrationibus præsidet, et qui multas et gravissimas causas justas se habere dicebat in præfata curia Parlamenti, in quibus ferme omnibus petitoris partibus

---

1. Cette glose est ajoutée en marge de la main de Thomas Basin. Elle concerne Guillaume Jouvenel des Ursins, dont il a déjà été question dans l'*Apologie*, l. I, ch. xi.

fungebatur, et adversarii sui prædia et jura sua uberrima detinebant injuste, quod vellet omnes processus totius hujus regni esse igne crematos, et quæ possidentur, apud detentores remanere, ut postmodum brevior callis ac facilior et expeditior inveniretur quo in posterum tam tædiosa tamque damnosa litium tolleretur protractio. Porro si tam honoratus, tam potens et tanto sublimatus officio, de hujuscemodi protelatione causarum querebatur, quantam multitudinem esse arbitrari possumus mediocrium atque humilium, qui non imparem, sed majorem multo rationem habeant querelandi?

Si vero consequenter ad alias curias atque tribunalia, tam illius regiæ urbis Parisiensis, quam ducatus Normanniæ et aliarum multarum provinciarum hujus regni respexerimus, non dissimilem fore, sed parem et consimilem dispendii prolixitatem reperiemus, nisi fortassis, quia ubi est major causarum concursus, ibi difficilius audientia obtinetur.

Et ut de rebus mihi magis cognitis sermonem faciam, quanta est prolixitas in Normannia, in plerisque causis in quibus loci sive prædii ostensio postulatur, vel quando a decreto judicis super accordio unius judicii interposito doleantia impetratur [1], et in aliis innumeris causis! Atqui consuetudo patria videtur satis hujuscemodi prolixitatibus occurrere, dummodo probe et legaliter servaretur. Sed profecto hominum crescentibus in dies astu et dolo, et sæculo semper in deteriora vergente, adeo corrupta sunt et immutata pleraque olim a majoribus nostris bene instituta, ut in

---

1. Voy. t. III, p. 382.

multis speciebus, experientia docente, facilius videatur atque commodius vetera nonnulla instituta abrogare et nova cudere, quam corrigere aut reformare.

Quid de curia nostri scacarii suprema dicemus? Estne in ea tædiosa multis et pæne intolerabilis prolixitas, tum propter innumeram causarum dietim devolutionem ad ipsam, tum propter expediendi modum, cum aliquando mille et quingentæ personæ ad audientiam unius miseræ causæ per totum diem integrum occupentur? Nolo securitati judicii ejusdem curiæ succensere : neque enim de hoc aliter mihi sentire fas est, quam sese habeat gravissimorum ac sapientissimorum hominum commune judicium ; sed de tædiosa prolixitate et confusione causarum satis evidens præstat argumentum importunitas innumerabilium pæne quotidie, dum scacarium tenetur, supplicantium pro obtinenda audientia, quorum longe major pars necesse est ut suo conatu frustretur, et ut vel patienter, vel impatienter ad alios annos exspectet. Ex quibus optime verificari ostenditur vetustum illud comici proverbium : « Summum jus, summa injuria. »

Taceo de competentiæ fori disputatione aliquid dicere, quæ nunc causas huc adducit, nunc abducit, et partes litigantes fere ubique in isto regno, procul dubio, gravissime vexat, ut facilius multo esse deberet justitiam consequi principalis quæstionis, quam sæpius altercationis de competentia fori et jurisdictionum differentia decisio attingatur, quoniam non ea est materia de qua ad præsens tractandum suscepimus ; quanquam et ipsa frequentissime principales quæstiones sui inextricabili altercatione derelinquat inaccessas : ob quæ gravissima incommoda evitanda, procul dubio, utilissimum atque necessarium foret singularum jurisdictionum terminos atque limites tam manifestos omnibus poni et constitui, ut tales concertationes, si possibile est, de cætero minime nascerentur.

CAPITULUM II.

Anne ordo modusque facilis inveniri possint causas et lites facilius et compendiosius expediendi atque terminandi.

Ut autem vulgatissimis hujuscemodi omnium pæne hominum querelis terminum imponamus, jam tempus admonere videtur ut discutiamus si ne hujuscemodi dispendiosis litium ambagibus et morbo prolixitatis, ubique fere vigenti, remedio aliquo convenienti occurri possit, et taliter forensium cursus et expeditio negotiorum angustari, ut breviori marte et compendiosiore tramite finis litibus imponi possit.

Scio equidem id longe inventu difficilius et exsecutione operosius, quam de tædiosa et sumptuosa prolixitate querelas exponere. Hoc enim omnes pæne quotidie faciunt; subvenit vero nullus. Nec dubius sum quin christianissimo principi nostro[1] gratissimum foret lites suorum subditorum, quam facilius id fieri posset, ad subjectorum relevamen brevi marte dirimi, ob eamque causam leges et constitutiones æquissimas sæpius promulgasse ad regulam et directionem tam suæ curiæ parlamenti quam aliorum tribunalium regni sui. Verumenimvero hoc fateri oportet aut ad litium brevem expeditionem non satis vigoris habere, aut eas

1. Charles VII.

nondum hactenus, vel præ nimia et pæne innumera causarum multitudine, quæ confusionem inducit, vel aliis ex causis, quæ forsan absque ulla culpa dominorum præsidentium illi famosæ curiæ parlamenti accidere possunt, bene fuisse observatas.

Cum de hac re nuper Parisius cum disertissimis illius curiæ advocatis colloquium haberem, sciscitarerque ab eis qua ratione et forma judicium exercendi tot prolixitatibus mederi posset, aiebant satis remedii esse, si constitutiones regiæ, quæ in principio parlamenti, ad festum beati Martini proxime præteriti fuerant latæ, debite servarentur[1]. Nam per eas, ut aiebant, satis præscinduntur supervacuæ et frustratoriæ dilationes, et verbosa atque nugatoria plurimorum advocatorum perorantium causas garrulitas sive in placitando, sive in scribendo amputatur. Ego autem fatebar quidem præfata salubriter instituta multa superflua resecare, multas litium frustrationes decurtare; sed quod ad compendiosam satis causarum expeditionem, qua nihil in humanis optabilius atque utilius inveniri potest, satis afferant opis atque remedii, mihi nullo pacto persuaderi potest, rerum experientia certissima mihi et toti mundo contrarium indicante.

Quid igitur ? possibilene est circa hoc salubre et efficax invenire remedium ? Si ita esset, profecto temerarium foret stulto labore circa hoc, quod minime effici possit, occupari. Sed cum legum conditores et sacrorum canonum circa hoc vigilantissime intendisse legamus, fateri oportet eos, cum sapientissimi fuerint

[1]. Il s'agit de l'ordonnance en 125 articles rendue au mois d'avril 1454 (*Recueil des Ordonn.*, t. XIV, p. 284), qui fut mise à exécution seulement après les vacances de la même année.

et plerique ex ipsis divina inspiratione afflati, rem, quæ prorsus effici non posset, minime attentasse.

CAPITULUM III.

Quid super hoc imperator Justinianus servandum statuerit.

Religiosissimus imperator Justinianus, legum romanarum compendiosus breviator atque reformator, quanta circa hæc solertia ac animi vigilantia laborarit, illis conspicuum est atque notissimum, qui codicem suo nomine adtitulatum ac sua authentica instituta vidisse vel intellexisse potuerunt.

Numquid enim primo litigatores ambos in qualibet lite et causa judicium sub religione sacramenti sanxit inchoare, quod vulgo juramentum calumniæ appellatur, cujus capitula pæne omnia ad hoc tendunt, ut litigantes, divinum timorem ante oculos habentes, omni corruptione, omni fraude, omni denique calumniosa et frustratoria dilatione seclusa, litem peragant et, per hoc, cum omni puritate, quantum est possibile brevius fieri, ad diffinitivæ sententiæ calculum adducant; ita ut, cum legibus suis sacratissimis judices, causarum patronos seu advocatos, et litigatorum principales jurisjurandi nexibus constrinxerit, profecto apud homines, salutis suæ non penitus immemores, divinum potius quam humanum tribunal atque judicium esse videatur?

Numquid non ipse exosam habens litium pæne immortalem protelationem, omnes civiles quæstiones infra triennii, criminales vero infra biennii metas tantummodo vivere voluit et durare?

Et quoniam possibile non est, ubi dietim multitudo novarum affluit quæstionum (sicuti pæne in omnibus tribunalibus accidit, quæ quanto majora territoria complectuntur, tanto ut pluribus negotiis atque causis impleantur necesse est), litium brevem expeditionem fieri, si in qualibet causa verbalis audientia præberetur, uti in plerisque hujus regni partibus, quæ consuetudinariæ dicuntur, observatur, idcirco idem sacratissimus legislator constituit in causa offerendum esse libellum et judiciales terminos, scripto potius quam nugatoria et inutilia advocatorum verbositate servandos ; quos etiam perpaucos ordini judiciario substantiales atque necessarios esse voluit, ut, quantum fieri possibile esset, facili et brevi compendio ad judicialem terminum atque metam possit perveniri.

Appellationes vero quam solerter et vigilanter infra certum dierum numerum interponi, infra certa compendiosa temporum curricula atque fatalia prosequi instituit et finiri? Quia vero et rei publicæ grave est ac onerosum clarissimorum judicum multitudinem ad causarum audientiam, non modo in prima instantia, sed etiam in foro ad quem postremæ appellationes deferuntur, semper in unum convenire, cum facile uno vel aliquibus impedimento detentis, reliquos otiosos ac vacuos manere contingat, tantumque in plurimis negotiis ad causam ex scripto audiendam unus bonus judex, quantum quælibet multitudo facere possit, saluberrime idem devotissimus imperator constituit, et pro prima instantia singulos causis expediendis sufficere judices, minoribus quidem et abjectioribus causis atque negotiis judices pedaneos, gravioribus autem alios deputans, quorum quilibet causas per se solus audiat, terminet atque diffiniat. Et causas appellationum, quæ ad imperialem curiam, tanquam supremum tribunal, deferuntur, si decem libras auri causa non excesserit, uni tantum, si decem excesserit usque ad viginti auri libras, duobus tantummodo proceribus sacri imperialis palatii decrevit esse committendas.

Liquet itaque ex paucis quæ breviter et strictim de sacratissimis institutis Justiniani, imperatoris optimi, retulimus, sibi magnam curam fuisse plurimumque ad hoc evigilasse, quo subjectos a laboribus et expensis relevaret, ut, quam maxime salva justitia possibile foret, lites faceret breves et compendioso tramite dirimendas. Duo enim abstulit quæ tam in curia parlamenti quam in scacario nostro Normanniæ maximam prolixitatem afferre videntur : unum scilicet, nostram verbosam placitationem, quæ facit ut in curia in qua forsan causæ sunt pendentes ad decem mille vel amplius, una dies in audienda una vel duabus causis occupetur (cum tamen semel tantum in anno uno, interdum etiam in pluribus, hujusmodi scacarii curia non plusquam diebus XL teneatur); et tamen, priusquam ad diffinitionem causæ possit perveniri, necesse erit ut sæpius per diversorum observationem terminorum, nunc pro una, nunc pro alia litigatorum partibus, ejusdem causæ audientia iteretur. Aliud, quod ad singulas causas audiendas et terminos judiciarios in eis observandos multitudinem illam judicantium vel assidentium abstulit, cum, procul dubio, coram uno bene delecto judice tanta expeditio et major forsan quam coram tanta multitudine fieri possit. Itaque si ex duodecim aut sexdecim ob virtutum meritum et juris peritiam delectis hominibus quilibet per se singulariter causas audiret, facile est agnoscere quantum cursui et expeditioni causarum adderetur.

CAPITULUM IV.

Objectio contra determinationes prædictas et ejus solutio, et declaratio modi optimi facilis expeditionis causarum.

Sed forsan aliquis objiciet me introducere velle theoriam novam, quæ minime usu et experimento probata sit.

Non ego profecto id facio, neque ego solus in isto regno novi quæ referam; sed mille et mille superstites sunt, qui pariter et melius me viderunt, cognoverunt et experimento probaverunt qualiter aliquibus in locis per curiam XII aut XIII personarum, una hora qua curia sedet, tanta et in tot causis expeditio datur, quanta fortassis in uno integro anno posset in venerabili curia parlamenti, dico in magna camera, ubi causæ verbaliter placitantur. Quod ubi et quonam pacto fiat, breviter referemus.

Ad romanam quippe curiam et apostolicam sedem de toto christianorum orbe causæ pæne innumeræ dietenus per appellationes et alias deferuntur. Quotiens curia sedet, in omnibus causis expeditio datur, et quantum pro uno die jus posse permittit, in anteriora proceditur, nemini pro audientia supplicatur, nullus de denegata conqueritur, sed et quod maxime ab omnibus, qui justitiam prosequuntur, optatur, infra paucos menses, dummodo ad partes remotas pro testibus producendis non sit remissio necessaria, ad calculum ferendæ sententiæ pervenitur; ubi enim ad partes pro testibus vel instrumentis producendis commissionem haberi oportuit, necesse est causam, pro locorum distantia, paulo majorem temporis tractum accipere. Ibi enim sunt viri propter singularem juris peritiam ac probitatem judices electi de omni christianorum gente et natione, qui « auditores Rotæ » appellantur, interdum xii, interdum plures vel pauciores, secundum quod placet summo pontifici numerum moderari. Per cancellarium vero omnium, qui ad hujusmodi curiam pro justitia affluunt, adstatim causæ, supplicationibus in papyro porrectis, præfatis dominis auditoribus committuntur et distribuuntur, ita ut pæne quilibet ipsorum non multo majore numero causarum oneretur quam cæteri, sed, quantum fieri potest, æqualis sit omnis partitio.

Commissiones præfatæ, ut signatæ sunt in pede supplicationis, auditoribus, quibus justitia partibus ministranda mandatur, per cursores seu apparitores, qui eas de cancellaria recipiunt, præsentantur. Quilibet autem præfatorum dominorum quatuor publicos tabelliones secum habet, qui acta judicialia conscribunt, et omnia munimenta quæ a partibus producuntur recipiunt sub inventorio et conservant; ita quod cuilibet eorum ab auditore cujus sunt notarii et scribæ, etiam causæ pæne æqualiter distribuuntur, ne fortassis ob nimiam alterius ipsorum occupationem incommoditas moræ et retardationis litigatoribus obveniat.

Sedent autem præfati domini auditores regulariter ter in hebdomada, et illis diebus, atque etiam aliis quibus non sedet curia, bono mane conveniunt ad locum concilii quod « conclave » appellant, ubi inter se vicissim et per ordinem, quolibet eorum de causis coram se pendentibus quas diffinire restat consilium ab omnibus quærente, regestro causæ et processus mature et graviter publice examinato, quæ et qualis in causa sententia ferenda sit, consultant, deliberant et concludunt : ob quam ordinis vicissitudinem, ut plurium relatione didicimus, curia illa Rota sive audientia Rotæ appellatur. O, quantum æstimare possumus, materia aliqua per talem hominum doctissimorum cœtum examinata, disputata et digesta, post tot gravissimorum et doctissimorum virorum opiniones atque sententias, qui propter singularem quamdam, ut diximus, probitatis et juris scientiæ excellentiam ad hujuscemodi munus judicandi vocantur, juste et secure judicatur ac diffinitur! Non est profecto aliquid de tali judicio hæsitandum, maxime ubi eos pariter in eadem opinione residere contingat; nec injuria se victum fateri, quin potius injustam causam fovisse reputare debet quisquis tam gravis tamque solemnis senatus judicio condemnatus succumbit.

Sed nihilominus ab eorum cujuslibet sententia permissum est appellare, et appellationis judicem alium ex ipsis dominis auditoribus impetrare, dummodo per ante non fuerit bis appellatum. Neque tamen ipsi curiæ in qua quisque solus judex delegatur a principe, seu etiam illi qui sententiam tulit a qua appellatio interponitur, etiamsi per posteriorem auditorem cui appellationis causa commissa fuerit, revocetur, quidquam dedecoris aut depressionis propterea irrogatur. Nam cum leges et jura pro veritate cognoscenda, quantum est humanitus possibile, justissime permittant in causa appellationis a diffinitiva novas defensiones et allegationes ad perimendum principale negotium efficaces admitti et proponi, atque in priori etiam instantia propositas in judicio appellationis legitime approbari, prout est apud jurisperitos vulgatissimum, magna æquitate subnixum est, quod est jure constitutum, et ipsa apostolicæ sedis curia servat, ut etiam ab auditore sacri palatii apostolici, dummodo non ultra secundam vicem liceat appellare.

CAPITULUM V.

Declaratio apostolici modi optimi pro brevi et facili causarum expeditione.

Diebus itaque juridicis, qui sunt tres regulariter, ut diximus, per singulas hebdomadas, mane, certa hora quam pulsus solemnis campanæ omnibus palam facit, exeunt præfati domini auditores de suo conclavi et intrant palatium magnum propinquum, ubi sedet pro tribunali quilibet seorsum ab aliis per loci distantiam competentem, habens quatuor suos tabelliones juxta se, quasi ad pedes ejus sedentes. Statim autem cum exacta diligentia veniunt litigatores et causarum procuratores ad singula dominorum, coram quibus causas habent pendentes, tribunalia, et ex scripto brevissime causas expediunt. Si enim in una causa habet procurator dare libellum coram aliquo domino auditore, illico scriptum et signatum edit apud acta, et tradit tabellioni qui ad scribendum in illa causa a judice datus est; si ad ponendum vel articulandum in aliqua causa, similiter positiones et articulos judicialiter tabellioni tradit; si ad dicendum contra articulos vel contra libellum, similiter rationes, quibus eos impugnare credit, judicialiter exhibet; vel si nihil specialiter in scriptis in contrarium tradere velit, uno verbo se expedit, dicens apud acta se dicere tantum generalia verbo, hoc est illas generales exceptiones quæ sunt de communi stylo et observantia curiæ, quæ satis omnibus in eadem practicantibus cognitæ sunt.

Hac autem observatione compendium illud efficitur, quod, spatio fere unius horæ, in quo præfati domini auditores pro tribunali et publica audientia sedent, quotquot causæ sunt in curia, in quibus alteruter saltem litigatorum prosequitur, expeditionem accipiant, quantum justitia fieri posse pro uno die sinit : mirum profecto et litigatoribus ipsis, qui justitia indigent, et gratissimum atque commodissimum compendium. Neque enim ipsis opus est, non modo per annos vel menses, uti in plerisque auditoriis fit cum gravissimo litigatorum et damno et tædio, audientiam exspectare, sed ne per diem quidem, quoniam constituto die nulli audientia deficit, nullus pro ea supplicat, nullus de ea vel denegata queritur, vel dilata. Termini vero substantiales ordinis judiciarii, quorum omissio processum nullum ipso jure redderet, sive in beneficialibus, sive etiam in profanis et communibus negotiis, ibi perpauci sunt secundum juris formam, et peremptorii ac præcisi, ut, nisi magna et evidenti excusatione probata, post terminum pars quæ fuerit negligens, nullo modo admittatur. Dilationes vero breves et quæ, nisi pro probationibus extra curiam et in partibus perquirendis, dierum xv spatium communiter non excedant. Itaque infra tres aut quatuor menses in qualibet fere causa ad conclusionem pervenitur. Ubi vero pro testibus in partibus producendis dilatio petitur, oportet quod auditor eam secundum locorum distantiam moderetur.

Scio autem vidisse communiter observatum quod, pro remissione ad partes istas Normanniæ habenda et attestationibus referendis et exhibendis apud auditorem, non ultra tempus semestre obtinebatur dilatio. Quæ et semper unica est pro testibus extra curiam producendis; aliæ autem dilationes pro producendis testibus qui in curia inveniri possunt, communiter xv dierum terminum non excedunt.

Cum igitur judicium duabus partibus consistat, una scilicet quæ in audientia causæ et terminorum judicialium observatione versatur, altera quæ in decisione et diffinitione seu sententiæ prolatione clauditur, pro facili deductione processuum et brevi audientia causarum non existimo quod meliore, commodiore ac compendiosiore calle ad causæ conclusionem perveniri possit, nec cum minore litigatorum labore, tædio et expensa.

Quantum vero ad justam et securam diffinitionem, ubi post tantorum virorum opiniones, quales sunt hujusmodi domini auditores, judicium redditur, certe satis abundeque sufficiens cautela et solemnitas adhibita esse videtur. Non ego diffitebor ipsorum, etsi tanti viri sint et tanta providentia inter alios delecti, judicia errare posse. Sed certe ea est mortalium omnium conditio, et tam imbecilla sunt divini comparatione humana judicia ut, quantumvis vel hominum multitudinis vel cujuscumque solemnitatis observatio adhibeatur, falli posse et a recto deviare ut fateamur necesse sit, si non ipsi temere et præsumptuose voluerimus aberrare. Non solum autem in romana curia, quæ procul dubio omnium curiarum et tribunalium orbis christianorum et famosior est et merito præstantior esse debet, stylus præfatus in expeditione causarum et rerum forensium custoditur, sed et in curia regis Aragonum, ducis Mediolani, ducis Sabaudiæ et aliorum plurimorum principum, prælatorum et communitatum, suo modo et pro fori cujusque seu curiæ amplitudine observatur.

CAPITULUM VI.

Responsio ad quamdam objectionem contra prædicta.

Jam vero mihi respondendum videtur quibusdam persuasionibus quibus nostri Galli, in stylo curiarum hujus regni nutriti, partes suas et stylum consuetum tanquam optimum defendere conantur et præfatam romanæ curiæ atque aliarum regionum observantiam suæ postponendam ostendere.

Et in primis scio plurimos patriis moribus et consuetudinibus adeo affici, ita adhærere ut non, nisi cum difficultate et labore maximis, ab eorum tramite possint dimoveri, nec alterius gentis ritus et consuetudines, etiamsi luculenta ratione eis potiores esse monstretur, suis posthabitis amplecti velle. Argumentantur enim communiter homines : « Majores nostri viri sapientes fuerunt, industrii, variarum rerum experti et [de quibus] plus quam hodie de nobis debeamus præsumere. Unde, cum ipsi tales ritus, tales consuetudines introduxerint, observaverint et posteris tenendas atque observandas dereliquerint, temerarium ac præsumptuosum esse videtur, si quisquam hujusmodi vetustas et per tot sæcula communi usu roboratas consuetudines immutare velit. »

Equidem verum fateor (quod et jurisconsultus ait) quod in rebus novis constituendis evidens utilitas esse debet, ut recidatur ab eo quod diu æquum esse visum est, itemque quod consuetudinis ususque longævi non est vilis auctoritas; sed profecto perniciose, si tanta sibi, vel humanæ legi aut municipali statuto, concederetur auctoritas, quod nulla ratione evidenti, etiam utilitate inde maxima proventura, immutari vel emendari posset. Nonne aperte videmus pro temporum, rerum, personarum vel status rei publicæ immutatione, leges quam plures fuisse utiliter vel in totum mutatas, vel in melius emendatas? Nonne idem etiam in sacris canonibus invenimus? nonne etiam in plerisque consuetudinibus id reperitur? Ita profecto. Nec id mirum cuiquam videri debet, cum etiam Deus omnipotens, exsistens prorsus immutabilis, apud quem, uti beatus Jacobus ait, non est transmutatio nec vicissitudinis obumbratio, quædam de his quæ in Veteri Testamento statuerat, prout tunc illi Israelitico populo ad cultum unius veri Dei ab errore idolatriæ adducendo et ad fidem unius veri Dei et hominum mediatoris Christi quibusdam typicis et figurativis verborum ac rerum repræsentationibus erudiendo conveniebat, secundum quæ Apostolus in epistola ad Galatas ait, quod lex erat eis pædagogus in Christo, in Novo postea Testamento absque sui ipsius aliqua mutatione mutaverit. Quidni igitur et nostris temporibus, si, evidenti ratione et probatissimis experimentis edocti, aliquid olim a majoribus bona tunc forsan ratione constitutum, ad dispendium et damnum publicum vergere prospiciamus, quidni, inquam, illud in melius, ubi id facile fieri possit, emendemus ?

Nec ab eo utique id nos retrahere debet quod instituta eadem, quæ nobis commodissima forent, ab aliis ante nos nationibus præoccupata et observata videmus, cum, ut Caius Cæsar in oratione sua eleganter ait, quam Sallustius in Catilinario refert, Romanis nunquam ea superbia obstitit quominus aliena instituta, si modo proba essent, in 'tarentur; unde, inquit ipse, arma atque tela militaria a Samnitibus, insignia magistratuum a Tuscis pleraque sumpserunt. Postremo quod ubique apud socios aut hostes idoneum videbatur, domi exsequebantur; imitari quam invidere bonos malebant.

Considerate, quæso, præclare miles, quam procul tunc ab illis sapientissimis Romanis hæ duæ perniciosæ pestes abfuerunt, superbia atque invidia; quandoquidem minime eis obstabant ne aliena proba instituta, non modo a sociis et fœderatis, verum ne ab ipsis quidem infestissimis hostibus, quales Romanis legimus fuisse Samnites et Etruscos, ad suam rem publicam traducerent. Atque utinam ea prudentia nostris Gallis inesset, quorum magna pars, eorum qui exteras non peragrarunt regiones, nihil sapientiæ, nihil potentiæ vel industriæ, nihil denique alicujus virtutis atque honestatis, æque ut apud se, esse reputant : homines procul dubio nimis decepti et a recta rerum pensatione remoti. Non sic profecto, non sic veteres illi Romani. Neque enim dedignati sunt, postquam a rege suo Numa Pompilio primum leges et judicia acceperant, postmodum nihilominus a Græcis leges mendicare, ob eamque causam decemviros Athenas miserunt, qui eis ex libris Solonis leges et instituta recte vivendi deferrent, quibus per eos in decem tabulis descriptis, cum ipsi ex senatus et populi romani auctoritate duas addidissent, appellatæ sunt leges XII tabularum.

Satis itaque inefficax et supervacuum est argumentum illud vulgarium potius quam doctorum hominum, qui tantum patriis usibus et consuetudinibus detinentur, ut omnia alia instituta, quanquam longe meliora atque utiliora, aspernentur et fugiant. Neque enim et in isto regno Francorum, neque in aliis plerisque nationibus et regnis essent tam culti et politi hominum mores atque ritus, nisi aliquando successione temporum, ex agrestibus et incompositis mutatis veteribus consuetudinibus et moribus, fuissent in melius commutati, prout ex veteribus annalibus et historiis uniuscujusque gentis facile est intueri.

CAPITULUM VII.

Quod longe melius fit ex scripto quam verbali placitatione lites peragi.

Sed difficile atque durum erit valde nostrates, ut arbitror, a placitationis verbalis seu forensis orationis pompa divellere, quæ splendorem quemdam ac magnificentiam curiarum ostentare videtur, et dicendi exercitationem, in qua magnus est fructus, atque orationis copiam advocatis præbere. Præterea, cum sæpe in judiciis circa litis præparatoria et ordinationem processus multæ concertationes atque difficultates occurrant, quas oportet, priusquam ad ulteriora tendatur, judicantis interlocutione finiri, difficile videtur id, si ex scripto tantummodo et non verbaliter placitetur, periculose etiam si per unum judicem solum fieret, bene ac tute posse peragi. Amplius etiam habet, ut Hieronymus ait, nescio quid latentis energiæ vivæ vocis actus, et altius audientium animis infigitur sententia a diserto oratore prolata, quam si ab aliquo minime audita, sed scripta tantummodo legeretur. Ex quibus certe quam plurimis videtur non debere ullo pacto introduci, ut in veneranda curia parlamenti, in scacario Normanniæ et aliis curiis regni, placitatione verbali seclusa, lites ex scripto tantummodo deducantur, sed potius quod, cum placitationis atque orationis solemnitate, uti mos est ab antiquo, procurrant. Verum, ut pace salva contradicentium dixerim, quorum numerum magnum esse non dubito, longe melius arbitror, utilius, securius atque expeditius esse, pro forensium negotiorum brevi et secura expeditione, lites ex scripto agi quam cum illa placitandi festivitate declamari. Quis enim nesciat curias, in quibus hujuscemodi mos est, quotidie pæne talium placitationum verbalium tædiosa prolixitate fatigari, totoque interdum die ad audiendum proponi vel responderi in una causa occupari, quanto utique tempore, et minore, mille forsan causæ ex scripto æque expediri potuissent? Audenter enim affirmaverim cum tali declamatione verbali, ubi multitudo confluit negotiorum, non esse possibile debitam causarum et litigantibus gratam fieri abbreviationem. Quanto enim tædio, quanto labore affligi, quanto premi onere expensarum videmus quotidie litigantes in plerisque curiis hujus regni, antequam audientiam causis suis necessariam assequi possint! Quorum etiam magna pars interdum, post iteratas et frequentes porrectas supplicationes, post varias intercessiones adhibitas, vix semel in anno ipsam consequuntur.

Quis tantas, quæso, et tantis plenas labore et sollicitudine litium moras æquo animo ferre possit? Satius quippe multis foret, etiam justam prosecutionis causam habentibus, ab initio cedere, quam post tam diuturnam et laborum et expensarum fatigationem victoriam reportare, et potissime in Normannia, ubi in causis hæreditariis et controversiis de rebus immobilibus, sive de proprietate sive de possessione qualitercumque agatur, victori nulla fit adjudicatio expensarum[1], quantumvis magnas et graves necesse habuerit facere (et tamen interdum sæpe fit ut valorem et æstimationem illius quod sibi adjudicatum est, multo excedant), et sic, quoad veram æstimationem lucri vel damni, victus potius in rei veritate quam victor cedat.

Sed, pro Deo, ad quid prodesse dicetur illa verbalis declamatio, quæ tot inutilibus atque nugatoriis verbositatibus sæpe impletur, cum, post hujus modi longa dispendia, etiam ad scripturam placitatorum venire oporteat? Numquid satius fuerat ab initio tam carum atque pretiosum mortalibus tempus scribendo occupasse, et ex scripto mille forsan personis summopere justitia indigentibus in recisiore temporis mora audientiam impertiisse, quam sic placitando tantum temporis inutiliter assumpsisse? Inutiliter quippe non potest negari fuisse tempus expensum, cum demum,

---

1. Voy. l'Apologie, l. II, chap. VIII.

post omnem sæpius ejusdem causæ repetitam declamationem, ad scribendum hinc inde omnia quæ juris vel facti sunt, oporteat devenire.

Sed nec tanta dispendia satis digne, procul dubio, relevantur ex eo fortassis quod in verbali declamatione interdum curia sine longis dilationibus dat interlocutiones sive arresta. Non est quippe digna et æquabilis ponderatio talis compendii ad tanta dispendia, quæ ex illa verbali declamatione supra diximus et quotidie experimur provenire. Unde si qui tantas molestias et jacturas tali compendio vellent compensari, similes dici merito possent, ut divus Augustus dicere solebat, prout Suetonius libro II° de Cæsaribus refert, his qui cum reti aureo piscantur; quibus si sors bene procederet, possent quidem capto aliquo pisciculo paucos denarios lucri facere, rupto vero reti multorum simul aureorum damnum subire.

Ita profecto male compensaretur tam laboriosa et sumptuosa litium protractio, quæ ex verbali advocatione provenit, si propterea admittenda esset quod curia interdum, postulantium allegationibus auditis, interlocutiones vel appunctuamenta decernat; cum hoc etiam possint facere judices coram quibus ex scripto litigatur.

Verbalem tamen advocationem non omnino proscribere atque abjicere velle intelligi volo; publicas enim juris allegationes ac disputationes advocatorum, etiam postquam in causa conclusum est, super his quæ sunt dubia juris Rota sæpe decernit. In quo utique solemni actu et scientia jurium quam habent advocati, et facundia atque eloquentia maxime manifestantur; et sunt tum omnes domini auditores, et quicumque interesse volunt, præsentes. Sed propterea cursus causarum solitus et audientia publica nihilo retardantur; fit enim talis disputatio vel alio die, vel alia hora ab illis quibus curia sedere consuevit. Nec etiam regulariter advocati publicæ audientiæ causarum intersunt, nisi forsan aliquid ambiguum juris implorandum emergat ab auditore; sed procuratores causas expediunt et libellos, exceptiones, positiones et articulos, et cætera hujusmodi litium munimenta ab advocatis quidem composita et signata apud acta producunt, atque assignationes terminorum vel accipiunt, vel parti, judice auctore, præscribunt.

CAPITULUM VIII.

Quod multo securius ex scripto quam verbali placitatione lites agantur.

Nunc vero quam secure ex scripto magis quam aliter processus deducantur, supervacuum videtur ostendere, cum res ipsa per se ipsam satis liquido se ostendat. Quid enim tutius, quid securius et certius quam scriptura, cui nec addi quidquam, nec detrahi potest? Hoc enim etsi vellent facere, minime possent tabelliones sive scribæ, cum et libelli, et exceptiones et cætera litium principalia instrumenta apud ipsos signata ab advocato et procuratore vel eorum saltem altero deponantur. Atque utinam in curiis nostris Normanniæ hoc servaretur, ut, vel post vocalem placitationem, proposita et responsa, replica et duplica scriptæ et signatæ apud acta deponerentur! Etenim, licet non parva foret jactura perditi in placitatione temporis, tamen hoc uno alteri gravissimo inconvenienti occurreretur, in quod sæpe litigatores in Normannia prolabuntur. Contingit enim frequenter quod, post terminorum consuetudinariorum observationem, dum partes in juris altercatione concludunt, et judex, visis processibus hinc inde a partibus sibi exhibitis, qui omnia hinc et inde proposita et allegata tam de jure quam de facto continere debent, ipsos processus concordando unum eligit atque approbat, doleantia contra hoc seu appellatione ab altera partium interjecta, inextricabilis error innascatur et fiant certe posteriora litis hujusmodi pejora prioribus, tali facti quæstione aut forte nunquam, aut difficillime dirimenda. Quomodo enim post longa tempora quibus causa aliqua placitata fuerit, annos forsan plurimos, poterunt assistentes certam habere memoriam si talis aut talis allegatio juris vel facti adducta fuerit vel omissa, cum etiam facile sit ut, qui placitationi causæ interfuere, vel mortui nunc sint, vel in varias terras et partes dispersi et segregati? Labilis etiam est memoria hominum et parum certa ad testimonium de verbis auditis perhibendum; unde videmus, si inter aliquos duos gratia alicujus vertentis inter se controversiæ sponsio fiat, et ob eam pignora apud aliquem deponantur reddenda victori, frequenter de verbis, forma et conditione factæ sponsionis, sive, ut vulgari idiomate loquar, vadiationis, inter assistentes illico magnæ oriuntur controversiæ. Quomodo ergo non esset obscurum et incertum quod jam transactis pluribus annis seu mensibus voce tenus tantummodo fuerit in aliquo foro placitatum? Nihil itaque certius scriptura authentica in quocumque negotio, quæ, una eademque manens, de rebus dictis et gestis certissimam efficit notitiam.

CAPITULUM IX.

Quod cum minoribus expensis ex scripto, quam aliter, lites deduci possunt.

De sumptibus autem et expensis litium forsan aliquis causari posset quod, si processus e scripto agerentur, essent nimium graves litigatoribus propter magnam involutionem et quamdam confusionem scripturarum. Sed, procul dubio, hujuscemodi inconvenienti facile occurri poterit, si quis ad remedia, quæ prompte invenire difficile non est, aciem considerationis flectere velit. Nec quisque in primis intelligat me velle litigatores ad expediendum acta de dierum assignationibus quotidianis adstringere, quæ satis per registrum notariorum sive scribarum agnosci possunt; sed hoc intelligo quod in scripturis faciendis stylus et moderatio romanæ curiæ servaretur. Ibi, secundum dictamen jurium, non est onerosa prolixitas neque confusio scripturarum. Advocati et procuratores conficiunt libellos, positiones et articulos, exceptiones, replicationes, etc. Porrigunt hujusmodi acta a se ipsis signata in papyro, nec aliæ sunt in lite de necessitate faciendæ scripturæ, nisi registrum causæ, quod, postquam in causa conclusum est, a notario qui scripsit in causa conficitur in forma unius libri in papyro. Salaria autem et ipsorum notariorum pro confectione registri, et copistarum pro copiis quæ inde fieri solent, sunt ibidem valde moderata, ita quod, procul dubio, existimem secundum stylum, qui nunc et hactenus est servatus in curia parlamenti, scripturas, quæ ibi in causis sæpe fiunt, æque aut amplius sumptuosas esse, quam sint in romana curia; et adhuc, si expediens videretur, posset major moderatio in faciendis sumptibus adhiberi. Quod enim verisimiliter litium expensæ sint multo minores in romana curia quam in parlamento, ex hoc conjecturari potest quod in parlamento sunt advocati, procuratores et notarii plures in quadruplo et ultra quam in audientia causarum totius romanæ curiæ; in qua si sint decem aut duodecim advocati, et sexdecim aut viginti procuratores, magnum reputatur. Itaque, juncta expeditionis causarum magna brevitate ac facilitate, quæ ibi observatur, non dubito litium expensas ibi proportionaliter longe fore minores quam in curia parlamenti vel in curiis temporalibus Normanniæ; imo et pæne sine aliqua comparatione leviores esse fateri oportet, si brevem ac facilem, quæ ibi fit, expeditionem cum immortali pæne causarum protelatione, quæ fit communiter in curiis nostris Franciæ, voluerimus veraci ac recta æstimatione comparare.

CAPITULUM X.

Quod in tribunalibus habentibus tribunal superius, competenter singulæ personæ seu judices sufficiunt ad audiendum causas absque majore multitudine.

Sed jam magnus et periculosus conflictus instare videtur, expediatne potius singulos judices per se solos causis expediendis intendere, potissime in supremo foro seu tribunali a quo ulterius appellari non licet, vel multitudinem personarum ad audiendum singulas causas et judicandum atque diffiniendum simul concurrere.

Et quidem in foro inferiore habente tribunal superius in quo inferioris errata per viam appellationis corrigi possint, non videretur magnum inconveniens unum solum fungi et audiendi causas et diffiniendi officio, dummodo tales essent delecti judices, qui et juris scripti vel consuetudinarii, juxta fori exigentiam, competentem scientiam haberent, et famæ integritate ac vitæ essent merito commendati. Atqui, proh dolor! « male » ut Cicero ait « res se habet, ubi id quod virtute effici debet, tentatur pecunia », ubi ad subeundum munus judicandi, quis omnis juris et consuetudinis penitus ignarus, non de juris examinatur peritia vel virtutum merito, sed misero dumtaxat probatur argento. Tales utique sive soli, sive cum paris meriti quavis multitudine, non nisi cum gravi bonorum periculo vel audire causas vel diffinire possunt. Cum enim ad bene judicandum requiratur juris scripti vel consuetudinarii scientia in intellectu, et recta, constans atque perpetua voluntas jus suum unicuique tribuendi in affectu, et publica auctoritas, quomodo secure poterunt tales et recte judicare qui nec intellectum instructum juris scientia, neque voluntatem rectam ad æquitatem observandam, sed corruptam et tortuosam habent? Et forsan, ubi tantum primum haberet, dummodo esset voluntas recta, ignorantia quidem esset tolerabile malum, cum per assessorem aut vicarium posset utcumque talis defectus suppleri; ubi vero cum ignorantiæ cæcitate jungitur voluntas perversa, nihil iniquius vel perniciosius, nihil denique ad ferendum gravius facile æstimari potest. Cui non impar atque inæquale, procul dubio, sed deterius forsan æstimaverim malum, juris peritiam copulatam cum perversitate et corruptione voluntatis. Nam uti dæmones, quibus est perversa et in malum obstinata voluntas, quanto scientiæ magnitudine sunt instructi, tanto sunt efficaciores ad nocendum, ita profecto tales quibus est cum juris scientia perversa voluntas, tanto sunt potentiores ad exsequendum quod perverse volunt, quanto, juris scientia instructi, majorem astutiam habent ad media perquirenda quibus concupiscentias suas pravas deducant ad effectum!

Si itaque fuerint ad officium judicandi personæ assumptæ idoneæ in inferioribus tribunalibus, satis expedire videtur quod judices soli causas audiant et diffiniant; qui tamen, ubi causa magna et ardua esset, possent sibi assumere assessores, vel dubia juris, in quibus causa penderet, ad solemnes juris peritos neutra partium hoc sciente, mittere, et sic expetito virorum solemnium consilio, causam diffinire. Possent insuper plures judices ejusdem fori constitui, ubi causarum multitudo per unum solum expediri non posset, quorum alter circa criminales quæstiones intenderet, alii circa civiles; et ex eis possent aliqui pro causis rerum immobilium, alii pro causis mobilibus, vel alias pro causis parvis usque ad certam quantitatem et summam constitui, ut sunt judices pedanei de quibus in juribus frequens mentio habetur.

CAPITULUM XI.

De optimo modo diffiniendi causas in supremis tribunalibus.

In supremis vero tribunalibus in quibus novissimæ sententiæ proferuntur, contra quæ nullum competit appellationis auxilium, periculose forsan uni personæ prolatio sententiæ committeretur, et sine dubio, ut sacri aiunt canones, firmius atque securius est judicium quod pluribus sententiis comprobatur. Ætas enim hominis ab ipsis adolescentiæ annis prona est ad malum et ex corruptione naturæ facilis ad lapsum. Quare et magnificum et optimum censeo ut in curia suprema regni, qualis est famosissima curia parlamenti parisiensis, sit competens numerus consiliariorum seu judicum, quodque, ut regiæ constitutiones habent, non tantum concedatur uni ex dominis consiliariis, quod etiamsi esset commissarius deputatus ad causam aliquam audiendam et terminos judiciarios coram se servandos, quod ipsi permittatur processum referre in communi consilio seu consistorio.

Et utique, quamvis romana curia aliter observet, videlicet quod idem auditor coram quo processus deductus est, ipsum examinet atque referat ad commune dominorum auditorum consistorium, ubi in commune de causarum diffinitione consultant, tamen mihi cautius atque securius fieri videtur si, neutro litigatorum aliquid sciente, curia alteri quam ei qui fuit auditor causæ, examinationem processus et relationem committeret faciendam, prout observat venerabilis curia parlamenti.

Sed fortassis Rota tales personas communiter habere reputatur, de quarum fide et legalitate hæsitari non debet. Nec revera memini me audiisse aliquem dominorum auditorum, quos tempore meo cognovi in curia, de aliqua turpitudine vel corruptione diffamatum vel suspectum. Nihilominus tutius et securius existimo quod venerabilis curia parlamenti circa hoc observat. Quod etiam observandum esse putarem, ubi immineret per aliquem dominum unicum auditorem datum aliqua interlocutoria in novissima instantia proferenda, quæ parare posset præjudicium negotio principali. Illa enim ea ratione posset rationabiliter reputari velut quædam diffinitiva; unde eamdem solemnitatem circa talis interlocutoriæ, quam circa diffinitivæ pronuntiationem arbitrarer esse servandam. Quid autem ulterius solemnitatis pro secura causarum diffinitione introduci possit, non video neque multum probo; et nisi mores patrii essent, jam a plurimis incolis Normanniæ collaudati, aperte et palam improbare auderem ritum qui in plerisque curiis Normanniæ observatur, quod videlicet judices ex opinione majoris numeri assistentium causas diffiniunt, quorum sæpius major pars est et juris scripti et consuetudinarii penitus ignara : quod aperte et divina lege et canonica est improbatum. Dicit enim Dominus in Exodo : « Non acquiesces in judicio plurium sententiæ, ut devies a vero. »

Si vero observaretur opinio non majoris dumtaxat numero, sed sanioris partis, quemadmodum existimo verum esse sensum et mentem patriæ consuetudinis, non hoc irrationabile judicarem; dum tamen pro opinione assistentium non necessitaretur judex aliquid contra justitiam et æquitatem decernere. Ubi autem in curia sunt plures personæ juris peritiam eminentem habentes, cæteris paribus, ubi major numerus resideret, præsumendum est illam æquiorem et justiorem partem fore.

CAPITULUM XII.

Conclusio totius hujus disputationis de optimo et facillimo ordine forenses quæstiones et lites audiendi et diffiniendi.

Ut igitur præsentem disputationem, quam de optimo et facillimo ordine causas et forenses quæstiones breviter expediendi absque tædiosa atque dispendiosa prolixitate habuimus, debito fine claudamus, cum varii modi in diversis mundi partibus et gentibus observentur, tam in audiendis causis et processibus ordinandis atque deducendis, quam etiam in ipsis causis diffiniendis; et in aliquibus quidem foris plures sint judices ejusdem tribunalis, in aliis unus solus; et ubi plures, quandoque quidem simul omnes intersunt causis audiendis, alii singuli causas singulas audiant; et iterum seu coram uno seu coram multis alicubi vocali placitatione causæ declamentur, alibi vero ex scripto audiantur et expediantur; et rursum alicubi per personas principales, absque advocatorum patrocinio causæ judicibus exponantur, alibi per advocatos et frequentius perorentur; et ubi per advocatos, interdum per diversos pro actore et defensore, quandoque vero per eamdem personam de publico stipendia habentem utrique partium æquale patrocinium impertitur; in diffiniendis etiam causis alia et alia in variis foris consuetudo observetur : ex tanta rituum ac modorum varietate pro audientia causarum non videtur mihi in quocumque foro melior, certior, securior atque expeditior via, quam ex scripto causas expedire, observatis præcise terminis qui sunt secundum legem et jura substantiales ordinis judiciarii. Et quia in curia suprema, in qua, pro eo quod ultimæ sententiæ feruntur, plures judices solemnes seu consiliarios esse oportet, quod singulis singulæ causæ audiendæ citra diffinitivæ prolationem committantur, ubi vero hoc ita vulgariter non videretur forsan satis securum observari in majoribus quidem causis, ut sunt causæ de episcopalibus et abbatialibus dignitatibus, seu insignibus collegiatis vel conventualibus ecclesiis, similiter de comitatibus vel baroniis aut majoribus dominiis terrarum, posset, ubi partes requirerent, causa in publica audientia coram tota curia placitari; aliæ vero omnes causæ minores, vel etiam præfatæ majores consentientibus partibus, singulæ coram singulis dominis auditoribus ex scripto expediri : quanquam regulariter in quibuscumque causis audientiam ex scripto potissimam approbem; sed consuetudini patriæ in aliquo forsan mos gerendus est, ne ab uno extremorum ad aliud absque ullo medio nimis difficulter propter rei novitatem perveniatur.

Quantum vero ad sententiæ prolationem, in curia contra cujus sententiam non restat appellationis remedium, sicut est parlamenti curia vel scacarii Normanniæ, optimum esse censeo quod per sententiam totius curiæ, vel majoris saltem et sanioris partis, diffinitiva scripta pronuntietur, aut etiam interlocutoria, quæ super eo proferretur quod pararet præjudicium negotio principali et ad se principalis negotii traheret decisionem. In quo etiam, ut supra diximus, cautela quam servat venerabilis curia parlamenti observetur, videlicet quod non per eum cui audientia causæ fuisset commissa, sed per alium processus examinaretur et referretur, neutra partium litigantium de illo qui processum habeat referre, ullatenus, si potest fieri, notitiam habente.

Quod si forsan, propter styli novitatem, difficile quæ supra diximus de audientia causarum et observatione terminorum substantialium ordinis judiciarii aliquibus practicabilia viderentur, facile esset plures solemnes personas in Galliis invenire, quæ præfati styli et ordinis experientiam habent plenissimam; vel etiam ex Italia possent aliqui probatissimi viri adscisci, qui illius ordinis et styli practicam atque observantiam fidelissimam exhiberent; qua in re sumptus qui fierent, tantam allaturos utilitatem certus sum, quod nihil melius atque utilius in regno introduci possit. Cum nihil melius sit inter mortales quam pax, tranquillitas et concordia membrorum reipublicæ inter se, quæ interdum, ut est apud Virgilium, « sævis etiam quæritur armis, » et propter quam, ut ad eam possit perveniri et non ob alium finem, bella suscipienda sunt, secundum philosophorum sententias; pax autem et concordia in nulla patria absque decenti cultu et ministratione justitiæ servari possint : fateri oportet nihil melius, nihil utilius atque fructuosius in aliquam patriam advehi posse, quam quod in eam debitus ordo faciendi unicuique justitiam facilis, brevis et compendiosus introducatur, non habito delectu ex qua gente, amica, fœderata vel hostili, ad nostram rem publicam proba instituta atque utilia transferamus.

Illos autem quos libellum hunc forsan legere continget, exoratos esse velim sic, quæ in eo legerint, accipere ac interpretari, ut me nemini contumeliam inferre, nullius honori sive prærogativæ detrahere, nullius aliter et forsan melius sentientis opinioni præjudicare voluisse intelligant. In quo et si quid deprehenderint correctione dignum, non ægre ero laturus si, quod minus perite et digeste scripsi, in melius duxerint emendandum, ignorantiam meam humiliter petens ab ipsis excusatam fieri, cum ingens esuries atque sitis ad excolendam et a nostratibus excoli et reformari aliquando videndam in meliorem statum justitiam regni hujus christianissimi me ad scribendum præsentem libellum impulerint. Deo gratias.

MÉMOIRE

POUR LE

RÉTABLISSEMENT DE LA PRAGMATIQUE SANCTION.

NOTICE

SUR

LE MÉMOIRE POUR LE RÉTABLISSEMENT
DE LA PRAGMATIQUE SANCTION.

Quoique cet ouvrage ait reçu les honneurs de l'impression, il a été ignoré de tous les bibliographes. Je n'ai pas assez précisé la date de la composition dans ma biographie de Thomas Basin. Il est postérieur à l'émission d'une ordonnance célèbre par laquelle Louis XI, informé de la mort du pape Pie II, défendit à son clergé toute démarche en cour de Rome à l'effet d'obtenir des bénéfices [1]. Comme cette ordonnance fut enregistrée au parlement le 22 septembre 1464 et publiée le même jour, le mémoire ne put pas être écrit avant le mois d'octobre. D'autre part l'auteur y exprime le désir de voir l'Église de France assemblée en concile « après cet hiver [2] », manière de parler qui nous reporte plutôt en novembre qu'en octobre. Or, à ce moment la brouille avec la maison de Bourgogne venait d'éclater, l'idée d'une révolution imminente était dans tous les esprits, et notre évêque

---

1. Ci-après, p. 79.
2. Page 82.

était des plus avancés dans le parti hostile à Louis XI. On peut donc se demander, lorsqu'on le voit mettre ainsi ses convictions les plus chères au service d'un maître abhorré, s'il faisait une dernière tentative de rapprochement, ou s'il ne cherchait pas plutôt à couvrir sa prochaine défection.

Le texte que nous donnons est celui d'une copie du temps, qui se trouve dans l'un des recueils de Harlay, à la Bibliothèque impériale (Ms. de Saint-Germain, n. 121^{32}, pièce 29). C'est un cahier en papier, de format in-fol., relié avec d'autres pièces relatives à l'histoire de l'Église de France. Il est écrit en cursive gothique et d'une belle main. Sur le premier feuillet, qui a été laissé en blanc, on lit ces mots : *Pro domino rege*, et dans un autre sens, *Advis de Mons. de Lisieux*. Cela est accompagné d'un paraphe, qui est la marque ordinaire des papiers d'État classés autrefois par le chancelier Pierre d'Oriolle. Il y a cinq feuillets entièrement écrits ; les renvois aux ouvrages d'où sont tirés les textes allégués comme autorités, ont été écrits en marge de la main de l'auteur.

A tous ces indices, je crois reconnaître dans le cahier du Ms. de Harlay l'exemplaire original qui, après avoir passé sous les yeux du roi ou de son conseil, fut déposé à la Chambre des comptes. Probablement il est le même que celui dont une copie, prise par M. Vyon d'Hérouval, servit à imprimer le mémoire de Thomas Basin. Cette impression fait suite au Pénitentiel de Théodore, archevêque de Cantorbéry[1]. L'éditeur, Jacques Petit, qui n'a-

---

1. *Theodori sanctissimi ac doctissimi archiepiscopi Cantuariensis libri pœnitentialis*, t. II, p. 509 (in-4, Paris, 1677).

vait pas su définir de quel évêque de Lisieux était cet ouvrage, nous apprend, par l'intitulé qu'il lui a donné, qu'il en devait la communication au savant auditeur de la Chambre des comptes : *Epistola....domini Lexoviensis ad Ludovicum, regem Francorum, in qua declarat quot mala oriantur ex eo quod canones non serventur, formamque præscribit qua rex uti potest juxta statuta et jura Ecclesiæ gallicanæ ad scribendum Paulo secundo. Ex schedis viri Cl. Antonii* Viou, *domini* d'Hérouval.

ADVIS

DE MONSEIGNEUR DE LYSIEUX.

AU ROY MON SOUVERAIN SEIGNEUR.

Pour donner conseil à mettre provision pour obvier de cy en avant aux dommages et inconveniens qui pourroient vraysemblablement ensuir par les entreprises acoustumées estre faictes par court de Romme, et que dès jà on a veu expérimentalement estre venus et ensuis à l'occasion de la planière obéissance faicte par vous, très crestien roy, mon souverain et naturel seigneur, à nostre saint père pape *Pius*, naguères trespassé[1], que Dieu absoule, soubz la benigne correction de vostre très noble majesté, semble que premièrement se doivent bien peser les dommages et inconveniens qui de longtemps sunt ensuys et pevent ensuir, et ne se doit faire doubte qu'il ne ensuivent et avienent de pis en pis, se par la providence de vostre royal majesté, à qui comme père du pays et de toutes les nacions de vostre royaume, protecteur et deffenseur de la sainte religion de Dieu et de toute l'Église d'icelui royaume et des droitures et libertez d'icelle, par dilection et solicitude paternele n'y estoit mise et donnée provision par le conseil des notables prélaz et

1. Pie II mourut le 15 août 1464.

gens d'Église d'icelui royaume et messeigneurs de vostre très noble conseil.

Et combien que les inconveniens et dommages de la grant évacuacion des pécunes du royaume et de l'involucion des litiges et procès infiniz et quasi interminables, l'évagacion des notables clercs et subgetz du royaume, leurs vexacions, travaulx, despens, desercion de leurs estudes, soient grans et aussi comme irréparables, lesquelles choses l'on a veu tousjours avenir toutes foys que les grâces expectatives et reservacions de court de Romme ont eu cours : toutesfoiz encore y ait moult d'autres dommages espirituelz d'autant pires et plus préjudiciables que les dommages et pertez temporeles, que l'esperit est plus digne et meilleur que le corps et que les biens de l'âme, comme les graces et vertus, sont sans comparoison meilleures que les biens du corps et les biens temporels de ce monde :

Premierement, à cause des évagacions qui se font à l'occasion desdites grâces expectatives et reservacions tant générales que particulières, et des procès qui en sourdent et aussi des diverses autres entreprises de court de Romme contre les décretz et constitucions des sains pères et des sains concilez, s'ensuyent la diminucion du service divin pour lequel les églises et bénéfices ecclésiastiques ont esté fondez; car, à cause de telles évagacions et litiges, on voit souvent que le nombre des bénéficiez ès églises est moult diminué, et y en a tousjours ou tiers ou quart des absens, tant alans et retournans que demourans en court de Romme et autres lieux où leurs causes et procès sont pendans; par quoy le service divin est fort diminué et fraudée l'intencion des bons et dévoz princes et seigneurs catholiques qui ont fondé les églises à certain nombre de clers ou religieux, pour estre occupez continuellement au service de Dieu pour le salut de leurs âmes.

Secondement, à cause desdictes expectatives et reservacions, ensuit ung autre dommage espirituel qu'on ne sçauroit assés lamenter ne estimer. C'est la promocion de plusieurs indignes prélaz, dont s'ensuit la ruine et totale dissolucion de bonnes meurs et vertus, habondance d'iniquité, d'ambicion, d'avarice, de symonie, extinction de toute dévocion et religion et la perdicion de infinies âmes, qui, par bons et dignes prélaz et autres bénéficiez en saincte Église, instituez selon les décrez des sains pères, faisant deuement leurs offices selon leur estat et vocacion, eussent peu tant par prédicacion de la doctrine et parole de Dieu que par exemple de bonne vie et saincte conversacion estre amenées à la voye de salut; duquel souvent sont empeschées et retardées par l'indignité et ignorance de ceulx qui leur deussent monstrer la voye de salut. Car comme les bons et dignes pasteurs du peuple sont la lumière du monde, de laquelle le monde doit estre enluminé de saincte doctrine et exemple de vertus et saincte conversacion et par ce amené à son salut, aussi par contraire les indignes et défectifz sont cause exemplaire de tous vices et de dissolucion de bonnes meurs, extinction de vertus et énervacion de toute religion et dévocion, et par conséquent de la dampnacion et perdicion de infinies âmes, qui est un piteux dommage et bien à peser, et auquel, en tant qu'il est possible, l'en doit obvier.

Item, aussi s'ensuit à cause desdites expectatives, reservacions et autres entreprises de court de Romme, totale confusion et destruction de l'ordre ihérarchique de saincte Église, par quoy est résolue toute obédience et révérence que, selon les décrez des sains pères, les subgez doivent à leurs prélaz, parce qu'on voit que court de Romme les destitue aussi comme de toute leur auctorité et office en usurpant icelles; et par ce est l'onneur de saincte Église fort diminué et décoloré, corrections et disciplines énervées, les décrez des sains pères et des sains conciles, qui ont esté par l'inspiracion du saint Esprit faiz et establiz pour mettre bon ordre et règle à promover dignes personnes ès prélatures, dignités et autres bénéfices ecclésiastiques et pour gouverner et conduire les choses ecclésiastiques en bon ordre et bonne police, sont sans différence rompus, abolis, conculqués et contempnés de la faulse et mauvaise racine d'ambicion, et convetise *que est radix omnium malorum*, comme dit l'Apostre.

Item, plusieurs autres grans et énormes maulx et dommages temporelz et espirituelz sont, les temps passés, ensuys à l'occasion des entreprises dessus dictes par toute la crestienté, comme scismes en crestienté, divisions, erreurs, oppressions, injustices et plusieurs autres, qui seroit longue chose à raconter, parce que celui qui deust garder principalement et deffendre les décrez des sains pères et les faire à chacun garder et estre à tout le monde exemple de justice, équité et raison, par l'importunité de gens ambicieux et conveteux a voulu soubz couleur de plénitude de puissance à soy actraire et exercer toutes les opéracions et offices des prélaz et membres de saincte Église, en faisant loys et constitucions générales et plusieurs choses particulières sans nécessité, contraires aux bonnes et salutaires constitucions et décrez des sains pères et sains conciles; soubz lesquieux décrez l'Église a esté bien et honnourablement gouvernée et conduite l'espace de plus de XIIe ans sans que telles usurpacions et entreprises se feissent. Et toutesfoys le saint père de Romme, combien qu'il ait en saincte Église sur tous autres prélaz puissance et auctorité, il ne l'a, comme l'Apostre tesmongne, sinon seulement *ad edificacionem Ecclesie et non ad destructionem;* et saint Urbain, pape, contredit expressement en son décret (24, q. I. *Sunt quidam*) à ceulx qui disoient qu'il est loisible au pape, quant il veult, faire tousjours nouveaulx décrez et nouvelles constitucions et muer les anciens décrez des sains pères, affermant le contraire estre vray, et que ainçoys doit le pape pour deffendre les décrez des sains pères exposer son âme et son sang. Semblablement tesmongne et afferme *Zozimus papa* (24, q. I. *Contra statuta*) que le pape ne l'auctorité de son siège apostolique ne peult rien establir ou constituer ou innover contre les décrez des sains pères, et, quelque plénitude de puissance qu'il ait, il n'en doit néant plus ou moins user que le benoit créateur use de la sienne en faisant miracles. Il ne lui seroit pas difficile, s'il lui plaisoit, de gouverner bien par soy ce monde de cy bas et de produire tout ce qui y naquist sans le ministère et coopération des anges et des corps célestielz et autres causes moyennes; et toutesfois il laisse de sa bonté à chacune créature en son ordre et degré faire et exercer son office et opéracion selon les puissances natureles qu'il leur a données, se n'est quant aucunes foiz, selon le bon plaisir de sa voulenté, il fait aucune œuvre miraculeuse sans la concurrence et opéracion des causes moyennes; mez telles œuvres ne sont pas fréquentes ne ordinaires.

Item, est bien à peser que oncques depuis que les sains pères de Romme ont commencé à faire telles usurpacions, les scismes et murmuracions n'ont cessé en la crestienté qu'il n'y ait tousjours eu discessions, substraccions, sédicions, murmuracions, puis en l'une nacion, puis en l'autre; et tousjours a l'en tendu à y mectre et trouver provision, et tant d'assemblées faictes, tant de conciles, puis généraulx, puis particuliers, par diverses nacions crestiennes, et jamès n'ont cessé les princes chrestiens et les nacions chrestiennes, les prélaz, les chappitres, les universités de docteurs et estudians, d'envoyer ambassades, de soy plaindre, de procurer, pourchasser et requérir en toutes manières pour avoir provision contre telles usurpacions et entreprises tendantes, non à l'édification, mez ainçoys à totale confusion et destruction de saincte Église et sourdantes et procédentes de la maudite racine d'ambicion et d'avarice, jusques à ce que ès sains conciles généraulx assemblez très solennellement à Constances, à Sene et après à Basle par l'auctorité des sains pères papes lors tenans le saint siège apostolique, provision y a esté mise et donnée si juste, si raisonnable, si utile et prouffitable à l'édificacion et espirituele et temporele de toute la crestienté, qu'il n'est pas possible trouver meilleur ne plus saincte provision.

Pour venir doncques, très crestien roy, mon souverain seigneur, à dire ou escripre mon advis en la matière de laquelle vous a pleu moy escripre, me semble, soubz vostre très noble correction, que demandés sçavoir mon advis sur deux choses. La première est quelle provision pourrés et debverés donner pour obvier de cy en avant aux dommages et inconveniens advenus en vostre royaume à l'occasion de la planière obéissance que feistes au pape *Pius*, derrain trespassé, tant par graces expectatives et reservacions de court de Romme et la sequele de cent mil inconveniens qui tousjours de ce sont ensuis, et vostre royaume moult par celle cause évacué de pécunes, et quelz termes me semble que y aurés à tenir. La seconde est quelle obéissance debvés faire à nostre saint père qui de présent est [1], en gardant les droiz et libertez de l'Église gallicane et l'onneur du saint siège apostolique.

Quant au premier, soubz la benigne correction de vostre très noble majesté, après que j'ay pensé à la matère bien au long, me semble que ne povez mieulx pourvoer aux inconvéniens de l'évacuacion des pécunes de vostre royaume et autres dessus touchés, et que l'en pourroit toucher plus au long, qui vouldroit, que par vostre ordonnance, loy, constitucion, édict, statut ou mandement, ainsi qu'il vous plaira le nommer, faire deffense générale, ainsi que dès jà avés fait [2], que nul

1. Paul II.
2. Il s'agit d'une ordonnance rendue à Rue le 10 septembre

de vostre royaume voise ou envoye en court de Romme, de légat du pape ne autre part, impétrer ou prendre grâce expectative à quelconques dignitez ou bénéfices ecclésiastiques de vostre royaume et Daulphiné, et que nul ne soit si hardi de poursuir l'effect d'aucune d'icelles grâces expectatives, se aucune en précédent avoient esté ou estoient de cy en avant impétrées ou données.

Item, aussi que nulle reservacion générale ou espéciale de prélatures, dignitez ou autres bénéfices ecclésiastiques quelconques ait lieu en vostre royaume et seigneurie, excepté seulement celle qui est des bénéficiez cédens ou décédens en court de Romme, qui est close et contenue en droit.

Item, avec ce, que vous déclarés vostre intencion et voulenté estre de garder et deffendre vostre Église gallicane en ses anciennes libertez et droitures, et que par tout vostre royaume et seigneurie soient gardez les décrez des sains pères et des sains conciles qui en vivant de très digne mémoire vostre feu père, que Dieu absoule, furent receuz et acceptés et depuis gardez et observez par tout vostre royaume eu vivant d'icelui,

---

1464 et publiée à la fin du même mois (*Ordonn.*, t. XVI, p 244). Pendant la guerre du Bien Public, le roi faisait désavouer ce mandement par ses ambassadeurs auprès du pape, et il en rejetait toute la responsabilité sur Louis de Harcourt, évêque de Bayeux, qui était alors étroitement lié avec Thomas Basin : « Excusabunt « mandatum quoddam publicatum in regno; illud nempe dolis et « fraude Bajocensis episcopi surreptum. » Michelet, *Histoire de France*, t. VI, p. 130.

je metz cecy ainsi en général par cause de briefveté, car qui vouldroit mettre au long il fauldroit réciter mot à mot tous les décrez ainsi qu'ilz sont contenus et narrés en la Pragmatique sanction d'icelui feu vostre père; aux quieux, pour l'auctorité souveraine de l'Église dont ilz sont fulciz et corroborés (et aussi en tant de solennelles convencions sur ce faictes et assemblées en diverses cités de vostre royaume par divers temps ont esté tousjours louez, acceptez et approuvez), je n'oseroye présumer ne y mettre ne oster. Toutesfoiz quant à la tierce porcion des bénéfices non électifs, que le décret du saint Concile ordonne estre employée à la provision des graduez, selon la qualificacion contenue en icelui, et d'icelle tierce porcion vostre Église gallicane en ordonneroit les deux pars pour les graduez nommez par les universités de vostre royaume.

Pour obvier aux procès et debas qu'on a veu souvent mouvoir à l'occasion des difficultés qui estoient à mectre et garder l'ordre et le tour des bénéfices qui devoient estre comptez ès deux pars de celle tierce partie, me sembleroit bien convenable et expédient, affin que la loy feust clere et tollist occasion de tous litiges et procès, que les nommez des universités de vostre royaume feussent pourveuz par les prélaz à qui il appartient, des bénéfices qui vaqueroient en deux moys de l'an, et qu'en chacune moitié de l'an en eussent ung tel mois qu'il plairoit à vostre très noble majesté le nommer et depputer. Ainsi obtendroient leur provision des bénéfices qui escherroient vacans esdits mois, excepté s'ilz vaquoient par cause de permutacion, et les deux autres moys, aussi telz que vostre majesté vouldroit nommer et depputer, seroient pour pourvoer les graduez nommez ou non nommez par les universités qualifiez ainsi que le décret l'ordonne; aux quieux graduez et non à autres seroient les prélaz à qui il compète et appartient tenus de pourvoer des bénéfices qui escherroient vacans èsdits moys; et en chacune moitié de l'an pourroit on depputer ung desdits moys. Ainsi auroient les graduez leur tierce porcion entière, selon la teneur du décret et sans involucion de obscuretés et procès, et auroient les universités meilleure condicion et plus seure qu'ilz n'avoient eu paravant.

Et se c'estoit vostre bon plaisir de assembler l'Église de vostre royaume après cest yver, ou tel nombre et telles personnes d'icelle Église et de vostre conseil comme il vous plairoit, pour avoir plus amplement leur advis tant sur la manière de la provision desdits graduez et nommez, que sur aucuns autres poins qu'on a réputez obscurs ou doubteux en la pratique desdits décrez, je crois que ce seroit très bien fait.

En faisant garder lesdits décrez, ne dérogueres en rien à l'onneur et auctorité du saint Siège apostolique, car lesdits décretz que ferés ainsi garder et observer sont les décrez et lois des sains pères de Romme et du saint Siège apostolique faiz et establis par eulx, rédigez ès volumes de droit eu Décret ès Décrétales, lesquieux ilz ont mandés et commandés estre gardez et observez, leuz et publiés ès universités et estudes générales par toute crestienté : ainsi ne peult on dire que ce soient ordonnances ou estatuz faiz par vostre Église gallicane ne par vous; mez sont les loys et décrez des sains pères, comme dit est, et de l'Église universele, qui ont esté observez en toute crestienté l'espace de plus de xiie ans. Et combien qu'ilz aient esté innovez et promulgués ès derrains conciles généraulx, toutesfoiz ce n'est pas leur premier commencement ; mez dès le temps des apostres Nostre Seigneur et de ses disciples, et depuis, par la succession des sains pères, ont esté faiz et continuez tousjours et par plusieurs conciles généraulx décrétez et approuvez, comme il appert par les volumes de droit canon, le Décret, Décrétales, VIme, Clémentines, qui sont tous plains de la manière et forme comme l'en doit pourvoer aux églises cathédrales et autres prélatures vacantes par éleccions ou postulacions, et comme la confirmacion des éleccions appartient aux prélaz ordinaires de degré en degré.

Item, et n'est pas chose nouvelle que les roys et princes catholiques aient donné remèdes et provisions contre telles et semblables entreprises faictes par court de Romme contre les décrez des sains pères et les libertez et droitures tant de l'Église gallicane que d'autres; car ainsi ont fait voz très nobles et dignes progéniteurs et antécesseurs, comme saint Loys en son temps, duquel j'ay veu l'ordonnance escripte et sellée en semblables matières, qui fut monstrée et exhibée aux convencions solennelles faictes de l'Église gallicane à Chartres et à Bourges[1] par la convocacion de vostre feu père de bonne mémoire. Aussi Charles VIe, vostre ayeul, environ l'an mil iii^c et vi, et vostre feu père et plusieurs autres, lesquieux, zélateurs de la saincte religion crestienne et des libertez et droitures anciennes

___
1. Voy. l'Histoire du règne de Charles VII, t. I, p. 319.

de l'Église gallicane, ont par leurs loys et constitucions, chacun en son temps, donné provision et remèdes contre telles entreprises très préjudiciables et dommageuses à la chose publique. Et croy que ès registres de vostre court de Parlement et ès chambres de vos Comptes et Trésor à Paris s'en trouveroient plusieurs avoir esté enregistrées, s'il vous plaisoit de les y faire chercher.

Item, et semble que de ce ne vous doit aucunement dissuader ne retraire la forme de l'obédience faicte par vous à nostre saint père pape *Pius*, défunct, en termes généraulx :

Premièrement, pour ce que ladite obéissance fust par vous faicte audit *Pius* personnellement. Ainsi, puisque Dieu l'a pris de ce monde à lui, ladite obéissance ne vous lie en rien vers son successeur.

Secondement, car en générale promesse ou concession ou renunciacion, jamez n'y est entendu compris ce donc vraisemblablement ne fust oncques pensé ne entendu en la généralité, ainsi que dient tous les droiz. Or n'est-il point vraisemblable que oncques entendissés à déroguer et abolir les libertez et droitures de l'Église gallicane et de vostre royaume, ne aussi que pensissés corrumpre et abolir les décrez et constitucions des sains pères? Par quoy ne vous peult ladite obéissance planière à ce lier.

Tiercement, que cautement et soutillement avés esté induit à faire promesse de abolir la Pragmatique sanction de vostre royaume, vous estant lors en nécessité, eu vivant de vostre feu père, et aussi comme aucunement en exil où aviés esté longtemps, euquel ne povyés avoir si parfaicte congnoissance des droitures de vostre couronne et des libertez de vostre Église gallicane que vous avés maintenant; et sy n'estiés pas lors en vostre planière liberté comme, la mercy Nostre Seigneur, vous estes maintenant.

Quartement, que en ladite obéissance promectiés que nostre dit saint père *Pius* usast de son auctorité en la fourme et manière que avoient usé ses prédécesseurs *Martinus* et *Eugenius*. Mez non content de ce ledit *Pius* en a usé autrement, comme en faisant à chacun grâces expectatives *motu proprio* à quelque importunité de requestes qu'il les donnast; en accroissant aussi et augmentant les frays et despens qu'on avoit accoustumé faire à expédier telles grâces, et par espécial sur les povres subgetz de vostre royaume et aussi en aucunes nouvelles reservacions et constitucions : quelle chose votre dite obéissance ne lui accordoit pas.

Item, aussi vostre intencion n'estoit pas de abolir les décrez des sains pères et des sains conciles ne les libertez de vostre Église de France, que vostre feu père n'avoit pas fays ne establiz, mez seulement oster la sanction qui se appeloit Pragmatique, que vostre dit feu père avoit de son auctorité royal faicte. Or est-il cler que, ladite Pragmatique sanction ostée et révoquée, encore demeurent les décrez des sains pères et conciles généraulx en leur force et vertu, qui sont comme dit est, establiz et décrétez par les sains pères et fulciz et corroborés et innovés plusieurs fois par les sains conciles de l'universele église et leuz tous les jours en toutes les estudes générales de crestienté. Et en vérité tous les sages docteurs lisans les droys canon et civil et autres gens d'estude et lectrez, tant ès estudes d'Ytalie, d'Alemaigne, que des autres nacions, disoient la nacion de France sur toutes autres beneurée et la réputoient la plus sage nacion de crestienté pour l'observance desdits décrez qu'elle gardoit et observoit, et pource qu'elle n'estoit point serve à ces expectatives et réservacions et autres usurpacions de court de Romme.

Et est ce qu'il m'est advis estre convenable et nécessaire à estre fait pour donner provision contre les dommages et inconveniens dessus touchez et les termes que y povés et debvés raisonnablement tenir, combien que aucuns se expédieroient en bref, conseillans que donneissés mandement à vostre court de Parlement et à tous les justiciers et officiers de vostre royaume de garder et faire garder la Pragmatique sanction de feu vostre père, que Dieu absoule. Et pourriés justement et licitement causer vostredit mandement de la remectre et restituer en sa force et vertu pour les inconveniens de l'évacuation des pécunes et finances de vostre royaume, l'involucion des procès et litiges, l'évagacion et distraction de vos subgetz, pour la promocion de plusieurs personnes estranges et incongneues aux bénéfices et dignitez de vostre royaume, et d'aucunes causes devant dictes que l'en a veu ensuir à cause de non avoir observé icelle. Et n'est pas le nom et tiltre de Pragmatique sanction deshonnourable, mez est de grant poys, gravité et importance, car, comme Ysidore met au IIIe livre de ses éthimologies, *pragma* est un mot grec qui signifie autant comme *causa* en latin, et pour tant la loy du législateur est nommée « pragmatique sanction » quant elle est faicte et establie pour grande cause et évidente utilité et par grande et meure délibéracion, contenant griefve paine contre les transgresseurs. Mez qui vouldroit taire ledit nom, on pourroit tenir les termes dessus touchez et baptizer vostre ordonnance de tel tiltre qu'il vous plairoit lui bailler, comme la Liberté de l'Église gallicane, ou la Loy ecclésiastique, ou Décret, ou Édict du roy, ou autrement, selon vostre noble plaisir.

Quant au second point sur quoy me mandés que vous escripve mon advis de la fourme et manière comme debvés faire à nostre saint père obéissance en gardant ensemble et l'onneur du saint siège apostolique et les droiz et libertez de l'Église gallicane, soubz la benigne correccion tousjours de vostre très noble majesté, il me semble que debveriés mander aux conseillers de vostre vénérable court de Parlement qu'ilz vous envoyassent la fourme de l'obbéissance faicte par feu vostre père de très digne mémoire aux sains pères Martin, Eugène, Nicolas, Calixte et Pius, par espécial aux troiz derniers, car je cuide qu'on en debveroit trouver aucunes fourmes ès registres de vostredite court de Parlement ou des chambres de voz Comptes ou du Trésor, tant du temps de feu vostre père que du temps de voz très nobles progéniteurs. Et me semble que monsieur de Paris[1] et sire Guillaume Cousinot, qui furent en légacion de par icelui feu vostre père devers ledit pape *Pius*, devroient avoir mémoire de la fourme de l'obbéissance qui lui fut faicte. Et quant n'en trouveriés aucune du temps passé où vous arrestissés, me sembleroit que la fourme qui ensuit debvroit bien suffire : c'est de faire et lui exhiber obéissance et la faire

---

1. Guillaume Chartier

garder par tous voz subgez en tout ce qui concerne la foy et l'observance de la saincte religion crestienne jouxte les décrez des sains pères, ses prédécesseurs papes de Romme, et les sainctes constitucions de l'Église universele. Et jouxte ce, j'ai cy mis la fourme d'une lettre pour faire ladite obéissance, de laquelle pourrés user ou la faire mettre en autre fourme, selon vostre noble providence et discrétion.

S'ensuit la fourme de la dite obéissance :

« *Sanctissimo ac beatissimo patri domino nostro pape Paulo secundo Ludovicus, Dei gracia Francorum rex, beatitudinis tue filius, obedientiam filialem et sincere devocionis affectum. Audita atque ad nos perlata assumpcione beatitudinis tue ad summum culmen sacerdocii tocius christiane religionis, beatissime pater, admodum gavisi sumus, et eo quippe amplius quod ob singularem zelum, quem ad Christi fidem atque religionem habes, aliaque gratiarum ac virtutum dona quibus, divina largiente bonitate, te preditum et fecundissime adornatum universi predicant, votis unanimis sacri senatus reverendissimorum dominorum Cardinalium Christi vicarium et beati Petri successorem te electum cognovimus. Quapropter morem et vestigia nostrorum antecessorum christianissimorum regum insequentes, qui sanctissime sedi tue semper obsequentissimos ac devotissimos sese exhibuerunt, micimus ad beatitudinem tuam hos oratores nostros N. et N. ex nobis pro tam concordi ac felici provectione sanctitatis tue, ymo pocius toti dominico gregi quem ad pascendum celestis alimonie pabulo pontifex maximus a Deo electius es, congratulaturos, tibique eciam atque sedi beatissimi apostolorum principis, cui Deo auctore insides, exhibituros pro nobis obedienciam, reverenciam atque honorem, eandem obedienciam in omnibus que fidem catholicam ac cultum christiane religionis concernunt, juxta sanctorum patrum, predecessorum tuorum, decreta et sacratissima ecclesie catholice instituta tibi velut pontifici maximo et tocius dominici ovilis pastori, cum omni obsequendi promptitudine offerentes atque exhibentes. Ab universis vero dicioni nostre subditis consimilem, etc., beatitudini tue exhiberi atque efficaciter facere procurari, de divino presumentes auxilio, spondemus atque pollicemur. Datum, etc.* »

Par la dite fourme est bien gardé l'onneur du saint siège apostolique auquel promectés obéissance, et faire garder par tous vos subgez, selon les décrez des sains pères papes de Romme et les sains canons de l'Église universele. Aussi par celle fourme sont gardez les droiz et libertez de l'Église gallicane, lesquieux droiz et libertez, comme j'ay touché cu paravant, ne sont autre chose que l'observance et usage des décrez des sains pères et de l'universel Église crestienne qui sont eu Décret, ès Décrétales et autres volumes de droit canon, que les sains pères ont mandez estre leuz et publiez et gardez par toute crestienté et qu'on lit chacun jour en toutes universités. Mez convetise de vouloir actraire tout à soy et accumuler les pécunes de tout le monde a esté cause de les faire rompre et mal garder, avec ce concurrente l'ambicion et avarice de plusieurs espérans trouver plus facilement leur moyen d'avoir des dignitez, honneurs et bénéfices de saincte Église par les moyens de court de Romme, qu'ils n'auroient par la voye ordinaire et droiturière, selon les décrez des sains pères.

Et toutesfoiz est bien à noter contre telz ambicieux ce que la loy civile en dit : *Indignus profecto est sacerdocio qui non ordinatur invitus* (C. *De epi.* et *Cle.* 1. *Si quemquam*), et ce que saint Grégore en dit pareillement en son Pastoral : *Virtutibus, inquit, pollens coactus ad regimen veniat, virtutibus vacuus nec coactus accedat.*

En gardant donc ladite fourme par quoy les décrez de saincte Église sont gardez, et par conséquent le droit d'un chacun, ne pourroit nostre saint père le pape prétendre estre en rien dérogué à son honneur; mez y est très bien gardé, car c'est le grant honneur du saint siège apostolique de garder l'onneur et les droitures de ses frères les autres prélaz de saincte Église, et de vivre selon les loys que luy mesme a faictes et establies, comme monseigneur saint Gregore le dit en une epistre *ad Eulogium*, patriarche d'Alexandrie : *Ego, inquit, non verbis prosperari volo, sed moribus, nec honorem michi esse reputo in quo fratres meos honorem suum perdere cognosco. Meus namque honor est universalis ecclesie, meus honor est fratrum meorum solidus vigor* (XCIX, dis. *Ecce*). Aussi l'empereur dit en sa loy : *Digna vox est majestate regnantis se legibus alligatum principem confiteri, et revera majus est imperio submictere legibus principatum* (C. de legi., l. *Digna vox*). Et en ung autre endroit : *Quamvis, inquit, legibus soluti simus, tamen legibus vivere volumus.* (Inst. *qui. mo. testa. infir.*, § fi.)

NOTICES ET EXTRAITS

DES AUTRES ÉCRITS

DE THOMAS BASIN.

NOTICES ET EXTRAITS

DES AUTRES ÉCRITS

DE THOMAS BASIN.

I.

CONSULTATION SUR LE PROCÈS DE JEANNE D'ARC.

C'est l'écrit auquel Thomas Basin renvoie ses lecteurs dans le chapitre XVI, l. I de l'Histoire de Charles VII, où il mentionne le procès de la Pucelle : *Poterat processus hujusmodi ex multis capitibus argui vitiosus, quemadmodum ex libello quem de super ab eodem Carolo expetito a nobis consilio edidimus, si ei ad cujus venerit manus, eum legere vacaverit, latius poterit apparere.* On voit par là qu'un mandement royal avait provoqué la composition de ce mémoire ; et de ce que l'auteur suppose une certaine facilité à se le procurer, il faut conclure qu'il avait été répandu à un grand nombre d'exemplaires. Les matériaux avec lesquels il fut écrit sont désignés dans la conclusion ; ils prouvent que l'ouvrage avait paru avant la constitution du tribunal qui cassa le procès de Rouen, mais qu'il est postérieur aux recherches autorisées par le cardinal-légat d'Estouteville, en 1452.

Il n'est pas inutile de rappeler ici que, lorsque M. de

l'Averdy recueillit les matériaux de sa Notice sur les procès de Jeanne d'Arc, partant de l'idée que l'Histoire de Charles VII était l'ouvrage du prêtre liégeois Amelgard, il fit fouiller toutes les bibliothèques de l'Europe pour retrouver un mémoire justificatif de la Pucelle qui portât le nom d'Amelgard. C'est en recommençant pour mon compte cette recherche, qui avait été nécessairement infructueuse, que j'ai été amené à rétablir les droits de Thomas Basin sur le livre où le mémoire est mentionné.

Il existe, à ma connaissance, trois copies authentiques de la consultation. L'une est dans le Ms. de d'Urfé à la Bibliothèque impériale (fol. 235), l'autre dans l'expédition paraphée du procès de réhabilitation (n° 5970, fonds latin du même dépôt, fol. 132, v°); la troisième est au Vatican, dans le n° 733 A de la reine de Suède. J'ai lieu de croire que c'est l'ancien n° 1832 de la même bibliothèque que j'ai indiqué dans mon édition du procès, d'après l'autorité du P. Lelong [1]. Étant allé à Rome depuis lors, j'ai pu m'assurer par moi-même que le n° 1832 ne contient pas le mémoire de Thomas Basin, tandis qu'il y en a une copie dans l'autre Ms. dont je viens de parler. Cette copie est une expédition de greffe qui remplit un cahier de papier de 18 feuillets. Quoique dépourvue de signature, elle présente néanmoins les caractères d'une pièce qui a servi pour le procès. Les parties principales de l'argumentation sont indiquées par des notes marginales. L'intitulé est le même que celui des transcriptions introduites dans les deux rédactions du procès. En face

---

[1], *Procès de condamnation et de réhabilitation de Jeanne d'Arc*, dite la *Pucelle*, t. V, p. 465.

de l'exorde, on lit cette note, écrite d'une autre main du xve siècle : *Nota, quod nullum est, annulari non potest.*

Il suffira, pour donner une idée de cet ouvrage, qui n'a absolument rien d'historique, d'en reproduire ici les fragments qui ont été déjà donnés dans l'édition des procès.

Proœmium.

In nomine Domini nostri Jhesu Christi, incipit opinio et consilium Thomæ, Lexoviensis episcopi, super processu et condemnatione Johannæ, dictæ Puellæ.

Consulendo in materia condemnationis Johannæ Puellæ, condemnatæ per dominum Petrum *Cauchon*, tunc episcopum Belvacensem, et fratrem Johannem Magistri, assertum subinquisitorem hæreticæ pravitatis in civitate Rothomagensi, de hæresi, schismate, assertione falsa divinarum revelationum et apparitionum sanctorum angelorum et sanctarum Katharinæ et Margaritæ, et aliis pluribus criminibus, in sententia contra eam expressis : sub omni correctione et reverentia atque emendatione sanctissimi domini nostri summi Pontificis et omnium catholicorum melius sentientium et judicantium, videtur quod processus coram dictis assertis judicibus habitus et sententia in ipsam lata possint multipliciter, rationabiliter, juridice ac veridice impugnari. Ad quod particulariter et ordinate demonstrandum præsens opusculum dividam in duas partes.

In prima parte ostendam dictos processus et sententiam contra Johannam habitos multis juris rationibus, tam nullos et irritos quam adnullandos et irritandos fore; non quod velim dicere simul dictos processus et sententiam nullos et adnullandos eodem respectu exsistere, referendo utrumque ad jus, quia hoc simul esse non potest : nam quod nullum est, adnullari non potest (ff. *De injusto rupto et irrito facto testam.* § 1. « Nam et si sub conditione »; *De despon.* « Impii ad dissolvendum », cum similibus); sed plures rationes inducam quæ concludunt ad nullitatem processus, quod scilicet processus et sententia sint ipso jure nulli. Inducam et aliquas ad probandum quod sunt saltem adnullandi.

In secunda parte principali ostendam, Domino dante et favente, quod, etsi processus et sententia omni juris ordine et solemnitate subsisterent, ex confessionibus tamen Johannæ, quæ sunt in actis causæ, non posse recte et juste judicari quod Johanna fuerit schismatica, hæretica, idolatra, blasphema et cæteris criminibus irretita, quæ abjurare compulsa fuit, et postmodum in eadem relapsa fuisse condemnata de facto.

Primæ partis divisio.

Prima pars principalis dividetur in duodecim puncta sive articulos :

In primo, pugnabuntur dicti processus et sententia, eo quod habiti contra personam non subditam aliqua ratione sortiendi forum.

Secundo, impugnabuntur ex metu et impressione qui illati fuisse ab Anglicis in subinquisitorem, alterum ex assertis judicibus, et alios in materia habentes consulere.

Tertio, ex recusatione judicum propter legitimas suspicionum causas per Johannam proposita.

Quarto, propter legitimam appellationem a gravaminibus assertorum judicum per Johannam, ut poterat, interjectam.

Quinto, ex arduitate et difficultate causæ, propter quas erat ad examen Sedis apostolicæ referenda.

Sexto, ex injusta assignatione carceris custodum.

Septimo, ex denegatione consultorum et directorum qui fuerunt ipsi Johannæ requirenti denegati.

Octavo, ex minoritate annorum Johannæ, quæ, absque curatore, non habuit legitimam personam standi in judicio.

Nono, ex nimia severitate judicantium, quos miseratio ætatis ad remissiorem pœnam flectere debuisset, etiam ubi legitime constitisset eis Johannam ex animo deliquisse.

Decimo, ex eo quod episcopus Belvacensis, prætendens se judicem, prohibebat a notariis referri in actis excusationes Johannæ et determinationes suarum confessionum.

Undecimo, ex eo quod articuli consultoribus transmissi pro consilio habendo, fuerunt mendaciter, imperfecte et calumniose formati.

Duodecimo, ex dolo malo quorumdam fictorum et falsorum consiliariorum, qui, fingentes se esse de obedientia domini nostri regis, dissuadebant Johannæ ne se submitteret Ecclesiæ.

Prosequendo igitur prædicta duodecim puncta conformiter ad seriem dubiorum elicitorum per dominum Paulum Pontanum[1] et transmissorum pro consilio requirendo; præsupponendo semper in facto ea

---

1. Juriste italien, secrétaire de la légation du cardinal d'Estouteville.

quæ de facto, tanquam vera, in hujusmodi dubiis præsupponuntur : dico primo processum et sententiam contra Johannam Puellam habitos coram præfatis judicibus, nullos esse, etc., etc.

Divisio partis secundæ.

Juxta pollicitationem in exordio præsentis consultationis factam, examinatis punctis ex quibus processus et sententia contra Johannam habiti, ob defectum ordinis judiciarii, vel ipso jure corruunt et validitate deficiunt, vel saltem tanquam iniqui et injusti veniunt de jure retractandi et adnullandi, restat videndum et discutiendum de dictis et factis ipsius Johannæ per eam confessatis, prout ex actis causæ apparere potest, utrum scilicet talia sunt propter quæ rea criminum quæ abjurare compulsa fuit, condemnari debuisset, si in processu ordo omnis judiciarius rite observatus fuisset. Et dividetur hæc secunda pars principalis in septem puncta seu articulos.

Primo, disseretur de revelationibus et apparitionibus quas Johanna asseruit se habere, utrum fuerit hujusmodi apparitionum et revelationum mendosa confictrix, aut eas habuerit a malignis vel bonis spiritibus.

Secundo, utrum ex reverentia quam Johanna spiritibus, qui sibi apparebant, exhibuit, et virginitatis voto quod eis vovit, potuerit judicari idolatra.

Tertio, disseretur de eo quod dixit se ita certam quod iret in paradisum, sicut si jam esset in gloria Beatorum.

Quarto, de eo quod se ita certam esse dicebat quod ille, qui sibi apparebat, erat sanctus Michael, et quod hoc ita firmiter credebat, sicut credebat Dominum nostrum Jesum Christum passum et mortuum pro redemptione nostra, et aliorum certitudine quæ sibi fuisse revelata dicebat.

Quinto, agetur de virilis habitus et armorum delatione, et præcisione comæ seu capillorum.

Sexto, de dimissione parentum.

Septimo, utrum pro eo quod recusaverit se submittere Ecclesiæ super dictis et factis per eam confessatis, potuerit juste judicari lapsa in schisma, hæresim, idolatriam et cætera omnia crimina in schedula abjurationis contenta, super quibus juste et canonice postmodum potuerit fundari judicium de relapsu.

Primo igitur et præcipue de revelationibus ipsius Johannæ, etc., etc.

Conclusio totius operis.

Et hæc sunt, salva in omnibus correctione et emendatione sanctissimi domini nostri summi Pontificis et omnium perspicacius intelligentium, quæ de revelationibus Johannæ dictis et factis suis, processu et sententia contra ipsam habitis, mihi videntur, quatenus de processu et actis causæ mihi constare et apparere potuit per quaternum mihi transmissum per venerabilem et circumspectum virum, dominum decanum Noviomensem[1], sacræ theologiæ professorem egregium; in quo quaterno continentur articuli duodecim eliciti

---

1. Guillaume Bouillé, doyen du chapitre de Noyon et principal du collége de Beauvais à Paris, chargé par Charles VII des premières informations sur lesquelles fut fondée la révision du procès de la Pucelle.

per Anglicos et consequenter additiones et determinationes excerptæ de processu ad veritatem per peritissimum utriusque juris doctorem, dominum Paulum Pontanum, una cum schedula secundum quam judices fecerunt abjurare Johannam, ac etiam certis dubiis per præfatum dominum Paulum conceptis et elicitis pro consilio peritorum desuper inquirendo. Cætera multa suppleri possent et addi his quæ dicta sunt ex hujusmodi additionibus et excerptis domini Pauli; sed quæ dicta sunt, mihi pro consilio dando visa sunt sufficere. Neque enim necessarium putavi specialem mentionem facere, neque de saltu turris, neque de signis litterarum Johannæ, neque de crudelitatibus quæ sibi falso imponebantur, et talibus hujusmodi, quæ nullius aut modicæ dubitationis existimavi. Satis enim per dicta excerpta sive additiones domini Pauli colligitur purgatio clara omnium talium objectorum. Si quid autem in isto consilio aliquis vel superfluum existimaverit vel diminutum, ignoscat, quæso, et indulgeat peritiæ scriptoris.

Subscriptum et signatum per me, THOMAM, immeritum episcopum Lexoviensem, inter utriusque juris doctores minimum.

II.

MÉMOIRE POUR LA RÉDUCTION DES IMPÔTS ET DE L'ARMÉE.

Je n'ai pas pu retrouver le texte de cet ouvrage; mais l'auteur en donne l'analyse dans les chapitres III et IV du premier livre de son Apologie. Il l'écrivit à Paris dans la dernière quinzaine du mois d'août 1461, en attendant l'entrée solennelle de Louis XI, qui venait d'être sacré à Reims. La forme qu'il lui donna fut celle d'une courte harangue en latin, dont le sens général était résumé par un sommaire en français, et c'est au roi que le discours s'adressait : *Libellum ad modum oratiunculæ ad eum latino sermone edidimus, cujus etiam sententiam atque summam gallico vulgari breviter perstrinximus*. Tout cela est dit dans l'Apologie, à laquelle on devra recourir si l'on veut en savoir davantage sur ce sujet.

III.

CENSURE DES ERREURS D'UN CHARTREUX DE RUREMONDE.

Cette pièce est sous la forme d'une lettre adressée à David de Bourgogne, évêque d'Utrecht, et datée du 26 avril 1486. Elle vient immédiatement après l'Apologie dans tous les Mss. qui nous ont conservé le texte de cet ouvrage. Elle occupe quatre feuillets (63-66) du n° 5970 A, le seul qui soit à prendre en considération. Elle y commence par une rubrique, qui est l'intitulé, et se termine par une souscription.

Voici tout ce qu'il y a d'intéressant à en tirer pour l'histoire :

Rubrica.

Epistola reverendissimi in Christo patris domini Thomæ, archiepiscopi Cæsariensis, Cæsareæ Palæstinæ, perante vero episcopi Lexoviensis in provincia Rothomagensi, ad reverendissimum in christo patrem, dominum Davidem, episcopum Trajectensem, contra libellum cujusdam cartusiensis de Remonda, quem idem cartusiensis requirebat per eumdem episcopum Trajectensem in sua diœcesi publicari.

Quæ causa fuerit epistolæ scribendæ (fol. 63 recto).

Attulit ad me, reverendissime in Christo pater ac domine observantissime, jussu, ut aiebat, vestræ mihi semper colendissimæ paternitatis venerabilis Prior conventus fratrum prædicatorum hujus vestræ civitatis cujusdam fratris cartusiensis libellum, ut, eo viso atque examinato, significarem eidem vestræ paternitati quod mihi de eodem libello videretur. Eo igitur, humiliter ac libenter obsequendo eidem paternitati, viso et diligenter perspecto, admiratus sum temeritatem stultitiamque ejusdem boni fratris, qui tale suum opus atque judicium nimia præsumptione ac temeritate subnixum requirat et deposcat per vestram paternitatem publicari et prodire in lucem : unde eum existimo, cerebro turbatum, non satis sana esse mente. Cum enim ipse sit monachus, extra hunc mundum quodammodo reclusus, mirum est quod desiderat tale suum opus in publicum prodire, per quod, prima facie, eum laudem et inanem gloriam captare velle existimari potest : quod est vanissimum, et nedum ab eo qui contemptum mundi profitetur in arctissima omnium religione, sed et ab omni homine christiano fugiendum est et contemnendum, etc.

Argumentum operis prædicti cartusiani (fol. 63 verso).

Quale igitur et quantum scandalum esset in toto populo christiano, si libellus iste temerarius et præsumptuosus publicaretur, et, ut multo credibilius est quam aliter, infra paucos venturos annos totum fuisse mendacium reperiretur? Sed et ipse bonus frater tam tenuiter et debiliter probare nititur illud quod asserit, ut nec dignus legi ab homine docto libellus suus videatur. Probare nititur Antechristum, natum anno MCCCCLXXII, manifestandum anno MCCCCIV ex tribus cometis quorum tempora determinat, uno præterito, duobus adhuc futuris; et dicit eorum officio, velut apparitorum summi judicis, tanquam per tria edicta ad peremptorium perveniendo edictum, de comparendo ad finale judicium humanum genus citari.

De quibusdam qui Antechristum mox venturum prædixerunt (fol. 64 v°).

Fuit inter alios, qui humana conjectura conati sunt spatium certorum annorum et temporum de ea re diffinire, abbas Joachim, qui, ut in multis errasse, ita similiter et in hoc inventus est.

Fuit et sanctus vir ætate nostra frater Vincentius[1], de ordine Prædicatorum, quem ipsi adhuc pueri vidimus in civitate Redonis Armoricæ Britanniæ, ubi per dies plures prædicavit. Qui quemdam tractatum de hoc edidit, in quo affirmavit tunc Antechristum esse natum vel de proximo nasciturum; in quo ex humana ignorantia eum sua conjectura fefellit. Postea tamen, quia multis virtutibus et miraculis claruisse compertus est, per Calixtum pontificem Sanctorum catalogo est adscriptus.

Alium vidimus, dum Parisius, sunt ferme anni sexaginta, litterarum studio operam daremus, fratrem

1. Vincent Ferrier.

Ricardum, ordinis Sancti Francisci, qui hoc idem asserere præsumpsit, quod Antechristus tunc natus esset, et quod de proximo instaret dies judicii. Et habuit tantum populorum favorem, ut supra triginta millia hominum frequenter haberet auditores. Cum autem et hunc et nonnullos alios illic seminasset errores sentiretque facultatem Theologiæ contra se procedere velle, clam aufugit et discessit[1].

Sententia auctoris de Nicolao Oresme (fol. 65 verso).

Et cum plerumque et frequentius videamus, qui astrologos se profitentur, falli et errare in prædicendo dispositionem et qualitatem hujus aeris et cæterorum elementorum (ad quod, si ad aliquid potest, scientia astrologiæ se valet extendere), quomodo præsumunt ipsi de his expositione siderum velle judicare aut prævidere, quæ nullo modo sub arte vel scientia astrologiæ cadere possunt? Hoc argumentum facit contra tales astrologos venerabilis episcopus quondam Lexoviensis[2], prædecessor meus, magister Nicolaus *Oresme*, in tractatu quem edidit de judiciis astrologorum. Et habebatur ipse sui temporis peritissimus astrologus.

Conclusio et subscriptio operis (fol. 66 verso).

Hoc est itaque, reverendissime pater, quod de libello illius fratris ego sentio, sub benigna correctione vestræ reverendissimæ paternitatis, quæ mihi sua bene

---

1. Comparer le récit du Bourgeois de Paris *ad ann.* 1429.
2. De 1378 à 1382.

placita præcipere semper atque imperare et mandare dignetur devoto et prompto animo parituro, Deo teste, qui eamdem paternitatem, in utroque homine incolumem, longævam facere et ad æternam tandem ac felicem requiem perducere dignetur.

Ex urbe vestra Trajecto, die vicesima sexta aprilis, anni 86.

Per humilem ejusdem vestræ paternitatis servitorem, Christi conservum, T. archiepiscopum Cæsariensem.

IV.

TRAITÉ CONTRE PAUL DE MIDDELBOURG.

C'est le dernier ouvrage de Thomas Basin. Il l'écrivit l'année de sa mort, à la fin de 1490 ou au commencement de 1491, pour répondre à un pamphlet que Paul de Middelbourg avait dirigé contre lui. J'ai indiqué l'objet du débat dans la notice biographique qui est en tête de cette édition [1]; mais j'ai manqué d'exactitude en disant que le vieil archevêque de Césarée n'avait pas donné de publicité aux observations qui échauffèrent la bile de son adversaire. Voici au juste comment se passèrent les choses :

Paul de Middelbourg avait exposé son système dans une lettre imprimée à l'adresse des docteurs et professeurs de Louvain. Thomas Basin écrivit dessus des observations qu'il appelle tantôt *commentarii*, tantôt *apparatus* ou *postillæ*. Il en fit part à un assez grand nombre de ses amis pour que cela vînt aux oreilles de

1. Page LXXXVII.

l'abbé de Middelbourg. Celui-ci fut curieux de connaître l'ouvrage ; il en demanda une copie, qui ne lui fut pas refusée, et cette même copie, indiscrètement envoyée à Paul de Middelbourg, qui était déjà retourné en Italie, valut à notre auteur l'attaque contre laquelle il se défend. Il y était enveloppé avec un autre ecclésiastique du nom d'Adrien, sur lequel je n'ai rien pu trouver.

Thomas Basin paraît avoir eu une prédilection particulière pour les écrits que lui inspira cette dernière lutte de sa vie. Il laissa à ses héritiers la recommandation de les faire imprimer[1]. Ils ne sont pas portés cependant sur les répertoires bibliographiques du xv° siècle, soit que la volonté du défunt n'ait pas été accomplie, soit que ces livres se soient perdus, comme tant d'autres de la même époque. D'après le P. Pommeraye[2] et Moréri, le traité contre Paul de Middelbourg aurait été imprimé dans le tome IV du Spicilége de d'Achery. C'est une pure erreur. Cet ouvrage n'existe pour nous qu'en manuscrit, et les observations sur la lettre aux docteurs de Louvain ne nous ont pas été conservées.

La bibliothèque impériale possède trois manuscrits du Traité contre Paul de Middelbourg. Deux sont des copies modernes de l'autre. Celui-ci, chargé de corrections et d'additions marginales de la main de l'auteur, est la mise au net de son brouillon. C'est un petit in-4, composé de cent feuillets de vélin, exécuté avec un certain luxe. Les initiales des chapitres sont en azur ou en vermillon sur des fonds brodés avec des épanouissements de déliés dans les marges. Le volume a conservé sa reliure primi-

---

[1]. Petrus de Rivo, *De die, anno et feria dominicæ passionis*.
[2]. Hist. de l'église cathédrale de Rouen.

tive, qui est de bois recouvert en cuir noir. On en a arraché les fermoirs ainsi que l'étiquette, qui était sur une plaque carrée adhérant au plat inférieur : la place est encore visible. L'une des copies dont j'ai parlé, exécutée il y a cent ans environ, nous apprend que cette étiquette était ainsi conçue : *Liber reverendissimi in Christo patris Thome Ba. Cesariensis archiepiscopi contra errores et blasphemias Pauli de Middelburgo, ex dono dicti patris.* C'est la manière dont sont rédigés et disposés les titres des livres légués par Thomas Basin à l'église de Lisieux, comme on peut s'en convaincre par trois mss. que possède aujourd'hui la bibliothèque publique de Caen [1].

Le volume commence par la table des chapitres du premier livre, annoncée sous la rubrique *Tabula capitulorum primi libri*, et le premier livre commence au recto du fol. 3. Au bas du fol. 44 verso est la table des chapitres du second livre, dont le texte suit à partir du recto fol. 46. L'ouvrage finit sans *explicit* par une récapitulation des erreurs de Paul de Middelbourg.

Sur le dedans du plat supérieur est collée une gravure qui représente les armoiries de la famille Bigot. En face, sur un feuillet de garde, est la marque d'Émery Bigot : *Codex bigotianus* 272. On a ajouté plus tard celle de la Bibliothèque du roi, *R.* 4567. Le numéro actuel est 3658 du fonds latin.

L'un des manuscrits modernes (coté aujourd'hui 3659, auparavant *C. Reg.* 4567³ et *Baluz.* 855) est une copie de la main de Baluze. On lit cette note à la fin : *Descripsi ex vetustissimo codice anno* MDCCIX *exeunte.*

---

[1]. Voir ci-après le n° 55 des pièces relatives à Thomas Basin.

Stephanus Baluzius. Ce *vetustissimus codex* était, selon toute apparence, le ms. de Bigot, qui entra à la Bibliothèque du roi en 1706.

L'autre copie commence au fol. 194 dans le ms. des Blancs-Manteaux, n° 22 A, dont il a été parlé à propos de l'Apologie[1]. La transcription occupe 53 feuillets. Elle est suivie d'une courte notice sur Thomas Basin, et de l'indication de l'étiquette qu'on lisait sur le plat du ms. original : *super operculum exterius hujus libri, hæc leguntur : Liber reverendissimi, etc.*, le reste tel qu'il a été rapporté tout à l'heure dans la description du ms. Bigot, car c'est bien sur ce ms. que la copie a été faite. L'identité, déjà établie par la présence d'une étiquette sur le plat, est mise hors de doute par cet autre trait que le copiste a consigné à la fin de sa note : *In ms. codice articuli errorum Pauli sunt ad calcem secundi libri; capitula etiam secundi libri subjiciuntur libro primo præceduntque immediate secundum.*

Nous rapporterons ici, afin qu'on puisse se faire une idée de l'ouvrage : 1° La table des chapitres ; 2° des extraits, qui montreront la situation de Thomas Basin dans le débat ; 3° quelques autres passages qui ont de l'intérêt pour l'histoire de sa vie, ou qui apprennent des choses dignes de mémoire ; 4° enfin le relevé des opinions hétérodoxes que contenait l'ouvrage de Paul de Middelbourg, au jugement de notre auteur.

---

[1]. T. III, p. 216.

Tabula capitulorum primi libri.

Præfatio in libellos confutarios errorum in epistolis Pauli Middelburgensis contentorum, editos a reverendissimo in Christo patre, Thoma, archiepiscopo Cæsareæ Palæstinæ, perante episcopo Lexoviensi in provincia Rothomagensi.

Capitulum i. Quid senserit ipse Paulus de signo Jonæ dato Judæis a salvatore, Matthæi xii° cap.

Cap. ii. Quod ipse Paulus sentit expresse verba Salvatoris interpretanda de tribus diebus et tribus noctibus integris, et non per synecdochen, et hujus suæ erroneæ interpretationis atque expositionis improbatio.

Cap. iii. De quintuplici solutione ipsius Pauli ad rationem per quam dictus suus error improbatur; et primæ suæ fatuæ solutionis improbatio.

Cap. iv. In quo improbatur sua secunda solutio.

Cap. v. In quo improbatur sua tertia solutio cum duabus sequentibus, et declaratur quomodo tribus diebus et noctibus Salvator quievit in sepulcro.

Cap. vi. In quo refellitur Pauli præsumptio nitentis argumentum contra se factum in adversarium retorquere; sed suæ allegationes clare refelluntur.

Cap. vii. In quo calumnia a Paulo falso imposita purgatur, et jactantia de sua mathesi superstitiosa atque vanissima reprimitur et confutatur.

Cap. viii. In quo diluuntur aliæ calumniæ falso a Paulo impositæ, qui et iterum de sua vana mathesi refellitur et redarguitur.

Cap. ix. In quo probatur Paulum sentire quod

Christus nec feria sexta fuerit crucifixus, nec prima sabbati, quæ est dominica, resurrexit, quorum contraria, scilicet quod, sexta feria passus, prima sabbati resurrexerit, multorum sanctorum auctoritatibus comprobatur.

Cap. x. In quo refellitur Paulus asserens se ostendisse sanctos doctores primitivæ Ecclesiæ tenuisse Christum, xxii. martii passum, xxv. resurrexisse; et disputatur an Christus passus fuit octavo kalendas aprilis vel potius undecimo.

Cap. xi. In quo disputatur an iste Paulus Middelburgensis credendus sit certo calculo invenisse quod, anno illo quod passus est Salvator, xv. luna primi mensis octavo kalendas aprilis, feria sexta, non acciderit seu fuerit.

Cap. xii. In quo refellitur vana excusatio Pauli super probris et contumeliis in sacerdotem eum rationabiliter reprehendentem dictis et scriptis.

Cap. xiii. In quo ostenditur Paulus etiam in patriam et semetipsum ac totam citramontanam regionem contumeliosus.

Cap. xiv. In quo ostenditur sibimet ipsi propriis suis sermonibus contradicere.

Cap. xv. In quo ostenditur Paulum etiam in Salvatorem dixisse blasphemiam.

Cap. xvi. In quo refellitur præsumptuosa reprehensio Pauli, qui correctionem salutarem sibi exhibitam in suum correctorem procaciter retorquere conatur.

Cap. xvii. In quo ostenditur falsum esse quod Paulus scripsit, scilicet celebrationem Paschæ fuisse semper in primitiva ecclesia xiv. luna observatam, etiam quacumque feria eveniret, et apud Gallos tanquam festum fixum semper xxv. martii, etiam quacumque feria eveniret.

Cap. xviii. In quo ostenditur etiam in Romana ecclesia et aliis, præter quam Asiæ Minoris, Pascha semper dominica die observatam, et refelluntur calumniæ Pauli.

Cap. xix. In quo refelluntur calumniæ Pauli et ostenditur quod Nicæna synodus fuit prima universalis seu generalis synodus totius Ecclesiæ; et quod non omnes orientales ecclesiæ, ut Paulus falso asserit, observarunt xiv. lunam in celebratione Paschæ.

Cap. xx. In quo ostenditur conciliabula hæreticorum, quibus innititur Paulus, nihil eum juvare, nec posse sustineri quod Paulus dixit, quod resurrectio Domini quatriduo post diem Cœnæ recte possit celebrari.

Incipit tabula capitulorum secundi libri.

Capitulum i. Quod octava dies appellata sit dominica dies ob honorem et memoriam dominicæ resurrectionis eo die factæ.

Cap. ii. Quod non sit appellata dies dominica ob sabbati Judæorum seu legale in eum diem conversum, prout Paulus asserit.

Cap. iii. Quod non sit dies octava appellata dominica in memoriam Cœnæ dominicæ, et quod illa ultima dominica Cœna non fuerit facta octava die, quem dominicum diem appellamus, prout vult Paulus, qui diem octavum, quem dominicum diem dicimus, potius more ethnicorum diem solis appellat.

Cap. iv. In quo redarguitur Paulus qui legem veterem Saturninam appellat, et respondetur quibusdam argumentis quibus probare nititur dominicam diem non sic appellandam ob memoriam dominicæ resurrectionis tali die factæ.

Cap. v. Quod præceptum legis de observatione diei septimi figura fuit futuræ tunc resquiescionis Christi in sepulcro; et respondetur ad argumentum Pauli in contrarium.

Cap. vi. In quo respondetur ad aliud argumentum ejusdem Pauli de eadem materia, et refelluntur atque diluuntur nonnullæ ejus calumniæ.

Cap. vii. In quo respondetur aliis argumentis Pauli factis in eadem materia, et probatur evidenter quod Salvator noster, sexta feria passus, sabbato in sepulcro quievit et prima sabbati, quæ est octava dies et dominica appellatur, a morte resurrexit.

Cap. viii. In quo calumniis quibusdam Pauli respondetur atque ipsius præsumptuosa jactantia atque arrogantia refelluntur.

Cap. ix. In quo refellitur error Pauli dicentis translationem nostram usualem sacræ Scripturæ non esse authenticam, sed corruptam.

Cap. x. In quo confutatur prava expositio Pauli illius dicti beati Augustini : « Non crederem evangelio, nisi Ecclesia mihi credendum traderet. »

Cap. xi. In quo refellitur secunda solutio Pauli, quam dat ad argumentum contra se factum pro authenticatione translationis usualis sacrarum Scripturarum.

Cap. xii. In quo refelluntur tertia et quarta solutio seu argumentatio Pauli asserentis et probare conantis translationem nostram usualem Scripturarum sacrarum non esse authenticam.

Cap. xiii. In quo refellitur quinta solutio Pauli, et ostenditur quod ipsa plures in se includit errores.

Cap. xiv. In quo respondetur quibusdam argumentis Pauli a se factis ad colorandum suos errores contra auctoritatem et authenticationem sacrarum nostrarum Scripturarum, quibus romana et aliæ latinæ ecclesiæ utuntur.

Cap. xv. Quod nostra usualis translatio Veteris Testamenti, qua romana et aliæ latinæ ecclesiæ utuntur, est editio beati Hieronymi secundum hebraicam veritatem.

Cap. xvi. In quo idem probatur testimonio Platinæ et beati Augustini, respondeturque ad argumentum quod forsan in contrarium fieri posset.

Cap. xvii. In quo probatur quod nostra usualis translatio non sit aliqua ex septem anterioribus editionibus Veteris Testamenti ex hebræo; item quod Hieronymus duas translationes fecit Veteris Testamenti, et similiter fecit duos prologos suos proprios cuilibet editioni.

Cap. xviii. Quod etiam scriptura Novi Testamenti quo romana et aliæ ecclesiæ latinæ utuntur, est ex translatione ejusdem beati Hieronymi ex græco in latinum eloquium.

Cap. xix. In quo respondetur ad unum argumentum Pauli quo probare nititur translationem nostram usualem Veteris Testamenti non esse Hieronymi secundum hebraicam veritatem.

Cap. xx. In quo respondetur ad aliud ejusdem adversarii argumentum, quo etiam idem quod prius probare conatus est.

Cap. xxi. In quo ratio redditur cur tot ex prologis beati Hieronymi recitati fuerunt, et ponitur totius operis conclusio.

Præfatio.

Cum ad nos, Paule, epistola tua nuper ex Zelandia allata fuisset, lecto dumtaxat ejusdem exordio, brevem ad te epistolam rescripsimus. Neque enim spatium dabat bajulus ejusdem, statim, ut aiebat, ad patriam reversurus, ut eam, quæ satis prolixa exsistit, totam legere tunc potuissemus. Et quidem satis per dictam brevem epistolam tunc responsum existimabamus. Sed cum postmodum, captato ad hoc otio, totam legimus, comperimus eam totam erroribus et contumeliis, more tuo, esse refertam, nec solum id tibi suffecisse quod omni genere probrorum et contumeliarum illum bonum Adrianum, sacerdotem simplicem, lacessieris, nisi etiam majoribus nos et incomparabiliter gravioribus atque famosioribus lacerares, qui, licet indigni ac immeriti, in Christi tamen sacerdotem et pontificem, antequam in hanc lucem editus esses, consecrati fuimus, et, gratias Deo, usque prope octuagesimum ætatis annum pervenimus. Sed si patrem familias dæmoniacum et Beelzebub tui similes appellaverunt, qui et hoc tulit patienter et non propterea ab eorum instructione et doctrina ex magna caritate cessavit, non mirum si et domesticos ejus et indignos servulos probris et convitiis qualibuscumque lacessant. Quas tamen parvifacere, ipsius exemplo et sacratissimis præceptis instituti, ipso adjutore decrevimus, et sui nominis causa portare patienter, non desinentes propterea tibi ex fraterna caritate ostendere quomodo epistolæ tuæ manifestos errores contineant contra doctrinam, observantiam et prædicationem catholicæ Ecclesiæ et doctorum ab ea approbatorum, ut, si ad eorumdem sacram doctrinam humiliandum et captivandum tuum animum, procul dubio nimium tumidum et præsumptuosum, in obsequium fidei duxeris, et saluti tuæ prosit correctio atque emendatio salutaris, et aliis antidotum effici possit, ne potati calice Babylonis, quo inebriatus quodammodo esse videris, similibus, quibus et tu, erroribus implicentur. Quæ cum ita scribimus aut loquimur, rogatum te velimus ut, non ad personam tuam, quam in Christi caritate diligimus, contumeliam dictam existimes, sed ad rem potius et causam in qua nobis reprehendendus esse videris et emendandus, id referas. Neque enim et nos, tot annorum episcopus, si in aliquo errasse inveniremur, ut beatus Augustinus de se ipso humillime dixit, a puero etiam anniculo doceri et emendari recusaremus. « Corripiet me tamen justus in misericordia et increpet me, » ait regius propheta; « oleum autem peccatoris (fermentum habens hæreticæ pravitatis) non impinguet caput meum. »

Initium capituli primi libri I.

Ad tuam igitur epistolam ad nos scriptam veniendo, initio ejusdem dicis te ad nos scribere decrevisse ut malam opinionem, quam tui sycophantæ instinctu concepimus, et inter amicos et parentes tuos sparsimus te absente, submoveas. Ad quod in primis respondemus : ad scribendum nos contra errores tuos nullatenus illius boni sacerdotis Adriani adhortatione aut precibus, quem more tuo dente canino contumeliis non cessas incessere, sed zelo fidei dumtaxat calamum assumpsimus; neque vel erga tuos, nobis prorsus ignotos, malam de te opinionem spargeremus; sed missa ad nos ex Lovanio epistola tua impressa, ad universitatem Lovaniensem scripta, cum errores multos eam continere videremus, inscio penitus dicto domino Adriano, contra venenum in eadem contentum aliquid remedii, ne simpliciores quique eo inficerentur, parandum existimavimus. Cujus cum ad venerabilem patrem dominum abbatem Middelburgensem fama pervenisset, copiam commentarii nostri sibi fieri postulavit. Quam cum sibi libenter dari jussissemus, non diu post per aliquem (quem quis sit seu fuerit ignoramus) ad te in Italiam missa fuit et ad te pervenit.

Dicis consequenter nos falso te criminari dixisse Salvatorem nostrum feria sexta non fuisse crucifixum, etc.

Ex eodem capitulo, de quodam usu in scholis theologiæ observato.

Qui argumentis contra se factis respondet et ea conatur dissolvere, non dubium quin positionem cujus argumenta contraria dissolvere conatur, tanquam veram pro posse sustinet et defendit. Unde neque in schola Parisiensi neque etiam in aliis scholis theologorum permittitur cuiquam positionem sive conclusionem ponere quæ sit contra fidei veritatem.

Ex capitulo III, quid sit glossa Aurelianensis.

Sed vide quæso quam absurda et ridicula sit hæc tua expositio et glossa quam facis; quæ profecto, ut joco sæpe dici solet in regno Franciæ, potest dici esse glossa Aurelianensis, quæ destruit textum. Nam Aurelianis, ubi est famosum studium juris, super lege prima Cod. *De usuris*, ubi dicit lex quod usuræ per stipulationem promissæ, etiamsi instrumentum contractus hoc minime contineat, tamen optimo jure debentur, cujusdam doctoris expositio invenitur, qui glossavit *optimo* id est *pessimo*. Propter quod de talibus glossis in Francia versum est in proverbium, quod est glossa Aurelianensis, quæ destruit et corrumpit textum.

Ex capitulo VI, de Postillis ab auctore adversus Paulum scriptis.

Non dixit Christus « Post triduum reædificabo illud, » quemadmodum falso allegas; sed cum ejecisset ementes et vendentes oves et boves, etc., de templo, et a Judæis interrogaretur : « Quod signum ostendis nobis quia hoc facis? » respondit Jesus et dixit eis : « Solvite templum hoc et in tribus diebus (non post tres dies, ut tu falso allegas) excitabo illud, » non « reædificabo, » quemadmodum falsi testes sibi imposuerunt. Hoc ita, ut diximus, legitur Johannis secundo capitulo. Nec, ut credimus, illud ejus responsum aliter in Evangelio invenies, nisi forte ad illud tuum suffragium duxeris recurrendum, quod evangelia quibus romana Ecclesia et tota lingua latina utuntur corrupta sint et a græca littera dissonantia, more Manichæorum et aliorum hæreticorum, qui, cum per sacræ Scripturæ auctoritatem convincebantur, dicebant sacras Sripturas suæ hæresi contrarias fuisse falsatas, ut sæpe dicit B. Augustinus in libris contra Faustum. De quo satis dixisse arbitramur in Apparatu seu Postillis quas super epistola tua ad Lovanienses scripsimus.

Ex capitulo vi libri II. Testimonium auctoris de Poggio.

Quod autem scribis nos Johannem Bocacium et Poggium invitos facere astrologos, nescimus quomodo hoc somniare potueris, quoniam invenire nusquam poteris eos a nobis dictos seu appellatos astrologos, neque tales eos fecisse nec volentes nec invitos; sed historiographos potius vel etiam philosophos et oratores satis famosos fuisse eos dicere possumus, præcipue Poggium, quem tempore Eugenii pontificis ipsi Florentiæ cognovimus ultra annos quinquaginta, et cum eo aliquando colloquia familiaria habuimus.

Ex eodem capitulo, de scriptis Thomæ Basini contra Judæos.

Quod vero te jactas non pauciora quam nos in christianæ religionis favorem contra Judæos scripsisse in anteaque te scripturum esse, non modo non invidemus, verum etiam commendamus atque laudamus.

Ex capitulo vii, quoddam dictum Pauli de nativitate Maximiliani.

Sed te, qui in epistola tua ad Lovanienses, te fecisse prognostica asseris ad viginti annos de eventibus humanis et iis quæ libero subjacent arbitrio, dicens paulo post : « Utinam nativitas regis Romanorum nota mihi fuisset, ut circa eam aliquid laboris insumere potuissem, et mille forsitan hominum saluti consuluissem, » diximus, et merito, per hoc te videri asserere errorem Priscillianitarum seu genethliacorum, quos inter hæreticos beatus Augustinus ponit in libro De variis hæresibus, cap. LXX.

Ex capitulo VIII, de presbytero Adriano, quo instigante se Postillas suas scripsisse negat Basinus.

Quantum vero ad illum sacerdotem spectat quem tot contumeliis et probris lacessisti, multum erras in eo quod eum præcipuum amicum nostrum appellas, et quod dicis nos eum summis laudibus extollere. Nam cum eo nullam unquam familiarem conversationem aut amicitiam habuimus neque habemus, et ubi sit vel uti versetur penitus ignoramus. Sola vero nobis ad eum amicitia est qua a Domino jubemur proximos tanquam nos ipsos diligere. Sed non parum mirati sumus quomodo tu, qui homo laicus es, Christi sacerdotem præsumpseris tot injuriis afficere, qualibus si etiam scurram quempiam aut turpissimum lenonem afficeres, merito redarguendus esses et corripiendus. Hoc autem scias quod per eum nec epistolæ tuæ ad Lovanienses unquam notitiam accepimus, nec ipsius suggestione aut gratia commentum ad eam scribere aggressi fuimus. Imo nec cum eo unquam verbum tunc habueramus, nec sciebamus nomen ejus aut qui ipse esset, quem tot contumeliis incessebas. Sed diu satis postquam scripseramus, hoc nobis innotuit.

Conclusio operis.

Ut igitur huic nostræ tecum disputationi, quam satis prolixam habuimus, finem aliquando imponamus, monemus te, o Paule, iterum atque iterum fraterna et christiana caritate, ut, non plus sapiens quam oportet, sis contentus sapere ad sobrietatem, et, tuas temerarias et damnabiles opiniones abjiciens et relinquens, consentias sententiæ, prædicationi atque doctrinæ sanctæ romanæ Ecclesiæ et sanctorum et catholicorum doctorum ab ea approbatorum. Quod nisi feceris, et in præsumptuosis erroribus tuis pertinaciter persistere malueris, scias te a nobis et a cunctis catholicis tanquam hæreticum merito reputandum et vitandum.

Index errorum Pauli, conclusioni subjectus.

Articuli errorum Pauli de Middelburgo quos inseruit in suis epistolis : in prima ad doctores et magistros Lovanienses, et in secunda quam scripsit ad reverendissimum in Christo patrem dominum Thomam, archiepiscopum Cæsariensem.

I. Quod signum datum a Salvatore (Matthæi xii.) de Jona, quod, sicut fuit Jonas in ventre ceti tribus diebus et tribus noctibus, etc., debet exponi et intelligi de tribus diebus et tribus noctibus, non per synecdochen, sed sicut ipsa verba præ se ferunt, non diminuendo hujusmodi signum.

II. Quod Salvator passus est in cruce xxii. martii, et xxv. martii resurrexit.

III. Quod Salvator non fuit crucifixus sexta sabbati seu feria sexta.

IV. Quod non fuit crucifixus octavo kalendas aprilis.

V. Quod non fuit crucifixus in parasceve, accipiendo parasceve pro sexta sabbati.

VI. Quod non surrexit a mortuis prima sabbati, die scilicet octava quam dominicam appellamus, imo nec tertia die.

VII. Quod dies octavus, quem dominicum appellamus, non est talem appellationem sortitus ob memoriam dominicæ resurrectionis eo die factæ.

VIII. Quod dies quo Salvator ultimam cœnam cum discipulis suis fecit, fuit dominica dies, quam Paulus, more ethnicorum et gentilium, diem Solis appellat.

IX. Quod Paulus diem sabbati more idolatrarum diem Saturni appellat.

X. Quod legem Moysi Saturninam appellat a sidere seu idolo Saturni, dicens eam obscuram, torpidam atque lividam.

XI. Quod ipse Paulus ex suis epistolis et pronosticis convincitur manifeste asserere errores Priscillianitarum et mathematicorum seu genethliacorum et fatalitiorum.

XII. Quod in primitiva Ecclesia, etiam in romana Ecclesia, observabatur in celebratione Paschæ decima quarta luna primi mensis, quacumque feria eveniret.

XIII. Quod Salvator in suos sycophantas sive calumniatores verba probri et contumeliæ reddidit sive retulit, quemadmodum ipse Paulus in eos qui juste eum reprehenderunt, facere non erubuit.

XIV. Quod ipse Paulus asseruit quod sententia et mens Salvatoris fuit signum Jonæ quod Judæis dedit, Matthæi XII., intelligi debere de tribus diebus et tribus noctibus, non per synecdochen, sed prout ipsa verba sonant : quod non est aliud dicere quam de tribus diebus et tribus noctibus integris.

XV. Quod, quia a domino Cæsariensi reprehensus de hoc, ostensus est manifeste hæresim asserere, ipsum dominum Cæsariensem non est veritus asserere hæreticum propterea esse, et, quod deterius est, etiam ex hoc nostrum piissimum Salvatorem hæreticum appellare, cujus sententia et mens fuit, uti Paulus asserit, signum Jonæ a se datum non per synecdochen, sed prout verba præ se ferunt et sonant, debere intelligi : per hoc easdem contumelias et blasphemiæ retorquens notam in Dei Ecclesiam et doctores sanctos ab ea approbatos, qui signum illud Jonæ a Salvatore datum de tribus diebus et tribus noctibus per synecdochen debere exponi censuerunt et dixerunt.

XVI. Quod Scripturæ sacræ nostræ usualis translationis Veteris et Novi Testamenti non sunt authenticæ.

XVII. Quod sunt etiam falsatæ, vitiatæ et corruptæ, ab hebræis et græcis exemplaribus discrepantes.

XVIII. Quod translatio Veteris Testamenti non est illa quam edidit beatus Hieronymus secundum hebraicam veritatem.

TÉMOIGNAGES

DES

AUTEURS ORIGINAUX SUR THOMAS BASIN

TÉMOIGNAGES

DES

AUTEURS ORIGINAUX SUR THOMAS BASIN.

ROBERT BLONDEL.

Dans son *Assertio Normanniæ*, l. II., c. vi. Ms. latin n° 6198 (fol. 30) à la Biblioth. impériale [1].

Qualiter, fortalitio Pontuli-maris subacto, urbs Lexoviarum et fere tota diocesis per eosdem principes comitem Dunensem, de Augo et Sancti-Pauli, episcopo ejusdem urbis favente, sub regis obedientia redacta fuit.

Solertissimus bellorum ductor [2], ubi felix guerræ expeditio prospere succedit, ad alia oppida festinans pergit et quam plurima, hostibus parum resistentibus,

---

1. Sur cet ouvrage et son auteur, qui fut l'instituteur du plus jeune fils de Charles VII, voir une notice étendue de M. Vallet de Viriville dans les *Mémoires de la Société des Antiquaires de Normandie* (1851), et aussi le tome VI des *Notices et extraits des manuscrits de la Bibliothèque du roi*. Plusieurs passages de l'*Assertio Normanniæ* ont d'ailleurs été cités en note dans le premier volume de la présente édition.

2. Le comte de Dunois.

longa non exspectata mora cepit. Ecce Gallorum acies, militari ordine decenti constructæ, Lexovias proficiscuntur ut ipsam urbem repentino insultu subjugent aut de obsidione dura vires atterant; quam martia juventus non per valvas apertas, sed muros vi superatos intrare captabat, ut omnia prædæ cupitæ cedant. Hoc enim comperto, ingenti metu perculsi formidabant hostes. Potius ad miseram necem quam ad dirum conflictum parantur. Cives quidem rerum, liberorum, uxorum, corporum perditionem fore propinquam non mediocriter verentur. Tum episcopus, inter pericula vir consultus, ardens urbis suæ impendenti calamitati studiosus obviare et fidelitatis integritatem, quam ad regiam majestatem gerebat, ostendere, inimicos elegans orator alloquitur :

« Viri egregii, regis vestri Henrici probitas hanc urbem vestræ ditioni subegit, atque cives devicti vobis fidem sacramento [præstiterunt], et rex vester vosque ipsis adversus invasores virilius tueri promisistis. Nunquam fidem juratam civis unus perniciosus infregit, nec quidquam sinistri et subdoli in vestri securitatem molitus est. Cæterum vestram dignitatem, ubi supremam sui domini majestatem, fideli obsequio et summa reverentia hæc urbs subacta semper coluit; et, si vires vestræ modernæ ipsam invasam ab hostium direptione præservare non valeant, nec hæc urbs obnoxia fidem pactam in sui subversionem continuare vobis astringitur, verum aliunde suarum fortunarum, liberorum, uxorum et propriam corporis salutem naturali jure vigilantius sibi procurare tenentur. Ecce innumeri hostes in valvis adsunt, qui vos, Anglicos, et nos, cives, parato insultu obruere sæviunt. Et nunc extrema necessitas vestram virtute tutari hanc urbem cogit, vel sese integram reddere Gallis oportebit; et si quingenti bellicosi viri, armis electi, apud Pontulummaris Gallorum insultu obruti fuerint, pensate quo vigore, quibus armis vos pauci tantæ multitudini, tanto furori adversari et eorum impetum cohibere poteritis. Vos primo aggressu obruti, uti pecudes trucidabimini, vel tetris carceribus prolapsi trudemini, quos, anxia fame et vermibus corrosos, exspirare aut in lacum demergi continget. Quid auxilii isti calamitosi et cives inermes et nos, viri ecclesiastici imbelles, vobis feremus? Nos, jam horrenda mortis imagine confecti, nullam geremus opem; cæterum communis omnium nostrum inermium fuga, salus una ad sacrum decurrere templum, vel nos, jam hostium telis et facibus constrati, occisori prona colla submittemus, aut complosas manus victor improbus captivas strictius alligabit. Universas facultates invasores funditus rapient, vel acerbissimus ignis græcus ab extra transmissus nostra et vestra conflagrabit universa, et forsitan cives, liberos, uxores concremabit. Etsi nos ecclesiasticos et incolas vita non spolient, attamen cuncti, fortunis absorptis, officiis, proventibus et dignitatibus privabuntur; etsi clementia principis salva supersint corpora, verumtamen nuda, uti materno ventre nascentia, remanebunt : ut satius nobis esset miserrimis nos simul omnes mori quam ad tam calamitosam inopiam belli infortunio devenire. Idcirco, viri egregii, vestram humanitatem devotissimus obtestor et instantissime requiro ut, dum adhuc res opportuna sinit, nostræ et vestræ in maximo periculo versatæ consulamus saluti. »

His et aliis Anglici persuasionibus inducti, quanquam

ægre, assentiunt ut prælatus, vir optimus, et cives super urbis deditione cum illustri comite, regis locumtenente, compositionem ineant; quam ad civium et rei publicæ utilitatem et cupitam hostium expulsionem admodum conficiunt, uti hostes, rebus et corporibus salvis, abscedant, cleri et cives personatuum, dignitatum, officiorum et rerum quieta possessione conservati, elargita principis gratia potiantur.

Urbe reducta, ad regis obedientiam sexdecim circumfinitima castra et fere universam diocesim et Algei patriam[1] reduci[2] lætitant. Tum, barbaris exactis, veteres domini profugi ad lares paternos et rerum proprietatem jucundissimi redeunt; tum populus, gravi belli onere non oppressus et commeatu pugnatorum leniori exactus, regem Karolum summo amore complecti et ad cœlum plus quam mortalem et suos bellorum principes extollere cœpit. Milites cæterosque guerræ bellum agentes vultu hilari domi tutoque hospitio recipere, liberaliorique manu solvere volenti pretio recusato, alimenta gratis erogare Lexoviarum cives gaudent; moreque castrorum humanissima reductio partibus ab obsidii[3] armorum subsidium muneraque feralia ferendi Rothomagum facultatem barbaris detraxit, eorumque non modicum potentiam abstraxit.

1. Le pays d'Auge.
2. *Reducti* dans le ms.
3. *Obsidiis* dans le ms.

JACQUES BOUVIER DIT BERRY

Dans sa relation du reconvrement de la Normandie et de la Guienne, que Godefroy a fondue avec la chronique de Charles VII par le même auteur. Extrait du Ms. français 9669-2-2.

Après ceste prinse de Pontiau-de-mer, incontinent lesdictz seigneurs qui furent à la prinse se partirent et vindrent devant la cité de Lisieulx en molt belle et grant ordonnance. Et quant ceulx de ladicte cité de Lisieux veirent ladicte puissance devant eulx pour les mettre en l'obéissance du roy de France, se rendirent sans cop férir par le moyen de l'évesque du lieu, lequel doubtoit que la ville ne fust prinse d'assault et pillié; pourquoy il fist la composicion et s'i gouverna grandement et honnorablement.

JEAN CHARTIER

En sa chronique de Charles VII, publiée par Godefroy, et corrigée ici au moyen du Ms. 8350 de la Biblioth. imp.

La reddicion de Lisieulx au roy de France.

En ce mesmes temps le dit conte de Dunois, lieutenant général du roy, le conte de Saint-Pol et autres qui avoient esté à la prinse de Ponteau-de-mer, se partirent, et chevaulchèrent en grant ordonnance et multitude de gens de guerre jusques devant la cité de Lisieulx pour y mettre le siége. Mais quant ceulx de la ville apperceurent sy grant nombre de gens, considérant que la ditte ville ne povoit pas longuement tenir ne resister à celle puissance, doubtans aussy qu'elle ne fust prinse d'assault et par ce périe, pillée et destruite, après pluiseurs parolles et parlemens faiz entre eulz, la mirent en l'obéissance du roy de France ès mains de son lieutenant par l'admonestement et conseil de leur évesque, qui se gouverna grandement et honnourablement ; et n'y eut en ycelle fait aucun dommaige ou perpétré, mais demourèrent tous et chascun endroit soy maistres et seigneurs de leurs biens et revenues dont ilz possessoient par avant laditte reddicion, et rendirent avec ce pluiseurs menues places estans à l'entour dudit Lisieulx.

L'entrée du roy à Vernoil.

Le xxviie jour dudit mois (d'aoust) oudit an, entra le roy de France en la ville de Vernoil en molt grant estat et noblement acompaignié, lequel fut honnourablement receu de ceulx de la ville qui furent aux champs audevant de lui à tout les clefz et en grant procession, faisans les feux et criant « noë! » de joie parmi la ville ; en laquelle il fut par certaine espace de temps ; auquel lieu vindrent devers lui les évesques de Lisieulx et cellui d'Auxerre lui faisant hommage.

L'entrée du roy à Rouen.

Chevaulcha le roy jusques à ung trait d'arc près de la porte Beauvoisine, du costé des Chartreux. Et là vint audevant monseigneur le conte de Dunoiz, son lieutenant général, monté sur ung destrier couvert de veloux vermeil, vestu d'une jaquette de veloux vermeil fourée de martres, et avoit chainte une riche espée garnye de pierres de dyamans, rubiz et ballaiz, prisée à quinze mille escus. Avec le dessusdit estoient le seneschal de Poitou et Jacques Cuer, argentier du roy, montez sur bons destriers, vestuz et couvers comme ledit lieutenant. Pareillement estoient avec ledit lieutenant monseigneur le conte d'Évreux et messire Guillaume Cousinot, le bailli institué de nouvel. Et amena ledit lieutenant pour lui faire révérence et obéissance les archevesque de Rouen et évesques de Lisieulx, de Baieulx et Coustances à tout les citoiens de sa bonne ville et cité de Rouen. Et incontinent que lesditz prelatz eurent fait leur devoir ainsy que tenus y estoient, ilz s'en retournèrent dans la ville et laissèrent lesdis citoiens, qui estoient en grant nombre, tous vestus de bleu et chaperons rouges, avec ledit lieutenant, lequel les présenta au roy..

RELATION DE L'ENTRÉE DE CHARLES VII A ROUEN,

Publiée par M. Mazure, dans la Revue anglo-française de 1835, d'après un cahier manuscrit joint à l'édition princeps du *Sophologium Jacobi Magni* de la Bibliothèque publique de Poitiers.

Devant Nostre-Dame, sur ung eschaffault, y avoit ung grant cerf blanc que deux damoiselles tenoient, et le présentoient au roy. A la descendue du roy, à l'entrée de l'église, furent audevant l'arcevesque de Rouen, l'évesque de Lizieux, l'évesque d'Évreux et l'évesque de Coustances, tous revestus et les mitres à leurs testes. Et en ce point entra le roy dedans l'église Nostre-Dame; et le mercredi ensuivant, fut par les gens d'église faicte une très belle proposition devant le roy par ung notable maistre en théologie, qui print son tiesme : *Benedictus qui fecit nobis misericordias, dedit nobis jucunditatem cordis, et fieri pacem in temporibus nostris;* et le divisa bien grandement et notablement.

CHRONIQUE DU BEC-HELLOUIN.

Extrait publié par de La Roque, en son Histoire généalogique de la maison de Harcourt, t. III, p. 540.

Carolus desponsat Normanniam ; pactum cum Carolo initum dirimit rex.

Considerans dictus dux quod potentiæ ejus (videlicet regis) non valeret resistere, discessit de Normannia et Britanniam ivit, suique consules, puta episcopus et patriarcha Bajocensis, episcopus Lexoviensis et plurimi alii, patriam et propria beneficia relinquentes, dictum ducem supposito ei consilio sequuti sunt, et multi nobiles Normanniæ captivi remanserunt cum duce, et alii ex toto perierunt.

ROBERT GAGUIN,

De origine et gestis Francorum, lib. X, c. VIII, *ad ann.* 1466.

Periere præterea alii non pauci ex Normanna gente, qui Carolo duci favebant. Et Thomas Basinus, Lexoviorum episcopus, in Brabantiam se recipiens, cum juris peritissimus haberetur, juris interpretationem in schola Lovaniensi, quoad vixit, professus est : homo procul dubio magnanimus et morum Ludovici contemptor.

ADRIANUS DE VETERI-BOSCO

Dans son histoire de Liége sous le gouvernement des évêques Jean de Heinsberg et Louis de Bourbon, *Amplissima collectio*, t. IV, col. 1292.

In festo sanctæ Margaritæ[1], dominus Ludovicus de *Bourbon*, electus confirmatus Leodiensis, qui anno Domini MCCCCLVI, ipso die, fuerat Leodii in dominum et pastorem receptus, et anno Domini MCCCCLXVI, ultima februarii, ad minores ordines, et in crastino, prima martii, cum aliis ordinandis in subdiaconum ordinatus, et in die visitationis beatæ Mariæ in diaconum, et in octavis apostolorum Petri et Pauli, quæ erat in dominica, consecratus in presbyterum per d. Johannem, episcopum Liberiensem, suffraganeum suum, in ecclesia Nostræ Dominæ Hoyensis, fuit in eadem ecclesia consecratus in episcopum per reverendum patrem dominum episcopum Luxoviensem de Normannia, qui celebravit missam, præsentibus episcopis scilicet, d. Johanne episcopo Liberiensi prædicto, suffraganeo Leodiensi, de ordine Minorum, dominoque episcopo Salebriensi, de ordine Carmelitarum, suffraganeo Cameracensi, et episcopo Dragonensi, de ordine Prædicatorum, suffraganeo Tornacensi. Fuerunt præsentes abbates mitrati, abbas Stabulensis, Sancti-Trudonis, Sancti-Huberti et

---

1. 20 juillet 1466.

Floreffiensis (illi de Leodio non poterant venire propter colubrissarios qui obsidebant itinera); non mitrati, abbas de Magno-Prato, de Villari, de *Brongne*, de Novo-Monasterio, de Alna, de Helechenis; decani et canonici qui Hoyi erant, et multi nobiles. Et tenuit convivium apertum in castro, ubi fuerunt circiter, secundum famam, dcc comedentes.

CHRISTOPHE BROUWER

D'après les registres de la ville et de l'université de Trèves, dans le livre intitulé *Antiquitatum et annalium Trevirensium libri* XXV, *auctoribus Christophoro Browero Geldro-Arnhemensi, et Jacobo Moseno, Juliaco-Dalensii*, etc. in-fol. 1670, t. II, p. 299.

Joannes academiæ instituendæ negotium, quod a Jacobo[1] inchoatum adhuc jacuerat, excitare denuo studuit. Re igitur cum senatu populoque communicata, utrinque placuit uti præsul, acceptis ab civitate duobus aureorum millibus, academiam cum diplomatis olim jam a Nicolao pontifice datis in fidem senatus potestatemque traderet dederetque, et novas super a Xysto litteras impetraret, quæ ea ipsa sancirent quæ veteribus erant tabulis consignata.

Anno igitur ad exitum vergente, confecta argenti summa, legati Confluentiam profecti pecuniam præsuli numerarunt atque inde a pontifice duorum millium aureorum apocham retulerunt, signatam Confluentiæ die lunæ post Valentini, mense februario

1. Jacques de Sierk, soixante-quatorzième archevêque de Trèves, prédécesseur immédiat de Jean de Bade, qui est le sujet de la phrase.

exeunte, anno Christi MCCCCLXXII, more trevirensi, litterasque paucis post diebus ad senatum perscripsit Johannes legatos civitatis, tradita pecunia, invicem bullas ex condicto recepisse : « proinde academicum » inquit « ludum in Dei nomine inchoare atque, uti par in talibus, rem administretis licet. »

Hoc responso senatus accepto, ingenti animorum alacritate convocatis bonarum artium doctoribus, quod bonum, faustum felixque provinciæ Trevirorum, ipsis posterisque eorum esset, ire et capere exordia a Deo O. M. jusserunt. Die igitur XVI mensis martii, omnium collegiorum et templorum clerus, cœnobitarum celebratissimi quique cum universitatis toto corpore, quod tum doctoribus quidem facultatum diversarum, sed juris humani divinique præsertim notitia præstantium, constabat decem, artium vero liberalium magistris viginti in æde B. Petri primaria congregati, qua maxime fieri potuit sacrorum religione rem divinam procurarunt auspiciaque ceperunt præclarissimi instituti, Spiritus sancti implorato nomine. Sacrorum antistes omnium Thomas fuit episcopus et comes Lexoviensis, qui, patratis rite missarum solemnibus, supplicantis agmen cleri infulatus ducebat, hærentibus hinc inde lateri Antonio B. Maximini et Joanne D. Matthiæ, pontificio item ornatu, abbatibus. Per idemque tempus cancellarius academiæ creatus perpetuus archiepiscopus; patroni vero sive conservatores, præpositus ædium maximæ Philippus a *Sirck*, abbas D. Matthiæ, qui tum erat Joannes Donnerius e Batavia, Veteribus-Aquis oriundus, et cœnobiarcha domus Carthusiensis Joannes de Geymaria. Porro Nicolaus *Raemsdonck* primus omnium rectoris nomine cum amplissima potestate artium ac disciplinarum omnium studia moderatus est : is qui ante complures annos Coloniæ Agrippinensium idem munus cum dignitate sustinuerat.

PETRUS DE RIVO,

Théologien de l'Université de Louvain, dans son traité intitulé *De anno, die et feria dominicæ passionis* [1].

Illa occasione scandali data per dictam ipsius (Pauli Middelburgensis) apologiam, sicut plane sensit venerandus ille pater dominus archiepiscopus Cæsariensis, colendæ memoriæ, qui non nisi zelo fidei ductus eidem apologiæ postillas correctorias ascripsit; seque moriturum perpendens, ab hæredibus suis poposcisse dicitur quatenus, quidquid vivens adversus magistrum Paulum scripserat, suis impensis imprimi facerent divulgarentque ad scandalum, quod ex illius scriptis succrevisse noverat, dirimendum. Is me primum adhortatus est ut calamum suscipiens de tempore dominicæ passionis, etc.

1. Ce livre, imprimé à Louvain en 1492 par Jean de Westphalie, est d'une excessive rareté. Il m'a été impossible de me le procurer. C'est Baluze qui m'a fourni le passage que je rapporte, ayant eu soin de le transcrire en tête de sa copie du traité de Thomas Basin contre Paul de Middelbourg. Voy. ci-dessus, p. 107.

WILLEM HEDA,

Prévôt d'Arnheim à la fin du xv⁰ siècle, historien des évêques d'Utrecht, dans le Recueil publié en 1643 par Arnold Buchelius sous le titre de *Historia Ultrajectina*, p. 305.

Anno mccccxci decessit Trajecti Thomas Bazinus, archiepiscopus Cæsariensis, sepultus in choro templi divi Johannis, vir nobilis, ex Galliis provincia armorica oriundus, magnæ prudentiæ et in sacris litteris apprime eruditus. Jam offert se occasio aliquid de eo disserendi. Hic erat primo episcopus et dux Lexoviensis, civitatis armoricæ, Carolo VII ejus nominis, Gallorum regi, percharus, et idcirco Ludovico ejus filio, qui omnes quos genitor observaverat summe odiebat, infensus, sive quod prudentiæ suæ, sive potentiæ gentilium suorum Baziniorum invidebat, falso suspicans illum Anglis et Burgundionibus favere. Ac primum aula ejecit, demum regno expulit et, tyrannico animo uti erat, facultatibus et ecclesia spoliavit, atque in ejus vicem successive tres pseudo-episcopos intrusit : persequens jam pulsum, ne abstractus securusque viveret quocumque locorum sese diverteret, ita ut primum apud Lovanium, postea Treviros, demum Trajectum ad Rhenum exilium sibi deligeret; et, quod longe crudelius est, non contentus hujusmodi furore, partim minis, partim pollicitationibus falsis illum coegit ut ecclesiæ renuntiaret, servato modico censu arbitrario pro alimentatione. Hoc tamen non contigit, nisi postquam divina ultio fuisset subsecuta : nam, uti affirmant etiam testes hujus rei superstites, ex tribus pseudoepiscopis unus sibi mortem conscivit, dejiciens se in puteum; alter similiter dedecorose finivit vitam; tertius item subitaneo periit. His ferus rex territus, ut aliquis cum justo titulo ecclesiam acquireret, excogitavit fieri renuntiationem, quo apparerent damna et injuriæ reparatæ.

Bazinus itaque diu sollicitatus, tandem duxit cedendum furori et importunitati, renuntiavitque ecclesiæ illi, a Sixto romano pontifice translatus ad sedem Cæsariensem archiepiscopalem, reservato annuo censu a Lexoviensi, residuum dierum apud Trajectum in pace finiens. Et quamvis postea a Carolo rege, Ludovico patre rege defuncto, potestas redeundi illi offerretur, perstitit in priore conditione, ne non contentus incertis fluctibus fortunæ sese amodo subjiceret.

VALERIUS ANDREAS

Dans ses *Fasti Academici studii generalis Lovaniensis* (p. 165), d'après les archives de l'université de Louvain, Gaguin, Willem Heda, et d'autres documents qui existaient de son temps dans les Pays-Bas.

Thomas Basinus, Caleto oriundus, magister Parisiensis, receptus ad facultatem artium Lovanii an. MCCCCXXXI, prid. cal. januarii, ibidemque promotus in jure canonico an. MCCCCXXXVII, xvi kal. decembris, tunc legum licentiatus deque concilio facultatum iv et universitatis. Postea Lexoviorum episcopus, in Gallia, ut scribit Rob. Gaguinus lib. X. de orig. et reb. gestis Francorum, et ex eo Jac. Meyerus, XVII annal. Flandriæ, ad ann. MCCCCLXXII, in Brabantiam se recipiens, cum juris peritissimus haberetur, ejusdem interpretationem in schola Lovaniensi professus est. In chronicis Bethleemitici monasterii, extra Lovanium, legitur reverendissimum Thomam Basinum, Lexoviensem episcopum, v. i. doctorem et maximum theologum, unum quondam ex præcipuis Caroli, Francorum regis, consiliarium, qui a facie Ludovici regis spontaneum agebat exsilium, anno MCCCCLXVI cum Roberto de Lacu Bethleemenses visitasse. Scribit et Guil. Heda Basinum, episcopum et ducem Lexoviensem in Armorica, Carolo VII, Gallorum regi, percarum et idcirco Ludovico, ejus filio, infensum, exsulemque primo Lovanii, deinde Treviris, demum Trajecti ad Rhenum sibi delegisse domicilium, ac postremo, coactum renuntiare ecclesiæ Lexoviensi, a Sixto pontifice fuisse translatum ad sedem archiepiscopalem Cæsariensem, reservato annuo censu e Lexoviensi, ac residuum dierum apud Trajectum in pace finiisse, dum a Carolo Ludovici filio revocatus redire nollet, ann. MCCCCXCI, die III decembris. Sepultus autem est ad S. Joannem, in medio chori, sub sarcophago qui hodieque visitur, evulsa ab iconoclastis lamina cuprina. Ibidem inter geminos utrinque gradus, quibus in chorum ascenditur, ad parietem legitur hoc epitaphium :

ROTHOMAGO NATUS, A STIRPE BASIN NOMINATUS,
THOMAS, ECCLESIÆ QUI PRIDEM LEXOVIENSIS
PRÆSUL STATUTUS AC DEPOST, SORTE MINANTE
OMNIA QUÆ VERSAT, PRÆCLARO CÆSARIENSI
PRÆFECTUS TITULO, COGOR AB HOC TUMULO.
SARCOPHAGUM CERNENS ET ME PIA MENTE RECENSENS
CŒLI SINE MORA PRO ME DOMINUM, PRECOR, ORA.
OBIIT ANNO A NATIV. DOMINI MCCCC XCI. DIE III. DEC.[1]

1. Valerius Andreas a omis cette dernière ligne que nous suppléons d'après le *Trajectum eruditum* de Gaspard Burman, et le *Gallia christiana*.

GASPARD BURMAN.

Ce savant Hollandais, à la suite d'un article sur Thomas Basin, inséré dans son *Trajectum eruditum* (p. 17), et qui n'est pas autre chose qu'un abrégé de la notice de Valerius Andreas, ajoute ces renseignements :

Cum ipso Trajectum venisse videtur frater ejus Nicolaus Basinus, qui Trajecti etiam mortuus et in eadem ecclesia (scil. S. Johannis) sepultus fuit. Certe ibi sepulchro ejus sarcophagus, his litteris inscriptus, impositus fuisse dicitur :

Nicolaes Basins die sterft in't jaer O. H. mccccxcv *den* xxvi *dag in junio, en nog meer van syne nakomelingen. Bid G. voor aller zielen*[1].

Lapis parieti insertus hæc verba servabat :

Ao. Domini mccccxcv, *die* xxvi *junii ob. venerandus vir Nicolaus Basin, reverendissimi in Christo patris et domini D. Thomæ, Cæsariensis archiepiscopi, in choro hujus ecclesiæ sepulti, germanus, Rotomago oriundus, moribus actibusque insignis hic sepultus.*

Et :

Ao. Domini mcccclxviii, *die* xxvii *mens. martii, obiit honoranda domicella Catharina de Quesnay, quondam uxor Nicolai Basin, oriunda de Rotomago, sepulta Brugis in monasterio fratrum B. Mariæ de monte Carmelo in capella S. Nicolai, cujus anima req. in pace.*

Hoc me monuit optimus Drakenborchius.

[1]. « Nicolas Basin qui trépassa en l'an de N. S. 1495, le 26ᵉ jour de juin, avec d'autres de sa postérité. Priez Dieu pour leurs âmes à tous. »

LE P. POMMERAYE

En son Histoire de l'église cathédrale de Rouen, p. 246.

Sa mémoire se conserve encore à Caudebec où on le voit dépeint dans une vitre du chœur de l'église paroissiale[1] dans laquelle il fit aussi quelques fondations ; et dans les registres de la cathédrale il y a un acte du 23 novembre 1451 qui fait foy du serment qu'il fit à l'église de Rouen.

LES AUTEURS DU GALLIA CHRISTIANA

Dans leur notice sur Thomas Basin (t. XI, col. 795) d'après plusieurs actes des archives de la cathédrale de Lisieux, qui n'ont point été retrouvés, ou d'autres informations dont le contrôle n'est plus possible.

Lexoviensis episcopus creatus est a Nicolao V, quinto idus oct. 1447, ut docent regesta Capituli et Vaticani, in quibus ex canonico hujus ecclesiæ per obitum Pasquerii electus recensetur.

Synodum habuit die 16 maii 1448, in qua synodales diœcesis ordinationes renovavit.

Anno 1452, 29 oct. bonorum suorum temporalium professionem fecit, quæ comprobata est 8 jan. 1453.

Anno 1463 cum Johanne, abbate Fiscannensi, pro collegio Lexoviensi apud Parisios statuta condidit, quæ confirmata sunt 16 maii[2].

Exstabant omnia ejus opera mss. Lexovii, apud D. Guillelmum *Le Rebours*, vicarium generalem, unde

---

1. Ce vitrail n'existe plus.
2. Il y a de cet acte une notice informe parmi les papiers du collége de Lisieux aux archives de l'Empire (M. 149) ; ni l'un ni l'autre des réformateurs n'y est nommé.

ad nepotes transiere, a nepotibus in bibliothecam Stephani Baluzii, et tandem in bibliothecam regiam. Ex his discimus Thomam collegii Antuerpiensis ædificandi auctorem fuisse[1].

Antonii *Raguier*, domini *de La Mothe-Tilly*, consiliarii et thesaurarii Parisiensis, filius Ludovicus, electus Lexoviensis per translationem Thomæ ad Cæsariensem archiepiscopatum legitur 8 idus junii 1474 in regesto Sixti IV et in libro solutionum Vaticani. Obiit ante consecrationem et ante festum S. Michaelis 1474, quo die sedes Lexoviensis vacabat in regesto Scacarii: unde Ludovicus, episcopus Trecensis defunctus an. 1488, in testamento apud Camusatum sic : « Legamus nepotibus nostris Jacobo, episcopo Trecensi, Johanni et Drogoni, filiis Antonii, dictis *les Raguiers*, omne debitum quod nobis debebat nepos noster Ludovicus Lexoviensis electus, eorum frater, ascendens ad mille quingenta scuta auri. » Primus est[2] e tribus episcopis quos rex Ludovicus XI in Thomæ vicem successive intrusit, « quorum unus sibi mortem conscivit, dejiciens se in puteum, etc. » inquit Wilhelmus Heda in historia Ultrajectina.

1. Erreur des Bénédictins. Il n'y a rien de tel ni dans l'Apologie, ni dans le *Breviloquium*.
2. Il est au contraire le dernier, car il faut évidemment compter pour deux de ces trois intrus les frères Mannoury, dont l'un eut la grâce expectative du pape, dont l'autre ne doit qu'à une erreur de Guillaume Heda d'avoir été représenté comme un successeur de Thomas Basin, quoique par le fait il ait disposé de la mense épiscopale aussi bien que s'il avait été évêque.

PIÈCES

CONCERNANT LES AFFAIRES OU LA FAMILLE

DE THOMAS BASIN

PIÈCES

CONCERNANT LES AFFAIRES OU LA FAMILLE

DE THOMAS BASIN.

I.

Obligation de la ville de Rouen envers Michel Basin contribuant à un emprunt pour acquitter ce qui restait dû aux Anglais de la capitulation réglée en 1419 [1].

10 octobre 1430.

La ville de Rouen est tenue à Michiel Basin, demourant en la paroisse de S. Denis, en la somme de quarente livres tournois qu'il a aujourd'huy prestez au grant besoin et nécessité de ladite ville pour aidier à faire certain payement de xii^x salus qu'il fault promptement faire sur la somme de xxiiii^x salus encore deubz de reste de la composition et rendue de ladite ville de Rouen avec autres choses à recouvrer avec ledit reste; de laquelle somme de xl livres tournois

---

1. Copie moderne dans Fontanieu, portefeuille 116, aux mss. de la Bibl. imp.

ledit Michiel Basin sera paié sur les aides et revenues de ladite ville ou autrement, ainsi que l'en advisera pour le mieux et plus diligamment que faire se pourra ; et à ce tenir et paier Pierre Daron, procureur général d'icelle ville, obliga par vertu de sa procuration tous les biens et revenues de ladite ville présens et advenir. Donné soubz le petit seel aux causes du bailliage de Rouen, le xe jour d'octobre, l'an mil cccc et trente. *Signé*, Martin.

II.

Acte de rapport à la succession non encore ouverte de Jean Basin, père de Thomas Basin [1].

21 juin 1436.

Jean Basin, épicier, bourgeois de Caudebec, ayant depuis peu donné à Michel Basin, son fils aîné, bourgeois de Rouen, et à ses hoirs, trois maisons situées sur la paroisse de Saint-Vincent à Rouen, Michel Basin les remet aux mains de son père « pour considération de ce que de son dit père il pouroit et devroit estre, se le cas s'offroit, le plus prouchain héritier, et que, par la coustume du païs de Normendie, nul ne peut de son héritage avantager par don ne autrement aucun de ses enfans ne autres qui actendent succession de lui, l'un plus que l'autre, qui, après le décès du don-

---

1. Notice communiquée par M. de Beaurepaire, archiviste du département de la Seine-Inférieure, d'un acte inséré dans les registres du tabellionage de Rouen.

neur, ne doye estre rapporté à partie entre ses autres enfans et héritiers ; et aussi que en nulle manière il ne voulloit les autres enfans d'icelluy son père estre de sa succession frauldez. »

III.

Droit acquitté par Thomas Basin pour son entrée au chapitre de Rouen [1].

23 mai 1441.

Anno Domini millesimo ccccxli, die xxiij° mensis maii, capitulantibus dominis et magistris J. Basseti, cantore; Rad. Rousselli, thesaurario; Roberto Morelleti, cancellario; Rad. de *Hangest*, J. Regis, N. *Caval*, G. de Liveto, J. Gauffridi, M. Sutoris, J. de Quesneyo, R. Sutoris, P. de *Laigny*, G. *Letourneur*, J. de Eudemara, Jacobo *Deshayes*, Rad. *Veret* et G. *Poullard*, Thoma *Basin*.

Præfati *Deshayes* et *Basin* pro suo jocundo adventu, pro processione sancti Gervasii, solverunt quilibet c. solidos pro distribuendo inter dominos canonicos et capellanos in dicta processione exeuntes. De qua somma prefati domini capitulantes se tenuerunt pro bene contentis, et quictaverunt ipsos *Deshayes* et *Basin* [2].

1. Archives de la Seine-Inférieure, *Reg. capit. Rothom.* n° 15.
2. Thomas Basin est assidu aux réunions du chapitre jusqu'à celle du 31 août de la même année; après quoi son nom ne se trouve plus.

IV.

Difficultés suscitées à Thomas Basin au sujet de la possession de sa prébende à la cathédrale de Rouen [1].

Mai-juin 1441.

Anno Domini MCCCCXLI, die xxvijᵃ mensis maii, capitulantibus dominis et magistris J. *Basset*, cantore; Roberto Moreleti, cancellario; R. Barberii, Rad. de *Hangest*, J. Regis, N. *Caval*, G. Fabri, J. Piqueti, G. de Liveto, J. Gauffridi, M. Sutoris, J. de Quesneyo, R. Sutoris, P. de *Laigny*, Jacobo *Deshayes*, G. *Nugues*, Thoma *Basin*, Rad. *Veret*, L. *Surreau* et G. *Poullard*.

Prefatus magister Michael Sutoris se opposuit ne distribuciones hujus ecclesie tradantur seu deliberentur prefato magistro Thome *Basin*, quousque appareat de pacificacione facta inter dictum *Basin* et M. Hectorem de *Coquerel* super canonicatu et prebenda hujus ecclesie Rothomagensis. Et immediate comparuit prefatus *Deshayes*, qui dixit quod ipse credebat quod ipsi essent concordes; et quia dicebatur quod ipse fuerat presens cum dictis *Basin* et *Coquerel*, fuit sibi assignata dies veneris proxima ad informandum dictos dominos capitulantes de predicta pacificacione.

Die ijᵃ mensis junii.

Hanc diem assignatam prefato magistro Jacobo ad informandum dictos dominos capitulantes de pacifi-

---

[1]. Archives de la Seine-Inférieure, *Regist. capit. Rothom.*, n° 15.

cacione habita seu facta inter prefatum Thomam *Basin* et Hectorem de *Coquerel* super jure canonicatus et prebende hujus Rothomagensis ecclesie, prefati domini certis de causis eos moventibus, *in absencia dominorum Deshayes et Basin*[1], continuaverunt in statu usque ad diem lune proxime venturam.

Die x° mensis junii.

Prefatus magister Robertus Barberii, judex virtute Clementine « Generalis ceterum, etc. » subdelegatus in hac parte, coram dictis dominis capitulantibus dixit et asseruit quod magister G. *Lemachecrier*, succentor et canonicus Rothomagensis, procurator venerabilis viri magistri Hectoris de *Coquerel* sufficienter fundatus, presente prefato Jacobo *Deshayes*, notario in hac parte seu causa, coram dicto judice nomine quo supra renunciavit liti et cause coram ipso inter dictum de *Coquerel* et prefatum *Basin* ad causam canonicatus et prebende hujus Rothomagensis ecclesie pendenti, et quod de hoc dictus *Basin* prefato *Deshayes* instrumentum petiit. Et hoc similiter dixit et asseruit dictus *Deshayes* coram dictis dominis capitulantibus, qui hujusmodi relationem seu assercionem hic regestrari fecerunt.

1. Basin et Deshayes sont pourtant nommés au procès-verbal comme capitulants.

V.

Élection de Thomas Basin comme recteur de l'université de Caen[1].

1ᵉʳ octobre 1442.

Rectoria domini Thome *Basin*, utriusque juris professoris et artium magistri.

Anno domini millesimo quadringentesimo quadragesimo secundo, prima octobris, fuit congregata universitas studii Cadomensis ad eligendum novum rectorem, juxta statuta ejusdem universitatis, per venerabilem virum magistrum Robertum *Masselin*, magistrum in artibus, bachalarium in theologia, rectorem tunc universitatis, apud Fratres Minores in loco capitulari, hora octava. Et dederunt singule facultates suos intrantes[2] : facultas theologie, magistrum Johannem *Fleurie*, sacre theologie professorem ; magistrum Thomam de Catis, licenciatum in decretis dedit facultas decretorum ; facultas legum magistrum Robertum *Destampes*, in jure civili licenciatum ; facultas medicine magistrum Oliverium *Guernier*, magistrum in medicinis ; facultas artium magistrum Jo. *Senot*, artium magistrum. Qui concorditer elegerunt dominum Thomam *Basin*, utriusque juris doctorem et artium magistrum, Rothomagensis diocesis, in rectorem ejusdem universitatis.

1. Archives de l'hôtel de ville de Caen, *Livre du recteur* (1439-1510), fol. 15 v°. Ce procès-verbal est écrit tout entier de la main de Thomas Basin.
2. Les *intrants* ou électeurs.

VI.

Lettre de créance pour Thomas Basin et autres négociateurs envoyés à Charles VII au sujet du mariage d'une de ses filles avec le fils aîné du duc d'York [1].

10 juin 1445.

Très hault très excellent et très puissant prince et très redoubté seigneur, je me recommande à vous très humblement. Et vous plaise savoir que j'ay receu voz gracieuses lectres données à Keurres lez Saint Michiel en Barroiz, le xiiij° jour du moys de may nouvellement passé, à moy présentées par messire Richard Merbury, chevalier, bailli de Gisors, et Jehan Harnoiz, escuier, bailli de Mante; et par icelles et aussi par le raport des dessus nommez ay sceu la bonne disposicion en laquelle estes de entendre à la conclusion de mariage de l'une de mes très honnorées dames voz filles et de mon filz aînsné, Edouart de York, dont je me suis parfaictement esjoy et consolé et vous en remercie, car j'ay bien congnoissance que en plus hault lieu et parage ne pourroit estre colloqué et assigné mondit ainsné filz. En vos dictes lectres est nommée Magdalene; maiz actendu son très joene aage et que naturelement, et le plus honestement que l'aage le donnera, je desire généracion procéder de mondit ainsné filz,

---

[1]. Orig. en papier, dans le Recueil de Legrand sur Louis XI, t. Ier des pièces originales. Cette lettre fait partie d'une correspondance dont il y a d'autres pièces dans le ms. de Baluze 9037-7 à la Bibl. imp.

véant par le raport desdiz Merbury et Harnoiz que icellui mon filz seroit d'aage plus convenient et sortissable avecques madame Johanne de France, l'une de voz dictes filles, je me suis arresté et déterminé à elle. Se c'est le bon plaisir de vostre haultesce, y entendrez; par devers laquelle vostre haultesce et à celle cause je envoye presentement en ambaxade reverend père en Dieu l'évesque de Bayeux, conseiller de mon seigneur le Roy, ledit messire Richard Merbury, maistre Thomas Basin, docteur en droiz canon et civil, Jehan de Clay, escuier, trésorier de la despense de mon hostel, ledit Jehan Harnoiz et maistre Jehan du Drosay, secrétaire de mondit seigneur le Roy et le mien, pour parler et conclurre sur ladicte matière, dont leur ay baillié povoir souffisant de ma partie. Lesquelz et les cinq ou quatre d'eulx vous plaise de vostre benignité agréablement recevoir, et à ce que par eulx vous en sera dit et exposé ceste foiz de ma part adjouster pleine foy et crédence comme à moy mesmes, se présent y estoye, en moy mandant et faisant savoir voz très nobles vouloirs et plaisirs pour entendre à l'acomplissement d'iceulx selon ma possibilité. Très haut, très excellent et très puissant prince et très redoubté seigneur, je prie le benoit filz de Dieu qu'il vous ait en sa saincte garde et doint bonne vie et longue. Escript à Rouen, le xe jour de juing.

Vostre très humble parent, le duc de Yorck. *Signé* R. YORK.

VII.

Affaire du past dû par Thomas Basin au clergé de la cathédrale de Rouen, à cause de son élévation au siége épiscopal de Lisieux [1].

28 décembre 1447 — 23 novembre 1451.

Anno Domini M CCCCXLVII, die xxviij° mensis decembris, capitulantibus domino et magistro Philippo de Rosa, thesaurario; Andrea *Marguerie*, archidiacono Parvi-Caleti; Ro. Moreleti, cancellario; Nicolao *Caval*, Guillelmo *Lemachecrier*, Jo. Gauffridi, Guillelmo de Liveto, Johanne *Deudemare*, Jacobo de Haiis, Guillelmo *Nugues*, Philippo Furnerii, Nicolao de Atrio, Gerardo *Folie*, Laurentio *Surreau* et Guillelmo *Poulart*, canonicis.

Comparuit in capitulo dominus Thomas *Basin*, presbyter beneficiatus, in episcopum Lexoviensem electus et confirmatus, qui exposuit se disposuisse alias prebere pastum ecclesie Rothomagensi, prout suffraganei episcopi hujus provincie tenentur; sed quia habuerat licteras ab Anglia ut vellet transire ibidem, et ita infra breve tempus non posset parare dictum pastum, ob hoc supplicabat quod DD. vellent super hoc ipsum dominum episcopum juvare et consilium dare, et quod in arbitrio dominorum ponebat, videlicet an reciperent pastum in specie vel componerent in pecunia.

[1]. Archives de la Seine-Inférieure, *Reg. cap. Rothom.*, n°⁵ 17 et 18.

Domini, habita inter eos deliberacione, concluserunt extunc esse in arbitrio dicti domini episcopi remictendum : prout remiserunt. Qui quidem dominus episcopus requisivit quod vellent loqui cum domino Rothomagensi et quod haberet composicionem cum ipsis de pastu hujusmodi, et si somma esset levis, satisfaceret ante suum recessum ; sin autem, solveret dictum pastum post regressum suum. Et pro hujusmodi composicione facienda et super hoc cum domino Rothomagensi communicando deputaverunt magistrum Philippum de Rosa, Robertum *Morelet*, Johannem Regis et Nicolaum *Caval*.

— Anno Domini m cccc xlvii[1], die quarta mensis marcii, capitulantibus, etc.

De pastu domini Lexoviensis DD. concluserunt quod, si voluerit prebere pastum, detur sibi bonus terminus ; et si voluerit exempcionem habere, oppinione domini Rothomagensis sit quictus pro c libris turon. Faciat tamen juramentum assuetum ad cornu altaris, presente presbitero dietario cum testibus.

— Anno Domini m cccc xlviii, die xiij[a] mensis junii, etc.

Super pastu domini Thome, Lexoviensis episcopi, DD. concluserunt quod prebeatur pastus per eum in specie, si dominus Rothomagensis noluerit dare partem suam librarie ecclesie. Et in casu quo voluerit hujusmodi partem dare, DD. deliberabunt de modo tractandi cum dicto domino Lexoviensi.

— Anno Dom. m cccc xlviii, die xxvij[a] junii, etc.

DD. dederunt dilacionem et prorogaverunt tempus

---

1. Vieux style.

seu terminum usque ad festum [sancti Michaelis in Monte Gargano proxime venturum domino Lexoviensi episcopo prebendi pastum ad quem tenetur ecclesie Rothomagensi.

— Anno Domini m cccc xlix[1], die jovis xxvj[a] februarii, etc.

DD. capitulantes ordinaverunt licteras mitti dominis episcopis Lexoviensi et Ebroicensi pro pastibus per ipsos debitis DD. archiepiscopo et canonicis, juxta minutam per manum P. *Delahazardiere* factam, ipsamque registrari in libro capituli.

— Anno Domini m cccc xlix, die mercurii iiij[a] mensis marcii, etc.

DD. capitulantes deputaverunt M. Nicolaum de Bosco, decanum, et Johannem de Rosa, thesaurarium, ad communicandum cum D. archiepiscopo super pastibus per DD. Lexoviensem et Ebroicensem episcopos debitis.

— Anno Domini mccccl, die veneris penultima octobris, etc.

DD. capitulantes concluserunt pastum per D. Lexoviensem episcopum debitum domino archiepiscopo et capitulo ac personis de habitu ecclesie, recipi in specie, et deputaverunt M. Guillermum *du Désert* et L. *Surreau* ad communicandum super hoc cum dicto domino archiepiscopo.

—Anno Dom. m ccccl, die veneris vj novembris, etc.

DD. capitulantes concluserunt D. episcopum Ebroicensem conveniri pro juramento prestando, ut episcopi provincie tenentur in suo primo adventu, et quod

---

1. Vieux style.

super hoc habeatur consensus D. archiepiscopi et deliberetur cum ipso. Et super pastu debito per D. Lexoviensem, congregentur DD. canonici antequam super hoc ulterius concludatur.

— Die sabbati, vij^a novembris, etc.

DD. capitulantes concluserunt se adjungere cum D. archiepiscopo Rothom. ad prosequendum pastum eis debitum per D. Lexoviensem episcopum, expensis D. archiepiscopi et non capituli, attento quod discordia non respicit capitulum.

— Anno Dom. M CCCCL[1], die sabbati ij^a januarii, etc.

DD. capitulantes deputaverunt M. Petrum *Leschamps*, Johannem Fabri et Guillermum *du Désert*, ad prosequendem solutionem pastus debiti per D. Lexoviensem episcopum.

— Anno Domini M CCCC LI, die veneris xix^a mensis novembris, etc.

Comparuerunt in capitulo discreti viri dominus Thomas *Brebencon*, decanus sancti Candidi Senioris Rothomagi, pro domino episcopo Lexoviensi, magistri Guillermus *Huet*, secretarius dicti domini Thome episcopi, et Nicolaus *Mare*, rector scolarum sancti Candidi Senioris Rothomagi, missi, ut dicebant, ab ipso domino episcopo ad ipsos de capitulo Rothomagensi pro ipsis dominis de capitulo et aliis capellanis et clericis de habitu ejusdem ecclesie invitandis et convocandis ad pastum seu prandium, per ipsum dominum episcopum eisdem dominis de capitulo et aliis occasione sue promocionis seu consecracionis in episcopum Lexoviensem debitum, et quod ipsis facere et solvere

---

1. Vieux style.

intendebat in domo sua in hac villa Rothomagensi die martis proxime ventura. Qui quidem domini capitulantes per organum prefati domini thesaurarii eisdem missis responderunt quod libenter in eodem pastu seu prandio in predicto loco interessent, et comparebunt cum aliis predictis de ecclesia.

— Anno Domini m cccc li, die martis xxiij^a mensis novembris, capitulantibus, etc.

Predicta die ad quam invitati erant DD. de capitulo ecclesie Rothomagensis ac capellani et clerici de habitu ejusdem ad recipiendum pastum, per reverendum in Christo patrem dominum Thomam, episcopum Lexoviensem, reverendissimo in Christo patri et domino, domino archiepiscopo Rothomagensi, dictisque DD. decano et capitulo et personis dicte ecclesie Rothomagensis et familiaribus dicti domini archiepiscopi debitum ad causam promocionis dicti domini episcopi in dicto episcopatu Lexoviensi : prefati DD. capitulantes deputaverunt quatuor de majoribus in dignitate seu antiquitate dicte ecclesie pro eundo apud reverendissimum in Christo patrem dominum Radulphum, Dei gratia Rothomagensem archiepiscopum, ad sciendum ab ipso utrum sibi placeret ire ad dictum pastum recipiendum, et quod prefati DD. de capitulo erant ad hoc invitati, prout etiam ipsum reverendissimum patrem fore invitatum credebant, et ibidem accedere intendebant ipsumque D. archiepiscopum libenter associarent. Qui quidem D. archiepiscopus, post multa verba inter ipsos prolata, se consenciit accedere et comparere ad dictum pastum recipiendum. Et paulo post exivit a domo sua veniendo per ecclesiam, cruce ante ipsum more solito portata, dictis quatuor deputatis ipsum associantibus, et etiam aliis DD. canonicis et personis ecclesie ipsos sequentibus; qui cum ipso D. archiepiscopo ad dictum pastum recipiendum accesserunt. Et in loco dicto *la Kalendre*, prefatus D. episcopus Lexoviensis venit obviam prefatis D. archiepiscopo et DD. de capitulo ipsosque conduxit usque ad domum ejusdem domini Lexoviensis, in qua ipsos honorifice recepit, et ibi pransi fuerunt videlicet dicti D. archiepiscopus et DD. de capitulo in quadam camera alta ad partem una cum magistris Johanne *Blondel*, magistro in theologia, et Egidio de Campis, vices gerente officialis Rothomagensis absentis, familiaribus dicti D. archiepiscopi. Alii vero capellani et clerici ecclesie pransi fuerunt in una alia aula minus alta, et ceteri familiares dicti D. archiepiscopi in una alia camera alta.

VIII.

Hommage de Thomas Basin au roi d'Angleterre après son institution à l'évêché de Lisieux [1].

3 février 1448.

A tous ceulx qui ces présentes lettres verront ou orront, Michiel le Poulletier, garde du seel des obligacions de la viconté de Rouen, salut. Savoir faisons que l'an de grace mil cccc quarante sept, le xxiiie jour de février, par Pierres Alatrayme, tabellion juré en

1. Vidimus original aux archives du Calvados, *évêché de Lisieux*.

laditte viconté, nous fu tesmongné avoir veu unes lettres royaulx seellées en simple queue et cire avec, saines et entières en seel et escripture, desquelles la teneur ensuit :

« Henricus, Dei gracia Francorum et Anglorum rex, dilectis et fidelibus nostris, gentibus camere compotorum nostrorum Rothomagi, thesaurario et generali gubernatori omnium financiarum nostrarum in Francia et Normannia, baillivo Rothomagensi ceterisque justiciariis et officiariis nostris aut eorum loca tenentibus, salutem et dilectionem. Notum facimus quod, inspectis per nos bullis apostolicis, per quas ad ecclesiam Lexoviensem, nuper pastoris officio destitutam, de persona dilecti et fidelis consiliarii nostri magistri Thome *Basin*, nobis utique grata et accepta, provisum est, ipse Thomas modernus episcopus Lexoviensis juramentum fidelitatis, quod ad causam temporalitatis ecclesie sue predicte nobis facere tenebatur, hodie in manibus nostris solenniter more solito prestitit et fecit. Ad quod prestandum liberaliter eum admisimus et admictimus, temporalia predicta sibi expediendo et deliberando per presentes, salvo semper jure nostro. Quocirca vobis ac vestrum cuilibet, prout ad eum pertinuerit, tenore presencium districte precipiendo mandamus quatenus omne impedimentum pro parte nostri, ob defectum dicti juramenti fidelitatis minime facti in temporalibus ejusdem ecclesie Lexoviensis appositum, amoventes, ipsum episcopum de eisdem temporalibus nec non de aliis juribus et prerogativis quibuscumque, ad causam ejusdem ecclesie sibi pertinentibus, pacifice uti et gaudere amodo faciatis et permictatis. Datum in castro nostro de *Wyndesore*, tercia die februarii, anno Domini millesimo cccc^{mo} quadragesimo septimo, regnorum vero nostrorum vicesimo sexto. *Ainsi signé* : PER REGEM, episcopis Wyntoniensi et Sicestrensi, comite de *Devenchier* et aliis presentibus. GERVAIS. »

En tesn. ɔing de ce, nous, à la relacion dudit tabellion, avons mis à ce present vidimus le seel desdictes obligacions. Ce fu fait en l'an et jour premiers dessusdis.

Signé : P. ALATRAYME.

Au dos : Collatio presentis transcripti cum originali dato signato et sigillato, posito in albo et in camera compotorum domini nostri regis Rothomagi recenter, facta fuit in dicta camera die xxiij^e mensis februarii, anno MCCCCXLVII, per me, LORIN.

IX.

Collation par Thomas Basin de l'office de penancier à la cathédrale de Lisieux [1].

10 juillet 1448.

Thomas, miseratione divina Lexoviensis episcopus, venerabili et circumspecto viro magistro Gauffrido Coclearis, sacre theologie professori, salutem in Domino. Penitentiariam ecclesie nostre Lexoviensis, quam nuper in eadem ecclesia nostra obtinebat venerabilis eciam et circumspectus vir magister Petrus *Boeun*,

1. Archives du Calvados, *évêché de Lisieux*. Extrait d'un vidimus donné par Denis Dutertre, notaire apostolique à Lisieux, le 12 juillet 1448.

in artibus et theologia magister, liberam ad presens et vacantem per ipsius magistri Petri *Boeun* resignacionem seu dimissionem coram nobis in manibus nostris factam et per nos admissam, causa tamen permutacionis et non alias de eadem facte ad canonicatum et prebendam quos nuper in eadem ecclesia obtinebat; cujus quidem penitentiarie collatio, institutio, provisio et omnimoda disposicio ad nos plenarie spectare dignoscuntur et pertinere : ad laudem Dei vobis, tanquam ydoneo et sufficienti, pietatis intuitu conferimus, et de ipsa cum suis juribus et pertinenciis universis providemus, vós presentem et recipientem investiendo per traditionem litterarum de premissis, administracionem dicti officii vobis commictendo. Vos autem in verbo sacerdotis, manu ad pectus posita, de fidelitate et canonica reverencia et obediencia nobis et successoribus nostris canonice intrantibus fideliter faciendis et exhibendis, et de bonis, libertatibus, juribus et pertinenciis ad eamdem penitenciariam spectantibus non alienandis, sed fideliter conservandis, et de faciendo continuam residenciam in dicta ecclesia nostra, et de exercendo rite et debite hujusmodi penitenciarie officium secundum quod ejus exposcit fundacio, et de aliis in talibus jurari solitis et consuetis solitum et debitum coram nobis et in manibus nostris prestitistis juramentum corporale, quod nos duximus admictendum. Quocirca venerabiles et discretos viros decanum et capitulum ecclesie nostre Lexoviensis tenore presencium requirimus nichilominus et mandando quatenus vos seu procuratorem vestrum, nomine vestro et pro vobis, ad hujusmodi penitenciarie officium et ejus possessionem corporalem cum juribus et pertinenciis universis benigne recipiant; stallum in choro et locum in capitulo dicte ecclesie nostre, ut moris est, vobis vel procuratori vestro assignent; de fructibus, juribus, proventibus et obvencionibus dicte penitenciarie officii universis vobis, quatenus in ipsis est, respondeant et faciant ab aliis quorum interest integre respondere. Datum Lexoviis, sub sigillo camere nostre, die decima mensis julii, anno Domini millesimo quadringentesimo quadragesimo octavo.

X.

Approbation donnée par Thomas Basin au culte d'une relique de la Vierge nouvellement apportée dans l'église de Notre-Dame de la Couture à Bernay[1].

1er août 1448.

Universis presentes litteras inspecturis, Thomas, miseratione divina, Lexoviensis episcopus, salutem in Domino sempiternam. Cum, canente sanctissimo propheta David Dominum in sanctis suis laudari debere et ipsis debite venerationis obsequium impendere, multo fortiori ratione nos ad ejus venerationem devotam obligatos esse censere debemus, que nobis ex suo alvo sanctissimo, Spiritu Sancto cooperante, tocius humani generis protulit Salvatorem Dominum videlicet ac Redemptorem nostrum, Jeshum Christum, qui nostram in humana natura operaturus salutem ex

1. Publié par M. Sainte-Marie Mévil dans la Bibliothèque de l'école des Chartes (4e série, t. I, p. 165), d'après l'original scellé, conservé dans les archives de Notre-Dame de la Couture.

quo in carne nostra nasceretur, elegit uterum virginalem gloriosissime ac beatissime Virginis Marie. Cum itaque nuper ex parte venerabilium burgensium de *Bernays* nostre diocesis, parrochianorum ecclesie Beate Marie de Cultura ejusdem loci, fuerit nobis exhibita et ostensa quedam reliquia de capillis ejusdem gloriosissime genetricis Dei Marie, argento et cristalo decenter adornata, quam, ut dicebant, quidam armatus, sevientibus tunc, proh dolor! per universam hanc Galiam cruentissimis bellis, ex quadam ecclesia prisie hostilis se abstulisse dicebat et in eadem ecclesia Beate Marie de Cultura presentasse; requisitumque nobis fuerit, ne tam preciosa reliquia invenerata maneret, quatinus litteras nostras approbationis, ut in majori reverencia atque veneratione a Christi fidelibus haberetur, dare et concedere dignaremur : Nos igitur, credentes gratissimum atque acceptissimum fore Domino ac Salvatori nostro Jeshu Christo honorem, qui a suis fidelibus gloriosissime ac sanctissime matri impenditur; attendentes et considerantes ex vetustate scripture et litterarum cujusdam breveti in prefato reliquiario introclusi, in quo scriptum est antiquis litteris ibi esse de capillis gloriosissime genetricis Dei Virginis Marie, verisimile esse ita existere prout in hujuscemodi breveto descriptum habetur; quodque etiam ex assercione plurium notabilium burgensium dicti loci de *Bernays* nobis affirmatum fuit prefatum armatum, qui ad dictam ecclesiam Beate Marie de Cultura eamdem reliquiam apportavit, dixisse et attestatum fuisse se eam in quadam ecclesia cepisse in prisia tunc hostili, ubi inter sanctorum reliquias reverenter et venerabiliter servabatur, seque penitencia ductum eamdem in prefata ecclesia de Cultura in honorem gloriose Virginis dedicata reposuisse et collocasse ut a devotis fidelibus, prout talem decet reliquiam, in debita veneratione haberetur : prefatorum burgensium pie peticioni atque devocioni annuentes, prefatam reliquiam pie credentes ibidem esse de capillis Virginis gloriose, secundum quod in prefato breveto, vetustissimis litterarum karacteribus scripto, continetur, nostra ordinaria auctoritate venerandam atque a Christi fidelibus, ut decet, devote adorandam approbamus et laudamus, decernentes quod ipsa reliquia in predicta ecclesia Beate Marie reverenter et honorifice conservetur, et in sermonibus fiendis ad populum in hujuscemodi ecclesia hec nostra approbationis littera publicetur. Datum Lexoviis sub sigillo nostro, die prima mensis augusti, anno Domini millesimo quadringentesimo quadragesimo octavo.

XI.

Information pour un procès soutenu par Thomas Basin contre les habitants de Marolles pour leur faire faire le guet à son château de Courtonne [1].

23 mars 1449.

Informacion faicte par nous, Gallehault de la Rue, lieutenant commis de honnourable homme et sage, Jehan le Conte, escuier, viconte de Monstereul et de

[1]. Original très-endommagé aux archives du Calvados, carton de Lisieux.

Bernay, commissaire du roy nostre sire en ceste partie, par vertu des lettres du roy nostredit seigneur à nous présentées de la partie de revérend père en Dieu, Mons. l'évesque de Lisieux, par lui obtenues pour et à cause de certain discort et procès meu et pendant entre lui, d'une part, et les paroissiens et habitans de Marolles, d'autre, touchant ce que ledit évesque veult contraindre lesdis paroissiens à faire ou poyer guet en son chastel de Courthonne; comme tout ce puet plus à plain apparoir par icelles lectres desquelles la teneur s'ensuit :

« Henry, par la grâce de Dieu roy de France et d'Angleterre, au viconte d'Auge, de Monstereul..... lieuxtenans et à chacun d'eux salut. Receue avons l'umble supplicacion de nostre amé et féal..... l'évesque de Lisieux, contenant comme jà soit ce que les paroissiens et habitans de la paroisse de Marolles, demourans à ung quart de lieue ou environ près du chastel de Courthonne,..... audit supliant soient, d'ancienneté et de tout temps dont il est mémoire[1], subjez à faire..... et garde oudit chastel ouquel ilz ont acoustumé eulz retraire avec leurs biens en..... de guerre, parce qu'ilz y ont et puent avoir plus prompt service et refuge que aileurs; et que dudit guet faire ledit supliant et ses prédécesseurs avoient eu bonne possession sur lesdiz parroissiens, tant au devant de la conqueste et reddition de nostre duchié de Normandie, que depuis, et jusques en l'an mil cccc xxx ou

---

[1]. L'origine de ce service remontait seulement à l'an 1382, Charles VI l'ayant imposé aux villages voisins du château sur la demande de l'évêque de Lisieux. Léchaudé d'Anisy, *Extrait des chartes et autres actes des archives du Calvados*, t. II, p. 21.

environ que, sur la contraincte que on leur fist pour faire ou poier le dit guet, ilz mistrent opposition : sur quoy procès s'assist par devant le bailli de Rouen ou son lieutenant ès assises d'Orbec; èsquelles fu tant procédé que, après informacion faicte par laquelle il fut trouvé qu'ilz y estoient subjès, il fut descléré que, par fourme de provision et le procès pendant, qu'ilz feroient ou poieroient ledit guet sans préjudice d'icelui procès eu cas principal : dont ilz prindrent doléance sortissant juridiction en nostre Eschiquier de Normandie; non obstant laquelle et par vertu de noz lettres obtenus par les prédécesseurs dudit suppliant, ilz eussent de rechief esté condampnés à faire icelui guet, le procès pendant, et sans préjudice d'icelle doléance et cas principal; depuis laquelle condampnacion ou descleracion ainsi faicte après ladicte doléance et l'exécutoire d'icelle, dont lesdiz parroessiens n'ont dollu ne appelé, ilz aient tousjours depuis fait ledit guet; et ce néantmoins, lesdiz habitans en tesant toutes ces choses, ont, ou mois de decembre derrain passé, obtenu noz lettres adrechans à toy, viconte de Monstereul, donnans à entendre que par la dicte doléance par culz prinse oudit an mil ccccxxx ou environ, dont le procès d'icelle n'auroit peu prendre fin à l'Eschiquier derrainement passé, ilz devoient estre et demourer en l'estat qu'ilz estoient du temps que lesdis tors et griefs leur furent ou deurent estre fais; par vertu desquelles et de l'exécutoire qui par toy en a esté donné, lesdis habitans se vueulent exempter de faire ou poier ledit guet : quelle chose faire ne se doit, et est ou grant préjudice et dommaige dudit suppliant, en empeschant sa droicture, saisine et possession, et en desrogant à noz dictes lectres par les prédecesseurs dudit suppliant obtenues, par vertu desquelles il estoit desclairé que lesdis habitans feroient ledit guet par fourme de provision, ledit procès pendant en l'Eschiquier, et sans préjudice d'icelle dolléance et cas principal, ainsi que dessus est desclairé; mesmement que par noz dictes autres lectres obtenus par les prédécesseurs dudit suppliant, lesdis habitans sont et ont esté tenus quictes et paisibles de faire ne poyer guet aileurs que oudit chastel de Courthonne, lesquelles lectres sont obtenus depuis icelle doléance; et pour ce nous a requis ledit suppliant sur ce.... justice : Pour quoy nous, ces choses considérées, vous mandons et à chacun de vous..... que s'il vous appert desdictes lectres ainsi de nous obtenus depuis ladicte doléance prinse par..... pour les contraindre à faire ledit guet, et que depuis ilz l'aient fait par..... à l'empeschement que ilz y ont donné depuis ledit mois de..... derrain passé..... dessusdictes en tant que suffire doye, vous faictes ou faictes faire exprès commandement..... par nous ausdiz habitans qu'ilz facent ledit guet oudit chastel par fourme de provision..... tour quant le cas escherra, ainsi que autreffoys a esté ordonné par nosdictes lettres et descléré par justice, en les contraingnant ad ce par toutes voies deues et raisonnables, selon nosdictes autres lectres données sur ce cas, sans préjudice du droit desdictes parties et de la dicte doléance. Et ou cas que lesdiz habitans vouldroient prétendre à avoir sur ce provision ou remède, ledit guet fait et acompli, faictes assigner aux parties à certain et competent jour, par devant nos amez et féaulx conseillers les gens tenans à Rouen la cour et juridicion de nostre conseil en Normandie, ausquelx la congnoisance des matières de provision appartient, et leur envoiez ladicte informacion ou informacions cloze ou clozes et seellée, en leur certiffiant suffisamment de vostre exploict et de ce que fait en arés en la matière ; ausquelz nous mandons et commectons que de ladicte matière ilz congnoissent, jugent et terminent, en baillant provision en la matière telle qu'il appartendra, en faisant ou sourplus à icelles parties sur tout ouyes raison et bonne justice ; car ainsi nous plaist il estre fait et audit suppliant l'avons octroyé et octroyons de grace especial par ces présentes, non obstans lesdictes lectres ainsi obtenus par lesdis habitans et quelxconques autres subreptices ad ce contraires. Donné à Rouen, le septiesme jour de mars, l'an de grace mil cccc quarante huit et de nostre règne le xxviie. Ainsi signé : PAR LE ROY à la relacion de Mons. le duc gouvernant, J. de RIVEL..... comme dessus. »

Icelle infformacion faicte tant en la ville de Lisieux que au chastel dudit Courthonne, présent et appelé Jehan de Lectre, tabellion du roy nostre dit seigneur en laditte viconté de Monstereul ou siège de Bernay, le xxiiie jour de mars l'an mil cccc quarante huit, ainsi et en la manière que enssuit :

Et premièrement :

Pierres de Neufville, escuier, seigneur des Loges, à présent demourant en la parroesse de Saint Jaques à Lisieux et naguères cappitaine dudit Courthonne, aagié LXX ans ou environ, juré et examiné à dire et d'exposer vérité sur le contenu èsdictes lectres royaulx desquelles nous lui feismes lecture..... a dit et depposé que, au devant de la conqueste, rien n'en soit; mez soit bien que depuis icelle conqueste..... xiiii ans capitaine dudit lieu de Courthonne, auquel lieu il a bien demouré xxv ans..... il a toujours veu et fait venir lesdis paroessiens de Marrolles faire ledit guet..... cause fors qu'il les trouva venans faire ledit guet lorsqu'il fut estably..... entretenus sans nul contredit, reservé jusques au contredit desclairé èsdictes lectres..... enquis, dit que plus n'en soit.

Guillaume de Neufville, escuier, filz dudit Pierres, aagié de xl ans ou environ, demourant à présent oudit lieu de Lisieux, juré et examiné comme dessus, dit et deppose que, audevant de la descente, rien n'en soit; mez soit bien que depuis icelle descente son dit père a esté environ xiiii ans cappitaine dudit lieu de Courthonne, pendant lequel temps il a tousjours veu venir et faire venir lesdis parroessiens de Mairolles faire ledit guet, mez ne soit à quelle cause, fors que son dit père les trouva venans faire le guet lorsqu'il fut estably cappitaine; à quoy icellui son père les a tousjours entretenu sans contredit jusques au contredit contenu èsdictes lectres. Sur tout enquis, dit que plus n'en soit.

Suivent les dépositions conformes de

Guillaume de Trousseauville, escuier, seigneur du Mesnil-Guillaume, aagié de xxx ans.

Guillaume de Rupierre, escuier, seigneur pour partie dudit lieu de Marrolles, aagié de xxx ans.

Cosinet Leset, escuier, demourant à la Cressonnière, aagié de xx ans.

Guillaume Le Feustrier, conseiller en court laye, aagié de l ans.

Huet des Sablons, de la paroesse du Mesnil-Guillaume, aagié de L ans.

Guillaume Feré de Gloz sur Lisieux, aagié de XXV ans.

Simon Ressencourt, de la parroesse de Cordebugle, aagié de XL ans.

Guillaume Faviel, aagié de LX ans ou environ, de la parroesse de Nostre Dame de Livet.

Jehan Douynel, d'icelle paroesse de Livet, aagié de XXXVIII ans.

Colin de la Vatine, de la parroesse de Courthonne-la-Meurdrac, aagié de LX ans.

Jehan Lequien, dudit Courthonne, aagié de L ans.

Jaquet Auffoie, dudit lieu de Courthonne-la-Meurdrac, aagié de LX ans.

Laurens Leboy, dudit Courthonne, aagé de LX ans,
Jehan Gousselin, dudit lieu, aagé de XLV ans.

Bellot Fervagu, dudit lieu, aagé de LV ans.

En tesmoing desquelles choses nous, lieutenant dessus nommé, avons signé ces présentes de nostre seing manuel et seellés du seel dont nous usons oudit office; et à greigneure probacion a esté pareillement mis le seel manuel dudit tabellion, en l'an et jour dessus premiers dis.

Signé G. DE LA RUE *et* J. DE LETTRE, *avec paraphes.*

XII.

Procès-verbal de l'institution de Jeanne Peynel, abbesse de Notre-Dame de Lisieux, nouvellement confirmée par Thomas Basin[1].

24 mars 1449.

In nomine Domini amen. Per hoc præsens et publicum instrumentum cunctis pateat evidenter et sit notum quod, anno ejusdem Domini m cccc xlviii ind. xii, die vero dominica et mensis martii xxiv, pontificatus sanctissimi in Christo patris ac domini nostri, domini Nicolai, divina providentia papæ V, anno iii, in mei, notarii publici, et testium infra scriptorum præsentia personaliter constituta religiosa domina Joanna *Peignel*, nuper electa et confirmata in abbatissam monasterii monialium beatæ Mariæ extra muros civitatis Lexoviensis, ordinis sancti Benedicti, post munus benedictionis eidem abbatissæ electæ et confirmatæ, ut præmittitur, a reverendo in Christo patre et domino, domino Thoma, dei gratia episcopo Lexoviensi, die prædicta, in capella sui palatii Lexoviensis impensum et per ipsam receptum de more solito et debito, venit ante majus altare chori ecclesiæ Lexoviensis et ibidem, per aliquod temporis spatium geni-

---

1. Archives du Calvados, *évêché de Lisieux*, expédition sur papier timbré de 1698, portant l'indication que voici : « Extrait d'un grand cartulaire relié en parchemin, couvert de bois, attaché d'une chaîne de fer au bureau du chapitre de Lisieux, intitulé *Secundus liber cartarum capituli* et dont est tiré ce qui ensuit, fol. 127, v°. » Ce registre n'est pas arrivé à Caen.

bus flexis in oratione stetit. Qua oratione completa, ad dictum altare, præsentibus et assistentibus venerabilibus et circumspectis viris, dominis et magistris Alexandro *Vollant* et Guillelmo *Aubri*, in sacra pagina professoribus, nec non Joanne *Baudain*, Petro *Sinel* et Joanne *Lestourmy*, dicto Vivi, presbiteris, dictæ Lexoviensis ecclesiæ canonicis, tam ipsorum quam aliorum fratrum suorum concanonicorum nominibus propter ipsius abbatissæ receptionem congregatis, accessit, eundem altare deosculando, et deinde supra hujusmodi altare, tactis sacrosanctis evangeliis, juravit et juramentum solenniter præstitit de reverentia et honore per ipsam abbatissam dominis decano et capitulo dictæ Lexoviensis ecclesiæ debitis in futurum faciendis et exhibendis, prout et quemadmodum continebatur in quadam schedula in pergameno scripta, quam tunc de verbo ad verbum perlegit, et agnoscendo contenta in eadem, signo cujusdam crucis manu propria signavit, cujus schedulæ tenor de verbo ad verbum sequitur in hunc modum :

« *Je Johanne, esleue abbasse du monastère de Nostre Dame de Lisieux, au doyen et chapitre de Saint-Pierre de Lisieux prometz garder honneur et reverence deubz segon l'estat de ma profession.* » Sic signatum ✝.

Quibus sic actis, præfati domini canonici præsentes, ut præmittitur, quibus supra nominibus dixerunt eidem abbatissæ quod in suo jocundo adventu tenebatur ad hujusmodi altare tradere et offerre decem libras cum duobus potis vini et duobus panibus, petentes per ipsam dictam satisfactionem de hoc fieri. Ad quod respondit ipsa abbatissa quod libenter faceret id ad quod tenebatur et prout prædecessores ipsius abbatissæ fecerant[1], præsente venerabili viro magistro Guillelmo *Mite*, presbitero in utroque jure licenciato, sigillifero dicti reverendi in Christo patris domino episcopi, qui pro eadem abbatissa de dictis decem libris, si reperiatur ipsam abbatissam ad hoc teneri, fide jussit et eisdem dominis canonicis satisfacere promisit sub suorum præsentium et futurorum mobilium et immobilium hypoteca et obligatione bonorum. De et super quibus omnibus et singulis præfati domini canonici, nominibus antedictis, per organum dicti magistri Petri *Sinel* petierunt a me, notario publico infra scripto, publicum instrumentum unum nec plura sibi fieri et tradi, astantes ibidem de præmissis vocando in testes.

Acta fuerunt hæc in choro ecclesiæ Lexoviensis prædictæ, sub anno et indictione, die, mense et pontificatu prædictis, præsentibus discretis viris dominis Guillelmo *Buisson*, Michaele *Renaut*, Johanne *des Marestz* et Guilberto *du Houx*, presbyteris in dicta ecclesia Lexoviensi beneficiatis, nec non Johanne *Lalouyer* et Johanne *Thibaut*, habitum et pannos hujusmodi ecclesiæ deferentibus, cum domino Jacobo *Peignel*, milite, et Thoma *Lelouin*, cum multis aliis testibus ad præmissa vocatis pariter et rogatis.

Sic signatum : Et ego Johannes *Gondouin*, nunc presbiter Lexoviensis diocesis, publicus authoritate imperiali curiæque episcopalis Lexoviensis notarius juratus, quia præmissis omnibus et singulis, dum, ut

---

1. Cette prestation, contestée quelques années après, a donné lieu à un procès entre Thomas Basin et son chapitre. Voy. ci-après, nº XXVIII.

supra scribuntur, agerentur, dicerentur et fierent, una cum testibus præscriptis personaliter interfui, eaque sic fieri vidi et audivi, in notam recepi, et in hanc formam publicam redegi. Ideo hoc publicum instrumentum, manu propria fideliter scriptum, signo meo solito signavi in fidem et testimonium eorumdem præmissorum. J. GONDOUIN.

Signé TAUPIN *avec paraphe.*

XIII.

Traité entre Thomas Basin et les capitaines français, pour la reddition de Lisieux [1].

16 août 1449.

C'est le traictié et appoinctement fait pour la composicion et redduccion de la ville et cité de Lisieux, entre haulx et puissans et très redoubtés seigneurs, MMgrs. les contes d'Eu, de Saint-Pol et de Dunoys, le sire de Gaucourt, conseiller et chambellan du roy, le sire de La Varenne, conseiller et chambellan du dit seigneur, son séneschal de Poictou, les sires de Culant, de Bleinville, aussi ses conseillers et chambellans, maistre Guillaume Cousinot, son conseiller et maistre des requestes de son hostel et bailli de Rouen, le sire de Xaintrailles, bailli de Berry, et Robert de Floques,

---

1. Extrait des lettres de ratification données quelques jours après par Charles VII, étant à Verneuil. *Ordonnances des rois de France*, t. XIV, p. 61, d'après le registre du Trésor des chartes, J. 180, p. 21.

escuier, bailli d'Evreux, d'une part, et révérend père en Dieu et très honoré seigneur Thomas, par la permission divine évesque et conte de Lisieux, pour et ou nom des gens d'église, nobles, gens de guerre, bourgeois, manans et habitans de ladicte ville et cité, d'autre.

Premièrement, est accordé et appoinctié entre lesdictes parties, que toutes personnnes de présent estans en ladicte ville et cité, de quelque estat, nation ou condition qu'ilz soient, auront leurs corps, vies et biens sauves, et s'en pourront aler ceulx qui aler s'en vouldront, et transporter ou faire transporter leurs biens où bon leur semblera, pour laquelle chose faire, auront ceulx qui s'en vouldront aler au contraire party le terme de trois jours prouchains venans à vuider ladicte ville, et transporter leursdicts biens, le terme de quinze jours; et leur sera baillé bon sauf conduict en général ou en particulier, ainsi qu'ilz adviseront pour ce faire.

2. *Item*, est accordé et appoinctié que les absens qui pour leurs affaires ou autres causes sont de présent hors de ladicte ville, s'ilz veulent retourner en icelle en l'obéissance du roy nostredict seigneur, faire le pourront jusques à six mois prouchainement venans, et joyront ceulx qui retourneront du party contraire en ladicte obéissance du roy dedans le terme dessusdict, de leurs héritaiges, biens, immeubles, depuis leurdict retour, tout ainsi que s'ilz eussent esté en ladicte cité ou temps de la réduccion d'icelle.

3. *Item*, est accordé et appoinctié que tous les manans et habitans de ladicte ville, qui vouldront demourer en l'obéissance du roy, joyront de tous

leurs héritaiges, biens et possessions immeubles, quelque part qu'ilz soient en ladicte obéissance, tout ainsi que se continuelment ilz eussent demouré en ladicte obéissance, et jamais ilz n'en fussent saillis, non obstans quelzconques dons, déclaraicions ou adjunccions au domaine faiz au contraire.

4. *Item*, que tous les gens d'église estans de présent en ladicte ville, cité et diocèse dudict Lisieux, demourront paisiblement en la possession, saisine et joyssement de toutes les prébendes, dignitez, cures, chapelles, personnaiges ou autres bénéfices ou offices ecclésiastiques quelzconques estans ou royaulme de France, qu'ilz tiennent et dont ilz estoient possesseurs et en joyssoient au jour de ladicte réduccion, par quelque tiltre que ce soit, non obstans quelzconques dons, collacions, provisions, présentacions faictes ou temps précédant, ou qui d'icy en avant seroient faictes ou octroyées à autres personnes, soit par don de régale de quelque autre seigneur temporel ou ecclésiastique, ou autrement; sauf et reservé que s'il y avoit aucun qui tensist et possédast aucuns desdicts bénéfices ou offices ecclésiastiques par la privacion de ceulx qui ont tenu le party et obéissance du roy, en icellui cas, les dons à eulx faiz seront nulz, et rentreront lesdicts privez en leurs dicts bénéfices ou offices, ainsi qu'ilz estoient ou paravant ladicte privacion. Et aussi est accordé pour la sceureté des gens d'église, que de tous lesdicts bénéfices qui pourroient avoir cheu en régale, et là où l'en pourroit dire que ladicte régale auroit esté du serment de féaulté non fait au roy par mondict seigneur de Lisieux, ses prédecesseurs évesques, ou autrement, iceulx gens

d'église auront nouvel don et collacion de régale, se prendre le veulent, de leursdicts bénéfices, en tant que à chacun d'eulx pourra toucher, en telle forme de lectres que au cas appartiendra, en cassant et irritant tous autres dons de régale faiz au contraire, selon le contenu de ce dit article.

5. *Item*, est accordé et appoinctié que les gens d'église bénéficiez en la cité et diocèse dudit Lisieux, de quelque bénéfice et à quelque tiltre que ce soit, qui de présent sont absens, se ilz veulent retourner en l'obéissance du roy d'icy à trois mois, faire le pourront, et en icellui cas auront le paisible joyssement de leursdicts bénéfices.

6. *Item*, et au regart dudit Monseigneur l'évesque et conte de Lisieux, est accordé et appoinctié qu'il demourra paisiblement en la possession et joyssement tant de l'espirituel que de tout le temporel dont il estoit en possession le jour de la réduccion, soit en l'obéissance du roy ou des Anglois, sans ce que on lui mecte quelconque empeschement pour occasion de régale ou serement de fidélité non fait au roy nostredict seigneur, ou autre occasion quelconque; et aura terme de povoir faire ledict serement de féaulté jusques à ung an prouchainement venant.

7. *Item*, qu'il joyra de la seigneurie temporelle de la cité et banlieue de Lisieux, dont il est conte à cause de son église, et de sa juridiccion temporelle et ecclésiastique, ainsi que par chartres royaulx anciennes il a droit et a coustume de faire, et de droit lui appartient.

8. Que lui et ses bourgois garderont chascun une clef des portes, le cappitaine la tierce, ainsi qu'il a esté de tout temps acoustumé.

9. *Item*, qu'il aura joyssement du droit qu'il a de nommer au roy, nostre sire, cappitaine pour la garde de sa cité, lequel sera confermé par le roy, ainsi qu'il estoit accoustumé devant l'occupacion faicte par les Anglois, combien que par la violence de la guerre n'en ait pas tousjours joy.

10. *Item*, est accordé et appoinctié que, au regart du lieutenant du cappitaine et autres gens de guerre estans en ladicte ville, tant de la garnison dudict lieu que d'autres lieux, ilz s'en pourront aler franchement en leur party et emporter ou faire emporter et en mener leurs biens, harnois de guerre, chevaulx, bagues, lectres et escriptures; et pour eulx en aler auront le temps dessusdit de trois jours, et à vuider et faire en mener leurs dessusdicts biens, le tems et et terme dessusdicts de quinze jours, et leur sera baillié bon sauf-conduit et sceurté pour ce faire, ainsi qu'ilz requerront, comme dessus est dict : durant le temps desquelz quinze jours ils pourront vendre et distribuer leurs dicts biens, se bon leur samble, sans arrest, destourbier ou empeschement aucun; et avecques ce, se aucune chose leur est deue en leurs privez noms par contraulx par eulx faiz, ilz en pourront faire la poursuitte dedans les dicts quinze jours, et leur sera administrée bonne justice.

11. *Item*, est accordé et appoinctié que, se aucuns d'eulx veulent demourer en l'obéissance du roy, faire le pourront, et joyront de tous leurs héritaiges, biens et possessions immeubles, et des franchises des autres habitans, en faisant le serement d'estre bons, vrais et loyaulx subgiez du roy.

12. *Item*, est accordé et appoinctié que tous les

officiers tant du roy d'Angleterre que du duc d'Yorck, de quelque estat ou condicion qu'ilz soient, et les femmes d'iceulx officiers qui sont de présent en ladicte ville, et dont leurs maris sont dehors d'icelle, et généralement toutes autres femmes d'iceulx officiers estans en ladicte ville et dehors, qui s'en vouldront aler ou party contraire, faire le pourront et pourront emporter ou faire emporter tous leurs dicts biens, chevaulx, harnois, lettres, escriptures ou autres choses quelzconques, et les faire mener où bon leur samblera, d'icy au terme de quinze jours dessusdict; et pour ce faire auront sauf-conduit valable, ensemble ou par parties, ainsi que dessus; et s'aucunes debtes estoient deues ausdicts officiers en leurs noms, ilz les pourront avoir, pourchasser et recouvrer jusques au terme dessusdict; et si auront sauf-conduit suffisant par hérault ou autrement pour ce faire.

13. *Item*, que tous les habitans demourront en leurs franchises, libertez et saisines; et qu'ilz soient gouvernez en justice selon la coustume du païs et d'icelle ville, comme ilz estoient ou tems de la descente des Anglois et auparavant d'icelle.

14. *Item*, que les ordonnances faictes par justice sur le fait des mestiers d'icelle ville soient confermées par le roy.

15. *Item*, que abolicion et pardon général soit octroyé ausdicts habitans de tous cas, crimes, faultes ou délitz par eux commis, soit en général ou en particulier, contre et ou préjudice du roy et de sa seigneurie, par quelque voie que ce soit.

16. *Item*, qu'il soit cryé et deffendu sur peine de grande et griefve pugnicion, que à aucun pour avoir

fréquenté la guerre avecques les Anglois, ou soy estre tenu en leur party, soit en usant d'office ou autrement, ne soit faicte ou dicte aucune injure, et que ceulx qui le feroient soient pugniz réalement et de fait.

17. Est accordé et appoinctié que le corps et communité de ladicte ville pourront présenter sel gros ou grenier royal d'icelle ville, pour le prouffit qui en ystra emploier ez repparacions et fortificacions d'icelle ville, et que les autres aides que l'en liève de présent oudict lieu pour ladicte fortificacion, dont lesdicts habitans bauldront la déclaracion, leur soient continuez jusques à dix ans; et quant au regart du sel blanc dont ilz demandent à user, on se informera se c'est le prouffit ou dommaige du roy, de la cité ou du païs, et aussi de la manière comme on en a acoustumé de user ou temps passé, et leur sera sur ce pourveu ainsi que samblera estre le plus prouffitable et convenable.

18. *Item*, est accordé et appoinctié que les gens de guerre entreront en ladicte ville de Lisieux par ordonnance, et seront logiez par justice de Mgr de Lisieux, ainsi que on a acoustumé, appelé à ce troys ou quatre chiefz de guerre pour eschiver aux inconvéniens qui par faulte des ordonnances pourroient ensuir; et ne seront deslogiez ceux qui s'en vouldront aler jusques à leur partement, sinon que leur logeiz fust périlleux ou dangereux pour la sceurté de la ville.

19. *Item*, que lesdictes gens de guerre ne contraingnent lesdicts habitans par voie de fait à leur trouver aucune provision de vivres ou autre chose, et qu'ilz ne preignent riens sans payer.

20. *Item*, et que de ces choses ainsi accordées soient bailliées lectres avecques le double du pouvoir de ceux qui recevront ladicte ville[1], ensemble promesse de les faire ratiffier et confermer par le roy soubz son grant seel.

Fait devant la porte de ladicte ville de Lisieux, le xvi⁰ jour d'aoust, l'an mil ccccxlix.

21. Et quant à ceulx qui ne sont en l'obéissance des Anglois, ilz pourront retourner en ladicte ville et cité de Lisieux toutes et quantes fois que bon leur samblera, et joïront de tous leurs biens, meubles et immeubles, sans contredict ou difficulté.

Donné soubz les séaulx dessoubz nommés, l'an et jour dessusdiz.

Ainsi signé : Charles, Loys, Jehan, Gaucourt, Breszé, Destouteville, Cousinot.

XIV.

Serment de fidélité prêté à Charles VII par Thomas Basin[2].

28 août 1449.

Charles, par la grâce de Dieu, roy de France, à noz amez et féaulx les gens tenans et qui tendront nostre

---

1. Ce pouvoir avait été donné d'avance et d'une manière générale, par lettres patentes du 17 juillet précédent, à plusieurs d'entre les capitaines qui sont nommés dans le protocole de la présente capitulation.

2. Original aux archives de l'Empire, *Hommages*, P. 263, n° 142.

Parlement, les gens de noz comptes et trésoriers à Paris, au bailli de Rouen ou à son lieutenant, salut et dilection. Savoir vous faisons que nostre amé et féal conseillier Thomas, évesque de Lizieux, nous a aujourduy fait le serement de féaulté qu'il nous estoit tenu de faire à cause de sa temporalité dudit évesché; auquel serement nous l'avons receu, sauf nostre droit et l'autruy. Si vous mandons et à chacun de vous, si comme à lui appartendra, que, pour cause du serement à nous non fait, vous ne donnez ne souffrez estre donné audit évesque aucun empeschement; mais se la temporalité dudit évesché estoit pour ce prinse, arrestée ou empeschée en nostre main, mectez la ou faictes mectre sans delay audit évesque à plaine delivrance, non obstant quelzconques mandemens ou deffenses à ce contraires. Donné à Verneuil, le xxviiie jour de aoust, l'an de grace mil cccc quarante neuf et de nostre règne le xxviiie.

Par le roy, l'évesque de Carcassonne, maistre Jehan d'Auxi, aumosnier, et autres présens.

Rolant.

XV.

Attestation du serment de fidélité au roi prêté par l'abbé de Val-Richer en présence de Thomas Basin après la réduction de Lisieux[1].

septembre 1449.

Universis presentes licteras inspecturis, officialis decani Lexoviensis, judex ordinarius in civitate et banleuca loci, salutem in Domino. Ad instanciam et requestam venerabilis patris domini abbatis monasterii de Valle-Richerii, in exempcione de Camera-Osmerii prope Lexovias, notum facimus quod tam per inspectionem et visitacionem regestorum venerabilis viri magistri Petri *Sinel*, nuper, dum viveret, canonici ecclesie Lexoviensis, a nobilibus, magnificis et potentibus dominis comitibus *de Dunoys*, *Deu* et *de Sainct-Pol* ac aliis christianissimi domini nostri regis pro reductione sue patrie et ducatus Normannie locum tenentibus et commissariis generalibus, ad recipiendum juramenta fidelitatis et obediencie virorum ecclesiasticorum diocesis Lexoviensis et locorum adjacentium in presencia et de consensu reverendi in Christo patris domini episcopi Lexoviensis, ordinati et deputati, quam relationem venerabilis et discreti viri magistri Martini *Lirondel*, canonici ecclesie predicte Lexoviensis, ac honestorum virorum Roberti *Lemengnen* et Clementis *Parey*, testium Lexoviis commorantium,

---

[1]. Original aux archives de l'Empire, *Hommages*, P. 263, n° 239.

mediantibus ipsorum solempnibus juramentis dicere et deponere veritatem super infra scriptis juratorum et examinatorum, nobis legitime constitit atque constat prefatum venerabilem patrem dominum abbatem de Valle-Richerii, ordinis Cisterciensis, paulo post reductionem hujus civitatis Lexoviensis in manibus eorumdem dominorum comitum et commissariorum domini nostri regis factam, sufficienter et debite cum reverencia et honore juramentum fidelitatis et obediencie prefato domino nostro regi in manibus dicti magistri Petri *Sinel*, deffuncti, commissarii ad hoc deputati, anno Domini millesimo cccc^{mo} quadragesimo nono, in mense septembri, prestitisse et fecisse. Quod omnibus quorum interest vel intererit quomodolibet in futurum, ad instanciam et requestam ejusdem domini abbatis, tenore presencium certifficamus. In cujus rei testimonium sigillum magnum curie nostre pariter cum nostro signeto licteris presentibus duximus apponendum. Datum anno Domini millesimo cccc^{mo} quinquagesimo, die sexta mensis februarii.

XVI.

Abolitions accordées à maîtres Raoul le Jolivet et André Regnart, Thomas Basin étant présent au Conseil[1].

septembre 1449.

1° Charles, par la grâce de Dieu roy de France, savoir faisons à tous présens et avenir nous avoir receu l'umble supplicacion de maistre Raoul le Jolivet, docteur en loys et en décret, curé de l'église paroschial de Barenton ou diocèse d'Avranches et chanoine prébendé des églises de Coustances, Mans et Avranches, contenant, comme pour le fait des guerres et divisions qui par cy devant ont esté en nostre royaume et durant ce que les Anglois, noz anciens ennemis et adversaires, ont par usurpacion tenu nostre duchié de Normendye où il a de bons benéfices, il lui a convenu, pour avoir sa vie et son estat, soy tenir et demourer ou parti de nosdiz ennemis et adversaires les Anglois, et iceulx a frequentez et favorisez, et leur a donné conseil, confort et ayde et toute autre obéissance, sans soy mesler toutes voies du fait de guerre, par quoy il doubte que on lui voulsist ou temps avenir faire question et demande de ce que dit est, et à ceste cause lui mectre et donner en ses biens et benéfices empeschement et destourbier ou autrement l'accuser, molester ou donner aucune charge, en nous humblement requerant

---

1. Archives de l'Empire, *Trésor des chartes*, JJ. 179, p. 377. et 180, p. 1.

que ce en quoy il pourroit avoir mesprins envers nous à l'occasion dessusdicte nous lui vueillons abolir et sur ce lui impétrer nostre grâce : pour quoy nous, ces choses considérées, voulans nos vassaulx et subjectz reduire et remectre à nous, audit maistre Raoul le Jolivet, suppliant, pour ces causes et autres à ce nous mouvans, avons de nostre certaine science, auctorité royal et grâce especial quicté, pardonné et aboly, quictons, pardonnons et abolissons par ces présentes tous les cas, delitz et offenses en quoy on pourroit dire icellui suppliant avoir offensé ou delinqué envers nous, etc., et qu'il soit comprins en l'abolicion et composicion faicte par nostre très chier et très amé nepveu, le duc de Bretaigne, et autres noz chiefz de guerre estans en la redducion de nostre ville de Coustances, avec les gens d'église, nobles, bourgois, manans et habitans d'icelle ville ; pourveu toutesvoyes que ledit suppliant sera tenu faire le serement d'estre bon et loyal envers nous ès mains de nostre amé et féal chancellier. Si donnons en mandement à noz amez et féaulx conseillers les gens tenans ou qui tendront nostre Parlement à Paris et qui tendront nostre Eschiquier en nostre duchié de Normandie, aux bailliz de Touraine et des ressors et exceptions d'Anjou et du Maine, de Coustentin et de Caen, et à touz nos autres justiciers et officiers, etc. Donné à Louviers, le vingt et ungniesme jour de septembre, l'an de grâce mil cccc quarante et neuf et de nostre règne le xxvIII^e. Ainsi signé : PAR LE ROY, l'évesque de Lizieux et autres présens. ROLANT. *Visa. Contentor.* J. DE LA GARDE.

2º Charles, par la grâce de Dieu roy de France, savoir faisons à tous présens et avenir nous avoir receu l'umble supplicacion de nostre bien amé maistre Andrieu Regnart, prebstre, curé de l'église parrochial de Saint-Mard de Esgrène en l'éveschié et diocèse du Mans, ou païs de Normandie, en la viconté de Donfront, contenant, comme par longtems il se soit tenu et ait demouré en nostre obéissance, et depuis dix ou douze ans en çà est venu demourer en nostre dit païs de Normandie et illec a eu sadite cure par resignacion deuement et canoniquement, et cependant s'est tenu avecques les Anglois, noz anciens ennemis et adversaires, et iceulx a frequentez et favorisez, et reppairé avecques eulx, et leur a donné conseil, etc.; par quoy il doubte, etc., en nous humblement requerant, etc. Pour quoy nous, ces choses considerées, voulans noz vassaulx et subgiez réunir et retraire à nous, à iceulx nourrir en bonne amour, audit maistre Andrieu Regnart, suppliant, pour ces causes et autres à ce nous mouvans, avons de nostre science, grâce especial et auctorité royal quicté, pardonné et aboly, etc.; pourveu toutevoies que icelui suppliant sera tenu faire le serement, etc. Si donnons en mandement par ces mesmes présentes aux bailliz de Rouen, de Caulx, d'Evreux de Gisors, et à tous nos autres justiciers, etc. Donné à Louviers, ou mois de septembre, l'an de grâce mil cccc quarante et neuf et de nostre règne le xxviiie. Ainsi signé : Par le Roy l'Évesque de Lizieux, les sires de Précigny et de Bleinville, présens. Rolant. *Visa. Contentor*. Ja. de la Garde.

XVII.

Anoblissement de Jean Basin, frère de Thomas Basin[1].

mars 1450.

Karolus, Dei gratia Francorum rex, ad perpetuam rei memoriam. Probitatis merita, nobiles actus gestusque laudabiles et virtutum insignia, quibus personæ decorantur et ornantur, merito nos inducunt ut eis, juxta opera, propria, creatoris exemplo, tribuamus, et eos eorumque posteritatem favoribus congruis et nobilium honoribus, ut nomen rei consonet, attollamus, quatenus ipsi hujusmodi prærogativa letentur, ceterisque ad agenda que bona sunt ardentius aspirent, et ad honores suffragiis virtutum bonorumque operum merito adipiscendos alliciantur et advolent. Notum igitur facimus universis tam presentibus quam futuris quod, attentis vita laudabili, morum honestate fidelitateque et aliis quam plurimis virtutum generibus quæ in dilecto nostro Johanne *Basin* nonnullorum fide dignorum testimonio novimus suffragari, nec non plurimorum gratuitorum obsequiorum, nobis per ipsum *Basin* et ejus liberos in reductione ville nostre Rothomagensis et patrie nostre Normannie ad obedientiam nostram et alias multipliciter impensorum, intuitu, pro quibus non immerito nobis gratum quam plurimum et acceptum se reddidit, nos, ipsius personam honorare volentes, quoad sibi ac toti posteritati sue et proli perpetuum cedere valeant ad honorem,

---

[1]. Archives de l'Empire, *Trésor des chartes*, JJ. 180, p. 137.

eumdem Johannem *Basin* et Colettam, ejus uxorem, libere conditionis existentes, cum eorum tota posteritate et prole utriusque sexus, in legitimo matrimonio procreata et procreanda nataque et nascitura, et eorum quemlibet, de nostre regie plenitudine potestatis et gratia speciali nobilitavimus et nobilitamus per presentes, nobilesque facimus et habiles reddimus ad omnia et singula quibus ceteri nobiles regni nostri utuntur et uti possunt seu consueverunt. Itaque ipse Johannes ejusque proles et posteritas masculina, in legitimo matrimonio procreata et procreanda, quicumque et a quocumque milite voluerit, cingulo militiæ valeant decorari; concedentes ipsi Johanni *Basin* et Colette, ejus uxori, universeque posteritati et proli ex ipsis in legitimo matrimonio procreate ac procreande, quod ipsi et eorum quilibet in omnibus et singulis actibus, locis et rebus, in judicio et extra, non ignobiles seu plebeii, sed pro nobilibus et ad nobiles de cetero teneantur, habeantur et in perpetuum censeantur, quibuslibetque nobilitatibus, privilegiis, prerogativis, franchisiis, honoribus ac libertatibus et juribus universis et singulis, quibus ceteri nobiles dicti nostri regni gaudere possunt et debent, plenarie, pacifice, libere et quiete utantur et imperpetuum potiantur; et ipse Johannes et Coletta, ejus uxor, eorumque proles, etc., feoda, retrofeoda nobilia, aliasque possessiones nobiles, quecumque sint et quacumque prefulgeant nobilitate, libere tenere et possidere, acquisita et jam habita per eos eorumque posteritatem hactenus ac etiam in futurum acquirenda et habenda, perpetuo retinere et habere licite valeant atque possint ac si fuissent vel essent ab antiquo et originaliter nobiles et a personis nobilibus ex utroque latere procreati, absque eo quod ea vel eas aut aliqua eorum in parte vel in toto vendere seu extra manus suas nunc vel quomodolibet in futurum ponere cogantur, solvendo nobis hac vice propter hoc summam moderatam. Quapropter dilectis nostris et fidelibus gentibus nostrorum compotorum et thesaurariis ballivisque Rothomagensi et Caleti ac ceteris justiciariis et officiariis nostris, etc., tenore presentium damus in mandatis quatenus eumdem Johannem *Basin* et Colettam, ejus conjugem, et eorum posteritatem, etc., nostra presenti nobilitatione et aliis premissis uti et gaudere faciant et permittant pacifice et quiete, etc. Quod ut firmum et stabile perpetuo perseveret, etc. Datum apud Bernayum, mense marcii, anno Domini MCCCCXLIX, regni vero nostri vicesimo octavo. *Sic signatum*, PER REGEM, GIRAUDEAU. *Contentor*. CHALIGAUT.

XVIII.

Quittance de Thomas Basin pour partie de sa pension comme conseiller du roi[1].

24 mai 1450.

Nous Thomas, évesque et conte de Lisieux, conseiller du roy nostre sire, confessons avoir receu de Macé de Lannoy, receveur général de Normandie, la somme de troys cens livres tournoys, laquelle iceluy seigneur nous a ordonnée estre baillée et délivrée par ledit receveur général, pour partie de nostre pension de ceste présente année, commençant le premier jour de janvier derrenier passé, qui est de mille l. t. par an. De laquelle somme de IIIe l. t. nous nous tenons pour content et bien payé, et en avons quicté et quictons ledit receveur général et tous autres. Tesmoing

---

1. Original dans Gaignières, vol. 155 (fol. 43), à la Bibl. imp. La pièce est scellée en cire rouge sur simple queue de parchemin. Le sceau, de forme ronde, représente un édicule gothique à deux étages, saint Pierre figuré à l'étage supérieur et un évêque agenouillé au-dessous. L'édicule est accosté de deux mâts pavoisés au pied desquels on voit à gauche l'écu des armes de Lisieux (palé avec deux clefs en sautoir), et à droite celui de Thomas Basin (chevronné et chargé de trois chefs de lion). Il reste de la légende, les mots *sigillum Thome*. Sur le même feuillet du manuscrit est collée une autre cédule pareille, du 8 septembre 1452. Par le registre des comptes du receveur général de Normandie pour les années 1448-1449 (ms. n° 11509 du British museum), on voit que la pension de Thomas Basin n'était que de cent livres du temps des Anglais. Article de M. Vallet de Viriville, dans la *Bibl. de l'École des chartes*, t. III, 2e série, p. 133.

noz seing et scel cy mis, le xxiiii* jour de may, l'an mil cccc cinquante.

Signé. T. évesque et conte de Lisieux, *avec paraphe.*

XIX.

Collation par Thomas Basin de la cure de Saint-Vaast en Auge en faveur d'un sujet présenté par le chapitre de Lisieux [1].

18 juillet 1450.

Thomas, miseratione divina Lexoviensis episcopus, dilecto nobis in Christo domino Guilleberto *du Houx*, presbitero, salutem in Domino. Ecclesiam parochialem Sancti Vedasti in Algia decanatus de Bellomonte nostre Lexoviensis diocesis, liberam ad presens et vacantem per mortem seu obitum defuncti domini Johannis *Pain* quondam presbiteri, ultimi et immediati rectoris et possessoris ejusdem, cujus quidem parochialis ecclesie presentacio et jus presentandi ad eandem venerabilibus et circunspectis viris decano et capitulo ecclesie nostre Lexoviensis, quibus per venerabilem virum Jacobum Fabri, subdiaconum, ejusdem ecclesie nostre Lexoviensis canonicum, pro presenti ebdomada chorarium et predicte nostre ecclesie chorum regentem, juxta ipsius ecclesie morem et statuta ad hoc nominatus, et per quos ad eandem

---

[1]. Original en parchemin aux archives du Calvados, carton intitulé *Lisieux*, n° 52 bis. La pièce est scellée en cire rouge sur queue de parchemin.

nobis fuistis litteratorie presentatus, collatio vero, provisio et institucio nobis ratione nostre dignitatis spectare dignoscuntur et pertinere, vobis presenti et recipienti, tamquam benemerito, sufficienti et ydoneo, ad Dei laudem et honorem, auctoritate nostra ordinaria conferimus, et de ipsa cum suis juribus et pertinenciis universis, jure nostro et quolibet alieno tamen salvo, etiam providimus et providemus, vos de eisdem presencialiter investiendo per hanc tradicionem annulli nostri, curam et regimen animarum parrochianorum dicte parrochialis ecclesie utriusque sexus vobis commictendo. Vos autem coram nobis et in manibus nostris de canonica reverencia et obediencia nobis et successoribus nostris canonice intrantibus atque nostris et eorum vicariis et officialibus fideliter faciendis et exhibendis, necnon de juribus, franchisiis, bonis et libertatibus dicte ecclesie conservandis et non alienandis, alienatisque, si que sint, pro posse recuperandis et habendis, deque residenciam faciendo personalem in dicta parrochiali ecclesia atque comparendo in sacris sinodis Lexoviensibus et, kalendis suis, capitulis dicti decanatus, nisi super hoc fuerit vobiscum graciose dispensatum, et de aliis circa hoc jurari solitis et consuetis solitum et debitum in animam vestri ac in verbo sacerdotis, manu ad pectus more sacerdotali posita, prestitistis juramentum corporale, quod nos duximus admictendum. Quocirca decano nostro ejusdem decanatus aut ejus locum tenenti aut eorum cuilibet in solidum damus in mandatis quatenus vos seu procuratorem vestrum, ad hoc legitime constitutum, in ipsius parrochialis ecclesie juriumque et pertinenciarum ejusdem universorum possessionem corporalem realem et actualem ponant, instituant et inducant, seu alter ipsorum ponat, instituat et inducat solemniter, ut est moris, solemnitatibus adhibitis in talibus adhiberi assuetis. Datum Lexoviis sub sigillo camere nostre, die decima octava mensis julii, anno Domini millesimo quadringentesimo quinquagesimo.

Signé sur le repli G. Leureux, *avec paraphe.*

XX.

Approbation donnée par Thomas Basin à la célébration d'un office hebdomadaire de Notre-Dame en l'église du prieuré de Saint-Cyr à Friardel[1].

20 septembre 1450.

Universis presentes litteras inspecturis Thomas, miseratione divina Lexoviensis episcopus, salutem in Domino sempiternam. Porrecta nobis ex parte venerabilis ac religiosi viri fratris Guidonis *Pichot,* prioris prioratus sancti Cirici de Friardello in Lexoviensi diocesi, peticio continebat quod, cum ipse suis industria, diligentia et labore nonullos redditus eidem prioratui acquisierit, de quibus plurimum ipsum augmentavit, eidem indulgere vellemus et benigniter concedere quod, si fratrum suorum ad hoc consensus interveniret, una missa de Beata Maria dicenda qualibet feria sexta cum nota, pro salute animarum parentum suo-

---

1. Original en parchemin, aux archives du Calvados, *Friardel et Caumont*, n° 39.

rum atque sua perpetuis temporibus in ipso prioratu celebranda, per nos constitueretur et crearetur. Notum igitur facimus quod, cum anno Domini millesimo quadringentesimo quinquagesimo die prima mensis septembris ad eundem prioratum visitacionis inibi faciende gratia venissemus, inquisivimus ab omnibus et singulis fratribus ac religiosis viris ibidem Deo servientibus an ad hujusmodi misse creationen, constitutionem et fundationem consentire vellent ac se et successores suos, futuros ibi religiosos, ad hujusmodi missas celebrandas qualibet feria sexta, ut premissum est, submictere et obligare. Qui omnes et singuli contemplatione meritorum prefati prioris sui, quem cognoscunt et fatentur eundem prioratum suis diligenciis et laboribus plurimum in redditibus augmentasse, sponte se submiserunt et obligarunt ac successores suos missam hujusmodi Beate Marie feria sexta cum nota in eodem prioratu dicere et celebrare. Nos igitur, votis tam prioris quam religiosorum prefatorum benigno concurrentes assensu, qui cultum divinum totis animis cupimus augmentari, prefate fundationi, creationi et constitucioni misse Beate Marie, qualibet sexta feria, ut supra, celebrande, nostram auctoritatem damus et interponimus per presentes. Actum et datum Lexoviis sub sigillo camere nostre, die vicesima mensis septembris, anno Domini millesimo quadringentesimo quinquagesimo.

XXI.

Transaction entre Thomas Basin et son chapitre au sujet du droit de présentation à la cure de Mardillay [1].

19 janvier 1452.

A tous ceulx qui ces lettres verront ou orront, Jehan Guillain, garde du seel des obligacions de la seneschaucie de Lisieux, salut. Comme après le trespas de deffunct messire Thibaut Lepaige, en son vivant prebstre et derrenier curé de l'église parroissial de Mardillay ou diocèse de Lisieux, vénérables et discrètes personnes les seigneurs doien et chappitre de l'église de Lisieux eussent présenté à ladicte cure leur bien amé Pierres de Renchey, clerc du diocèse de Baieux, à reverend père en Dieu Mgr. Thomas, par la permission divine évesque dudit lieu de Lisieux, requerans icelle présentacion estre admise et receue et à icelui Pierres estre conféré ledit beneffice avecquez ses droiz et appartenances, les solennitez en tel cas accoustumez estant gardées, afermans avoir le droit de presenter audit bénéfice toutes et quantes fois qu'il vaque et qu'ilz et leurs prédécesseurs et chacun d'eulx en leurs temps en ont esté et sont en bonne et paisible pocession de si longtemps qu'il n'est mémoire d'ome au contraire, ainsi qu'ilz disoient apparoir par collacions autreffois données audit Paige et autres ses prédéces-

---

1. Original en parchemin aux archives du Calvados, *Évêché de Lisieux, patronage de Mardillay*.

seurs, et enssement par charges et autres ensaignemens ; laquelle présentacion icelui reverend père en
Dieu eust reffusée disant avoir droit de conferer iceluy
beneffice de Mardillay de son plain droit toutes et
quantes fois qu'il vaquet, et de ce lui et ses prédécesseurs évesques estre et avoir esté en bonne pocession
de tel temps qu'il n'est mémoire d'omme au contraire,
et avoir d'icelui droit bons tiltres et ensaignemens
suffisans ; à l'occasion desquelles choses lesdictes parties estoient en voye de sur ce mouvoir procez entre
eulx, pour lequel eschiver et affin de tousjours nourrir
et garder paix et dilection ensembles ilz aient sur ce
traictié d'appoinctement : savoir faisons que par devant Jehan Lemasuyer, clerc, tabellion juré en ladicte
seneschaucie, furent présens ledit reverend père en
Dieu d'une part et vénérables et discrètes personnes
maistres Ector de Coquerel, doien, Guillaume du Val,
tresorier, Guillaume Mye, chevechier, Nicolle Bertin,
Nicolle Poirecte, Jehan Viry, Martin Lirondel et Guillaume Aubery, tous chanoines dudit lieu, d'autre
part, faisans et représentans le chappictre d'icelle, lesquelx de leurs bonnes vollentés sans aucune contrainte
confessèrent avoir sur les choses dessusdictes fait con-
trault et appoinctement entre eulx en la manière que
enssuit : c'est assavoir que icelui reverend père en
Dieu conservera ledit beneffice audit Pierre de Renchey, ainsi présenté, sans ce que ce porte préjudice
au droit de chacune desdictes parties ores ne pour le
temps advenir, lesquelles demoureront entièrement
en leurs droiz, tant en pocessore que petitore, tout
ainsi qu'ilz estoient euparavant de la derrenière vaca-
cion ; et ne se pourra l'une desdictes parties encontre

l'autre pour le temps advenir aidier, esjouir ne fortifier ne em possessore ne petitore du droit que chacun y prétend avoir en son regart de ceste présente collacion ou institucion dudit beneffice de Mardillay. Toutes lesquelles choses dessusdictes lesdictes parties, chacune de soy et en son fait et pour tant comme à chacun d'eulx touche ou peult toucher, promisdrent tenir et acomplir de point en point et avoir ferme, estable et agréable à tousjours, ainsi que dessus est descleré : à quoy et pour rendre et paier tous dommaiges, mises et despens qui par deffault du contenu en ces lectres non tenir et acomplir et qui en ce poursuir seroient faiz et soustenuz, dont le porteur de ces lettres sera cru par son serment sans autre preuve faire, lesdictes parties en obligèrent l'un à l'autre tous leurs biens, meubles et immeubles presens et advenir et ceulx de leurs successeurs, tous pour prendre et exploictier par justice sans procès. En tesmoing de ce nous, à la relacion dudit tabellion, avons mis à ces lettres le seel des obligacions. Ce fut fait le dix-neufviesme jour de janvier, l'an de grâce mil cccc cinquante et ung. Présens Thomas le Carpentier et Thomas Legentil, tesmoings.

Signé LEMASUYER.

XXII.

Extraits de deux registres de fabrique présentant le compte de travaux faits à la cathédrale de Lisieux sous l'administration de Thomas Basin[1].

1451-1452 et 1462-1463.

Du compte de 1452, *chapitre intitulé :* OEuvre de machonnerie.

Le lundi, vi⁰ jour du moys de mars, commencèrent les deux Beroulx, machons, et leur varlet, à tailler les lermiers et enseullemens des fenestres de la lanterne [2] de la dicte église ; et i furent le mardi, le mercredi, le jeudi, le vendredi et le samedi ensuivant iceulx Beroulx, chacun au pris de iij s. ix d. par jour, et pour leur varlet ij s. vj d. Pour ce à eulx pour les vj jours entiers, lx s. [3]

A Robin Jehan, pour avoir fait xviij claes de boys neuf pour establir lesdis machons et le victrier à re-

---

1. Archives du Calvados, *Évêché de Lisieux*. Le premier de ces registres porte l'intitulé que voici : « Le compte de la recepte des rentes et revenues appartenant à la fabrique de l'église Saint-Pierre de Lisieulx, rendu à revérend père en Dieu Mgr Thomas, par la permission divine évesque et conte dudit lieu, et à MMgrs. les doien et chapitre d'icelle église par Guillaume Gueroult, prebstre, fabriquier et recepveur de la fabrique de ladicte église, de toutes les receptes et mises faictes par ledit fabriquier depuis le jour Saint-Michel iiij⁰ cinquante et ung jucquez à iceluy jour exclud l'an révolu. » Le second registre n'est qu'un fragment très-endommagé par le feu et peu important par son contenu, car il ne concerne que des travaux d'entretien.

2. Tour élevée sur le transsept.

3. Les travaux sont continués sur le même pied jusqu'au mois de novembre.

fourmer ladicte lanterne de neufve machonnerie du costé de devers la chapelle de Mgr. de Lisieux; chacune clae au pris de xij d., valent les xviij, xviij s.

A Tassin l'aisné, qui fut ledit jour de vendredi et jeudi (après l'Ascension) pour assoir l'engin et la poullye sur la voulte de dessus les fons, pour descendre la vieille pierre du hault de la lanterne que on avoit abatue pour assoir la neufve. Pour ce à luy pour led. jour et demy au pris de iij s. pour jour : iiij s. vj d.

Audit Tassin, qui fut le lundi xxiie jour dudit moys, et tous les aultres jours de la sepmaine qui fut entière, à conter le samedi pour ung jour entier, à abatre la vielle machonerie de ladicte lanterne pour la reformer de neufve pierre; pour ce à luy pour les vj jours, au pris de iij s. iiij d. pour jour de nouveau marché fait avecques luy, pour ce qui voulut lesser ladite besongne s'il n'avoit iij s. iiij d. comme il avoit partout à la ville. Pour ce à luy, pour les vj jours, xx s.

Audit Beroult, qui fut le lundi vi^e jour dudit moys et le vendredi ensuivant (septembre), à tailler de la pierre pour faire les tablettes et enseullemens des verrières de dessus la nef et de devers la chapelle Mgr. de Lisieulx. Pour ce à luy pour les ij jours, vij s. vj d.

A Tassin l'aisné, qui fut le jeudi, xiiiie jour dudit moys, et le vendredi demi jour, à descendre les establis desdis machons, et pour avoir estably le victrier à rassoir les deux verrières du costé où lesdits machons avoient besongné. Pour ce à luy pour led. jour et demi au pris de iij s. iiij d., valent vj s.

A Robin Jehan, qui fut le lundi, xxve jour dudit moys, et le mardi, mercredi, jeudi et vendredi demi jour, à curer les deulx noes de dessus les chapelles Saint-Ouen et Saint-Jehan-Baptiste, et hoster les fiens et les vielles nates que on avoit mises dessus affin que les pierres et le grougin et le mortier qui cherroient de hault de ladicte lanterne en machonnant, ne feissent pas si grant dommage à la tieulle comme ilz eussent peu faire. Pour ce à luy, pour les iiij jours et demi audit pris de ij s. vj d. pour jour, valent xj s. iij d.[1].

Du chapitre intitulé : OEuvre de charpenterie.

A Tassin l'aisné, carpentier, pour avoir estey le mercredi xve jour du moys de décembre et le jeudi et vendredi ensuivant, à édiffier deux establies à la lanterne de ladicte église pour establir Robert d'Arques, victrier, pour descendre deulz fourmes de verre et rassoir l'une du costé de devers la fontaine et l'autre prouchaine d'icelle de dessus la nef du costé destre. Pour ce à luy pour les ij jours, chacun jour au pris de iij s., valent ix s.

Audit Tassin, pour avoir estey le jeudi, ije jour de mars, et le vendredi ensuivant à édiffier deux establies à ladicte lanterne, l'une du costé senestre de dessus le cueur et l'autre à l'oposite, qui est dessus la nef. Pour ce à luy audit pris de iij s., valent les deux jours vj s.

Du chapitre intitulé : Plomberie et vitrerie.

A Robin d'Arques, victrier, pour avoir descendu de la lanterne de ladicte église vij formes de verre pour

---

[1]. Le total de la dépense du chapitre s'élève à 49 l. 15 s. 1 d. obole.

les rapareiller et nestoier et les remetre en plon neuf, chacune forme contenant lxiij piés mesurés en la présence de Messeigneurs et maistres G. Mye, Martin Lirondel, Jo. Viry et pluseurs aultres, chacun pié au pris de ij s. iij d. par marché fait avecques luy par Mgr. le doien, Mgr. le vicaire et Mgr. le trésorier, avecques aultres de Messeigneurs en la chapelle Saint-Nicolas, vault chacune fourme, audit pris de ij s. iij d. pour chacun pié, vij livres j s. ix d. Ainsi valent les vij fourmes en somme xlix livres xij s. iij d. Pour ce à luy xlix l. xij s. iij d.

Du compte de 1463.

A Jehan Gentil et son varlet pour avoir esté 28 jours et demye à covrir sur les basses voûtes de lad. église et descouvrir dessus la chapelle Saint-Ursin, pour descendre l'arc boutant de dessus ladicte chapelle, qui estoit en dangier de cheoir, et dessus icelle chapelle recouvrir; sur laquelle entra demy millier de tuille neufve. Pour ce à luy au pris de vj s. pour jour, tant pour luy que pour son varlet, pour lesdiz 28 jours et demi viij l. xj s.

XXIII.

Contestation sur l'ordre d'appel de Thomas Basin, comme évêque de Lisieux, à l'Échiquier de Normandie [1].

avril 1453 et 1454.

A l'Échiquier tenu au terme de Pâques l'an 1453.

L'évesque de Lisieux.

Le procureur du roy ou bailliage d'Evreux et le bailli dudit lieu requistrent que l'évesque dudit Lisieux, qui appelé avoit esté entre les gens d'église du bailliage de Rouen, feust appelé et miz au nombre des gens d'église dudit bailliage d'Evreux, pour ce qu'il disoit qu'il estoit enclavé en son bailliage : quele chose le procureur du roy ou bailliage de Rouen vouloit contredire. Sur quoy appoincté fut que les registres anciens et de l'Eschiquier seront veuz, et que les parties produiront teles escriptures et évidences qu'ilz verront bon estre en la fin dudit Eschiquier.

A l'Échiquier tenu au terme de Pâques l'an 1454.

L'évesque de Lisieux.

Sur ce que l'en appeloit ledit évesque ou nombre des prélatz du bailliage de Rouen, se comparu le procureur du roi ou bailliage d'Evreux, qui dist que la ville de Lisieux en laquelle l'église a le chief dudit

---

1. Archives du palais de justice de Rouen, *Registre manuel de l'Échiquier de Normandie*, compulsé à ma demande par M. de Beaurepaire, archiviste du département.

éveschié, est assise et estoit dedens le ressort dudit bailliage d'Evreux, par quoy il requéroit que ledit évesque fust mis au nombre des prélats dudit bailliage. A quoy le procureur du roy au bailliage de Rouen respondit que ledit éveschié de Lisieux estoit en la plus-part ou bailliage de Rouen, et vouloit soustenir qu'il devoit estre appelé ou nombre des prélats d'icellui bailliage de Rouen. Sur quoy fut appoincté que les d. procureurs baillent par escript leurs raisons devers la court, et ce dont ilz se vouldront aider à cette fin[1].

XXIV.

Hommage rendu à Thomas Basin pour le fief de Magny-le-Freule[2].

2 juin 1453.

A tous ceulz qui ces lectres verront ou orront Thomas, par la permission divine évesque et conte de Lisieux, salut. Savoir faisons que nostre bien amé Guieffroy Bonenffant, escuier, nous a aujourd'hui fait les foy et hommage qu'il nous estoit tenu faire du fief de Maigny le Freulle, assis ou bailliage de Caen, tenu et mouvant de nous à cause et par raison de nostre dicte conté de Lisieux, et nous a promis porter foy et

---

1. Les mêmes réserves continuent d'être faites aux années 1456, 1462 et 1463; mais en 1464 l'évêque de Lisieux comparaît purement et simplement parmi les prélats du bailliage de Rouen.
2. D'après un vidimus délivré sous le sceau des obligations de la sénéchaussée de Lisieux, le 2 juin 1453. Archives du Calvados, *Évêché de Lisieux*, *fief de Magny*.

loiaulté contre tous, et à nous faire les services et poier les devoirs et droiz qui par raison d'icelui fief nous sont deubz. A quoy nous l'avons receu, saufve la féaulté au duc de Normandie, et de nous baillier l'adveu et denombrement d'icelui fief luy avons donné temps et terme jusques au jour de Noel prouchain venant. Sy donnons en mandement à nostre séneschal dudit lieu de Lisieux et à tous nos autrez justiciers et officiers à qui il appartendra, que ledit escuier, pour cause desdiz hommage non fait, adveu et denombrement non baillié, ilz ne le molestent, travaillent ou empeschent en aucune manière, mais le facent, seuffrent et laissent jouir paisiblement de son dit fief de Maigny et des fruiz et revenues d'icelui par nous faisant et poiant nos droiz, deubz et devoirs telz que deubz nous sont, se faiz et poiez ne les a, et pourveu qu'il n'y ait autre cause raisonnable pour quoy empeschement luy doie en ce estre fait ou mis. Donné audit lieu de Lisieux, le deuxiesme jour de juing, l'an de grâce mil cccc cinquante-trois, soubz le seel de nostre chambre.

Ainsi signé : G. DEVREUX.

XXV.

Adjudication d'une propriété à Lisieux, exécutée par décret de justice à la poursuite de Thomas Basin[1].

11 décembre 1453.

A tous ceulz qui ces lettres verront ou orront, Jehan Eschallart, lieutenant genéral de honnourable homme, pourveu et saige, Robert de Villeneufve, seneschal de Lisieux, salut. Comme puis naguères reverent père en Dieu, Mgr. Thomas, par la permission divine évesque et conte de Lisieux, eust par vertu de ses lettres contenant six livres tournois de rentes faictes eu nom de Colecte, déguerpie de feu Pierres Sauvaige, et de l'obligacion et submission de feu Cardin Liberge et Marion, sa femme, faict passer par decrept de justice pour les arreraiges que deubz luy estoient de soixante soubz tournois, faisans moitié d'iceulx six livres de rente, certaines places, maisons et masures qui furent asdis Liberge et sa femme et depuis à Adam Hesbert, assises en la ville et bourgoisie de Lisieux en la rue de la petite Coulture, en la haulte justice et seigneurie temporelle de mondit seigneur l'évesque et parroisse de Saint-Germain, jouxte d'un costé à Jaquet Labbé, d'autre costé à Jehan Gosset, aboutissant d'un bout à la rivière d'Orbiest et d'autre bout à ladicte rue; et depuis ce, mondit seigneur l'évesque, voyant que lesdis héritaiges ne

---

[1]. D'après l'original aux archives du Calvados, *Lisieux, paroisse de Saint-Germain*.

revenoient point à la valleur de ses rentes et drois seigneuriaulx, parce que iceulx héritaiges et édiffices estoient euparavant qu'ilz feussent venuz en sa main tournés en ruyne et décadence, luy désirant les remectre en valleur au proffit de son église, de luy et de ses subcesseurs, eust ordonné et commandé iceulz héritaiges, maisons et masurez estre criés, bannis et subhastés et bailliés à fieffe au plus offrant et derrain encherisseur : savoir faisons que aujourduy, ès assises de Lisieux tenues par nous, lieutenant dessus nommé, le mardi unziesme jour de décembre continuant du lundi précédent premier jour desdictes assises, l'an de grâce mil cccc chinquante trois, après ce que Jehan Gillain, sergent ordinaire dudit Lisieux, oult recordé et tesmoignié en jugement que par vertu de commandement à luy fait de bouche par mondit seigneur l'évesque ou ses officiers, il avoit par trois jours de dymence, tous continuans, dont le derrain dymence avoit esté le xxv⁰ jour de novembre derrain passé, fait les criées, bans et subhastations d'icelles maisons, places et masures à l'oye de ladicte parroisse de Saint-Germain, yssue de grant messe paroissial, sur le pris de quatre livres tournois de rente o les drois de ville venans à mondit seigneur l'évesque, oultre et par dessus dix soubz de rente allans à la chappelle de Saint-Jehan, se deubz sont, à quoy ilz avoient esté mis de premier denier, et iceulx héritaiges avoit denommés et desclairés par bous et costés et fait savoir qu'ilz se bailleroient à fieffe et à héritaige, et que l'enchière et adjudicacion d'iceux s'en passeroit à ces presentes assises, et que, s'il estoit aucune personne qui iceulx héritaiges voulsist enchierir sur le dit pris, qu'il vensist et il y seroit oy et receu, etc.; à quoy se présenta et comparu venérable personne et discret maistre Pierres Puiguernon, curé de Gouppillières et chanoine dudit lieu de Lisieux, lequel après pluseurs enchières mises elles places, maisons et masures, etc., au pris et somme de quatre livres douze soubz tournois de rente allans à mondit seigneur l'évesque et à ses subcesseurs, par chacun an, en sa recepte dudit lieu de Lisieux, à deux termes, c'est assavoir Pasques et Saint-Michel par égalle portion, avecques les drois de ville et dix soubz allans à la chappelle Saint-Jehan l'évangeliste, etc. Auquel pris iceulx héritaiges furent passés et adjugez audit Puiguernon pour lui, ses hoirs ou ayans cause à tousjours mais, en pur et perpétuel héritaige, du consentement de honnourable homme et saige Louys Basin, receveur et mesnaigier, et par l'oppinion des consaulx de mondit seigneur l'évesque, etc. Ce fut fait et donné èsdictes assises, en l'an et jour dessus dis, soubz nostre seel dont nous usons oudit office, et, pour grenieur approbacion de ce, le grant seel aux causes de ladicte seneschaucie y a esté mis. Donné comme dessus.

Signé SOQUEL, *avec paraphe.*

XXVI.

Amende subie par un marchand de Lisieux qui s'était soustrait à l'obligation d'aller vendre à la halle de l'Évéque [1].

16 mars 1454.

Es plès de meuble de Lisieux tenus par nous, Jehan Vipart, sousseneschal du lieu, le xvi° jour de mars de l'an mil cccc cinquante-trois, Jehan du Quesne fist amende d'un jugement naguères plaidié entre luy, d'une part, et Jehan Dugardin et Jehan Lemonnier, procureur de revérent père en Dieu Mgr l'évesque et conte de Lisieux, adjoings ensemble, d'autre part, sur ce que lesdis adjoings avoient aprouchié ledit du Quesne pour faire amende de ce qu'il n'avoit reparé la halle de mondit seigneur l'évesque de sa mercherie et marchandise dont il use à chacun jour de marchié, qui est au mardi, pour l'année derraine passée, et pour la coustume de chacun jour de mardi soustenue et par luy non paiée, dont ilz demandoient pour chacun mardi de ladicte année ung denier tournois, et pour chacun denier douze soubz t. d'amende; sur quoy ledit du Quesne avoit prins deffence, voullant soustenir que, puisqu'il tenoit estal et fenestre, à jour de marchié il ne devoit aller en ladicte halle : par laquelle amende il recongnut et confessa estre subget pour le temps advenir à reparer la halle de mondit seigneur

---

[1]. Original en parchemin aux archives du Calvados, *Lisieux, Merciers à la halle.*

au jour de mardi de ses denrées et mercherie et à poier ladicte coustume oudit jour de mardi, non obstant qu'il paie denier de sepmaine pour cause de son fenestraige et estal en son dit hostel; et sy mist et gaiga ladicte coustume et amende pour ledit temps de l'an precédent à la vollenté et plaisir de mondit seigneur; lesquelles amende et coustume par la requeste baillié par icelui du Quesne à mondit seigneur l'évesque, en tant qu'il en appartient à mondit seigneur, qui est la moitié desdictes amendes, luy furent données, et de l'autre moitié se submist poier ledit Dugardin, fermier, et sy luy promist poier les despens du procès au taux de justice. Desquelles choses lesdiz procureur et fermier requistrent ces présentes qui luy furent octroiés pour valloir en temps et en lieu ce que raison doirra. Donné comme dessus.

Signé P. MESNIL.

XXVII.

Collation de la cure de la Boissière, faite par Thomas Basin conformément aux dispositions de la Pragmatique Sanction[1].

11 janvier 1457.

Thomas, miseracione divina Lexoviensis episcopus, dilecto nobis in Christo magistro Henrico *Capperon*, clerico, in artibus magistro, salutem in Domino. Ec-

1. Archives du Calvados, n° 310, carton de Sainte-Barbe en Auge.

clesiam parrochialem beate Marie de Buxeria, decanatus de Menillo-Maugerii, nostre Lexoviensis diocesis, liberam ad presens et vacantem per mortem seu obitum defuncti domini Petri *Plante* quondam, presbiteri, ultimi et immediati rectoris et possessoris ejusdem, cujus presentatio et jus presentandi ad eandem venerabilibus et religiosis viris Priori et Conventui monasterii Sancte Barbare, ordinis sancti Augustini, ejusdem nostre diocesis, ad causam dicti sui monasterii, et per quos fuistis nobis, tanquam per Universitatem Cadomensem eisdem religiosis nominatus, ad beneficia sue presentacionis secundum Pragmaticam Sanctionem obtinenda litteratorie presentatus, collatio vero, provisio et institucio nobis spectare dignoscuntur et pertinere : vobis, licet absenti, ad turnum dicte Universitatis, tanquam bene merito, sufficienti et ydoneo, ad Dei laudem et honorem, auctoritate nostra ordinaria conferimus, etc.[1]. Datum Lexoviis, sub sigillo camere nostre, die undecima mensis januarii, anno Domini millesimo quadringentesimo quinquagesimo sexto.

Sur le repli : Courtonne de mandato, *avec paraphe*.

[1]. Le reste de la formule est identique à celui des autres collations. Voyez ci-dessus celle de Saint-Vaast en Auge, p. 192.

XXVIII.

Décret de Thomas Basin relevant l'abbesse de Notre-Dame de Lisieux d'une condamnation portée contre elle par le chapitre de la cathédrale [1].

25 février 1457.

Thomas, miseracione divina Lexoviensis episcopus, universis presentes litteras nostras inspecturis salutem in Domino. Conquesta est nobis honesta et religiosa domina, domina Johanna *Bardou*, abbatissa monasterii religiosarum Beate Marie Lexoviensis, nuper a nobis ad regimen et administrationem dicti monasterii prefecta canonice et instituta, quod, licet ipsa et ipsius monasterium subsint duntaxat immediate jurisdiccioni nostre non sitque ullo modo subjecta nec monasterium ejus capitulo ecclesie nostre Lexoviensis, neque de jure aut consuetudine possit per eos citari, moneri, justiciari vel compelli sistere juri coram eis, nichilominus tamen quidam canonici, pretendentes se capitulum ecclesie nostre Lexoviensis, temere et presumptuose ac contra juris ordinem actemptarunt eam coram se citare aut citari facere seu mandare, et, quod est deterius, ob non comparicionem, cum de jure coram ipsis respondere vel comparere nullatenus teneretur, eam reputare presumpserunt contumacem et eam per affixionem cujusdam sue scedule, licet ad personam ipsius proximus et tutus pateat accessus,

1. D'après l'original conservé aux archives du Calvados, *Lisieux, Aveux rendus à l'évêque*.

iterato citare ad comparendum personaliter coram se, nullo juris ordine observato; requirens a nobis et supplicans per nos de juris remedio oportune sibi provideri. Nos itaque actendentes ipsius querimoniam justam ac rationabilem fore, ejus supplicacioni benigne annuentes, dictam temeritatem et presumptam contra juris ordinem jurisdiccionem in ipsam rationabiliter non ferentes, dictas citaciones contra eam temere decretas, reputacionem contumacie vel censure ecclesiastice cujuscunque fulminacionem et omnia exinde secuta vel secutura nulla et inania et pro nullis et inutilibus reputantes, ea omnia nulla et inefficacia, cassa atque irrita declaramus nulliusque roboris existere vel momenti. Mandantes omnibus et singulis presbiteris nobis subditis per ecclesias et loca civitatis nostre et diocesis Lexoviensis, ubi fuerint requisiti, pro cassis, nullis atque irritis ea omnia nunciari, ipsamque dominam abbatissam per dictas citaciones reputandam contumacie vel censure ecclesiastice cujuslibet fulminacionem sive sententiam, cum sint a non suo judice et a non habente potestatem temere presumpte, nullo modo ligari; presentes eciam litteras nostras in valvis ecclesiarum de quibus fuerint requisiti publice affigendo. Datum Lexoviis, sub sigillo camere nostre, die xxv mensis februarii, anno Domini millesimo cccc quinquagesimo sexto.

Signé: Vincentius, *avec paraphe*.

Au dos: Dominica penultima februarii, in fine misse sancte Anne in Jacobitis, et deinde in fine misse Caritatis in Domo Dei, et postea in cimiterio, ante valvas ecclesie seu monasterii monialium, et demum ante valvas ecclesie cathedralis Lexoviensis, presentibus in tribus primis locis magistris Thoma *Ledo*, Johanne *Pichot*, Johanne *Felix*, d. Guillermo Sapientis, Thoma *Legentil*, una cum magna populi multitudine; et in ultima ante valvas ecclesie Lexoviensis, cum testibus suprascriptis, magistro Johanne *Filleul* et ejus fratre cum pluribus aliis, transeunte a canonicis domino thesaurario in fine execucionis.[1]

XXIX.

Difficultés faites par Thomas Basin au sujet d'un supplément d'aveu que la chambre des comptes exigeait de lui après le recouvrement de la Normandie[2].

février-mars 1457.

A tous ceulz qui ces lettres verront ou orront, Jehan Eschallart, garde du seel des obligacions de la viconté d'Orbec, salut. Savoir faisons que Thomas Le Carpentier, tabellion à Lisieux pour le roy nostre sire, nous a aujourduy, vingt-septiesme jour de mars, l'an mil cccc cinquante-six, tesmoigné et rellaté par son serment auquel nous adjoustons foy, avoir veu, tenu et leu mot

---

1. Il y a dans le même dossier un acte d'appel interjeté le 5 mars 1457 au nom des doyen, chanoines et chapitre, contre le précédent décret, par devant l'officialité archiépiscopale et métropolitaine de Rouen; ledit chapitre défendant sa poursuite parce que l'abbesse avait refusé de lui faire délivrer, selon l'usage, deux pains, deux pots de vin et dix livres tournois.

2. Vidimus du temps dans le vol. de Gaignières, n° 155 (f. 45), à la Bibl. imp.

après mot une supplicacion en papier, à icelle atachié le mandement de Nosseigneurs les gens des comptes du roy nostre sire à Paris, soubz l'un de leurs signetz en cire vermeil, et semblablement en la marge de bas dudit mandement seellé de trois de leurs dis signetz en cire vermeil, le tout saing et entier en escripture et signetz, donc les teneurs enssuivent.

Et premièrement de ladicte supplicacion :

« A Messeigneurs des comptes supplie humblement l'évesque de Lisieux, comme après ce que ledit suppliant a fait au roy nostre sire le serement de féaulté que tenu luy estoit de faire à cause du temporel dudit éveschié, et baillié en la chambre des comptes son deuombrement tel qu'il a peu et sceu baillier, selon ce qu'il a peu avoir congnoissance, ledit temporel, ce non obstant, a esté de rechief prins, saisy et mis en la main du roy, nostre dit seigneur, soubz umbre de ce qu'on dit ledit denombrement ne avoir pas esté deuement bailliée, et y avoit esté obmis à mettre le service de xx chevaliers que l'évesque doit quant le roy chevauche en ost ; dont icelui suppliant est ignorant et ne scet riens, parce qu'il n'a aucuns anciens registres de sondit éveschié, qui furent perdus ou temps que le duc de Clarence fu logié à Courtonne, quant les Anglois vindrent en Normandie[1]. Lequel suppliant, depuis ce, vous fist présenter certaine requeste, sur laquelle lui donnastes surcéance de bailler au vray sondit denombrement jusques au premier jour de mars prouchain venant ; et ce pendant a fait toute diligence à luy possible de enquerir et savoir

---

[1] En 1419.

au vray ceulz qui lui doyvent ledit service, mais encores n'en a peu ne peut avoir la congnoissance pour ce que les fiefz par laps de temps, par paraige et autrement, sont changés, diminués et venus en estranges mains; pour la quelle cause, audit premier jour de mars, ne pourroit pas bien estre prest de bailler sondit denombrement pour plusieurs grans occupacions, tant pour le fait de son église que autrement : que, ces choses considérées, actendu que par la coustume de Normendie le roy ne peut ou doit prendre les levées des terres de ses subgiés qui lui ont fait foy et hommaige ou serement de féaulté, il vous plaise de voz graces proroguer audit suppliant ledit terme du premier jour de mars jusques à la Saint Michiel prouchain venant; pendant lequel temps il fera toute diligence de enquerir du fait dessusdit, et lui mesmes en sa personne a entencion de venir par devers vous pour ladicte cause. Et vous ferez bien. »

En laquelle supplicacion estoit escript en la marge de hault : *Causantis in presenti requesta prorogetur dies seu habeat sufferentiam usque ad S. Johannem Baptistam proximum pro omni dilatione, et non amplius revertatur, sub pena emende. Actum v^a die februarii,* MCCCCLVI°.

Et estoit ainxi signé, *Des Roches.*

Item ensuit la teneur dudit mandement.

« Les gens des comptes du roy nostre sire à Paris, aux baillis de Rouen, Evreux, Caen et Caux, vicontes et procureurs dudit seigneur esdiz bailliages, et à tous ses autres justiciers et officiers ou à leurs lieutenans et substitutz, salut. Veue par nous la supplicacion ou requeste cy atachie soubz l'un de notz signetz, à nous presenté de la partie de l'évesque de Lisieux, pour consideracion du contenu en icelle et autres causes à ce nous mouvans, nous lui avons prolongié son délay de bailler au vray et en fourme deue en la chambre desdiz comptes son denombrement du temporel dudit éveschié, pour toutes préfixions et delaiz, jusques au jour et feste de Saint Jehan-Baptiste prochain venant; pendant lequel temps il sera tenu le bailler, sur peine de l'admende en tel cas acoustumée. Sy vous mandons et expressement enjoingnons par ces présentes, à chacun de vous, sy comme à lui appartendra, que, durant ledit temps, vous faictes, souffrez et laissiez ledit évesque joyr et user de sondit temporel plainement et paisiblement, sans, pour cause dudit denombrement non baillié, luy faire, metre ou donner, ne souffrir estre fait, mis ou donné aucun destourbier ou empeschement; mais s'aucun luy en a esté fait, mis ou donné, sy lui mectez ou faictes mectre à plaine délivrance, pour veu qu'il paiera les droiz et devoirs, s'aucuns en sont pour ce deubz au roy nostre dit seigneur et paiez ne les a, et qu'il n'y ait autre cause raisonnable d'empeschement pour quoy faire ne le doiez; laquelle, ou cas que elle y seroit, nous faictes savoir à fin deue. Donné à Paris, le cinquiesme jour de février l'an mil cccc cinquante et six. »

Et estoit ainsi signé, *Lescuier*.

En tesmoing de ce, nous, à la relacion dudit tabellion, avons mis ad ce présent *vidimus* ou transcript le seel des dictes obligacions.

Ce fut fait en l'an et jour dessus premiers diz.

Collacion faicte. LE CARPENTIER, *avec paraphe*.

XXX.

Vidimus délivré à Thomas Basin de l'ordonnance de Charles VII qui fit droit aux réclamations du clergé relativement à la taxe que devait lever le cardinal d'Avignon [1].

2 novembre 1457.

A tous ceulx qui ces présentes lettres verront, Robert d'Estouteville, chevalier, seigneur de Beine, baron d'Ivry et de Saint-André en la Marche, conseiller chambellan du roy nostre sire et garde de la prevosté de Paris, salut. Savoir faisons nous en l'an de grâce mil quatre cens cinquante sept, le mercredi second jour du mois de novembre, avoir veu unes lettres du roy nostredit seigneur, seelleez de son grant seel en double queue et cire jaune, desquelles la teneur s'ensuit :

« CHARLES, par la grâce de Dieu roy de France, à tous ceux qui ces présentes lettres verront salut. Comme nostre saint père le pape Calixte troisiesme ait puis nagaires envoyé devers nous nostre très chier et féal amy le cardinal d'Avignon, et par lui nous ait fait remonstrer les très grans entreprinses qui estoient

---

[1]. D'après l'original en parchemin, aux archives du Calvados, fonds de la Cathédrale de Lisieux. Au dos est écrit de la main même de Thomas Basin : *Duplicata litterarum regiarum pro ecclesia Lexoviensi et pro libertatibus ecclesie Gallicane in materia imposicionis decime. Originales servantur in capitulo Rothomagensi.* Cette pièce a son éclaircissement dans le chapitre XXIV (livre Ier) de l'Histoire du règne de Charles VII.

et sont chacun jour faictes à l'encontre de la foy catholique par le grant Turq et autres ennemis d'icelle, et que, se par l'aide de nous et des autres princes chrestiens n'y estoit donné secours et aide, s'en pourroit ensuir très grant et irréparable inconvenient, en nous requerant et enhortant en toute instance que de nostre part voulsissions ad ce faire et donner aide et secours tant de gens que de finance, et avec ce et adfin de plus promptement aidier à donner ladicte provision, que voulsissions consentir et accorder ung dixiesme entier et général estre levé sur tous les gens d'église de nostre royaume : lesquelles choses oyez et nous deuement informez desdictes entreprinses qui lors estoient faictes par lesdictz ennemis de la foy chrestienne et le grant bruyt qui en estoit, congnoissant l'évident besoing et urgent nécessité qui estoit de donner ad ce aide et confort, voulans en ce et autrement ensuir les faiz de noz très nobles progeniteurs, ayons liberalment consenti et accordé ledit dixiesme entier et général estre levé sur lesdictes gens d'église de nostre royaulme, selon la valeur en quoy sont à présent leurs bénéfices ; et soit ainsi que depuis nous ait esté remonstré par aucuns prélaz et autres gens d'église de nostredit royaulme que, à l'occasion de ce que les prélaz et autres gens d'église d'icellui nostre royaulme n'ont pas esté appelez à faire ledit consentement, ainsi que faire se devoit selon les franchises et libertez de l'Église de France, aussi supposé que eussions consenti ycellui dixiesme, toutes voyes ne le devions nous consentir ne accorder estre levé, se non selon la tauxe réduite, icellui consentement ainsi par nous fait pourroit ou temps advenir estre grandement préjudiciable ausdictes franchises et libertez de l'Église de France, comme ilz disoient, en nous requerant humblement que sur ce vueillons déclairer noz voulenté et entencion : Savoir faisons que nous, les choses dessusdictes considérées, voulans lesdictes franchises, libertez et prérogatives de l'Église de nostre royaulme estre entretenues et gardées, avons par l'adviz et déliberacion des gens de nostre conseil dit, ordonné et déclairé, disons, ordonnons et déclairons par ces présentes nostre vouloir et entencion avoir esté et estre que ledit consentement par nous donné de lever ledit dixiesme en la manière dessuz déclairée, a esté et est sans préjudice des droiz, franchises, libertez et prérogatives de l'Église de France pour le temps advenir ; mais voulons, consentons et octroyons que, non obstant nostredit consentement, iceulx previlleigez et libertez de l'Église de France soient et demeurent en leur entier comme ilz estoient paravant nostre dit consentement, sanz ce que, à l'occasion ne soubz umbre d'icellui, on puisse dire ou noter aucune infraction estre entendue en yceulx previlleiges et libertez pour le temps advenir en aucune manière. Si donnons en mandement par lesdictes présentes à noz amez et féaulx conseillers les gens de nostre parlement, à tous nos seneschaulx, bailliz et autres noz justiciers ou à leurs lieuxtenans et à chacun d'eulx, si comme à lui appartendra, que de noz présens vouloir et déclaracion ilz facent et sueffrent joïr et user lesdiz gens d'église de nostredit royaulme sanz aucunement faire ne venir au contraire, car tel est nostre plaisir et ainsi l'avons voulu et octroyé, voulons et octroyons par cesdictes présentes. Et pour ce que de cesdictes présentes on pourra avoir afaire en divers lieux, nous voulons que au vidimus d'icelles, fait soubz seel royal ou autentique, foy soit adjoustée comme à cest present original. En tesmoing de ce nous avons à cesdictes presentes faict mectre nostre seel. Donné à la Ferté près Saint-Poursain en Bourbonnoiz, le troisiesme jour d'aoust, l'an de grâce mil cccc cinquante-sept et de nostre règne le trente-cinquiesme. » Ainsi signé : Par le Roy en son conseil, Delaloere.

Et nous à cest present transcript avons mis le seel de ladicte prevosté de Paris, l'an et jour cy dessus premiers diz.

Signé R. Lemoyne, *avec paraphe; et sur le repli :* Collacion faicte par moy, R. Lemoyne, et par moy, F. Godin, *avec paraphes.*

XXXI.

Mémoire d'une somme payée à Nicolas Basin de Rouen, pour l'acquit de partie d'un emprunt qu'il avait fourni au roi[1].

8 juillet 1458.

Les généraulx conseilliers du roy nostre sire sur le gouvernement de toutes ses finances ont fait recevoir par maistre Symon le Bourlier, notaire et secretaire dudit seigneur et receveur général desdictes finances ès pays et duchié de Normandie, de Guillaume le

---

1. Cédule originale dans le ms. suppl. fr. n° 2539, à la Bibl. imp.

Roux, commis à recevoir ès vicontez de Harcourt et Pont-de-l'Arche la porcion de l'aide de xxx^m frans octroyé au roy nostredit seigneur par les gens des troys Estaz dudit pays de Normandie ou moys de juing derrenier passé, sur ce qu'il peut et pourra devoir à cause de sa recepte, et dont ledit receveur général a pour ce baillé sa cédule au controleur de ladicte recepte générale qui en ceste a mis son signe, la somme de deux cens soixante-dix livres tournois pour Nicolas Basin, marchant demourant à Rouen, pour partie de xv^c l. t. à lui ordonnées par le roy nostre sire en ceste présente année, pour le recompenser de semblable somme, et pour le fait d'une plus grant somme en quoy Mgr le duc d'Alençon estoit tenu audit Basin, comme il est deuement apparu. Escript le viij^e jour de juillet, l'an mil cccc cinquante huit.

Signé LEBOURSIER — BOURLIER — ARNOUL.

XXXII.

Quittance de Thomas Basin pour le payement, après réduction, de sa pension comme conseiller du roi[1].

4 mars 1459.

Nous Thomas, par la permission divine évesque de Lisieux, conseillier du roy nostre sire, confessons avoir eu et receu de maistre Simon le Bourlier, notaire et secretaire du roy nostredit seigneur et rece-

---

1. D'après l'original en parchemin, Gaignières, vol. 155, f. 45. Il y a à côté une cédule pareille en date du 14 septembre 1460.

veur général des finances dudit seigneur ou pays et duchié de Normendie, la somme de quatre cens cinquante livres tournois pour partie de vi^e l. t., à nous ordonnée par ledit seigneur pour nostre pension de ceste presente année, commençant le premier jour d'octobre derrenier passé. De laquelle somme de iiii^c l. t. nous tenons pour content et bien paié, et en quictons ledit receveur général et tous autres. En tesmoing de ce nous avons signé ces presentes de nostre main et fait sceller de nostre scel, le iiij^e jour de mars, l'an mil cccc cinquante-huit.

Signé T. évesque de Lis., *avec paraphe.*

XXXIII.

Procès-verbal d'une délibération des États de Normandie dans laquelle Thomas Basin est désigné comme ambassadeur de l'assemblée auprès du roi[1].

22 avril 1461.

Ensuivent les conclusions de la convencion faicte en la chapelle du manoir archiépiscopal de Rouen, le xxij^e jour d'avril mil cccc soixante et ung après Pasques.

Premièrement les Trois Estas suffisaument fondés

---

1. Copie d'un feuillet détaché d'un registre qui n'existe plus. Ce feuillet a été trouvé récemment aux Archives de la Seine-Inférieure par M. de Beaurepaire, qui s'est empressé de m'en envoyer la copie.

concludent qu'ils sont en suffisant nombre tant en leurs personnes que par procurations.

Item, que tous, unis ensemble, veullent porter en totes choses et par toutes voyes licites et raisonnables en tous lieux où besoing sera et par devant le roy, ses gens du conseil, ses trésoriers, commissaires et autres, selon le contenu en un cayer qui baillé sera aux deputés. Pour lesquielx cayers visiter et unir sont deputés Mons. l'abé de Caen, maistres Laurens Surreau et Guillaume de la Villecte, pour l'estat d'église, et pour les autres estas Mons. de Clere, Robert de Villeneufve, Rogier de la Valecte et Olivier de Gasteligneul et Roger Gouel, ou les trois d'iceulx.

Item, et pour ce faire ont esleu, c'est assavoir pour estre et comparoir à Rouen devant messeigneurs du grand conseil, les trésoriers-commissaires, et allieurs où besoing sera en Normendie, de chacun diocèse ung; et les autres s'en pourront retourner, et de chacun bailliage ung : c'est assavoir, pour le bailliage de Costentin, Guillaume Le Coq; pour le bailliage de Caen, Rogier de la Vallecte ; pour Alençon, Olivier Gasteligneul; pour Caux, Nicolas Acoulomps; pour le bailliage de Gesors, Jehan Lebrince ; pour le bailliage de Rouen, Rogier Gouel, Guillaume Ango, Robert de Villeneufve, maistre Gilles Goupil ; pour les nobles, Mons. de Clere et Mons. de la Roche.... c'est assavoir maistre Robert Byote pour monseigneur de Rouen, et pour l'église de Rouen, messeigneurs le doyen, le trésorier, le chantre et maistre Laurens Surreau.

Item, pour aler devers le roy, s'il est besoing, sont esleuz MMgrs. de Lisieux, de Barbery, maistre Guillaume de la Villecte, Laurens Surreau, monseigneur le doyen, ou tel d'iceulx qui plaira à MMgrs. du grant conseil.

Item, pour les nobles, MMgrs. de Ferières, de Clere, de Cherences et messire Brunet, ou telz, etc.

Item, pour le tiers estat, Robert de Villeneufve, Rogier Gouel, Rogier de la Villecte, Guill. Le Coq, Olivier de Gasteligneul et Guillaume Ango, ou telz, etc.

Item, que par la convencion seront requis MMgrs. du grant conseil de donner provision sur le principal et de la matière (*sic*) et aussi rescripre aux commissaires pour faire cesser.

Item, seront requis de rescripre au roy l'intencion et délibéracion.... communiquée pour avoir la surcéance, se aultrement ne se peult faire, et aussi pour avoir provision sur le fait principal, soit eu pays de Normendie, ou devers le roy nostre sire eu cas que MMgrs. du grant conseil ne le feroient cy.

Item, et quant au fait de la despence pour aler devers le Roy, est conclud que l'Église portera entièrement la despence de ses ambasiateurs, et avec ce la moytié de la despence aux nobles dessusdiz, acceptez et prins par nos dits seigneurs du grant conseil.

In dicta convencione dominus vicarius generalis Rothomagensis et tota congregacio ecclesiastica predicta decreverunt quod peccunie necessarie pro prosequcione presentis negocii levabuntur per modum decime juxta taxam ultimam reductam, videlicet pro qualibet libra xviij den. tur. Per quod intelligendum est quod illi qui juxta dictam taxam reductam solverunt xx sol. tur., solvent xviij den. In qua quidem situatione comprehendi debent hospitalia et alia beneficia non taxata, etc. Super quibus peccuniis sic levandis decretum est quod ambasiatores cujuslibet diocesis, qui jam hucusque vacaverunt et vacabuntur in posterum in presenti negocio, satisfacient....

XXXIV.

Liste des prélats qui assistèrent au sacre de Louis XI[1].

15 août 1461.

S'ensuivent les prélatz qui feurent présents au sacre du roy Loys :

Le cardinal de Coustances, le légat de nostre sainct père ès parties de France, le patriarche d'Antioche, l'archevesque de Raims, l'archevesque de Lyon, l'archevesque de Bourdeaux, l'archevesque de Bourges.

Les évesques de Langres, de Cambray, de Chaalons, de Tournay, d'Amiens, de Sallubrye [2], de Soissons, *de Lisieulx*, de Laon, de Noyon, de Liége, de Paris, de Troyes, de Chartres, du Puis en Auvergne, de Reinnes en Bretagne, de Senlis.

Les abbés de Sainct-Denys, de Sainct-Nicaise, d'Igny, de Sainct-Remy, de Sainct-Vincent, et de Sainct-Denys à Raims.

---

1. Bulletin officiel introduit dans les Mémoires de Jacques Duclercq, livre IV, chapitre xxxii.
2. Salisbury.

XXXV.

Jugement interlocutoire rendu aux assises d'Orbec dans un procès entre Thomas Basin et son chapitre, qui est renvoyé pour le fond aux assises de Lisieux [1].

3 novembre 1461.

Es assises d'Orbec tenues audit lieu par nous, Pierres du Val, lieutenant général de noble homme monseigneur Robert, sire de Floques et d'Avrechier, chevallier, mareschal herédital de Normandie, conseiller et chamberlan du roy nostre sire et son bailli d'Evreux, le mardi troisiesme jour de novembre premier jour desdictes assises l'an mil cccc soixante et ung : après ce que Guillaume Le Perchié, procureur des doien et chapitre de Lisieux, porteurs de certains briefs de nouvelle dessaisine, comme il disoit, pour la disme qu'ils tendent à avoir sur certains gardins appartenans à révérend père en Dieu monseigneur l'évesque dudit Lisieux, d'une part, et Nicolas Bocte, procureur de mondit seigneur l'évesque, d'autre, se furent présentés en court, et que de la part desdis de chapitre oult esté desclairé que, non obstant que par la nature d'iceulx briefs la chose deust estre sequestrée, néanmoins Jehan Gillain, sergent auquel ils avoient esté presentés afin de ladicte sequestracion faire, et non obstans pluseurs commandemens à luy fais par justice, en auroit esté reffusant, pour laquelle cause il avait obtenu mandement d'évocacion en ces assises, requérant que

---

[1]. D'après l'original en parchemin, aux archives du Calvados.

mondit seigneur l'évesque fust contraint à sequestrer icelles dismes; et que de la partie de mondit seigneur l'évesque oult esté dit que il n'avoit mis ne ne metoit nul débat que par la nature d'iceulx briefs la chose ne deust estre sequestrée, et y avoit tousjours obbéy et encores y obbéissoit; mesmes que au jour baillé par icellui Gillain, sergent, pour icelle faire, icelluy procureur de chappitre avoit esté reffusant de y alloir et porter ses escripts; requerant, veu ce qu'ilz estoient à accord que les héritages sur lesquelx iceulx de chapitre prétendoient d'icelle disme, estoient assis en la haulte justice de mondit seigneur, que la congnoissance en fust renvoyée aux assises de Lisieux, et n'estoit cause par quoy mondit seigneur en deust perdre la congnoissance : sur quoy nous eusmes l'oppinion des assistens, et, veu icelle, ladicte cause fut renvoyé aux prouchaines assises de Lisieux pour y procéder ainsy qu'il appartendra; et fut donné en mandement au sergent ou soussergent à qui il appartient, que ledit Jehan Gillain il contraigne à faire ladicte sequestracion et ad ce contraindre tous ceulx qui ont levé les dismes donc lesdis seigneurs de chapitre se plaignent, et en cas de reffus face ladicte sequestracion pour et au prouffit de cil qui obtendra. Donné comme dessus.

Signé S. PAONNIER *avec paraphe.*

XXXVI.

Lettres patentes de Louis XI dispensant Thomas Basin des formalités d'un nouveau dénombrement après le serment de fidélité à lui prêté par ce prélat[1].

14 novembre 1461.

Loys, par la grâce de Dieu, roy de France, aux vicomtes d'Orbec, Pontaudemer, d'Auge et de Baieux, ou à leurs lieuxtenants, salut. Receue avons l'umble supplicacion de nostre amé et féal conseiller l'évesque de Lisieux, contenant que, combien que jà pièçà il feist à nostre très cher seigneur et père, que Dieu absoulle, et à ses hoirs et successeurs légitimes le serement de féaulté qu'il est tenu de faire à cause du temporel de son église, et eust de ce fait deuement apparoir aux gens et officiers des comptes de nostre dit feu seigneur et père, obtenu d'eulx l'expédicion et plaine délivrance dudit temporel et en bailliée le dénombrement, ainsi qu'il estoit tenu de faire; et depuis, pour ce qu'il s'est trouvé à nostre sacre et entrée en nostre cité de Paris, d'abondant, et sans ce qu'il à ce fust de droit abstraint, voluntairement de rechief nous ait fait ledit serement en la compaignie de plusieurs autres prélatz de nostre royaume qui pareillement s'estoient trouvés à nostre dite entrée à Paris, et que de droit et aussi de coustume ancienne gardée et observée

---

1. D'après un vidimus délivré sous le sceau des obligations d'Orbec le 12 décembre 1461, dans Gaignières, vol. 155, fol. 49.

en nostre royaume, les prélatz qui tiennent leur temporel de nous par ung seul serement de féaulté, considéré la forme dudit serement qu'ilz nous font tant pour nous que pour nos hoirs et successeurs légitimes, ne sont tenus ne abstrains de le faire sinon une fois leur vie durant, et se voluntairement et d'abundant ilz le font derechief à l'éritier ou légitime successeur, ce ne leur doit tourner à préjudice ne estre traict à conséquence qu'il faille pour tant de rechief requérir délivrance de leur temporel ne bailler seconde foiz leur dénombrement, ne que pour non faire les choses dessus dites ou aucunes d'icelles, nos officiers leur puissent ou doyent arrester ne empescher leur temporel ; néanmoins, pour cause de certaines prises générales et arrestz fais puis peu de temps en çà ès assises des bailliages de nostre païs et duchié de Normendie des temporalités des prélatz qui n'ont fait ledit serement de féaulté, nostre dit conseiller doubte que on lui vueille mectre empeschement et destourbier en la joyssance de son dit temporel et le contraindre à impétrer et obtenir derechief délivrance et expédicion d'icelui des gens de nos comptes, et aussi à baillier de rechief son dénombrement, non obstant qui l'ait aultreffoiz baillié et vériffié deuement ou vivant de nostre dit feu seigneur et père, qui seroit, comme il dit, ou grant grief, préjudice et dommaige de son église et plus pourroit estre ou temps advenir, se par nous ne lui estoit sur ce pourveu de remède convenable, humblement requérant icelui : pour quoy nous, ces choses considérées, qui ne voulons point aux églises et prélatz de nostre royaume estre imposées nouvelles charges et servitutes, aians en mémoire que nostre dit conseiller nous a depuis nostre nouvel advènement fait ledit serement, vous mandons et à chacun de vous, si comme à lui appartendra que, s'il vous appert que nostre dit conseiller ait fait son serement de féaulté à nostre dit feu seigneur et père, et par ce obtenue délivrance et expédicion du temporel de son église des trésoriers et gens des comptes d'icelui nostre seigneur et père, baillié aussi le dénombrement d'icelui temporel, vous le faictes et souffrez en ce cas joyr et user paisiblément de son dit temporel sans lui donner ne souffrir estre donné en icelle joissance aucun empeschement ou destourbier, non obstant qu'il nous ait de rechief fait ledit serement, comme dit est, à cause duquel ne voulons qu'il soit contraint à en requérir ne demander aucune délivrance ne à en baillier nouvel dénombrement, et lesdites prises et arrestz faiz et à faire pour cause dudit serement de féaulté et des sequelles d'icelui et quelzconques lettres subreptices impétrées ou à impétrer à ce contraires. Donné à Amboise, le xiiij° jour de novembre, l'an de grâce mil cccc soixante et ung et de nostre règne le premier.

Ainsi signé : PAR LE ROY à la relacion du Conseil. ROLANT.

XXXVII.

Aveu et dénombrement rendus par Michel Basin, pour les fiefs de Lanquetot et Verretot [1].

15 mars 1462.

Du roy nostre sire je, Michiel Basin, escuier, à cause de la viconté de Caudebec tieng et adveue à tenir ung fief de haubert entier, assis ès parroisses de Noytot, Auppegart, Colamesnil, Offrainville et ès mectes d'environ, dont le chief est assis en la parroisse de Lanquetot, et ay court et usaige, justice et juridicion, hommes, hommaiges, corvées, le patronnage de l'église de ladicte ville de Lanquetot, rentes en deniers, grains, œufz, oyseaulx, reliefz, treiziesmes et toutes autres droictures et seigneuries, comme à fieu noble de haubert entier peult et doibt appartenir. Duquel fief est tenant Pierres Hervieu, à cause de sa femme, ung sixiesme de fief par hommaige qu'il m'en doibt avec les aides, fais et reddevances coustumières. Duquel fief de haubert je doy au roy, nostre dit seigneur, tel

---

[1]. Cabinet généal. de la Bibl. imp., dossier *Basin*, d'après un vidimus du 14 mai 1468, délivré par Jean Courel, garde du scel des obligations de la vicomté de Rouen, à la relation de Jean Duclos et Guillaume le Roux, tabellions jurés de la même vicomté. A la suite de l'aveu est transcrite dans le même vidimus l'attache de la chambre des comptes attestant que Michel Basin a rendu hommage à Louis d'Estouteville, grand sénéchal de Normandie. Il résulte des registres du tabellionage de Rouen (14 juin 1439) que Michel Basin était fils de Jean Basin, dont l'anoblissement a été rapporté ci-dessus, n° XVII.

service d'ost comme à tel fief peult et doibt appartenir, protestant que, se oudit fief avoit autres droictures et autres fiefz tenuz en plus ou autrement qu'il n'est desclairé cy devant, que ce ne me porte préjudice retenant à luy mectre et employer.

Item du roy nostre dit seigneur je, Michiel Basin dessusdit, tieng et adveue à tenir ung huitiesme d'autre fief, à cause de sa dicte viconté de Caudebec, assis en la parroisse de Blacqueville et environ, nommé le fief de Verretot, auquel huitiesme de fief j'ay court et usaige, justice et juridiction, et hommes, rentes en deniers, grains, œufz, oyseaulx, reliefz, treiziesmes et toutes autres droictures et seigneuries, comme à huictiesme du fief appartient; protestant que, se oudit huictiesme de fieu avoit autres droictures en plus ou autrement qu'il n'est desclairé cy devant, que ce ne me porte préjudice retenant à lui mectre et employer.

En tesmoing de ce, j'ay mis à ces présentes le seel de mes armes, et signé de mon saing annuel, cy mis le quinziesme jour de mars, l'an mil cccc cinquante et ung.

Ainsi signé, BASIN.

XXXVIII.

Mention d'un procès soutenu à l'Échiquier de Rouen par Thomas Basin et autres, au sujet de la succession de Zanone de Castiglione, évêque de Bayeux, décédé en 1459 [1].

avril — mai 1463.

A l'Échiquier tenu au terme de Pâques, l'an 1463 [2].

Caen. Deffault, *audiendi.*

Les héritiers du deffunct évesque de Bayeux, maistre Thomas Basin, à présent évesque de Lisieux, messire Thomas Flaming, chevalier anglois, maistre Jean Olive, messire Jean le Carpentier, prebstre, les hoirs ou ayans cause de Regnault Turquefeu et Bardin Agnès ès noms qu'ils se portent vers Guillaume de Verson, procureur des religieux, abbé et convent de Caen.

Rogier des Mares, procureur de monseigneur le patriarche évesque de Bayeux, se présenta pour ouïr leurs causes, pour quoy lesdits religieux le veulent tenir en procez et autres pour lesquels son derrain prédécesseur avoir voulu prétendre le fait et charge.

Le mercredy, 18ᵉ jour de may, sur ce que ledit de Verson, en faisant l'appel des défaillans, requeroit avoir

---

1. Extrait du registre manuel de l'Échiquier de Rouen, imprimé par de La Roque, *Histoire de la maison de Harcourt*, preuves, t. IV, p. 1442.

2. Il y a dans le même ouvrage un extrait du registre de l'Échiquier précédent (1462), où les mêmes personnages sont mentionnés déjà comme ayant fait défaut dans la même cause.

deffault sur lesdits héritiers et autres non presentez, se comparut ledit des Mares, procureur dudit patriarche évesque de Bayeux, lequel dist qu'il s'estoit chargé du fait dudit deffault. A quoy le procureur du roy dist qu'ilz estoient en cause pour attentat, et ne peut souffrir ladite charge. Sur quoy fut dit par la cour qu'ilz seroient ouïs sur ce vendredy prouchain.

XXXIX.

Accord par suite de contestations survenues entre Thomas Basin et son chapitre, au sujet de leurs droits respectifs quant à la réconciliation de la cathédrale et de son cimetière [1].

23 avril 1463.

Universis præsentes litteras inspecturis Thomas, miseratione divina episcopus Lexoviensis, et capitulum ecclesiæ Lexoviensis, decano absente, salutem in Domino sempiternam. Cum retroactis temporibus prædecessorum nostrorum atque nostris, prout plerumque ex humana infirmitate evenire solet, inter nos, episcopum, ex una, et decanum et capitulum præfatos ex altera partibus, nonnullæ controversiæ, contentiones et litium ac processuum materiæ suscitatæ fuerint atque diu in non modicum præjudicium nostri et ecclesiæ nostræ Lexoviensis non sine plurium infirmorum scandalo agitatæ et protractæ, nos, cupientes

---

1. D'après une copie moderne sur papier timbré, aux archives du Calvados, *Évêché de Lisieux*.

de cætero et totis animis desiderantes cum omni concordia, caritate et benevolentia mutuis vivere in Dei servitio, ut tenemur, et litium ac processuum occasiones, quantum poterimus, divino nobis favente auxilio, præscindere et amputare, scientes quod nonnisi in mutua pace et caritate bene colitur pacis auctor : notum facimus per præsentes quod super hujusmodi controversiis et quæstionibus atque differentiis, quæ latius ex infra scriptis declarantur, bonorum et sapientum virorum et communium amicorum consilio, pro magna et evidenti utilitate nostra utrinque atque ecclesiæ nostræ Lexoviensis, ex nostra certa scientia, mera atque spontanea voluntate bene consulti et advisati, tractamus, concordamus et pacificamus ad invicem modo et forma contentis et expressis in quadam scedula, inter nos pro hujusmodi differentiis et discordiis sedandis atque sopiendis concepta, laudata approbata et pactis ac stipulationibus solemnibus, fide hinc inde data atque interposita, in manu notariorum publicorum, præsentibus litteris subscriptorum, accordata et roborata. Cujus tenor sequitur et est talis :

« Accord fait entre revérend père en Dieu, Mgr. l'évesque de Lisieux, et MMgrs. de chapitre de ladicte église sur les articles cy après déclairés.

« Premièrement, quant à déclairer l'église ou le cimetierre de Lisieux polluz, mondit Sgr. l'évesque et lesdictz de chapitre sont d'accord que, s'il advenoit que en ladicte église ou cimetierre dudit lieu fut faicte aulcune injection manuelle et effusion de sang ou aultres cas par quoy ladicte église ou cimetierre deussent estre déclairez polluz et par conséquent reconciliés, l'official de mondit Sgr. l'évesque et l'official du chapitre congnoistront ensemble desdiz cas, et sera fait la déclairacion par lesdiz deux officiaulx et la sentence aussi ; mais l'official de mondit Sgr. *nomine ipsorum pronuntiabit dictam sententiam*, et la reconciliera mondit Sgr. aux despens du délinquant s'il a de quoy, ou autrement *gratis;* et si le délinquant a de quoy paier la procuracion de mondit Sgr., il luy payera et l'amende ausdiz de chapitre, la procuracion toutesfoiz premièrement paiée à mondit Sgr.; et le cas dont est le procès pendant pour ceste cause devant Mgr. l'official de Rouen, sera comme cas non advenu.

Et en tant que touche les affixions des mandemens de mondit Sgr. l'évesque ou de ses vicaires ou officiaulx, ou des mandemens ou indulgences apostoliques aux portes de ladicte église, ilz sont d'accord que mondit Sgr. de Lisieux et ses successeurs évesques les pourront faire ou faire faire jouxte la déclairacion jà piessà faicte entre feu de bonne mémoire messire Aymard, évesque de Lisieux, et ledit chapitre, sans ce que pour cause et raison de telles affixions mondit Sgr. l'évesque ou ses successeurs puissent prétendre aulcun droit nouvel de jurisdiction en ladicte église et touttes selon la fourme et teneur de ladicte déclairacion qui ensuit :

« *Universis presentes litteras inspecturis nos, Ademarus, permissione divina episcopus Lexoviensis, etc.* [1].

« Au regard des soixante unze livres, etc. [2]. »

Promittentes nos, episcopus, tam pro nobis quam successoribus nostris episcopis Lexoviensibus, et similiter nos, decanus et capitulum præfati, tam pro no-

---

[1]. J'ai jugé inutile de rapporter cet accord, dont les auteurs du *Gallia christiana* ont indiqué la substance à l'article d'Aymar Robert, vingt-huitième évêque de Lisieux (t. XI, col. 787). La pièce est datée du 13 octobre 1367.

[2]. La copie des archives du Calvados n'en donne pas davantage pour cet article.

bis quam successoribus nostris canonicis ac capitulo Lexoviensibus, bona fide et sub hypotheca et obligatione, nos, episcopus, omnium et singulorum bonorum mensæ nostræ episcopalis, et nos, capitulum præfati, omnium et singulorum bonorum communiæ nostræ capitularis, omnia et singula in suprascripta scedula contenta et expressa, modo et forma quibus in eadem continentur et exprimuntur, stabilia atque firma inviolabiliter tenere et servare, nec unquam contra ea vel aliquod ex eis venire quovis quæsito colore. In quorum fidem et firmitatem ac perpetuum robur præsentes litteras nostras auctenticas fieri fecimus et publicorum apostolica auctoritate infrascriptorum notariorum, per nos de hoc specialiter rogatorum, subscriptione, ac sigillorum nostrorum appensione muniri, Lexoviis, die vigesima tertia mensis aprilis, anno domini millesimo quadringentesimo sexagesimo tertio, indictione XI, pontificatus sanctissimi in Christo patris et domini nostri, domini Pii divina providentia papæ II, anno quinto. Præsentibus ad hæc venerabilibus ac honestis viris domino Johanne *Massé*, presbytero; magistro Yvone *Toustain;* Guillelmo *Bataille*, armigero; Ludovico *Basin;* Thomassino *Basin* et Johanne *Buquet*, cum pluribus aliis testibus ad præmissa vocatis et rogatis.

Ego vero Vincentius *Lieurey*, clericus Rothomagensis diocesis, canonicus Lexoviensis, publicus apostolica auctoritate notarius ac præfati reverendi in Christo patris et domini episcopi secretarius, quia præinsertis pacis tractatui, compositioni et pactis fide ac subscriptionibus hinc inde firmatis præsens et personaliter interfui, etc., idcirco præsentibus litteris signum meum publicum cum appensione sigilli cameræ prædicti reverendi in Christo patris apposui, ac me propria manu subscripsi in fidem et testimonium præmissorum requisitus et rogatus. *Signé* Vincentius.

Et ego Johannes *Halley*, presbyter Lexoviensis diocesis, publicus apostolica et imperiali auctoritate curiæque episcopalis Lexoviensis notarius juratus, præmissis omnibus et singulis, etc. præsens fui, etc.; ideo his præsentibus litteris, manu alterius fideliter scriptis, signum meum publicum et solitum apposui hic me manu mea propria subscribendo, requisitus in testimonium præmissorum. *Signé* J. Halley.

XL.

Extrait d'une sentence en matière de foi contre trois sorciers abandonnés par Thomas Basin à la justice séculière[1].

4 juillet 1463.

Quod ipsum demonem sub specie hirci nigri cum reverenti prostratione et osculo adorastis, candelas nigras et parum lucentes obtulistis; vos ipsos do-

---

1. D'après l'ouvrage de M. Louis Du Bois intitulé : *Recherches archéologiques, historiques, biographiques et littéraires sur la Normandie* (in-8°, Paris, 1843), p. 99. L'original se trouvait autrefois aux archives de la cathédrale de Lisieux. Il a servi aux auteurs du *Gallia christiana* à introduire la mention du fait dans leur notice biographique sur Thomas Basin : « Excommunicatos duos homines et unam fœminam sæculari curiæ dimisit post festum SS. apostolorum Petri et Pauli (t. XI, col. 795). » On voit par les

nastis.... fructus arborum et terre nascentes impie devastando. Constat te etiam, Catharinam predictam, parvulum ex utero tuo natum demoni, qui eum jugulavit et rapuit, quasi in tributum et censum vivum dedisse, et ipsum demonem incubum frequenter habuisse, in te genuisse, Valentinum synagogum per decem et octo annos frequentasse. Liquet insuper vos, Joannem *Le Prieur* et Johannem *Hesbert* cum multis complicibus vestris, assumpta belluarum pessimarum ferocitate, plures infantes et parvulos crudeliter occidisse, in partes et frusta eos dividisse, retento corde et cerebro eorum ad vestra veneficia facienda; constat enim quod carnes eorumdem edere non formidastis. Constat etiam te, Johannem *Hesbert*, a tuo demone eductum pulveres infectos ad vultus hominum callide insufflasse....

Anno Domini mccclxiii, die sabbati post festum SS. Petri et Pauli apostolorum.

explications dont M. Du Bois a fait précéder son extrait, que la femme, nommée Catherine, était veuve d'un catalan; ses coaccusés étaient normands, l'un de Rotours au diocèse de Séez, l'autre de Cretteville, au diocèse de Coutances. Leur procès fut conduit par Guillaume Aubey, vicaire général de l'évêque, conjointement avec l'inquisiteur frère Richard Vattier. Thomas Basin décréta l'abandon au bras séculier le jour même où fut prononcée la sentence. Le bûcher fut allumé le 12 juillet, qui était un dimanche, entre le faubourg Saint-Desir et la ferme connue sous le nom des Belles-Croix, sur le chemin qui conduit de Lisieux à Pommeraie-en-Auge.

XLI.

Délai obtenu par Thomas Basin pour produire le dénombrement des biens de son église conformément à l'ordonnance du 20 juillet 1463 [1].

août 1464.

Es assises d'Orbec tenues par nous, Guillaume Lachère, lieutenant général de noble homme Jacques de Flocques, escuier, conseillier et chamberlan du roy nostre sire et son bailli d'Evreux, le mardi XVIe jour d'octobre, segond jour desdictes assises, l'an mil CCCC soixante et quatre, donné fut par coppie ce qui ensuit :

« A tous ceulx qui ces lectres verront ou orront Jehan Eschallart, garde pour le roy nostre sire du seel des obligations de la viconté d'Orbec, etc. [2]. »

Item coppie :

« A Messeigneurs des contes et trésoriers supplie humblement l'Evesque de Lisieux, comme piècha il ait fait au roy Charles, desrainement trespassé, que Dieu asoille, le serement de féaulté que tenu luy estoit de faire, et baillié le denombrement et desclairacion de son temporel, et mesmes ait fait au roy nostre sire qui est à présent, depuis son advenement à la couronne ledit serement de féaulté et obtenu lectres patentes de luy par lesquelles est mandé, actendu que ledit sup-

---

[1]. Original en parchemin, dans Gaignières, t. CLV, f. 147.
[2]. C'est un *vidimus* des lettres du roi imprimées ci-dessus, p. 229.

pliant avoit baillié aultrefois sondit denombrement et desclairacion du temps du roy Charles, son père, que il ne fust contraint le baillier de nouvel, mais en fust tenu quicte et paisible, comme il appert par le vidimus des dictes lectres cy atachés; et néanmoins ces choses, soubz umbre de certaines ordonnances depuis faictes, ledit suppliant est contraint de rechief de baillier desclairacion de sondit temporel; laquelle desclairacion, actendu que aultresfois il l'a bailliée en la chambre, comme vous povez ou pourrés savoir par icelle, qui est demouré en ladicte chambre, luy seroit maintenant fort difficile et de grant peine et charge à baillier de nouvel, considéré aussy qu'il ne la sauroit pour le présent myeulx faire ne plus amplement desclairer qu'il a autresfois, car soubz correpcion doit suffire, mesmement qu'il a pleu au roy nostre dit seigneur en estre contend, ainsy qu'il vous appert par les lectres missives que pour ceste cause il vous en a escriptes: ces choses considérés, il vous plaise faire délivrer audit suppliant sondit temporel et le tenir quicte et paisible de plus baillier pour le présent aucune desclairacion ne denombrement d'icellui temporel, veu et considéré qui l'a baillié aultresfois, comme dit est; et vous ferés bien. »

En la marge de laquelle estoit escript ce qui s'ensuit :

Tradat dictus supplicans suam declarationem per singulares partes secundum tenorem mandati infra annum proximum pro omni dillacione : quo tempore pendente, levetur manus regis ordinatione Dominorum. Actum ad burellum ultima augusti, M CCCC LXIIII.

Item coppie :

« Les gens des comptes et trésoriers du roy nostre sire à Paris aux baillifz de Rouen, Caen et Evreux, vicontes èsdiz bailliages et à tous les autres justiciers et officiers du roy nostre dit seigneur et à leurs lieuxtenans, salut. Savoir vous faisons que, veue la requeste cy atachée soubz l'ung de noz signès, à nous présentée de la partie de l'Evesque de Lisieux, nous luy avons continué et continuons par ces présentes jucques à ung an prochain venant du jour d'uy, pour tous delays, le terme à luy préfis par vous ou aucun de vous depuis ung an en çà ou environ par vertu de certaines lectres royaulx émanées de la chambre desdiz comptes, de baillier par escript la desclairacion du temporel de son dit éveschié; pendant lequel terme quoy que soit, dedans icelluy il sera tenu de baillier ladicte desclairacion par les singulières parties et constitucions dudit temporel, selon la teneur desdictes lectres royaulx. Sy vous mandons et à chacun de vous en droit soy que de nostre présente continuacion vous le faictes et souffrez joïr paisiblement, en obstant ou faisant hoster incontinent la main dudit seigneur et tout aultre empeschement par vous ou l'un de vous pour ce mis en icelluy temporel, tellement qu'il n'ait cause d'en renvoyer plaintif devers nous. Donné à Paris, le desrainier d'aoust l'an mil cccc soixante et quatre. Ainsy signé, BADOUILLIER. »

Item coppie :

« Guillaume Lachère, lieutenant général de noble Jacques de Flocques, escuier, conseillier et chambellan du roy nostre sire et son bailli d'Evreux, au viconte d'Orbec ou à son lieutenant salut. De la partie de révérend père en Dieu monseigneur l'Evesque de

Lisieux nous ont esté présentés le vidimus de certaines lectres royaux par lui obtenus de la court du roy nostre sire avecques une requeste par luy présentée à nos seigneurs des comptes à Paris et ung mandement d'iceulx seigneurs à icellui ataché, faisant mencion comme temps luy a esté donné jucques à ung an à courir du desrain jour d'aoust desrain passé de baillier la desclairacion par escript des singulières parties du temporel de sondit évescllié, ainsy que par ledit mandement appert cy ataché soubz nostre seel, en requerant l'effect et accomplissement d'icellui. Pour quoy nous vous mandons et par vertu du povoir à nous donné par iceulx seigneurs commectons que vous faictes, souffrés et laissés joïr paisiblement mondit seigneur l'Evesque du temporel de son dit éveschié ainsy que nosditz seigneurs le veullent et mandent, sans luy donner en ce aucun empeschement ledit temps durant. Donné à Orbec, le mardi saiziesme jour d'octobre l'an mil cccc soixante et quatre. Ainsy signé R. de Louvigny. »

Donné comme dessus.

Collation faicte, DE LOUVIGNY, avec paraphe.

XLII.

Liste des commissaires pour le bien public, désignés conformément à l'article V des préliminaires du traité de Saint-Maur [1].

27 octobre 1465.

Ensuivent les trente-six personnes ordonnées pour la réformation de l'Estat.

Premièrement les douze prélatz :

Messeigneurs du Mans, Paris, *Lisieux*, Reims, Langres, Orléans, le doyen de Paris, maistres Jehan de Courcelles, Estienne Le Fournier, Jehan Sellier, Jehan de L'Olive.

Les douze chevaliers et escuyers :

Messeigneurs de Dunois, l'admiral, Pressigny, Montsoreau, messire Loys de Beaumont, messire Jehan Meno, de Rembure, George de Houet, Traynel, messire Jehan de Montaigu, Torcy, Chaumont.

Les douze gens de conseil :

Dauvet, Boullengier, maistres Jacques Fournier, Berthelemy Cloistre, Guillaume de Paris, Franchois Hallé, Pierre d'Oriole, Denis d'Auxerre, Jehan Lenfant, Jouachim Jouvelin, Jacques Fournier, juge du Mans, Guillaume Hugonet.

---

1. Cédule imprimée à la suite des mémoires de Philippe de Commines, édition de Lenglet-Dufresnoy, t. II, p. 519.

XLIII.

Arbitrage de Thomas Basin dans une contestation entre le chapitre de Rouen et son trésorier [1].

25 novembre 1465.

Quoad distributiones expediendas M. Joh. *Dubec*, thesaurario, sciatur a domino Lexoviensi, M. Joh. de *Gouvis*, Rogerio *Gouel*, arbitris, si onus compromissi inter dominos de capitulo et thesaurarium assumere voluerint, in quo canonicis tradentur distributiones, passato compromisso juxta formam exhibitam in capitulo; et si noluerint, non tradantur distributiones eidem thesaurario, et passetur compromissum super hoc juxta memoriale traditum in capitulo [2].

XLIV.

Investiture de la Normandie donnée au prince Charles, frère de Louis XI, par Thomas Basin [3].

1ᵉʳ décembre 1465.

Anno Domini M CCCC LXV, die dominica prima adventus, serenissimus et illustrissimus princeps dominus

---

1. Archives de la Seine-Inférieure, *Regist. capit. Rothom.*, n°21.
2. On ne voit pas, par les procès-verbaux suivants, le parti que Thomas Basin prit dans cette affaire.
3. Extrait des archives de l'archevêché de Rouen, imprimé par de La Roque parmi les preuves de son Histoire généalogique de la maison de Harcourt, t. III, p. 539. Le registre, si c'était un registre, d'où ce passage a été tiré, n'est pas entré aux archives de la Seine-Inférieure.

Carolus, dux Normanniæ, venit hora decima, vel quasi, ad ecclesiam Rothomagensem causa audiendi missam et juramenta præstandi, ubi fuit per nos, decanum et capitulum, solemniter et cum magno honore receptus in cappis sericis, et in choro dictæ ecclesiæ prope majus altare introductus; et fuit missa solemnis per reverendissimum in Christo patrem et dominum, dominum Ludovicum de Haricuria, patriarcham Hierosolymitanum, Bajocensem episcopum, celebrata, ad hoc per nos rogatum et commissum in absentia domini cardinalis, archiepiscopi. Et, lecta epistola, præfatus dominus dux juramenta per dominos duces præstari solita fecit et præstitit in manibus prædicti domini patriarchæ, modo et forma latius declaratis in libro antiquo pontificali, et illico eidem domino duci traditus fuit annulus per reverendissimum patrem dominum Thomam, Lexoviensem episcopum, et ensis per nobilissimum et magnificum principem dominum comitem de Tancarvilla, comestabularium hæreditarium Normanniæ, et vexillum per dominum Johannem, comitem de *Harcourt*, marescallum Normanniæ, solemnitatibus in talibus requisitis observatis; et deinde ipse dominus adiit offertorium et obtulit. Missa itaque et ministerio hujusmodi solemniter celebratis et completis cum assistentia reverendissimorum patrum dominorum episcoporum Lexoviensis et Abrincensis, in habitu pontificali præparatorum, et dominorum abbatum Fiscanensis, Sanctæ Catharinæ juxta Rothomagum, Sancti Vandregesilii cum cæteris, necnon magnificis principibus, dominis comitibus de Augo, de Tancarvilla, barone de Clara, et cæteris aliis præsentibus, nos, decanus et capitulum, dicto domino duci gratiarum actiones retulimus, anno et die supradictis M CCCCLXV, die x decembris [1].

XLV.

Réclamation des officiers du bailliage de Rouen contre ceux du bailliage d'Évreux, au sujet de la saisie du temporel de Lisieux [2].

21 janvier 1466.

A noz très chiers et honnourés seigneurs, nosseigneurs des comptes et trésoriers du roy nostre sire à Paris.

Très chiers et honnourez seigneurs, toute recommandacion devant mise, plaise vous savoir que, depuis la recepcion faicte par moy, bailli, de certaines voz lettres patentes contenans que le temporel de l'éves-

---

1. Cette date, si elle n'est pas fautive, ne peut s'expliquer que comme celle du jour où fut écrit le présent procès-verbal. La cérémonie fut célébrée le premier dimanche d'Avent, comme il est dit au commencement, et le premier dimanche d'Avent fut le 1er décembre en 1465. Cela concorde avec ce qu'on lit dans le registre 8 (f. 241) des délibérations de l'hôtel de ville de Rouen :

« Le lundi aprez nonne, xxv⁰ jour de novembre, l'an mil CCCC LXV, Charles, filz et frère du roy de France, à présent duc de Normandie et nostre très redoubté seigneur, entra en la ville de Rouen et print la possession de la ville comme duc de Normandie, lequel ou paravant estoit duc de Berry. Et le dymance au matin ensuivant, il vint en l'église Nostre-Dame dudit lieu de Rouen en grant et notable compaignie, où là fu dit une notable messe et illec fait les solennitez appartenans au duc de Normandie. »

2. Original en papier, dans le vol. de Gaignières 139-40 (f. 150), à la Bibl. imp.

chié de Lisieux je feisse meictre en la main du roy nostre sire, en tant qu'il s'extend oudit bailliage, et que icelui temporel fust pour cause de régale exploictié par les vicontes de Pontaudemer et d'Auge, c'est assavoir chacun en tant qu'il en y a en sa viconté, et que voz dictes lettres je aye fait mectre à exécucion, nous, bailli et vicontes dessusdiz, avons entendu que le bailli d'Evreux et le viconte d'Orbec ont obtenu certaines lectres du roy nostredit seigneur, par vous expédiées, par lesquelles il leur est mandé que tout le temporel dudit éveschié et la juridicion temporelle d'icelui ilz prennent et mectent en ladicte main du roy, et soubz icelle, pour cause dudit régale, gouvernent, reçoivent et exploictent; et que soubz umbre d'icelles lettres, ainsi généralles, iceulx bailli d'Evreux et viconte d'Orbec se veullent entremectre de gouverner, exploictier et recevoir le temporel dessusdit en la ville de Lisieux, qui est le chief dudit éveschié, et aillieurs illec environ, combien que ce soit ès fins et mectez du bailliage de Rouen et de ladicte viconté de Pontaudemer; et pour ce que ce seroit chose moult préjudiciable pour le roy et en diminucion des droiz desdiz bailliage de Rouen et viconté de Pontaudemer, mesmement que ou paravant de vosdictes lectres reçues par moy, bailli, j'avoye envoyé prendre et mectre ledit temporel dudit éveschié en la main du roy, et aussi pour ce que autresfoiz et puis nagaires lesdiz bailli d'Evreux et viconte d'Orbec s'estoient esforchiez à traire à eulx la juridicion de la temporalité desdiz lieux de Lisieux, il a esté dit et appointé que lesdiz bailli de Rouen et viconte de Pontaudemer en joiront, tant pour ce que par l'extrait des comptes anciens de la baillie de Rouen vous est apparu que la recepte de ce que le roy a de domaine audit lieu de Lisieux appartient à estre faicte audit viconte de Pontaudemer, comme pour autres causes à déclairier plus à plain, si comme par lectres sur ce faictes que vous monstrera, se il vous plaist, le porteur de ces présentes, vous pourra apparoir; et si avez autreffois appointié et ordonné que ledit viconte de Pontaudemer feroit la recepte de ce qui appartenoit et appartient au roy en ycelui lieu de Lisieux, et avez fait contraindre ledit viconte d'Orbec à rendre audit viconte de Pontaudemer ce que il en avoit receu : nous, pensans que, se vous eussiez de ces choses esté advertiz, vous n'eussiez pas envoyé auxdiz bailli d'Evreux et viconte d'Orbec lesdictes lectres ainsi géneralles, envoyons devers vous par le porteur de ces lettres une muine d'unes lettres telles que il vous semble estre convenables à avoir sur le cas, soubz vostre noble correpcion et ordonnance, et vous supplions que il vous plaise à y pourveoir et faire sceller ladicte muine, car autrement il pourroit porter grant préjudice au roy en diminuciou de sondit bailliage de Rouen, qui est le siége cappital de sa duchié de Normendie et qui, pour plusieurs causes qui n'est pas necessité vous rescripre à présent et que bien saurez considérer, fait à préserver, et sur tout ordonner ainsi que vostre noble discrepcion ordonnera, et nous mander vos bons plaisirs, et nous les acomplirons à noz povoirs, comme raison est. Très chiers et honnourez seigneurs, nous prions le benoit filz de Dieu qui vous doint bonne vie et longue. Escript à Rouen, le xxj° jour de janvier.

Vos humbles serviteurs Robert de Hellande, bailli

de Rouen, Jehan Auber, viconte de Pontaudemer, Jehan Tardif, viconte d'Auge, Thomas Poignant, Robert Lavache, advocas du roy à Rouen, et Robert de Croismare, procureur d'icelui seigneur oudit bailliage.

XLVI.

Lettre du duc de Bourgogne au duc de Normandie après la réception de l'ambassade dont Thomas Basin faisait partie[1].

22 janvier 1466.

Mon très redoubté seigneur, je me recommande très humblement à vostre bonne grâce. Et vous plaise savoir, mon très redoubté seigneur, que j'ay receu voz lettres que escriptes m'avez par voz gens et ambassadeurs, c'est assavoir premièrement par messire Brunel de Longchamp et Cardin des Essars, et depuis par révérend père en Dieu l'évesque de Lisieux[2]. Et ay oy bien au long ce qu'ilz m'ont dit et déclaré de par vous touchant le différent survenu entre Mgr. le Roy et vous, l'apaisement duquel je desire de tout mon cuer

---

1. Collection des documents inédits, *Documents historiques*, etc., publiés par M. Champollion-Figeac, t. II, p. 421. La pièce originale est dans le ms. de du Puy, n° 762.

2. L'arrivée postérieure de Thomas Basin est confirmée par un mémoire de Louis XI au comte de Charolais, où il est dit que « puis naguères, mons. Charles a envoyé devers mondit seigneur de Charolois messire Brunet de Loinchamp et Cardin des Essars, et après l'évesque de Lisieux. » Documents inédits, l. c., p. 424. Cf. Thomas Basin, t. III, p 271.

et m'y vueil bien emploier si avant qu'il me sera possible. Et à ceste fin je envoye présentement par devers mes nepveux les ducz de Bretaigne et de Bourbon mon amé et féal chevalier, conseillier et chambellan messire Guy de Brimeu, seigneur de Hubercourt, et lui ay chargé de leur faire aucunes remonstrances touchant la matière dudit différent, ainsi et par la manière que par ledit Hubercourt le saurez plus à plain, auquel j'ay chargé et ordonné de aler devers vous pour vous en advertir. Mon très redoubté seigneur, commandez moy adez voz bons plaisirs, et je les accompliray à mon povoir, à l'ayde de nostre Seigneur qui vous ait en sa digne et benoite garde. Escript à Brouxelles, le xxij° jour de janvier, mil iiii° lxv.

Vostre très humble Phelippe, duc de Bourgoigne et de Brabant, etc. *Signé* DE MOLESMES.

Au dos : A mon très redoubté seigneur, Mgr. le duc de Normendie.

XLVII.

Abolition accordée à Michel Basin pour avoir contribué à faire passer Caudebec et Lisieux au parti des princes [1].

Janvier 1466.

Loys, par la grâce de Dieu, roy de France, savoir faisons à tous présens et à venir nous avoir receu l'umble supplicacion de Michel Basin, bourgois demourant

---

1. Archives de l'Empire, *Trésor des chartes*, reg. 194, pièce 118.

en nostre ville de Caudebec, contenant que, depuis la prinse derrenièrement faite de nostredicte ville, durant les divisions et diférances qui lors estoient entre nous et aucuns des seigneurs de nostre sang et lignaige, il se retray en nostre ville de Rouen en l'ostel de nostre bien amé eschançon Jehan Le Roux, son frère[1], et y estoit au temps que nostre très chier et très amé frère et cousin le duc de Bourbon entra, durant lesdictes divisions et différences, ou chastel et ville dudit lieu de Rouen; après laquelle entrée, pour ce que sa femme, biens et mesnage estoient en nostredicte ville de Caudebec, il obtint de nostredict frère et cousin le duc de Bourbon par les moyens des Patriarche de Jérusalem, feu sieur d'Esternay et maistre Jehan Hébert, une composicion semblable à celle de Rouen pour la ville et habitans dudit lieu de Caudebec et du pays d'environ, et aussi lettres de crédence adreçans aux cappitaine et habitans de ladicte ville de Caudebec, laquelle crédence fut par ledict suppliant exposée ausdictz cappitaine et habitans, contenant en substance de mectre ladicte ville en la main de nostredict frère et cousin le duc de Bourbon; et pour ce faire et l'acompaignier lui fut baillé par le seigneur de Chaumont ung homme de guerre nommé Jehan Dupont et autres, jusques au nombre de dix lances ou environ; lesquelz cappitaine et habitans de ladicte ville de Caudebec lui respondirent que ledict cappitaine et aucuns des gens de ladicte ville iroient à Rouen

---

[1]. C'est-à-dire, son beau-frère. Ce Jean Le Roux fut anobli pour sa fidélité au roi pendant les troubles de Normandie. Ses lettres d'anoblissement sont dans le même registre du Trésor des chartes, p. 252.

pour faire eulx mesmes leur composicion, et baillèrent audict Basin, suppliant, ung homme de par eulx portant ung mémoire de obtenir une seureté de nostredict frère et cousin le duc de Bourbon affin de povoir seurement aler audict lieu de Rouen pour faire leur composicion, laquelle leur fut envoyée par ledict messagier; et, ce fait, se transportèrent lesdictz cappitaine de Caudebec et autres de ladicte ville audict lieu de Rouen où ilz firent leur composicion, présent ledict Basin, suppliant; et avec ce fut par ledict Basin, suppliant, rescript ou mandé ou fait rescripre à l'évesque de Lisieux, son frère, qu'il se recommandoit à lui et que, veu le cas qui estoit advenu en ladicte ville et chastel de Rouen, il devroit regarder à avoir composicion ou appoinctement comme ceulx de Rouen; après lesquelles choses ainsi advenues ledict suppliant s'en retourna audict lieu de Caudebec avec sa femme et mesnage, où il a demouré jusques au huictiesme jour de ce présent moys de janvier que, pour doubte des cas dessusdictz et qu'on voulsist pour ce rigoreusement contre lui procéder, il s'est absenté du pays où il n'oseroit jamais bonnement converser ne repairer, se noz grâce et miséricorde ne lui estoient sur ce imparties, ainsi que ledict Jehan Le Roux, parent et affin dudict suppliant, nous a dict et remonstré, humblement requerant iceulx: pour quoy, nous, ces choses considérées, inclinans sur ce à la supplicacion et requeste dudict Jehan Le Roux qui sur ce nous a très humblement supplié et requis, audit suppliant, en faveur et contemplacion d'icellui Jehan Le Roux et de plusieurs grans, bons et agréables services qu'il nous a faiz par cidevant en maintes manières, faict chacun jour, et espérons que face encores le temps à venir, avons remis, quicté, pardonné et aboly, remectons, quictons, pardonnons et abolissons de grâce espéciale, plaine puissance et auctorité royale les faiz et cas dessus déclarez et tous autres qu'il pourroit par cy devant, durant lesdictes questions et différences, avoir commis et perpetrez envers nous en quelque manière que ce soit ; ensemble toute peine, amende, etc., en quoy etc., et l'avons restitué, etc., en adnullant tous dons, déclaracions ou apprehencions qui en pourroient avoir esté faiz audevant du jour d'uy ; et quant à ce imposons, etc. Si donnons en mandement aux bailliz de Rouen et de Caux et à tous noz autres justiciers, etc. Donné au Pont de l'Arche, ou moys de janvier, l'an de grâce mil iiiie lxv et de nostre règne le cinquiesme. Ainsi signé : PAR LE ROY, le sire de Crussol et autres présens. G. PICART. *Visa. Contentor.* J. DUBAN.

XLVIII.

Nomination de Jean Mannoury comme administrateur du temporel de Lisieux après le décès de son frère[1].

1ᵉʳ octobre 1469.

Loys, par la grâce de Dieu roy de France, au bailli d'Evreux et à tous noz autres justiciers et officiers ou à leurs lieuxtenans, salut. Comme puis certain temps en çà, après ce que l'évesque de Lisieux se fust abscenté de nostre royaume et qu'il eut habandonné nostre service, nous, pour ces causes et pour les grans faultes qu'il avoit faictes et commises envers nous, eussons fait prendre et mectre en nostre main tout le temporel dudit éveschié et pareillement tous les biens et héritaiges que ledit évesque avoit de son patrimoigne, et soubz icelle les eussions baillez à régir et gouverner à certains commissaires et entre autres à feu Robert Mannoury, en son vivant cappitaine dudit Lisieux et homme d'armes de la garde de nostre corps, lequel eut régi et gouverné et fait régir et gouverner ledit

---

1. Cette pièce et les cinq suivantes sont extraites du ms. de Gaignières 139-40 (fol. 150 sq.), où elles forment un cahier grossoyé du temps de Louis XI. Sur l'un des feuillets qui servent de couverture est écrit cet avertissement : « Nota que ce n'est pas régalle, mais est pour la rébellion et désobéissance de l'évesque, touchant ceulx qui ont à compter du temporel de l'éveschié de Lisieux. Et nota qu'il appert par ceste copie que messire Raoul Thibout a compté à Jehan Manoury, et si dit avoir aussi compté à Richart de Thieville, chacun de son temps. »

temporel et lesdits biens jusques à puis n'a guères qu'il est allé de vie à trespas, au moien duquel ilz sont demourés soubz icelle nostre main sans régime et gouvernement, pour quoy soit besoing de pourveoir à ce et y commectre aucune personne à nous seure et féable : savoir faisons que nous confians à plain de la personne de nostre chier et bien amé Jehan Mannoury, escuier, frère dudit deffunct, aussi homme d'armes de la garde de nostre corps, et de ses sens, loyaulté et bonne proudommie, icelluy avons commis, ordonné et depputé, commettons, ordonnons et depputons par ces présentes au régime, gouvernement et administracion dudit temporel et biens dessusditz; lesquelz, en tant que mestier est, voulons par vous estre mis de nouvel en nostre dicte main et soubz icelle bailler à régir et gouverner audit Mannoury et non à autre, auquel nous avons octroyé et octroyons, voulons et nous plaist qu'il ait et preigne tout le revenu tant dudit temporel que desdiz héritaiges pour en disposer et faire ainsi que luy avons ordonné et comme faisoit son feu frère, sans ce que en luy puisse donner aucun destourbier ou empeschement à cause de la charge et administracion que en a eue sondit feu frère; et luy avons donné et donnons plain povoir, auctorité, commission et mandement espécial de commectre, ordonner et establir pour luy et en son absence à l'exercice des offices tant de justice que de recepte dudit temporel et héritaiges telz personnes que bon luy semblera. Si vous mandons et à chacun de vous, si comme à luy appartendra, en commectant, se mestier est, par ces présentes, que de nostre présente commission, povoir, don et octroy vous faictes, souffrez et laisser joïr ledit

Mannoury plainement et paisiblement; et à ce faire et souffrir, et aussi à lui rendre compte et paier le *reliqua* par ceulx qui auront et ont esté commis par ledit feu Mannoury au gouvernement desdiz temporel et héritaige, de l'administracion et gouvernement qu'ilz en ont eue soubz ledit deffunct, contraingnez ou faictes contraindre réaument et de fait iceulx commissaires et tous autres qu'il appartiendra et dont requis serez par toutes voyes et manières que pourra vous estre requis et comme pour noz propres besongnes et affaires, car tel est nostre plaisir, non obstant opposition ou appellation quelconques, doléances et clameurs de haro et lectres subreptices, impétrées ou à impétrer, à ce contraires; le tout jusques à ce que par nous autrement en soit ordonné. Donné aux Montilz lès Tours, le premier jour d'octobre, l'an de grâce mil cccc soixante-neuf et de nostre règne le neufiesme. Ainsi signé : PAR LE ROY, monsseigneur le duc de Bourbon, les sires de Craon et de Bazoges, maistre Guillaume de Cerisay et autres présens. J. TOUSTAIN.

XLIX.

Mise en possession du même Jean de Mannoury.

21 octobre 1469.

Nicolas de Fréville, lieutenant général de noble homme Guillaume de Las, escuier, seigneur du Vaussellas, conseiller chambellan du roy nostre sire et son bailli d'Evreux, commissaire d'icellui seigneur en ceste partie, au premier sergent royal sur ce requis, salut.

De la partie de Jehan Mannoury, escuier, homme d'armes de la garde du corps du roy nostredit seigneur, nous ont esté présentées les lectres patentes dudit seigneur, donneez aux Montilz lez Tours le premier jour de ce présent mois d'octobre, par lesquelles, pour les causes contenues en icelles, ledit seigneur veult et mande le temporel de l'éveschié de Lisieux, et mesmes tous les biens et héritaiges du patronnage de l'évesque dudit lieu, de présent estant en sa main, estre baillés à regir et gouverner audit escuier qu'il a à ce commis, ordonné et establi et non à autre, et qu'il ait et preigne tout le revenu tant dudit temporel que desdiz héritaiges, pour en disposer et faire ainsi que ledit seigneur luy a ordonné et comme faisoit feu Robert Mannoury, en son vivant cappitaine dudit Lisieux, frère dudit Jehan et homme d'armes de ladicte garde; et avec ce lui a donné plain povoir, auctorité et commission de commectre et establir pour lui et à son absence pour l'exercice dudit temporel, etc.... Donné à Rouen soubz le seel dessusdit, le xxje jour d'octobre, l'an mil cccc soixante-neuf. Ainsi signé, DE TOURNETON.

L.

Nomination de Raoul Thibout, curé de Saint-Denis d'Augeron, comme agent comptable pour la régie du temporel de Lisieux.

23 octobre 1469.

Jehan Mannoury, escuier, homme d'armes de la garde du corps du roy nostre sire et cappitaine des frans archiers du bailliaige de Rouen, aiant la régence, administration et gouvernement de par icellui seigneur du temporel de l'éveschié de Lisieux, ensemble des biens meubles et patrimoigne et héritaiges appartenans à maistre Thomas Basin, évesque dudit lieu de Lisieux, salut. Savoir faisons que, pour la bonne relation qui faicte nous a esté de la personne de messire Raoul Thiboult, prestre, curé de Sainct-Denis d'Augerron, nous confians en ses sens, loyaulté, proudommie et bonne diligence, icellui avons fait, ordonné, commis, institué et estably nostre receveur général et mesnagier dudit temporel et mesmes des biens meubles, héritaiges et patrimoine dudit évesque, et luy avons donné et donnons povoir et auctorité de requérir et faire faire toutes manières de contrainctes, arrestz, justices, exécucions et emprisonnemens, demander, requérir, poursuir, pourchasser et recevoir tout ce que à cause des choses dessusdictes nous est, sera et pourra estre deü tant d'autres receveurs particulliers que autres personnes quelz qu'ilz soient ; de ce que receu aura faire, passer et accorder tant et telles lectres de quictance que mestier sera, lesquelles nous voulons estre telles et si bonnes comme se faictes et passées les avions, et génералment de faire sur ce tout ce que receveur deuement estably peut et doibt faire, selon raison et la coustume du pays, par ce que ledit receveur sera tenu rendre bon et loyal compte de ce que receu aura à nous et à noz commis ; pour laquelle recepte faire luy avons ordonné prendre les droiz, gaiges, prouffiz et émolumens accoustumez. Si donnons en mandement à tous les hommes et subgez dudit temporel, prions et requerons tous autres que à nostredit receveur général, en exerçant ceste présente commission, obéissent et entendent diligamment et lui prestent et donnent conseil, confort, prisons et aide, se mestier en a et par lui en soient requis. Donné, pour tesmoing de ce, soubz nostre seel et signe manuel, le xxiij⁰ jour d'octobre l'an mil cccc soixante neuf. Ainsi signé, J. MANNOURY.

LI.

Substitution de Richard de Thieville à Jean de Mannoury dans l'administration du temporel de Lisieux.

2 mars 1470.

Loys, par la grâce de Dieu roy de France, à nostre chier et bien amé Richard de Thieville, escuyer, seigneur de Gonneville, maistre de nostre hostel, salut. Comme pour les grans rebellions et désobéissances à nous faictes par l'évesque de Lisieux, à l'occasion desquelles se fussent ensuys à nous et à la chose publicque de nostre royaume plusieurs maulx et inconvéniens irréparables, nous eussons puis certain temps en çà fait prendre, saisir et mectre en nostre main tout le temporel entièrement dudit évesque; pour lequel régir et gouverner eussons commis et depputé Jehan Mannoury, escuier, homme d'armes de la garde de nostre corps, lequel, depuis la commission par nous à lui bailliée, a gouverné ledit temporel, ainsi que commis luy estoit; mais obstant certaines autres choses que depuis luy avons bailliées, ne luy seroit possible vacquer ne entendre au fait de saditte commission, par quoy soit besoing de pourveoir d'autre personne suffisant et ydone qui puisse et sache gouverner ledit temporel au bien et prouffit de nous et dudit temporel : savoir vous faisons que nous confians à plain de voz sens, preudommie, expérience, loyaulté, suffisance et bonne diligence, vous, pour ces causes et autres à ce nous mouvans, avons commis et depputé, commectons et depputons par ces présentes au fait, régime et gouvernement du temporel dudit éveschié de Lisieux, et vous avons donné et donnons par cesdictes présentes plain povoir et auctorité de commectre et instituer au fait dudit temporel toutes manières d'offices, tant de justice que de recepte, telz que verrez estre prouffitable pour le bien de la chose; et ceulx qui de présent y ont esté commis par autres en deschargiez et desappoinctez, se bon vous semble ; de prendre et percevoir tous les fruiz, prouffiz, revenues et émolumens appartenans et yssans dudit temporel, et de faire rendre compte et *reliqua* par ceulx qui auront la charge de ladicte recepte, sauf iceulx fruiz, prouffiz, revenues et émolumens, et tout ce qui sera par vous ou vosdiz commis levé et receu d'icellui temporel pendant nostre main mise, estre distribuez et paiez ainsi que par nous vous sera ordonné; et généralement de faire touchant le fait de vostredicte commission en tout et par tout ainsi que acoustumé est de faire en tel cas. En deschargeant et ostant ledit Mannoury et tous autres, de ce faire vous donnons povair, auctorité, commission et mandement espécial, mandant et commandant à tous nos justiciers, officiers et subgez que à vous, vos commis et depputez en ce faisant obéissent et entendent diligemment, prestent, donnent conseil, confort, aide et prisons, se mestier est et requis en sont. Donné à Amboise, le deuxiesme jour de mars, l'an de grâce mil cccc soixante neuf et de nostre règne le ixe. Ainsi signé, Par le Roy, le marquis de Pont, le sire de Castillon et autres présens. Flameng.

LII.

Continuation de Raoul Thiboult dans les fonctions de receveur.

31 mars 1470.

A tous ceulx qui ces présentes lettres verront, Richard de Thieville, escuier, seigneur de Gonneville, maistre d'ostel du roy nostre sire, aiant soubz la main d'icellui seigneur le régime et gouvernement du temporel de l'éveschié de Lisieux, salut. Savoir faisons que pour la bonne relacion qui faicte nous a esté de la personne de messire Raoul Thiboult, presbtre, curé de Saint-Denis d'Augeron, confians en ses sens, loyauté, proudommie et bonne diligence, icellui avons fait, ordonné, commis, institué et estably nostre receveur et mesnagier dudit temporel en la ville et banlieue de Lisieux; auquel avons donné et donnons povair et auctorité de requérir et faire faire toutes manières de contrainctes, arreslz, justices, exécucions et emprisonnemens, demander, requérir, poursuir, pourchasser et recevoir tout ce qui dudit temporel nous est et sera et pourra estre deu ; de ce qu'il aura reçu ou recevra faire, passer, baller lectres de quictance telles et si bonnes que mestier sera et au cas appartiendra, que voulons estre d'autelle vertu comme si faictes et passées les avions, et généralement de faire sur tout ainsi que receveur deuement estably peut et doit faire selon raison, parce que ledit receveur sera tenu rendre bon compte et léal de ce que receu aura à nous ou noz commis et paier le *reliqua*. Pour laquelle recepte faire luy avons ordonné prendre et avoir par ses mains les droiz, gaiges, despens, prouffiz, robbes et émolumens acoustumez. Si donnons en mandement à tous les justiciers, officiers, hommes et subgez dudit temporel, prions et requerons tous autres que à nostredit receveur, en exerçant ceste présente commission, obéissent et entendent diligemment, et lui prestent et donnent conseil, confort, aide et prisons, se mestier est et par lui requis en sont. Donné, pour tesmoing de ce, soubz nostre seel et seing manuel, le derrenier jour de mars, l'an mil cccc soixante neuf avant Pasques. Ainsi signé, DE THIEVILLE.

LIII.

Décharge donnée au même Thiboult pour sa gestion pendant que la régie du temporel appartint à Jean Mannoury.

3 septembre 1470.

A tous ceulx qui ces présentes lectres verront, Jehan Eschalart, garde du seel aux obligacions de la seneschaucée de Lisieux, de présent estant en la main du roy nostre sire, salut. Savoir faisons que par-devant Cardin Progier et Jehan de Lannoy, tabellions jurez en ladite seneschaucée, fut présent noble homme Jehan Mannoury, escuier d'escuierie du roy nostre sire, homme d'armes de la garde de son corps, cappitaine des francs archiers du bailliage de Rouen, ayant puis naguères les régime et gouvernement du temporel de l'éveschié et conté dudit Lisieux soubz la main d'icellui seigneur, et exécuteur de feu Robert Mannoury, en son vivant ensement escuier, son frère, aiant ledit régime et gouvernement soubz ledit seigneur; lequel de sa bonne volonté quicta et quicte clama à touz jours, pour lui et sondict deffunct frère, vénérable et discrète personne messire Raoul Thiboult, presbstre, curé de Saint-Denis d'Augeron et receveur dudit temporel et revenue d'icellui, c'est assavoir de tout ce qu'il a receu tant en deniers, grains, œufz, oyseaulx, tuille et aultres revenues audit temporel appartenant, de la revenue de sadicte recepte, aussi des receveurs particuliers en ladite contey de Lisieux et dont d'iceulx il a receu plusieurs deniers par vertu du pouvoir à lui donné, que généralement de toutes les choses dont il, en son nom privé et comme exécuteur de sondit deffunct frère, ou autre à leur droit, lui eussent et pourroient faire poursuite, action ou demande à quelque cause que ce soit, de tout le temps qu'il a eu l'entremise de ladicte recepte et soubz ledict deffunct et lui, depuis le xvij^e jour de décembre mil cccc lxviii, jusques au dernier jour de mars ensuivant MIL CCCC LXIX. Et fut ce fait moiennans les bons comptes, paiemens et aggréables satisfacions faiz par icellui messire Raoul Thiboult audit Jehan Mannoury, escuier, dont il fut et se tient à bien paié, content et satisfait devant lesdiz tabellions. Et ce fut fait le lundi, tiers jour de septembre, l'an mil cccc soixante dix, ès présences de Jehan Bellaye et Arnoul de Laligne, tesmoings. *Constat* en rasure *de Lisieux*. Ainsi signé, C. PROGIER et J. DE LAUNOY.

LIV.

Quittance de Thomas Basin pour la restitution d'une somme précédemment retirée des mains de ses frères à titre d'emprunt [1].

24 juin 1474.

Nous, Thomas, par la permission divine, archevesque de Césarée, naguères évesque de Lisieux, confessons par ceste présente quictance avoir eu et receu de Jehan Raguier, conseiller et receveur général des

1. Cédule originale, dans Gaignières, vol. CLV, f. 51.

finances du roy nostre sire en Normandie, la somme de trois mil sept cents livres tournois, en laquelle ledit seigneur nous estoit tenu ; laquelle somme avoit esté baillée et délivrée par manière de prest par nos officiers de l'évesché de Lisieux, et par nos frères qui avoient les deniers entre leurs mains, audit receveur général, pour convertir ou faict de son office pour aucunes affaires dudit seigneur, et mesmement pour le passage du comte d'Oxenford en Angleterre[1], et dont ledit receveur général en avoit baillée sa cédule, promectant les rembourser des deniers des finances dudit seigneur. De laquelle somme de m^m vii^c livres tournois, nous nous tenons pour contens et bien payés, et en avons quicté et quictons le roy nostre dit seigneur, ledit receveur général et tous autres. Tesmoing notre seing manuel cy mis, le xxiii$^\text{e}$ jour de juing, l'an mil cccc soixante-quatorze.

Signé, Thomas, archiepiscopus Cesariensis.

1. Le comte d'Oxford, réfugié du parti de Lancastre, était à Dieppe en avril 1473, prêt à prendre la mer avec douze vaisseaux pour tenter une descente en Écosse. Lettre du 16 avril 1473, dans Fenn, II, 133.

LV.

Notice de trois manuscrits de la bibliothèque publique de Caen, qui furent légués par Thomas Basin à l'église de Lisieux [1].

1489.

N° 13. — Petit in-fol. en vélin, couvert d'une reliure moderne en veau racine. Écriture minuscule gothique. Sur la première page, encadrement de rinceaux dans le goût du xv° siècle avec les armes de Thomas Basin agencées dans un fleuron.

Rubrique du commencement : *Sentencia ex libro retractationum beati Augustini Ypponensis episcopi.*

A la fin de la transcription : *Finitus per me Johannem Masseri, presbiterum, die vicesima prima mensis aprilis, anno Domini millesimo cccc^{mo} sexagesimo quarto, pro reverendo patre et domino, domino Thoma Basin episcopo et comite Lexoviensi.*

Et sur le fol. suivant, qui est le dernier du volume : *In hoc volumine continentur liber sci. Augustini De consensu evangelistarum libri iiij^{or}. — Retractationum libri duo.*

N° 14. — Petit in-fol. en papier. Reliure moderne sur l'un des plats de laquelle on a transporté l'ancien intitulé fixé sous une lame de corne :

---

[1]. Voir la notice de deux autres mss. qui lui appartinrent également et qui sont aujourd'hui à la Bibliothèque impériale, t. III, p. 208, et ci-dessus, p. 107.

> Omel. Augu. super pri... m epistolam Jo.
> de caritate. Liber Guidonis epi. de
> heresibus cum hystoria de bello Gotorum
> ex dono do. Tho. Ba. Cesar. ar^{pi}.

Sur la première feuille de garde, de la main de Thomas Basin : *In isto volumine continentur hi libri : Primo Aurelii Augustini super primam canonicam Jo. de caritate sermones* 10. *Item domini Guidonis, episcopi primum Elnensis, dein Majoricensis, ordinis carmelitarum, liber optimus de diversis heresibus. Item Leonardi Aretini de bello Ytalico adversus Gothos libri* 4^{or}.

Le livre de la guerre des Goths est imprimé en caractères romains et chargé en marges de sommaires que Thomas Basin y a ajoutés de sa main. Il se termine par cette date d'impression : *Hunc libellum Emilianus de Orfinis fulginas et Johannes Numeister theutunicus ejusque sotii feliciter impresserunt Fulginei in domo ejusdem Emiliani anno domini millesimo quadringentesimo septuagesimo feliciter.*

Thomas Basin a ajouté au verso : *Istud volumen scribi fecimus apud Treverim nos Thomas, episcopus Lexoviensis, excepta de bellis Gothorum in Ytalia que est de impressura, et donavimus bibliothece ecclesie nostre Lexoviensis anno Domini* 1489.

Hain, 1558

N° 15. — In-fol. med. en vélin. Reliure moderne, avec l'ancien intitulé recouvert d'une plaque de corne sur l'un des plats :

> Sermones Guilli Ludu
> nensis de scis ex dono
> do. Tho. Ba. Cesar. ar^{pi}.

Minuscule gothique avec lettres ornées rouges et bleues.

Au commencement : *Incipiunt sermones fratris Guillelmi Lugdunensis de sanctis.*

A la fin : *Isti sermones fuerunt inchoati per me, Johannem Masseri, clericum bituricensis diocesis, xviij die mensis septembris anno Dni m° cccc° sexagesimo primo, et finiti xxij februarii eodem anno pro reverendo in xpo. patre et dno meo, dno Thoma Basin, Lexoviensi episcopo.*

LVI.

Disposition de Thomas Basin en faveur des chapelains de la cathédrale de Lisieux [1].

24 juillet 1490.

Universis presentes litteras inspecturis, Thomas, miseratione divina archiepiscopus Cesaree Palestine, per ante vero episcopus Lexoviensis, salutem in Domino. Per has nostras litteras omnibus et singulis quorum interest aut interesse potest, insinuamus et declaramus nostre voluntatis et intentionis semper fuisse et esse quod, in perceptione emolumentorum provenientium tam ex xx^{ti} libris annui redditus, per nos do-

---

[1]. Archives du Calvados, carton de Lisieux. Original scellé sur queue de parchemin d'un sceau oblong en cire rouge à la figure de Notre-Dame entre saint Pierre et saint Paul, avec la légende gothique : *Thome archie.... cesariensis.* Derrière le sceau, la marque de deux phalanges empreintes sur la cire.

natis et assignatis canonicis et cappellanis ejusdem ecclesie Lexoviensis pro certis divinis officiis et anniversariis in eadem ecclesia faciendis, quam etiam in aliis, que, Domino favente, eidem ecclesie donare poterimus, cappellani et vicarii ipsius ecclesie, juxta morem antiquum et consuetudinem ejusdem, participent in tertia parte, et hoc illi soli qui continue dictis divinis officiis usque in finem presentes interfuerint, et non alii. In cujus testimonium presentes litteras, manu propria subscriptas, sigilli camere nostre fecimus appensione muniri. In domo habitacionis nostre, in civitate Trajectensi, anno Domini millesimo quadringentesimo nonagesimo, die vicesima quarta mensis julii.

LVII.

Quittance d'une partie de la pension alimentaire de Thomas Basin échue au moment de sa mort, et employée par ses exécuteurs testamentaires à payer la fondation de son obit à Lisieux [1].

Commencement de 1492.

Anno Domini millesimo quadringentesimo nonagesimo primo, die sabbati post Jubilate [2], venerabilis vir magister Jacobus *Cirurgien*, presbyter, procurator et nomine procuratorio Nicolai *Basin* senioris, et Nicolai *Basin* junioris, hæredum et executorum defuncti re-

---

1. Imprimé dans le *Gallia christiana*, t. XI, preuves, col. 215.
2. Il faudrait *lætare*, ou auparavant *secundo* au lieu de *primo*, puisque Thomas Basin mourut le 3 décembre 1491.

verendissimi in Christo patris et domini, domini Thomæ, miseratione divina Cæsariensis archiepiscopi et olim Lexoviensis episcopi, recognovit et confessus fuit quod super pecuniis episcopatus Lexoviensis venerabilis et discretus vir magister Oliverius de *Nocy*, canonicus Lexoviensis et sigillifer reverendi in Christo patris et domini, domini Stephani *Blosset*, miseratione divina Lexoviensis episcopi, solvit et numeravit venerabilibus et circumspectis viris dominis de capitulo ecclesiæ Lexoviensis summam sexcentarum librarum tur., per defunctum ipsum dominum Cæsariensem archiepiscopum, ut dicebat, legatam ad fundandum suum obitum in dicta ecclesia, juxta quod dicebat declarari in testamento prædicti defuncti, ex una; decem librarum, pro celebratione obitus pro anima defuncti hodie facienda in dicta ecclesia, ex alia; et centum solidorum Jacobitis Lexoviensibus traditorum, partibus ex alia, in deductione summæ octo centum septuaginta sex librarum, quam ipse procurator dicebat esse debitam pro termino nativitatis Domini ultimo fluxæ, ad causam pensionis auctoritate apostolica constitutæ, quam defunctus ipse percipiebat super fructibus dicti episcopatus Lexoviensis; et pro aliis ducentis sexaginta libris adhuc debitis voluit et declaravit solutionem fieri Thomæ *Basin*, præsenti, qui de illis ducentis sexaginta libris insolutis accepit per venerabiles viros, magistros Robertum *Tiessé*, officialem, dictum de *Nocy*, sigilliferum, et Johannem *Poillevillain*, promotorem domini Lexoviensis episcopi, et canonicos Lexovienses, tunc præsentes, qui prædictam summam super fructibus dicti episcopatus Lexoviensis, eidem *Basin* intra festum sancti Ursini proximum solvere promiserunt; et eo medio dictus *Cirurgien*, procurator et nomine procuratorio, ipsum dominum episcopum dictosque suos officiarios et omnes alios quittavit et quittos tenuit de prædictis sexcentis sexdecim libris ex una, et ducentis sexaginta libris partibus ex alia : promittens, prout promisit idem procurator, eos garantizare erga omnes de præmissis, seque submisit quod, infra festum Purificationis B. Mariæ Virginis, faciet apparere de testamento prædicti defuncti vel copia debite autentiqua ; et quod ipse defunctus decessit post festum Nativitatis ultimum, sic et adeo quod merito percepturus esset per se vel suos executores prædictam pensionem pro illo termino : alioquin, ubi comperiretur ipsum defunctum ante illum terminum decessisse et prædictam pensionem pro illo termino percipere non debuisse, promisit illas pecunias sic solutas restituere, et de præmissis adimplendis fidejussores dare, qui se debitores obligabunt, prout die hesterna fuit promissum et accordatum inter ipsos obligatos, etc. Præsentibus in ecclesia Lexoviensi domino et magistro Michaele *Basin*, canonico Lexoviensi, Nicolas *Barbe* et Nicolas de Vico, testibus, cum aliis, Signatum. J. BARRÉ [1].

1. Nous nous abstenons de rapporter le texte informe et trèsfautif d'un acte postérieur qui est dans le dossier des Fondations et obits de la cathédrale de Lisieux, aux archives du Calvados. C'est une transaction passée le 27 novembre 1519 devant l'évêque Jean Le Veneur, pour mettre fin à un procès que les clercs du petit chœur soutenaient contre le chapitre au sujet des rentes assignées par Thomas Basin pour ses deux obits. Les demandeurs obtiennent l'assignation de trente sols par tête, pour leur présence à chacun des obits, en sus du tiers d'une rente de trente livres tournois, qui leur était déjà distribué au même titre.

PIÈCES
POUR L'ÉCLAIRCISSEMENT
DE QUELQUES POINTS
DES
HISTOIRES DE CHARLES VII ET DE LOUIS XI.

PIÈCES

POUR L'ÉCLAIRCISSEMENT

DE QUELQUES POINTS

DES

HISTOIRES DE CHARLES VII ET DE LOUIS XI.

I.

Rapport des agents anglais en cour de Rome sur les démarches faites auprès du pape Martin V de la part du dauphin, après l'assassinat du duc de Bourgogne. — D'après une copie du Recueil de Bréquigny, t. LXXX, à la Bibl. imp. L'original est dans le ms. cottonien *Cleopatra* E. II, au British museum. La copie commence par les mots : *Rheuma* (sans doute *thema*), *veritatem dicam et non mentiar*. Elle porte à la fin cette note de chancellerie, qui existe sur l'original : 8 H. V, *toward the end*.

4 décembre 1419.

Die lunæ, quæ fuit quarta mensis decembris, in exitu consistorii secreti coram domino nostro induto pluviali suo, præsentibus xix cardinalibus et domino vicecamerario et nullis aliis, domini episcopus Leonensis [1] et Guillelmus de Moillone, miles, ambaxiatores dalphini, associati procuratoribus dalphini et reginæ Siciliæ, dicto *Parigault*, et non pluribus, proposuerunt quæ sequuntur.

Primo quod ex parte dalphini venerunt ad visitandum dominum nostrum papam.

Item quod ipsum dominum dalphinum haberet recommandatum.

Item, quia ad notitiam dalphini venerat quod aliqui exposuerunt aliqua papæ, concernentia mortem domini ducis Burgundiæ, ejus consanguinei, quæ erant falsa, saltem in parte, volebant eum ad excusationem et innocentiam dicti dalphini informare de veritate sicut casus fuit.

Item fuerunt protestati quod dicenda non intendebant dicere ad diffamationem alicujus, præsertim præfati domini ducis Burgundiæ, quia infamia sua redundaret ad infamiam præfati domini dalphini et coronæ de qua originem traxit, sed solam veritatis informationem.

Item regratiati sunt papæ eo quod de Constantia Parisius misit suos sollemnes ambaxiatores, videlicet dominos cardinales de latere, qui fuerunt principium pacis et occasio obviandi multis malis.

Item quod subsequenter dicta pax fuit conclusa in manibus domini episcopi Leonensis olim [2]; deinde quum dominus dux Burgundiæ et dalphinus simul convenerunt, fuit juramentis firmata et vallata, modis

---

1. Philippe de Coëtquis, évêque de Saint-Pol de Léon.
2. Alain de La Rue, mort le 18 septembre 1419.

firmioribus qui potuerunt excogitari, ut patet in capitulis ipsius pacis.

Item quod dalphinus pacem tenuit ad unguem et modo quo fuit firmata, et tenere intendit et observare duci moderno, consanguineo suo, et eum tractare omnibus favoribus quibus poterit et prærogativis extollere.

Item quod in capitulis pacis fuit dictum quod, infra certum tempus post pacem juratam, debebat deffidare regem Angliæ.

Item quod infra certum tempus debebat cassare omnes munitiones quas habebat in certis locis, et prædicta loca dimittere.

Item fuit causa captionis Pontisaræ.

Item certas conventiones, quas prius habebat cum rege Angliæ, debebat cassare, et eis renuntiare et pro posse adnullare.

Item post pacem firmatam renovavit et confirmavit regi Angliæ certas conventiones et capitula, quæ inter se habebant, et super hoc idem dalphinus dicitur sibi ostendisse litteras manu propria scriptas.

Item exposuerunt occisionem factam Parisius, non tamen dictum dominum ducem de hoc expresse inculpando.

Item tetigerunt de morte ducis Aurelianensis, dicentes quod, quandiu vixit, regnum floruit, et post ipsius mortem semper fuit in tribulatione; sed cujus culpa, expresse non dixerunt.

Item quod idem dux Burgundiæ tria capitula non servavit, violando pacem et contra operam veniendo : quod facere non debuit, etiam si nulla pax intervenisset, propter multa.

Et primo quia, cum ab initio fuerit sine terra, rex dedit sibi multas terras, et de proprio matrimonio, ut apparet in terris quas possidebat.

Item, propriis pecuniis regni redemit eum ab infidelibus.

Item sumptibus regis et ejus auxilio ipse debellavit Flamingos et obtinuit victoriam.

Item liberaliter remisit mortem sui fratris, domini ducis Aurelianensis.

Item, quandiu vixit dominus dux Philippus, rex tenuit eum tanquam fratrem, gubernavit quemadmodum voluit : quibus ancenus dux mortuus multum fuit obligatus regi et coronæ.

Item dixerunt quod dux Burgundiæ fecit stare dalphinum loco de *Monstereaul*, ubi erat pestilentia, et, ut creditur, ad finem quod ibi moreretur, xviii diebus.

Item dixerunt quod tandem idem dux venit ad dictum locum de *Monstereaul* et voluit habere castrum dicti loci.

Item quando simul convenerunt, dalphinus fuit eum alloquutus per hæc verba : « Carissime consanguinee, ego miror de vobis, qui debuistis incontinenti venire, et fecistis me stare hic tot diebus in loco pestilentioso; et citius venissetis, si voluissetis, attento quod eratis prope ad quinque leucas. » Cui dux respondit : « Domine carissime, ego veni quando potui, » dicens ulterius : « Forte melius esset quod essemus cum domino meo rege, patre vestro, et ibi ordinare agenda contra Anglicos. »

Item dalphinus replicavit : « Ego melius sto hic quam cum ipso, et pro utilitate ipsius; et si essem alibi, deberet me huc mittere. Sed ego miror de vobis; vos debuistis deffidare Anglicos, et non fecistis. »

Item : « Fecistis talia et talia, » ut in tribus capitulis continetur. Qui dux respondit : « Domine, ego non feci aliquid quod non debuerim facere. » Dixit dalphinus : « Certe imo ; » alter : « Certe non. » His verbis stantibus, dixerunt quod dominus dux posuit manum ad ensem, et tunc insurrexit rumor in quo fuit occisus.

Item est notandum quod, quotienscumque fuerunt loquuti de domino duce Burgundiæ, semper dixerunt « consanguineum dalphini. »

Item obtulerunt domino nostro papæ regem, regnum et dominum dalphinum, castra et loca, etc.

Item notandum quod non fuerunt loquuti de restitutione obedientiæ.

Item quod habebant alias litteras domino nostro præsentendas, et sibi soli pro parte domini dalphini aliqua exponere.

Supplicaverunt postea eidem domino nostro et dominis cardinalibus ut, propter honorem regis et regni ac coronæ regalis, ista materia non deduceretur in publicum, videlicet quod audientia publica nemini super hoc dare vellet; et dicitur dictum dominum nostrum respondisse in hæc verba : « Doluimus et dolemus, quantum possimus, de morte tanti principis et de modo et de casu. »

Item quod habebit semper regem et regnum ac dalphinum recommissos, et utinam dictus dalphinus non esset conscius de morte, et pro honore suo.

Item quod dicerent eidem dalphino ex parte sui,

quod eum rogabat ut insequi vellet vestigium suorum progenitorum.

Quidquid ambaxiatores institerunt et continue instant super ulteriori responsione habenda, videlicet super illo articulo quod non deducatur in publicum, sed dominus noster, qui etiam per amicos et servitores domini ducis sollicitatus et redditus attentus exsistit, secundum quod sentire potuimus, non respondebit eis ad quæsitum, etc.; nec credimus quod pro aliquo mundi illud concedat, et in hoc tenemus et tenebimus manum.

Petunt dicti ambaxiatores audientiam secretam eis per solum dominum nostrum dandam, supplicaturi eidem ut dictum dalphinum vellet declarare pœnas et sententiam in tractatu pacis contentas non incurrisse, ipsum ab illis sententiis seu pœnis, in quantum indiget, absolvendo; et hoc faciendo parati sunt obedientiam totalem ex parte domini dalphini sibi facere, alias non, imo dubitant quod obediat Petro de Luna. Et hæc scita fuerunt ab uno ipsorum ambaxiatorum per unum bonum et verum amicum dicti domini mei ducis, quem tamen dicti ambaxiatores reputant amicum dalphini.

Item notandum quod hic fertur publice et est verum quod quidam Guigo Flandrini fuit ad dictum dalphinum pro parte dicti Petri de Luna, et transivit per Tholosam.

II.

Lettre sur la détresse des sujets français de la couronne d'Angleterre, écrite au roi Henri VI et soumise au duc de Glocester par le sire de Saone, chevalier, maître Pierre Morice, docteur en théologie, maître Jean Rivel, secrétaire du roi, et Louis Gallet, échevin de Paris, envoyés en Angleterre tant par la ville de Paris que par le duché de Normandie. — D'après une copie du Recueil de Bréquigny, t. LXXXI, fol. 337, prise sur le ms. de la Bibliothèque cottonienne *Titus*, A, III. La lettre au roi est accompagnée dans la copie d'une autre lettre qui est l'envoi au duc de Glocester, où les mêmes faits sont répétés presque dans les mêmes termes.

25 janvier 1436.

Nostre souverain signeur, nous recommandons à vostre royal majesté tant et si humblement comme plus povons. Et vous plese savoir, nostre souverain signeur, que en toute humble revérence avons repceu vos très gracieuses lettres que de vostre benignité vous a pleu nous envoier, par lesquelles, ovesques l'onneur qu'il vous a pleu à nous faire, dont très humblement vous remercions, avez donné à noz povres cuers afflitz, desolez et moult desconfortez grant consolacion et espérance d'aliègement. De quoy nous touz et vos bons et loyaulx subjez de vostre rompu et cassé reyaulme de France, languissans et esbahiz avons bien besoing. Et quant au navire pour lequel vous a pleu escripre à vos gens et officiers de par dessà que diligence en feust faitte, véritablement, nostre souverain signeur, encore au jour d'uy ne sont en cest port arrivez que six vaisseaulx, qui est très grant esbaïssement à tous ceulx qui aiment vostre honnour et le bien de vostre signeurie. Et combien que ceulx qui ont la charge dudit navire veullent imputer au vent la charge et faulte d'icelui navire, vray est que depuis Noël, comme disent les marriniers, le vent par diverses et pluseurs journées a esté bien propice, tant pour assembler navire en le port, comme pour passer oultre. Et aussi il vous a pleu de vostre grâce dès devant Noël escrire à voz chancelier et conseil de par de là et à voz bonnes villes de Paris, de France et Normandie, et par vostre commandement ainsi leur avons faist savoir que, le jour saint Estienne derrain passé, se feroient en ceste marche les monstres de la première armée; et tantost après en cest mois de janvier, qui est près de la fin, se feroient les monstres de la seconde armée soubz messire Thomas de Beaumont : par quoy estoit à supposer et entendre que le navire devoit par raison estre prest devant les monstres, car faire monstre de gens sans ce que leur navire soit prest pour passer, n'est que gastement de vostre argent, foullement de vostre païs de par dessà, dangier de vostre signeurie, deffiance, passement de temps sans rien proufiter, et finablement donner occasion aux soudoiers de retourner en leurs mesons, ainsi que pluseurs jà sont, pour recepvoir gagez de rechief d'une autre prouchaine arrivée. Et se devant Noël on eust fait diligensse de envoier gens, ainsi que l'avions ramentu à vostre royal majesté, tant en vostre noble conseil en général comme en particulier à pluseurs, voz affaires ne fussent venuz en si grant trouble et inconvénient. Si vous plese de vostre grâce, nostre souverain seigneur, ordonner à ceulx qui ont la charge de querir navires qu'ilz prennent plus grant diligence ès autres armées de assembler ledit navire en temps et en lieu, que faict n'a esté à ceste petite présente armée, autrement vous serez en aventure de perdre le plus pour le mains ; car si voz ennemis ne appercevent autre et plus grant deligence que faicte n'a esté par cy-devant, ceulx qui n'ont point à passer la mer, comme Bretons, Angevins, Gascoings, Bourgoinons, Picars et aultres, ovecques la puissance des Escossois que l'on dit venir bien briefment en vostre dit royaume de France à très grant nombre, joincte la faveur et affection des populaires ennoiés et foullés de la longue guerre, et veue la petite deffence qui est encores, pourront ferir et entreprendre si avant et à coup sùr vostre signeurie, que la chose n'en feust pas aisiée à reparer sans très grant coust, paine et labour.

Vous plese en oultre, nostre souverain signeur, de vostre benignité pourveoir d'artillerie et de pouldre à canon, car nous vous certeffions que vostre païs de Normandie en est petitement fourni pour la prinse de Dieppe, Harefleur et autres places, et l'empeschement qui est pour venir de Flandres par mer et par terre, et aussi par faute de finances, qui sont et seront d'ores en avant plus courtes que oncques mais, et de vostre clémence nous pardonner ce que nous, tant petites personnes, prenons hardement de vous rescripre et advertir ; mès la deue loyalté et la parfaicte et ardant amour que avons à vostre royal majesté et au bien de vostre signeurie, que véons trop durement foullée et abaissée par gens de petit estat, comme La Haire, Poton et autres, et douleur que souffrent amèrement en dangier de perdre corps et biens noz voisins prouchains et amys, nous esmeuvent ad ce; desquels se n'avons pitié et compassion, et diligence de procurer envers vous leur salut et le nostre, ne serions dignes d'estre nommés hommes, qui singulièrement et principalement sommes tenus et obligiés à Dieu, à vous, au païs et à nos parens.

Nostre souverain signeur, vous supplions en toute humilité nous avoir en vostre très noble grâce et commander touz voz plesirs, lesquelz nous accomplirons loyalement et diligentement à noz povairs, ainsi que bien devons faire. Et nous prions le Tout-Puissant qu'il vieulle voz faiz et afaires conduire en bonne prospérité et vous donne très bonne vie et longue.

Escript en vostre ville de Portemus, le vingt-cinquiesme jour de janvier.

III.

Lettre de Henri VI à Charles VII, pour lui annoncer la cession du Maine à la maison d'Anjou. — D'après l'original conservé dans le recueil de Du Puy (t. DCC LX, fol. 161), à la Bibl. imp.

28 juillet 1447.

A très hault et puissant prince, nostre très chier oncle de France, Henry par la grâce de Dieu roy de France et d'Angleterre, vostre nepveu, salut et toute cordialité, affection d'amour avec entier desir de vraye paix et bonne concorde. Très hault et puissant prince, nostre très chier oncle, nous avons receu les gracieuses lectres que par voz gens et ambassadeurs, venuz par devers nous, escriptes nous avez, et tant par icelles que parce que dit et exposé nous a esté par lesdiz embaxeurs, sceu du bon estat, santé et prospérité de vostre très noble personne, donc avons esté singulièrement resjoys et serions toutes les foiz que oyr et savoir en pourrions en bien, comme de l'une des personnes vivans que plus amons, plus voulentiers verrions et avec qui desirons plus avoir familière et amiable communication ; vous priant bien affectueusement que d'iceulx voz bon estat, santé et prosperité vous plaise nous faire souvent savoir, ensemble de voz bonnes nouvelles pour nostre singulière joye et consolacion. Et se des nostres vostre plaisir estoit de savoir, nous estions, à la façon de cestes, en bonne disposition de nostre personne, grâces à Nostre Seigneur qui le semblable toudiz vous vueille octroier, ainsi que de bon cuer le desirons et que pour nous mesmes sohaidier le saurions. Nous avons aussi oy, très hault et puissant prince, nostre très chier oncle, les bonnes et honnourables paroles qui par vos diz gens et ambaxeurs nous ont esté dites et expliquées touchant la bonne amour et affection que avez à nostre personne et l'entier et bon vouloir en quoy estes de vacquer et entendre par tous bons et convenables moiens à la paix et union, non pas seulement de nos deux personnes et royaumes, mais de l'Église universel et de toute chrestienté : qui nous a esté chose bien à plaisir, et aussi doit-il bien estre à tout bon, loyal et vray catholique. Et quant à celle bonne amour et affection qu'il vous plaist avoir à nostre dicte personne, nous croions fermement qu'il est ainsi, et vous en remercions tant de bon cuer que plus povons, vous priant que en ce bon vouloir vueilliez tousjours demourer et persister envers nous. Aussi soiez seur que de nostre part nous avons envers vous singulière amour et parfaicte dilection et autant que neveu peut avoir à oncle. Et combien que, ainsi que rapporté nous a esté, vous ne revoquez point en doubte qu'il ne soit ainsi, encore à ce que effectuelement vous congnoissiez la chose estre tele, en faveur et contemplacion de vous principalment, nous avons esté et sommes contens que les cité, ville et chastel du Mans et toutes les autres places, villes, chasteaux et forteresses qui sont en nostre obéissance en la conté du Maine soient baillez et delivrez réalment et de fait pas voz mains à nostre beau-père le roi de Sicile et à nostre oncle Charles d'Anjou, son frère, ainsi et par la forme et manière que plus à plain est contenu et déclairé en noz lettres patentes que vous envoions touchant ladicte matière. Et au regart du bon vouloir que vous avez au fait de la paix, non mie seulement entre nos deux personnes et royaumes, mais en l'Église universel et toute chrestienté, c'est ung œuvre si saincte, juste et méritoire, que raisonnablement tout bon chrestien se y doit employer par toutes manières à luy possibles; et pour ce croiez seurement que en ce nous sommes entièrement enclins et disposez. Et à ceste cause, pour monstrer le bon vouloir que avons en ceste partie, avons disposé et ordonné envoier présentement devers vous aucuns de noz gens et conseilliers bien féables à nous, ausquelz avons ordonné que après qu'ilz auront parlé à vostre très noble personne, qu'ilz tirent et voisent en toute diligence à Lyon pour estre à la journée entreprinse audit lieu touchant ladicte pacificacion et union de l'Église, et au seurplus faire et besongner en ladicte matière ce que entre voz gens que avez ordonnez aler à ladicte journée et les nostres semblera et sera advisé estre à faire pour le mieulx au bien d'icelle. Au surplus, touchant la délivrance des fruiz des églises, nous avons fait besongnier avec vos diz gens et ambaxeurs sur ladicte matière par manière qu'ilz ont esté contens et que aussi pensons que serez quant saurez au vray ce qui y a esté fait. Et pour ce que par iceulx voz gens et ambaxeurs, lesquelz présentement s'en retournent par devers vous, tant de ladicte matière des fruiz des églises que des autres dessus dictes et du bon vouloir amour et affection que avons à vostre très noble personne pourrez savoir et estre bien informé, quant vostre plaisir sera, plus avant pour le présent ne vous escrivons fors que, s'il est chose à vous agréable que faire puissons, en nous le signifiant, de bon cuer nous emploierons, aidant le Saint Esperit, très hault et puissant prince et nostre très chier oncle, qui vous vueille touts temps maintenir et conserver en sa sainte et benoite garde. Donné en nostre palaiz de Wesmoustier, le vingt-huitiesme jour de juillet.

Signé, Henry, *et plus bas*, Rivel.

Au dos : Receues le premier jour de septembre CCCC XLVII.

IV.

Information faite à Rouen par le chancelier de France pour constater la connivence du gouvernement anglais dans l'attentat de Fougères. — D'après l'original sur parchemin, vol. DCC LXXIV (fol. 15) du recueil de Du Puy, à la Bibl. imp.

Octobre-décembre 1449.

In nomine Domini, Amen. Cunctis præsentibus et futuris pateat et sit notum quod, anno ab incarnatione ejusdem Domini millesimo quadringentesimo quadragesimo nono, indictione decima tertia, pontificatus sanctissimi in Christo patris et domini nostri domini Nicolai, divina providentia papæ quinti, anno tertio, magnificus miles dominus Guillermus Juvenalis de Ursinis, cancellarius Franciæ, volens perscrutari veritatem de et super facto interprisiæ, ut notorie tenetur, per Franciscum l'Arragonnois, assertum militem et consiliarium excellentissimi principis regis Angliæ de ejusque ordine Jarterræ existentem, factæ in et contra villam et castrum de Fulgeriis in provincia Britanniæ, ac etiam de et super invasione eorumdem inde ab anno citra subsecuta, et cujus auctoritate et mandato factæ fuerint : testes infra nominatos de et super præmissis in nostrum, notariorum et testium infrascriptorum, præsentia diversis diebus subdeclaratis duxit examinandos pro interesse et ad utilitatem domini nostri regis, ut dixit, utque examen hujusmodi sibi loco et tempore servire valeat et prodesse quod fuerit rationis. Processus cujus examinationis ac depositionis eorumdem testium, uti in præsentia nostra factus extitit, tenor in vulgari idiomate de verbo ad verbum subsequitur :

Examen fait par nous, Guillaume Juvenel des Ursins, chevalier, chancelier de France, des tesmoings cy dessoubz escrips sur l'attemptat fait à la prinse des chastel et ville de Fougières par messire François l'Arragonnois, chevalier, en venant directement contre la teneur des trèves et en icelles enfraignant, pour estre informé au vray de la cause et manière d'icelle entreprinse, et de quelle auctorité ou adveu icellui messire François l'Arragonnois a fait ledit attemptat. A ce présens et appelez maistres Jehan Regis et Anthoine de Ysome, notaires apostoliques, ausquels nous avons requis instrument estre de ce fait pour porter tesmoingnage de vérité et valoir en temps et en lieu au roy nostre souverain seigneur, se besoing est.

Et premièrement :

Richart Aux-Espaules, escuier, seigneur de Saincte-Marie, aagé de xxix ans ou environ, juré, oy et examiné à Rouen, le xxixe jour du moys d'octobre, l'an mil ccccxlix, dit et deppose par le serement qu'il a fait que, environ la feste de Noël derrenier passée, il se trouva à Vernueil avec ledit messire François, duquel il qui parle a espousé la fille, et lui dist entre autres choses comment il estoit tenu de l'avertir de son bien et eschiver son dommaige et deshonneur, et en après comment il avoit entendu que ledit l'Arragonnois avoit une entreprinse sur une place et qu'il estoit commun que c'estoit Fougières, et lui remonstra qu'il ne povoit sortir ladite entreprinse sans grant esclande et deshonneur de lui et des siens. A quoy ledit messire François lui respondi qu'il n'avoit entencion de faire chose de quoy il pensast que aucun deshonneur en peust avenir à lui ne aux siens, ne aussi qui feust à l'inconvenient des deux roys ne des trèves.

Dit oultre il qui parle que, entre ladite feste de Noël et Karesme-prenant ensuivant, il se trouva à Loigny, et pour ce qu'il oyoit tousjours continuer l'entreprinse de la prinse dudit Fougières, il se trouvoit souvent pensif et desplaisant de ce, et tant que ledit messire François, voiant il qui parle plus morne et pensif qu'il n'avoit accoustumé le veoir, demanda à sa fille, femme de il qui parle, que ledit qui parle avoit, et qu'il estoit plus pensif, ce lui sembloit, qu'il n'avoit accoustumé le veoir; laquelle respondi audi messire François, ainsi que depuis elle a dit à il qui parle, qu'elle ne savoit que ledit qui parle povoit avoir, et qu'il y avoit plus de quatre jours qu'il n'avoit fait bonne chière, et qu'elle avoit esté présente que trois ou quatre gentilz hommes de son hostel lui avoient demandé congié de aler à une entreprinse qu'ilz disoient que ledit messire François avoit, ausquelz il avoit respondu qu'il ne cuidoit point que ledit messire François eust aucune entreprinse, et qu'il pensoit estre la tierce personne qui le devroit savoir. Et après ce que ladite fille dudit messire François eust dit ces choses à son dit père, ledit messire François envoya querir il qui parle, et quant il fut venu en sa presence, il lui dist qu'il le véoit plus merencolieux qu'il n'avoit acoustumé et sembloit qu'il feust desplaisant d'aucune chose; lequel qui parle respondi audit messire François que, à son advis, il avoit bien cause de l'estre parce qu'il lui sembloit que ledit messire François n'estoit pas bien conseillié de faire l'entreprinse que on disoit qu'il vouloit faire et qu'il n'en povoit venir que inconvenient. Ausquelles choses ledit messire François respondi que ledit qui parle n'avoit cause d'estre desplaisant, et qu'il n'avoit entencion de faire chose de quoy lui ne les siens eussent deshonneur, et ce qu'il avoit entencion de faire n'estoit pour nécessité qu'il eust, ne pour folie, ne chose voluntaire, mais ne lui en povoit plus dire; toutesvoyes qu'il povoit bien croyre qu'il ne le faisoit pas de lui mesmes.

Et autre chose ne scet il qui parle de ladite prinse de Fougières, fors qu'il dit savoir certainement qu'il y avoit gens de la pluspart des garnisons de Normandie du parti du roy d'Angleterre. Dit aussi que de ceste matière Jaquemin de Molineaux et Tuvache, qui estoient serviteurs dudit messire François au temps d'icelle entreprinse, devroient beaucoup savoir de la manière d'icelle et comment la chose est allée; et aussi que Thomassin l'eschielleur, qui eschiella ladite place de Fougières et estoit pour lors audit messire François, en devroit plus savoir que tous les hommes de ce royaume.

Interrogué s'il scet point que ledit messire François ait fait ladite entreprinse du commandement du roy d'Angleterre, du duc de Somercet et autres Anglois estans pardeçà, dit qu'il a tousjours oy dire que ladite prinse a esté faicte de l'adveu des seigneurs d'Angleterre, et plus n'en scet.

Cui quidem depositioni fuerunt præsentes præfatus dominus cancellarius et magister Adam Rolland, notarius et secretarius domini nostri regis.

Pierre Tuvache, clerc, natif de la ville de Rouen,

advocat en court laye, et demourant en icelle ville, aagé de xxxi ans ou environ, juré, oy et examiné audit lieu de Rouen le xxix° jour d'octobre l'an mccccxlix, dit par le serement qu'il a fait que, environ dix ans a, il se mist au service de messire François de Surienne, chevalier, dit l'Arragonnois, et le servist en estat de clerc par aucun temps, et depuis s'est communément meslé de ses besoignes, et mesmement depuis troys ans ençà s'est meslé de pourchasser ses descharges des assignacions qu'il avoit pour les baillier et distribuer où il lui ordonnoit; et que ou moys de may ccccxli ung nommé Jehan le Rousselet, natif de la ville de Paris, lequel tenoit lors et encores tient le parti des Anglois et se nommoit le mareschal de Vernueil pour le roy d'Angleterre soubz le cappitaine dudit lieu, partit de ladite ville de Rouen pour aler en Angleterre où il demoura par longue espace de temps, et depuis retourna en France. En après fist ung autre voyage en Angleterre, et à son retour de l'ung desdits voyages, mais duquel ne se recorde, ledit Rousselet apporta une letre missive et close du conte de Sufforlk, adressant audit l'Arragonnois, signée du seing manuel dudit conte et seellée de son signet, lequel Rousselet s'adressa premièrement à il qui parle, estant lors à Rouen, pour ce que ledit l'Arragonnoys n'y estoit pas, et lui bailla lesdites letres pour lui envoyer; et pour ce que ledit qui parle avoit auctorité de son dit maistre de ouvrir toutes letres qui à lui s'adresseroient et cherroient ès mains de il qui parle, icelui qui parle ouvrist lesdites letres; et quant il eust veu qu'elles contenoient créance, il dist audit Rousselet qu'il lui voulsist declairer ladite créance pour la faire savoir à son dit maistre; lequel

Rousselet lui dist que ledit conte de Sufforlk mandoit très expressement audit l'Arragonnoys que, commant que ce feust, il feist hardiement et sceurement ce qu'il savoit; et lors il qui parle ignorant ce que ledit conte vouloit dire, enquist dudit Rousselet que ce estoit; auquel ledit Roussellet respondit que, à cause de la prinse que le duc de Bretaigne avoit faicte de messire Gilles de Bretaigne, ledit conte mandoit audit l'Arragonnoys que le roy d'Angleterre estoit si mal content d'icelle prinse, qu'il savoit bien que, se ledit l'Arragonnoys faisoit aucune entreprinse sur quelque place du pays de Bretaigne, comme Fougières, Laval ou Vittré, ledit roy d'Angleterre n'en seroit point mal content. Et croit il qui parle que lesdites letres furent apportées par ledit Rousselet à son retour du second voyage dessus touchié, et que ce mandement ou notifficacion que faisoit faire ledit conte audit l'Arragonnoys deppendoit de quelques autres paroles que, par avant et au premier voyage que avoit fait ledit Rousselet en Angleterre, devoient avoir esté entre ledit conte et Rousselet touchant ladite prinse de messire Gilles de Bretaigne. Depuis laquelle créance ainsi dicte par ledit Rousselet audit qui parle, ledit Rousselet se disposa de aler lui mesmes devers ledit l'Arragonnois estant lors à Vernueil, et y ala, et pour ce ledit qui parle lui rebailla lesdictes letres pour les porter lui mesmes et exposer sa dite créance ; et tantost après que ledit Rousselet eust esté devers ledit l'Arragonnois, icellui l'Arragonnois envoya, comme l'en disoit, ung homme de guerre de sa compaignie, nommé seigneur Pierre, demourer audit lieu de Fougières ; lequel, pour y avoir façon et manière de demourance, se disposa de soy entremettre de mestier de taillandier, afin de adviser par loisir les avenues de la place, la forme du guet et le lieu plus propice et avantageux pour entrer en icelle. Et depuis ces choses, c'est assavoir ou moys de juillet MCCCCXLVII, ledit l'Arragonnois vint à Rouen et y demeura l'espace d'ung mois ou environ ; devers lequel en icellui temps ledit seigneur Pierre vint et lui fist rapport de ce qu'il avoit trouvé, comme croyt ledit qui parle, par les apparances qu'il en peust lors veoir et par les paroles que en disoient aucuns de l'ostel. Et lors il qui parle ymagina en soy mesmes (et entre les aucuns se disoit secrètement) qu'il y avoit entreprinse sur ledit Fougières. Et après, c'est assavoir ou moys d'aoust ensuivant, ledit l'Arragonnois partit dudit lieu de Rouen tirant à Harfleu et passa en Angleterre ; lequel il qui parle convoya jusques audit Harfleu, et en y alant et aussi audit lieu, ainsi comme ledit messire François attendoit le passage, ledit qui parle mist icellui l'Arragonnois par plusieurs foiz en paroles du fait de ladite entreprinse, en lui recitant ce que ledit Rousselet lui avoit dit et remonstrant les inconveniens qui pourroient avenir se ladite entreprinse se faisoit, et le grant dangier en quoy ledit messire François se mettroit : auquel ledit François respondit qu'il n'en chausist audit qui parle et ne se sociast de la chose, car il ne l'entreprendroit pas s'il ne savoit bien comment, et qu'il feust bien advoé, et ainsi s'en ala ; mais avant qu'il passast, renvoya de rechief à Fougières ledit seigneur Pierre et avec lui ung autre homme de guerre de sa compaignie, nommé Pasquier Chaton, et Bon-Désir son poursuivant, pour veoir se les choses estoient comme ledit seigneur

Pierre avoit rapporté, ainsi qu'il semble audit qui parle, et comme il a depuis sceu par eulx mesmes ; lesquelz trouvèrent à leur retour dudit Fougières que ledit l'Arragonnois estoit jà passé, et pour ce ne parlèrent point à lui. Et cependant que ledit l'Arragonnois fut en Angleterre, le roy d'Angleterre le retint son conseillier à mil livres de gaiges, et lui donna aussi à lui, sa femme et à leurs hoirs masles nez de leur mariage trois cens nobles de rente assis sur les acquetz de quatre ports d'Angleterre, c'est assavoir le Houle et troys autres desquels ne se recorde il qui parle; et en oultre lui dist le conte de Sufforlk que le roy lui donnoit la terre de Porchestre, qui est ung port de mer en Angleterre où il y a ung fort chastel ; mais pour ce que ung bien ancien chevalier tenoit la capitainerie en don dudit roy, et que le roy vouloit que ledit l'Arragonnois eust la terre et la cappitainerie ensemble, il feroit contenter premièrement ledit chevalier, et de ce faire se chargeoit ledit conte, et qu'il lui feroit savoir ce qu'il auroit fait. Et en après le roy d'Angleterre le ordonna estre de l'ordre de la Jarretière ; mais sesdites letres de conseillier ne furent pas seellées en Angleterre, ains les apporta pour estre seellées par deçà ; apporta aussi ung petit livre contenant les ordonnances dudit ordre de la Jarretière, comme toutes ces choses il oït après dudit l'Arragonnois. Et retourna icellui l'Arragonnois dudit païs d'Angleterre ou moys de janvier ensuivant, après lequel son retour ses dictes letres de conseillier furent seellées en ce pays de Normandie, et environ v ou vi jours après icellui retour dudit l'Arragonnois ès marches de France, ledit qui parle se trouva devers lui audit lieu de Rouen, et grant pièce après, ainsi que ledit l'Arragonnois, qui avoit grand privaulté audit qui parle, lui racontoit le recueil qu'il avoit eu en Angleterre, ilz escheurent à parler du fait de ladite entreprinse, mais à l'ouverture duquel d'eulx deux il ne se recorde, et ledit qui parle lui remonstroit tousjours qu'il en pourroit venir grant incovenient; auquel ledit l'Arragonnois dist et respondit par plusieurs foiz qu'il ne s'en sociast et qu'il l'avoit bien remonstré au conte de Sufforlk et ailleurs où il appartenoit que véritablement il en povoit avenir inconvenient, mais ce nonobstant avoit eu exprès commandement de le faire de homme qui en avoit puissance, et lui avoit esté promis et asseuré qu'il n'auroit esté six sepmaines en la place que on lui auroit envoyé gens et secours tant pour le païs de Normandie comme pour le païs de Bretaigne, afin que se le roy Charles (lequel il nommoit ainsi) s'en vouloit entremettre, il peust resister à sa puissance, et aussi qu'il n'entendoit aucunement enfraindre la trève ne porter dommaige au roy Charles ne à ses subgietz, et le cas advenu, le soustiendroit devant tous princes chrestiens. Et par ainsi demoura ledit l'Arragonnois en ce propos de faire ladite entreprinse. Et en ce mesme temps, ainsi que il qui parle et ung sien compaignon, serviteur dudit l'Arragonnois, nommé Jehan Cercey, et qui avoit esté en Angleterre avec lui, parloient ensemble de ces matières, ledit de Cercey dist à qui il parle que le roy d'Angleterre par le moien du conte de Sufforlk avoit commandé audit l'Arragonnois faire ladite entreprinse.

Dist oultre que, pour ce que le sire de Camailz se mist sus en celui temps en la basse Normandie et tint les champs bien grant temps à grant nombre de gens, ledit l'Arragonnois ne fist pas lors ladite entreprinse, mais la tint en suspens l'espace d'ung an et plus; et que ou moys d'aoust ccccxLvIII ledit l'Arragonnois envoya deux hommes de guerre angloiz, nommez l'un Guillaume Hales et l'autre Richart Hausclin, en Angleterre par devers ledit conte de Sufforlk, et lui envoya par eulx une bible en françois en deux volumes historiée, laquelle il lui donnoit; et fut la cause de l'alée des dessusdiz en Angleterre afin de pourchasser pour ledit l'Arragonnois le paiement de v^c saluz qui lui avoient esté ordonnez dès le temps qu'il estoit en Angleterre, et aussi de avoir delivrance et possession de ladicte terre de Porchestre; et par eulx envoya procuracion à maistre Gervaiz le Veuke, secretaire du roy d'Angleterre, pour recevoir lesdiz III^c nobles de rente pour troys termes qui estoient jà escheuz et aussi pour les termes à eschoir. Et après ce que lesdiz Hales et Ausclin eurent esté en Angleterre environ deux moys, ledit Hales renvoya ledit Hausclin par devers ledit l'Arragonnoys, et lui envoya par lui v^c ou vi^c nobles d'or, cent aulnes de gris et cinquante aulnes de drap de soye, deux cens arcs et deux cens trousses, et fist savoir audit l'Arragonnoys qu'il estoit encore demouré en Angleterre pour poursuivre le demourant de sa charge dont il n'estoit encore expedié. Lequel Hausclin, en s'en venant sur ung navyre de Rouen, fut destroussé à la coste de Normandie au chief de Caux par aucuns de ceulx de Bretaigne; et après ledit Hales retourna d'Angleterre environ huit ou dix jours devant Noël, lequel fist rapport audit l'Arragonnoys de ce qu'il avoit fait, et entre autres choses lui

dist que le conte de Sufforlk se recommandoit à lui
et lui mandoit que, comment que ce fust, il feist ce
qu'il savoit et qu'il estoit bien esmerveillié qu'il ne
l'avoit plus tost fait, sans ce que ledit Hales lui déclai-
rast que c'estoit, car aussi ledit qui parle croit que
ledit conte ne lui avoit pas déclairé. Et depuis, c'est
assavoir la survigille de Noël ensuivant, ledit l'Arragonnois se partit dudit lieu de Rouen et s'en ala à
Vernueil et delà à Loigny, afin de parfaire son entreprinse; et lui estant audit Loigny manda venir devers
lui il qui parle, qui lors estoit à Rouen environ le
xxve jour de fevrier ensuivant, devers lequel l'Arragonnoys il qui parle ala, et en passant par Vernueil
où il ala au giste (lequel lieu est le droit chemin de
Rouen à Loigny), il sceust que ledit l'Arragonnoys avoit
mandé la garnison dudit Vernueil pour estre le lendemain devers lui à Loigny; et cedit jour mesmes
arriva audit Vernueil ung nommé Willebin de l'Isle,
homme de guerre du parti des Anglois et lequel estoit
pour lors de la compaignie dudit l'Arragonnois, lequel
Willebin dist à il qui parle qu'il venoit de querir les
gens d'armes d'aucunes des garnisons de Normandie
que ledit l'Arragonnoys avoit mandez (et croit il qui
parle que ledit Willebin présupposoit bien que ledit
qui parle savoit la cause pour quoy ilz estoient mandez), et dist oultre à il qui parle que ledit l'Arragonnois
avoit envoyé ses eschielles à Condé-sur-Néreau par
ledit seigneur Pierre et par ung nommé le Gascart qui
estoit du païs de Bretaigne, tenant le parti d'Angleterre, Willebin, Phelippes et autres, et les avoit
asseurez qu'il seroit à eulx dedans certain jour après
à puissance. Et celle nuyt mesmes, ledit qui parle estant

audit Vernueil, ledit l'Arragonnois contremanda ceulx de la garnison de Vernueil, leur faisant savoir qu'ilz ne partissent de là jusques à ce qu'ilz eussent de ses nouvelles; et le landemain ledit qui parle se partit dudit Vernueil et ala devers ledit l'Arragonnois audit lieu de Loigny, et ce jour arriva devers lui ung hérault du duc de Somercet, qui se appelloit lors gouvernant de Normandie, lequel hérault se nommoit Mortaing, et apporta audit l'Arragonnois certaines letres missives à lui adressant de par ledit gouvernant, lesquelles ledit l'Arragonnois monstra par le dessus à il qui parle et lui dist que par icelles ledit gouvernant lui deffendoit qu'il ne feist aucune entreprinse sans la lui faire premièrement savoir, et que depuis avec lesdites letres ledit hérault lui avoit fait semblablement ladite deffense qu'il ne feist aucune entreprinse, se non qu'il eust expresse charge et commandement du roy d'Angleterre de ce faire, et qu'il en feist apparoir audit hérault pour le rapporter à son dit mastre. Et ce mesme jour, devers le soir, ledit l'Arragonnois dist à il qui parle qu'il se disposast de retourner audit lieu de Rouen et qu'il le vouloit renvoier devers ledit gouvernant. Et le landemain au matin ledit l'Arragonnois parla audit qui parle en le instruisant de ce qu'il vouloit que ledit qui parle feist audit lieu de Rouen, et lui bailla une letre close adressant audit gouvernant contenant créance en la personne de il qui parle; laquelle créance ledit l'Arragonnois déclara audit qui parle, et estoit, ainsi que ledit qui parle se puet recorder, que il deust dire audit gouvernant de par ledit l'Arragonnois que pour obéir à son commandement il avoit laissié pour celle heure à faire son entreprinse, et qu'il n'eust voulu faire aucune chose que premièrement ne lui eust fait savoir, toutes voyes qu'il croyoit que ledit gouvernant estoit bien recors des paroles que ledit l'Arragonnois avoit autresfois eues avec lui sur celle matière, lui estant à Londres en Angleterre en son logeis des Jacobins, et qu'il lui avoit demandé son oppinion et advis se ladite entreprinse seroit point contre l'ordre de la Jartière : à quoy ledit gouvernant lui avoit respondu que non, et qu'il povoit entreprendre partout comme s'ils n'eust point prins ledit ordre, mais que ce ne feust point contre la couronne d'Angleterre, et que s'il le faisoit il seroit amy du roy et du royaume d'Angleterre, et que pour ces causes n'avoit pas semblé audit l'Arragonnois estre besoing d'en faire savoir aultre chose audit gouvernant, et que pour ce lui supplioit qu'il ne lui voulsist rompre ladite entreprinse, et que, s'il y avoit farine, messieurs ses enfans en auroient la plus déliée, et si le recongnoistroit envers lui de si grande et si honnourable chose, qu'il congnoistroit qu'il auroit en lui ung bon serviteur, et lui supplioit qu'il demourast tousjours en sa bonne grâce. Et lors oyes ces choses par ledit qui parle, soy recordant que ledit l'Arragonnois avoit contremandé ses gens d'armes avant la venue dudit hérault, réplicqua audit l'Arragonnois par manière de question comment ne pourquoi il envoyoit devers ledit gouvernant pour soy excuser, attendu ledit contremandement dez gens d'armes : à quoy ledit l'Arragonnois respondit à il qui parle qu'il n'entendoit pas bien la besoigne, et qu'il avoit fait ledit contremandement non pour du tout rompre ladite entreprinse, mais pour ce que plusieurs s'estoient entremis de la chose et mesmement pour ce que ledit Gascart avoit esté par plusieurs foiz guider lesdiz seigneur Pierre et Pasquier Chaton, duquel Gascart ledit l'Arragonnois n'avoit pas totale confiance, et aussi pour ce que la chose avoit longuement trayné, et doubtoit que par quelque ung d'eulx elle feust descouverte, et que pour celle cause ne se trouveroit au jour qu'il avoit dit audit Gascart et autres qui avoient mené les eschielles, mais qu'il avoit jà envoyé certains chevaucheurs non advertiz l'un de l'autre pour eulx trouver celui jour sur la place et ou païs d'environ afin de veoir s'il y auroit aucune apparance de gens de guerre ou d'autre resistence que les dessusdits Gascart et autres ne lui avoient dit qu'il y eust; et néantmoins manderoit par autres messaigers lesdits Gascart et autres dessusdits pour venir devers lui, afin qu'ilz ne sceussent riens de l'aler desdits chevaucheurs, et que par ce il congneust se lesdits Gascart et autres aloient loyalment en besoigne envers ledit l'Arragonnoys.

Plus replicqua il qui parle audit l'Arragonnois quelle response il auroit à faire audit gouvernant sur ce que sondit hérault lui avoit dit qu'il ne feist aucune entreprinse, se non que de ce il eust expresse charge et commandement du roy d'Angleterre, et qu'il en feist apparoir audit hérault, en demandant audit l'Arragonnois s'il lui en avoit fait aucunement apparoir. A quoy ledit l'Arragonnois respondit que, quant ledit gouvernant auroit parlé à son dit hérault, il ne lui feroit plus de ce question et qu'il lui avoit monstré chose de quoy il seroit bien content quant ledit hérault lui en auroit fait rapport. Après lesquelles paroles ledit l'Arragonnois continua audit qui parle le fait de la créance qu'il lui avoit encommancée, et lui dist qu'il deist audit gouvernant que la chose estoit en si bons termes qu'il n'estoit possible aux humains de la savoir destourner, veu le rapport que lui en auroit esté fait par ceulx qui avoient esté sur la place, et qu'il avoit autresfoiz prins xxxii places, en quoy il avoit tousjours meurement et bien besoignié, et que en ceste auroit si bon avisement et y besoigneroit si saigement que la chose viendroit à effect.

Laquelle créance conceue par il qui parle et lui expedié de sondit maistre, il se partit de lui et vint audit lieu de Rouen devers ledit gouvernant en la compaignie dudit hérault qui avoit esté envoié par ledit gouvernant devers ledit l'Arragonnois, et présenta à icelui gouvernant les letres d'icellui l'Arragonnois et lui exposa sa créance ès termes dessusdits au mieulx qu'il peut, après que ledit hérault lui eust fait son rapport de ce qu'il avoit trouvé; lequel gouvernant respondit à il qui parle que ledit l'Arragonnois demourroit en sa bonne grâce, mais qu'il avoit fait lesdites deffenses pour ce que son beau-frere de Schesbery lui avoit escript de ladite entreprinse, doubtant que la chose feust escandée et que par ce ne peust venir à effect, et qu'il avisast bien de conduire la chose si sagement qu'il n'y eust faulte et qu'il n'avoit paour d'autre chose. Laquelle response oye, il qui parle la fist savoir à sondit maistre en paroles couvertes, en disant qu'il avoit parlé à l'omme qu'il savoit, sans autrement le nommer ne declairer, et qu'il estoit très content de lui. Et environ vi jours après, arriva audit lieu de Rouen ung nommé Guillemin, trompete dudit l'Arragonnois, lequel dist audit qui parle qu'il avoit charge de sondit maistre de faire unes grandes tenailles turcoises de fer. Dist plus ladite trompette audit qui parle qu'il croioit que c'estoit pour faire la besoigne qu'il savoit, et que sondit maistre mandoit audit qui parle qu'il lui delivrast lesdites tenailles : lequel qui parle ymagina et creut certainement dès lors que c'estoit pour rompre les morillons des portes de la ville sur laquelle ledit l'Arragonnois avoit son entreprinse. Ainsi ledit trompette fist faire lesdites tenailles chiez ung serrurier demourant à Rouen auprès de Saint-Maclo, et quant elles furent faictes, ledit trompette et il qui parle les vouldrent avoir en les paiant ; mais ledit serrurier ne les voult bailler sinon qu'il eust congié du bailly de Rouen, en soy excusant que c'estoient instrumens deffenduz de faire sans auctorité de justice, ou que ledit qui parle promist l'en desdommaigier se aucune question ou demande lui en estoit faicte : dont ledit qui parle fist doubte pour ce qu'il n'en vouloit encorir en aucun inconvenient, et lui dist aussi qu'il n'en parleroit à bailli ni à viconte, mais le meneroit, s'il vouloit, devant le gouvernant et lui feroit donner congié de les baillier ; dont ledit serrurier se contenta, et ainsi il qui parle mena ledit serrurier devant icellui gouvernant, auquel, present ledit serrurier, ledit qui parle récita comment ledit serrurier avoit fait certaines turcoises qui estoient propices pour l'entreprinse dudit l'Arragonnois, mais que icellui serrurier ne les vouloit delivrer sans auctorité de justice ; et lors ledit gouvernant commanda audit serrurier qu'il lui baillast ce qu'il avait fait et qu'il feist tout ce que lui diroit. Ainsi lesdites turcoises furent delivrées audit trompette moyennant ce que ledit qui parle les paia, et avec icelles s'en ala ledit trompette devers sondit maistre à Loigny. Et depuis, c'est assavoir ou moys de mars ensuivant, ledit l'Arragonnoys poursuit et paracheva son entreprinse sur la ville de Fougières, comme il est notoire.

Après laquelle prinse ledit qui parle ala audit lieu de Fougières devers ledit l'Arragonnois, et ainsi qu'ilz y estoient, le hérault dessusdit, nommé Mortaing, vint de part ledit gouvernant et le seigneur de Scherosbery[1] devers ledit l'Arragonnois audit Fougières, et lui apporta letres de créance d'eulx, laquelle créance ledit l'Arragonnois se fist exposer par ledit hérault en la presence de il qui parle, lequel il y appella pour ce qu'il vouloit que ledit qui parle feist la response par letres audit gouvernant, et fut ladite créance telle, ainsi que ledit qui parle s'en puet recorder, c'est assavoir que ledit gouvernant avoit envoyé ledit hérault devers son frère de Scherosbery et lui avoit commandé faire ce que sondit frère lui ordonneroit, et pour ce avoit esté ledit hérault, comme il disoit, vers ledit seigneur de Scherosbery, lequel lui avoit chargé dire audit l'Arragonnois que lesdits gouvernant et seigneur de Scherosbery estoient très joyeux et contens de ce que son entreprinse estoit ainsi bien advenue, et qu'il avoit fait plus grant service au roy d'Angleterre que oncques feist chevalier de son estat, et que, commant qu'il feust, qu'il meist ordre entre ses gens d'armes sans leur donner auctorité, et que entre les autres il se donnast bien garde dès alors et qu'ilz estoient de très

---

[1] Lord Talbot.

mauvaise nature, et que s'il les laissoit venir en auctorité ou leur bailloit charge, ilz lui pourroient jouer d'ung mauvais tour; aussi, afin que les places de Normandie ne demourassent desgarnies, qu'il ne laissast y entrer fors tel nombre comme il lui seroit nécessaire, et que, se ledit l'Arragonnois avoit besoing, il ne feist aucune doubte que ledit de Scherosbery lui aideroit et secourroit de tout son povoir. Auquel hérault ledit l'Arragonnois donna xx saluz et une tasse de deux marcs et demy d'argent; et commanda rescripre ausdits gouvernant et de Scherosbery la forme de la prinse de ladite ville de Fougières; aussi rescrist audit de Scherosbery qu'il avoit besoing d'arcs et de trousses et semblablement de salpestre et de souffre, en lui priant qu'il lui en voulsist envoyer; lequel de Scherosbery du consentement dudit gouvernant, comme croit ledit qui parle, envoya peu de temps après audit l'Arragonnois par ung nommé le Prince, clerc dudit de Scherosbery, et ung autre nommé Hersant, acompaigniez de xxx ou xxxv archiers, la quantité de cent arcs, cent trousses, et donna audit Prince cent escuz pour sa peine et audit Hersant et à ung autre gentilhomme, à chacun lx saluz, et à chacun archier ung noble et deux aulnes de drap, et paia leurs despens; aussi paia lesdits arcs et trousses et tous les fraiz. Et à une autre foiz après, ledit de Scherosbery lui envoya par Scherosbery, son hérault, vi^e livres de salpestre, iiie livres de souffre, cent livres de pouldre à canon et cinquante livres de pouldre de coulovrine, toutes prinses à Rouen, et alèrent aucuns archiers jusques à xxx ou xxxv les acompaignier; auquel hérault ledit l'Arragonnoys donna xxx saluz pour ses peines, et audit poursuivant xii saluz, et à chacun desdits archiers ung noble.

Et plus n'en scet ledit qui parle.

Et præscriptæ depositioni fuerunt præsentes præfatus dominus cancellarius et magister Adam Rolland, notarius et secretarius domini nostri regis.

Thomassin du Quesne, aagé de xlv ans ou environ, juré, oy et examiné à Rouen le derrenier jour dudit moys d'octobre l'an dessus dit, dit et deppose par le serement qu'il a fait qu'il a demouré environ xxv ans en la compagnie de messire François l'Arragonnois, et y estoit encores demourant au temps qu'il fist derrenièrement l'entreprinse de Fougières. Et est bien recors il qui parle que, environ ung an par avant la prinse dudit de Fougières, ledit messire François fut en Angleterre et par le moyen du duc de Sufforlk fut retenu conseillier dudit roy d'Angleterre : à quelz gaiges ledit depposant ne scet ; et pareillement fut retenu de l'ordre de la Jarretière, et depuis s'en revint par deçà, et par plusieurs foiz eust paroles à il qui parle de pourgetter le chastel de Fougières. Et a bien mémoire ledit depposant que, peu de temps après, ung nommé le Roussellet ala en Angleterre pour avoir recompense de ses services, et obtint du roy d'Angleterre ung don de iiie frans sur les quatriesmes de Vernueil ; mais quant il fut pardeçà le duc de Sommercet ne lui vouloit pas souffrir joïr de ladite assignacion particulière, ains la lui mist génerallement sur toutes les finances de Normandie, et pour ce icellui Rousselet s'en retourna en Angleterre et porta au roy d'Angleterre une espine de la saincte coronne qu'il avoit, laquelle il disoit que sa mère lui avoit donnée, et la donna au duc de Sufforlk, comme il depposant a depuis oy dire, et par ce moyen ledit duc de Sufforlk lui fist appoincter son fait plus sceurement pour lesdits m^c frans, et outre plus escrit par ledit Rousselet unes letres de créance audit messire François. Et quant icellui Rousselet fut retourné pardevers ledit messire François et lui eut baillié lesdites letres, ledit messire François manda il qui parle et lui dist qu'il advisast à son fait et qu'il falloit mettre à effect l'entreprinse de Fougières : à quoy ledit depposant respondit qu'il y pourroit avoir doubte pour les trèves, en lui demandant s'il avoit bon adveu de ce faire ; auquel qui parle ledit messire François respondit que oil, et que le duc de Sufforlk lui avoit escript letres de créance par ledit Rousselet et mandé par lui mesmes de bouche que, sur tout le plaisir qu'il vouloit fere au roy d'Angleterre et à lui, il se hastast de mettre à fin ladite entreprinse de Fougières. Et ung peu de temps après, pour savoir s'il estoit ainsi comme ledit messire François disoit, il, depposant, parla lui mesmes audit Rousselet en lui demandant quelles nouvelles il avoit apportées d'Angleterre : lequel Rousselet lui dist qu'il avoit apporté audit messire François letres de créance du duc de Sufforlk, et que icellui duc de Sufforlk lui avoit chargié expressement dire audit messire François qu'il lui mandoit que, sur tout le plaisir qu'il vouloit faire au roy d'Angleterre et à lui, il mist à fin l'entreprinse de Fougières.

Et est bien recors il qui parle que, environ celui temps, ledit messire François envoya ses eschielles devant Condé vers ledit lieu de Fougières, et envoya aussi ung nommé seigneur Pierre et avec lui ung nommé Pasquier Chaton et ung Breton nommé le Gascart pour pourgetter ledit lieu, car il qui parle n'y osoit aler pour doubte de sa personne ; et pour lors ledit messire François s'en ala à Loigny, faignant estre embesoignié pour la pescherie de ses estangs, et cuidoit mettre promptement ladite entreprinse à exécucion ; mais il delaia pour ce que l dit Gascart, qui lors demouroit à Saint-Jame de Beuvron, estoit venu vers lui et estoit tout pensif et comme merencolieux, et se doubta icellui messire François que ledit Gascart eust descouvert l'entreprinse ; et après aussi le duc de Sommercet envoya pardevers ledit messire François et lui manda qu'il ne fist aucune entreprinse : pour quoy ledit messire François envoya ung sien clerc, nommé Tuvache, par devers ledit duc de Sommercet à Rouen, lequel Tuvache depuis retourna par devers icellui messire François ; et ledit messire François remanda il qui parle et lui redist qu'il falloit mettre à exécucion ladite entreprinse, et par ce croit il qui parle que ledit duc de Sommercet lui avoit mandé qu'il en estoit content, car ne pense pas il, depposant, que ledit l'Arragonnois l'eust osé fere sans le consentement d'icellui duc : toutesvoyes ne scet riens au vray de ce que ledit Tuvache ala dire au duc de Sommercet ne que ledit duc remanda par lui audit messire François ; mais incontinent après il mist à exécucion ladite entreprinse, et fut prins ledit Fougières environ Pasques derrenièrement passées par icellui messire François, ainsi qu'il est notoire.

Isti vero depositioni præinsertæ fuerunt præsentes dominus cancellarius prælibatus et magister Guido

Bernardi, consiliarius et magister requestarum hospitii dicti domini nostri Regis.

Cardinot Rocque, marchant et demourant à Rouen, natif d'icelle ville et grenetier d'icelle et aagé de xxxi ans ou environ, juré, oy et examiné audit lieu de Rouen, le vi° jour de novembre oudit an mil cccc xlix, dit et deppose que depuis Pasques derrenièrement passées, ung peu après la prinse de Foulgières, le seigneur de Talbot escrist à il qui parle une letre de Falaize, laquelle il a devers lui, et par icelle lui prioit sur toute l'amour qu'il avoit à lui qu'il lui envoyast mil livres de salepestre et de souffre. Et le lendemain ung nommé le Petit Prince, clerc dudit Talbot, pareillement lui escrist une cédulle par laquelle lui mandoit que ledit qui parle feist diligence de envoyer lesdits sallepestre et souffre, et que la chose estoit bien hastive et feroit grant plaisir à son maistre; lequel fist incontinent diligence et trouva vii° livres de salepestre et troys cens livres de souffre, et oultre trouva de pouldre de canon et de colovrine, et fist tout enfardeler en huit bales, et marchanda à ung voitturier, nommé Valot, à six saluz pour sa voitture, de le mener jusques à Falaize. Et pour ce que ledit Valot n'avoit que troys chevaulx, ledit qui parle lui bailla ung des siens, et ung sien varlet nommé Jacquet, afin d'estre paié de ce que lui avoient cousté lesdits salepestre, souffre et pouldre, ainsi que ledit Talbot lui avoit promis. Et avec ce ledit Prince lui manda par celui qui lui apporta sadite cédulle (du nom duquel il n'est recors), que incontinent qu'il auroit veu ladite cédulle, qu'il la dessirast; mais il qui parle l'a gardée jusques cy pour ce qu'il n'avoit point esté paié. Lesquelles charges de salpestre, souffre et pouldre, lesdits Valot et Jaquet menèrent, comme il qui parle a depuis sceu par sondit varlet, audit lieu de Falaize au sire de Talbot, auquel lieu de Falaize ledit Valot fut paié de sa voitture. Et après ce que lesdites charges furent descendues audit lieu de Falaize, ledit Talbot, comme il qui parle a sceu tant par lesdits Valot et Jacquet que autres, fist tout rechargier sur huit chevaulx, et iceulx envoya par les dessusdits Jacquet et Valot hastivement à Mortaing; et pour les conduire leur bailla huit archiers et Fornival, son poursuivant; auquel lieu de Mortaing ilz furent quatre ou cinq jours pour ce qu'ilz n'osoient partir pour les gens du roy, et jusques à ce que messire François l'Arragonnois les envoya querir par ses gens de Fougières à cent chevaulx ou environ, lesquelz les conduisirent jusques audit Fougières; et si tost qu'ilz y furent arrivés, delivrèrent lesdites huit bales audit l'Arragonnois, lequel retint audit lieu lesdits voitturiers par aucun temps, et après, par le conseil d'aucuns de la garnison, chargèrent du canevas et des gros draps qu'ilz amenèrent en l'ostel de il qui parle.

Enquis ledit qui parle s'il scet par oyr dire ou autrement par quelle auctorité ne par quel commandement ledit l'Arragonnoys a fait ladite prinse de Fougières : dit que non, mais bien a mémoire que, en karesme derrenièrement passé, avant ladite prinse de Fougières (autrement du temps n'est recors), il ala au lieu de Falaize, et en y alant rencontra en chemin ung nommé Guillemin de l'Isle, qui estoit serviteur de [1]....,

---

1. Le nom est laissé en blanc dans le manuscrit.

lequel se courroussa fort à lui en disant qu'il avoit fait arrester ses chevaulx pour argent qu'il lui devoit, mais qu'il le courrousseroit une foiz et que, avant que fust long temps, il auroit bien de quoy lui faire plaisir et à ses amis. Et quant il qui parle fut à Falaize, il parla à ung Anglois qui estoit mareschal des gens d'armes dudit lieu de Falaize, lequel il qui parle congnoissoit, et lui recita les paroles que ledit Guillemin lui avoit dictes, en lui demandant quelle entreprinse il y avoit et que c'estoit; et lors ledit Anglois lui dist qu'il y avoit une grosse entreprinse et que autre chose ne lui en povoit dire. Avec ce il qui parle apparceut bien que audit Falaize on faisoit plusieurs habillemens et appareilz pour quelque entreprinse, et aussi oyt dire que pareillement se faisoit appareil à Vernueil pour aucune entreprinse. Et après, en s'en retournant à Rouen, rencontra à Saint-Sauveur de Dive ung nommé Jacquemin de Molineaux, serviteur et clerc de messire François l'Arragonnoys, et troys autres de ses gens, lequel chevauchoit hastivement et demanda à il qui parle s'il savoit nouvelles où estoit ledit messire François; et il, depposant, lui dist qu'il avoit oy dire à Falaize qu'il estoit environ Caan, et lors ledit Molineaux lui pria qu'il lui prestast ung de ses chevaulx et qu'il avoit haste et qu'il lui estoit nécessaire estre devers ledit messire François dedans le lendemain disner; et il lui demanda qu'il y avoit: lequel Molineaux lui respondit qu'il y avoit une bien grosse besoigne à faire, mais il ne l'oseroit dire, et qu'il aloit devers ledit messire François par le commandement d'ung bien grant maistre.

Interrogué ledit qui parle s'il scet point que ladite

entreprinse feust faicte par le commandement et ordonnance du roy d'Angleterre, du duc de Somercet, du duc de Sufforlk ou de messire Talbot : dit que non autrement que dessus est dit. Bien croit et assez se puet ymaginer, par ce qu'il a sceu que lesdites charges furent menées audit Fougières et que ledit messire Talbot les avoit envoiez querir devers il qui parle, que icellui Talbot devoit avoir sceu l'entreprinse qui, n'avoit guères, avoit esté excécutée sur ledit Fougières et la devoit avoir favorisée.

Enquis se il croit que ledit Talbot eust aucunement osé consentir ne favoriser ladite entreprinse sans le sceu et consentement du roy d'Angleterre, du duc de Sufforlk ou du duc de Somercet : dit qu'il croit que non, et mesmement dudit duc de Somercet, pour ce qu'ilz sont alliez ensemble et ont espousé les deux seurs, et que, tousjours selon les apparances que il qui parle en a veues, ilz se sont bien entenduz et portez l'ung vers l'autre, et aussi que par le consentement ou tollérance dudit de Somercet ledit Talbot a tousjours gouverné le païs de la basse Normandie comme s'il en eust eu charge principal du roy d'Angleterre.

Cui quidem depositioni fuerunt præsentes magister Johannes Evrardi, in legibus licentiatus, et Nicolaus de Fonte burgensis Rothomagensis.

Jehan du Moustier, dit Valot, demourant à Rouen, aagé de xl ans ou environ, juré, oy et examiné audit lieu de Rouen ledit vi° jour de novembre oudit an, dit et deppose par le serement qu'il a fait que, environ Pasques derrenièrement passées et environ six sepmaines après la prinse de Fougières, ung nommé Cardinot Rocque, espicier demourant audit Rouen, se adressa audit depposant estant lors en l'ostel de l'enseigne de la Levrière audit Rouen, et lui dist en ceste manière : « Jehan du Moustier, voulez-vous point porter quatre charges de marchandise sur quatre chevaulx jusques au lieu de Falaize ? » en lui demandant pour quel pris il les meneroit. Et il qui parle lui respondi qu'il les pourteroit voulentiers, mais qu'il en auroit deux frans pour charge de cheval : duquel marchié ledit Cardinot Rocque fut content. Et tantost après, il qui parle chargea lesdites charges sur ses chevaulx, cuidant que ce feust marchandise, et se mist au chemin pour aler audit Falaize. Et quant ilz furent chargiez, il qui parle demanda audit Cardinot à qui il bailleroit lesdites charges quant il seroit arrivé audit lieu de Falaize ; et ledit Cardinot lui respondit et aussi à son varlet qu'il tirast au chasteau et qu'il les baillast au Petit Prince, clerc de messire Talbot, et qu'il savoit bien où elles se devoient adresser, ou s'il ne le trouvoit, qu'il les baillast audit seigneur de Talbot. Lequel qui parle acomplist son voyage jusques audit lieu de Falaize, cuidant trouver le Petit Prince ; mais il ne le trouva point, car il estoit alé audit lieu de Fougières, comme aucuns disoient audit depposant ; mais il trouva ledit seigneur de Talbot, à qui il dit que Cardinot Rocque l'envoyoit par devers lui et qu'il lui prioit qu'il feist deschargier ses quatre charges en sa chambre. Lequel seigneur de Talbot dist à il qui parle qu'il les deschargeast et qu'il ne se bougeast du chastel jusques à ce que ledit Petit Prince feust venu, qui estoit alé hors, et l'attendoit-on de jour en jour. Et environ v ou vi jours après que ledit Petit Prince fut venu et qu'il eut parlé audit Talbot, il parla audit qui parle et lui dist ces parolles : « Il fault que vous portez hastivement à Fougières les charges que vous avez apportées, car ilz en ont grant souffretté en la place. » Adonc il qui parle lui respondit qu'il n'y oseroit aler et que les chemins estoient trop dangereux. Laquelle response oye par ledit Prince, il ala devers ledit Talbot, qui estoit en une chambre près d'eulx, lui faire savoir la response faicte par ledit qui parle, et après retourna ledit Prince devers il qui parle, et lui dist qu'il y iroit, voulsist ou non, et que messire Talbot le vouloit, et lui feroit baillier bonne compaignie, et en oultre lui dist ces parolles : « Tays toy ; quant tu seras pardelà, messire François te donnera une bonne robe. » Avec ce lui demanda que il devoit gaignier de Rouen jusques audit Falaize, et quant ledit qui parle lui eut dit qu'il avoit gaignié deux frans par cheval, ledit Prince lui dist que pour aler jusques à Fougières il auroit cinquante solz pour cheval, qui estoit dix solz davantaige, en lui redisant qu'il y iroit voulsist ou non. Et lors ledit Petit Prince bailla à il qui parle ung poursuivant dudit Talbot, nommé Fornival, avec sept ou huit archiers pour le conduire jusques à Saint-Guillaume de Mortaing, à cinq lieues de Fougières. Et lors il qui parle rechargea lesdites charges pour porter audit lieu de Fougières, et sceut certainement audit lieu de Falaize que ce estoit pouldre de canon. Et se partit dudit lieu de Falaize avec lesdites charges et les mena audit lieu de Mortaing, acompaignié comme dessus. Auquel lieu environ cent ou six vingt chevaulx de la garnison dudit Fougières des gens de messire François le vindrent querir et le menèrent jusques audit lieu de Fougières; et là, dedans le chastel, deschargea lesdites pouldres, et les receut ledit messire François, lequel fist delivrer à il qui parle deux aulnes de gris pour une robe, et aussi fist paier la despense des chevaulx pour la bonne diligence qu'ilz avoient faicte. Et depuis il qui parle fut v ou vi jours audit lieu de Fougières, pour ce qu'il n'osoit partir pour la doubte des François qui estoient à Saint-Aubin-le-Cormier; et après partit et recharga sur ses chevaulx certaines basles de drap et de linge et d'autres bagues que lui bailla ledit poursuivant de messire Talbot, en lui disant que c'estoit marchandise pour messire Talbot; et icelles amena à autel conduit qu'il avoit eu à l'aler jusques au lieu de Mortaing ou environ; et dudit Mortaing jusques audit lieu de Falaize, il eust le poursuivant de messire Talbot avec les huit archiers pour le reconduire, et deschargea l'une de ses charges audit lieu de Falaize, et les autres troys amena jusques en ceste ville de Rouen, desquelles troys charges il en deschargea une en l'ostel Jaquelin de Molineaux et les autres deux chiez Cardinot Rocque.

Enquis s'il scet point que lesdites pouldres fussent menées audit lieu de Fougières par l'ordonnance du duc de Somercet: dit il qui parle que certainement on ne l'eust osé faire se ce n'eust esté de son vouloir et consentement, et que Cardinot Rocque le doit bien savoir. Et plus n'en scet ledit Jehan du Moustier.

Cui quidem depositioni fuerunt præsentes magister Johannes Evrardi, in legibus licentiatus, et Jacobus Behocel, commorans in loco de Hiquecombz *in provincia Caleti.*

Jacquet le Tocqueur, aagé de xxxii ans ou environ, natif de Rouen, serviteur de Cardinot Rocque, demourant en ladite ville, juré, oy et examiné audit lieu de Rouen ledit vi^e jour de novembre ccccxlix, dit et deppose par le serement qu'il a fait que, environ troys sepmaines après Pasques derrenièrement passées, son maistre, nommé Cardinot Rocque, lui chargea de faire certaines basles de salpestres, de souffre, de pouldre de canon et de pouldre de colovrine; et lui sembla qu'il y avoit deux cens livres de pouldre de canon et cens livres de pouldre de colovrine et environ deux charges de salpestre et une charge de souffre, et contenoit tout huit balles; lesquelles huit balles avec ung nommé Valot, voitturier de ceste ville, il conduisist par le commandement de sondit maistre jusques à Falaize, et là les descendeist en la présence de messire Talbot, et commanda ledit messire Talbot que lesdites balles feussent mises audessus de sa chambre. Et après il qui parle fist dire audit seigneur de Talbot qu'il feust paié desdites balles, lequel lui fist response qu'il attendist que son clerc nommé le Prince feust venu de Fougières et qu'il en auroit bien tost nouvelles; et faillut que il qui parle attendeist huit ou dix jours; et ce pendant ledit messire Talbot leur fit faire leurs despens à eulx et à leurs chevaulx. Et tantost après vint ledit Prince, auquel il qui parle demandoit l'argent que povoient valoir lesdites balles; mais ledit Prince respondi qu'il n'avoit pas l'argent et qu'il en seroit paié à Fougières : dont il qui parle fut bien desplaisant, car il cuidoit avoir son argent audit lieu de Falaize; mais ledit Prince lui dist qu'il falloit qu'il y alast, et que là on lui bailleroit son argent, et que on ne lui en rabatroit une maille. Et lors il qui parle et ung nommé Valot partirent dudit lieu de Falaize et menèrent lesdites balles jusques audit lieu de Saint-Guillaume de Mortaing; et en leur compaignie pour les conduire leur fist bailler des gens de messire Talbot huit archiers et ung poursuivant, nommé Fornival, et ung hérault nommé Chierosbery; et là furent environ sept ou huit jours, attendans que ceulx de Fougières les vensissent querir : lesquelz vindrent environ xxx chevaulx, desquelz estoit l'ung des filz de Rousselet, et les conduisirent jusques audit lieu de Fougières, et chargèrent les huit balles sur huit chevaulx pour aler plus legièrement. Et lors il qui parle et le voitturier descendirent lesdites balles dedans le chastel dudit lieu en la présence de messire François, auquel ilz furent baillées, et lui demanda son argent pour son maistre pour la valeur desdites bales, et il lui dist qu'il regarderoit en son fait et puis qu'il le despescheroit. Et après, il qui parle retourna devers ledit l'Arragonnois et lui monstra une cédulle de son maistre, presens Tuvache, son clerc, et ledit Fornival. Et lors ledit l'Arragonnois lui dist qu'il lui feroit delivrer l'argent par ledit Tuvache; et adonc il qui parle attendit encores son paiement jusques au troisiesme jour ensuivant que ledit Tuvache lui bailla vii^{xx} saluz sur ce que ledit l'Arragonnois povoit devoir à cause desdites balles, et ledit messire François lui dist que son clerc et Cardinot feroient ensemble du demourant. Et adonc il qui parle et ledit Valot s'en retournèrent chargiez de canevat en ladite ville de Rouen. Et autre chose n'en scet de ladite prinse, comme il dit.

Cui quidem depositioni fuerunt præsentes magister

Johannes Evrardi, in legibus licentiatus, et Nicolaus de Fonte, burgensis Rothomagensis.

Jacquemin de Molineaux, escuier, natif du païs d'Alemaigne, demourant à Rouen, aagé de L ans ou environ, juré, oy et examiné ledit vɪ^e jour de novembre oudit an CCCCXLIX, dit et deppose par le serement qu'il a fait qu'il a XXIII ans ou environ qu'il commença à servir messire François l'Arragonnois, et l'a tousjours depuis continuellement servi jusques à huit ans a ou environ qu'il se maria à une demoiselle de France, nommée Marguerite de Vausselles, et depuis ne s'est pas si continuellement meslé des besoignes dudit messire François qu'il faisoit par avant; mais toutesfoiz pour la grant confiance que ledit l'Arragonnois avoit en lui, environ l'an CCCCXLVI il le envoya en Angleterre pour porchasser certaines debtes qui lui estoient deues par le duc d'Iork, montant à la somme de mil livres d'estrelins, qui pevent valoir vɪ^m saluz, en laquelle poursuite il demoura à Londres par l'espace de XIX mois ou environ. Et a bien mémoire que, lui estant à ladite poursuite audit lieu de Londres, ung du païs de Bretaigne, nommé [1]......, soy disant varlet de chambre de messire Gilles de Bretaigne, et lequel se tenoit en l'ostel du duc de Suffolk et portoit le colier des SS. du roy d'Angleterre, faisoit forte diligence pour la delivrance dudit messire Gilles; et environ ce temps Jehan le Rousselet, demourant avec ledit messire François, vint à Londres et se adressa à il qui parle pour ce qu'il estoit bien serviteur dudit l'Arra-

---

1. Lacune dans le manuscrit.

gonnoys, comme dist est, et lui compta ses affaires, et sceut il qui parle, tant par ledit Rousselet que autres, que icellui Rousselet estoit venu pour avoir aucune pension en recompense des services qu'il avoit faiz, et par le moyen du duc de Suffork le roy d'Angleterre lui donna m^e frans à prendre sur le quatriesme et autres aides de Vernueil. Et lors furent ouvertes paroles par le duc de Sufforlk de par le roy d'Angleterre audit Rousselet qu'il parlast audit messire François pour trouver moyen de recouvrer messire Gilles en prenant la place de Montaulban, pour ce que le seigneur de ladite place avoit ledit messire Gilles en garde, ou autre place par quoy on peust avoir ledit messire Gilles, comme il qui parle entendit dudit varlet de chambre dudit messire Gilles, avec lequel il qui parle se trouvoit souvent, et lui demandoit voulentiers nouvelles de la delivrance d'icellui messire Gilles, et aussi l'entendit d'aucuns autres dont il n'est recors. Et peu de temps après, ledit Rousselet s'en partit de Londres et s'en vint pardeçà pour avoir expédicion de sa pension, mais comment il fist et proceda ès choses dessus dites il qui parle ne scet, car il demoura à Londres pour tousjours poursuivre le faist dudit l'Arragonnois, comme dit est; mais il est bien souvenant que, environ troys moys après, ledit Rousselet retourna à Londres et se tira vers il qui parle, et venoit, comme il disoit, pour avoir sceurté de sa pension dont il n'avoit pu avoir expédicion par les commissaires lors estans en Normandie, et apporta ung ymage qui tenoit une espine de la saincte coronne, laquelle il donna au roy d'Angleterre, et la monstra ledit Rousselet audit depposant, et après ce qu'il l'eust presentée au roy d'Angleterre, ledit roy d'Angleterre lui donna cent nobles pour lui deffrayer et lui fist expedier sceurement ses letres pour ladite pension. Et après entendit il qui parle que pareillement fut chargié de rechief ledit Rousselet de parler audit l'Arragonnois pour prendre la place de Montalban ou autre, par quoy on peust faire delivrer ledit messire Gilles, et a oy dire il qui parle à plusieurs desquelz il n'est recors et mesmement audit varlet de chambre dudit messire Gilles, qui lui dist telles paroles ou semblables en substance : « Par ma foy, nous aurons messire Gilles ou par prinse de places ou autrement, et ne demoura guères. » Et peu de temps après ledit Rousselet s'en vint pardeçà, mais de ce qu'il fist avec ledit l'Arragonnois ou autre pour le fait que dessus est dit il qui parle ne scet, et finablement, quelque poursuite que il qui parle peust faire pour l'assignacion de sondit maistre, il n'en peut riens recouvrer que xii^c saluz en draps qui depuis ne furent bailliez à Rouen que pour v^c saluz ou environ, et s'en partit d'Angleterre environ la Chandeleur cccc xlvii ; et comme il fut descendu de la mer, il ala à Vernueil vers ledit l'Arragonnois et lui fist relacion de ce qu'il avoit peu faire, et n'y peust arrester que une nuyt, pour ce que le privé seel qui y estoit s'en aloit à Rouen, et il vouloit bien aler en sa compaignie pour doubte de ung nommé La Fosse, homme de guerre du parti du roy, que on disoit estre sur les champs, et destroussoit les gens du parti des Anglois, et aussi il n'avoit encores point veu sa femme qu'il tenoit à Rouen.

Enquis se ledit l'Arragonnois, pendant ledit temps, lui toucha point de la prinse de Fougières, dit que non. Dit en oultre il qui parle que, environ le moys d'aoust ensuivant, ledit l'Arragonnois s'en vint de Vernueil en ceste ville de Rouen pour aler en Angleterre, et le conduisi il qui parle jusques à Harfleu sur la mer, et lui disoit ledit l'Arragonnois qu'il y aloit pour avoir la reste de son assignacion desdites mil livres d'esterlins valans six mil saluz : à quoy il qui parle respondi qu'il faisoit bien et qu'il y feroit plus en personne qu'il ne feroit à y envoyer, mais toutesfoiz il, depposant, pensa dès lors qu'il y aloit pour se excuser dudit fait de messire Gilles pour ce qu'il lui sembloit impossible de exécuter la besoigne pour le gouvernant qui estoit pardeçà, et aussi qu'il n'avoit ne gens ne logeis ; et s'en partit ledit messire François et monta sur la mer audit Harfleu et demoura audit voyage depuis environ le commancement de septembre jusques en la fin de janvier ensuivant qu'il retourna et descendit à Harfleu ; et comme ledit qui parle voulut aler audevant lui audit Harfleu, en y alant il le rencontra entre Rouen et le Neufchastel de Nycourt, lequel messire François s'en vint au giste en ceste dicte ville de Rouen, et estoit en sa compaignie ledit varlet de chambre dudit messire Gilles, comme dit est. Et oyt il qui parle par plusieurs foiz compter et reciter audit l'Arragonnois l'onneur que le roy et les seigneurs d'Angleterre lui avoient fait, et comment il l'avoit retenu compaignon de l'ordre de la Jarretière, et qu'il lui avoit creu sa pension de cent livres d'estrelins par an, qui valent vi^c saluz, oultre iii^c saluz de pension qu'il avoit par avant, et en oultre lui avoit accordé la place de Condé-sur-Néreau en paiant certaine somme d'argent à messire Jehan Fastolfz, pour approuchier des marches de Bretaigne et logier ses gens, comme il qui parle pense; et se tint en ladite ville de Rouen jusques ou moys de may qu'il s'en ala visiter les places des frontières du bas païs de Normandie ou là environ par le commandement du duc de Somercet, où il fut par une espace de temps, et de là s'en ala à Vernueil et y fut jusques vers Karesme-prenant, environ lequel temps il qui parle oy dire que ledit messire François cuidoit aler en Bretaigne, mais pour la grandeur des eaues son voyage fut rompu. Et après, c'est assavoir environ le xvi° jour de mars derrenièrement passé, ung appelé Tuvache, serviteur dudit l'Arragonnois, saichant que il qui parle avoit aucunes choses à besoigner audit l'Arragonnois pour aucunes obligacions que pour lui avoit faictes, et que à celle cause desiroit se trouver devers lui, fist savoir à il qui parle en son hostel près d'Estrepigny que, s'il vouloit parler audit l'Arragonnois son maistre, qu'il se hastast d'aler devers lui et qu'il feust le jeudi ensuivant devers lui audit lieu de Condé, ou autrement il estoit en voye qu'il ne le veist empièce et qu'il ne recouvreroit ce pourquoy il estoit obligé pour lui en ceste ville de Rouen. Et pour ce le lendemain, qui fut xvii° ensuivant, il qui parle partit et vint disner en ceste ville et de là couchier au Pontheaudemer, et d'ilec s'en ala à Condé et trouva ledit l'Arragonnois logié à une abbaye près dudit Condé, et là sejourna le vendredi tout le jour, et ne parla ledit l'Arragonnois d'aucune matière avec lui, si non qu'il demanda des nouvelles du pays; et le lendemain, qui fut samedi, s'en ala il qui parle logier avec les compaignons, et ce mesmes jour ledit l'Arragonnoys partit de ladite abbaye et s'en ala logier en ung lieu nommé Bressay; et le dimanche ensuivant au matin s'en partit et s'en ala jour et nuyt à Fougières avec toute sa compaignie, auquel lieu de Fougières il arriva environ myenuyt, et illec fit ses approuchemens, et entra dedans ledit lieu de Fougières comme environ deux heures après myenuyt par le chastel. Et à tout ce faire il qui parle estoit present, et entra en la ville par la porte environ sept heures, et ledit l'Arragonnois descendit en ladite ville par le chastel environ huit heures au matin; auquel lieu de Fougières il qui parle demoura pour poursuivre ledit l'Arragonnoys l'espace de dix sepmaines avant qu'il peust riens avoir de lui de ce qu'il lui devoit, et jusques à ce que le butin fut fait, qui monta pour paye xxv saluz et ung angelot, et y avoit v^c paies ou environ; et bailla ledit l'Arragonnoys audit depposant pour soy acquiter où il devoit pour ledit l'Arragonnois environ viii^{xx} saluz; et, après il qui parle s'en retourna en sa maison où il a tousjours depuis continuellement demouré.

Enquis ledit qui parle s'il rencontra point Cardinot Rocque en alant vers ledit l'Arragonnois, le xviie de mars dessusdit, au lieu de Saint-Sauveur de Dive : dit que oyl et qu'il demanda audit Roque s'il sçavoit où estoit ledit messire François; mais quelle response fist ledit Rocque audit qui parle, il n'en a point de souvenance.

Enquis il qui parle s'il dist audit Rocque qu'il y eust entreprinse en quelque lieu : dit qu'il ne luy en parla oncques, au moins qu'il lui en soviegne.

Interrogué se, pendant le temps qu'il estoit à Fougières, il oyt point dire audit l'Arragonnois par quel adveu ne de quel commandement il avoit fait ladite prinse : dit que non expressément; mais bien a mémoire que, durant le temps qu'il estoit à Fougières avec ledit l'Arragonnois, ung nommé Michiel de Partenay, connestable de Rennes, vint audit Fougières par diverses foiz de par le duc de Bretaigne, et à une foiz, ainsi que lesdits l'Arragonnois et de Partenay parloient ensemble, icellui de Partenay dist audit messire François telles paroles ou semblables : « De quel adveu ne par quel commandement avez vous fait ceste prinse? » A quoy icellui l'Arragonnois respondist : « Ne m'enquerez plus avant, ne véez vous pas bien que je suis de l'ordre de la Jarretière? et vous souffise. » Et en oultre est bien souvenant que entre autres paroles icellui de Partenay lui dist : « On dit que vous l'avez prinse pour avoir messire Gilles. Qui le vous rendroit avec ung bon pot de vin, seriez vous content? » Et icellui l'Arragonnois respondit : « J'ai povoir de prendre et non de rendre. »

Requis s'il scet point que ladite prinse ait esté faicte par le commandement ou au moins du consentement du duc de Somercet : dit il qui parle que lui, estant audit Fougières, il dist audit l'Arragonnois qu'il avoit oy dire, comme si avoit-il, que ceulx qui avoient esté à ladite prinse estoient banniz de Rouen, en lui disant qu'il ne vouldroit pas estre arresté à Rouen comme le varlet Guillemin de l'Isle, qui pour celle cause y avoit esté arresté. A quoy ledit messire François respondit qu'il ne doubtast point et que tout yroit bien; et lors il qui parle, pour plus en estre informé, demanda audit Tuvache qui estoit audit Fougières se ladite prinse avoit esté faicte sans le consentement du duc de Somercet : à quoy ledit Tuvache respondit ces paroles : « Et déable en doubtez vous ? Il n'avoit paour que de la faulte, et autresfoiz je lui en ai parlé. »

Dit oultre ledit qui parle qu'il vit arriver à Fougières certaine quantité de charges de salpestre et de souffre pour faire pouldre de canon, et les amena ung nommé Valot, voitturier, et le varlet Cardinot Rocque, appoticaire de Rouen, qui venoient de la ville de Rouen; et cuide fermement il qui parle que, se ledit duc n'en eust esté consentant, que on ne les eust pas laissié partir de Rouen.

Enquis ledit depposant s'il scet point se le duc de Somercet, Talbot ne autre aient eu part ou butin de Fougières : dit qu'il n'en scet riens.

Dit encore que, lui estant audit Fougières, il vit le hérault du duc de Somercet, nommé Mortaing, venir devers ledit l'Arragonnois par deux foiz avec letres de créance dudit duc, auquel ledit l'Arragonnois faisoit très bonne chière et lui donnoit de l'argent largement à chacune foiz, comme sceut dèslors il qui parle, et par ce croit que ledit duc de Somercet devoit savoir l'entreprinse, et aussi que, sans son consentement, ledit l'Arragonnois ne l'eust osé entreprendre, ou au moins, se de son auctorité l'eust entreprinse et ledit duc eust envoyé devers lui pour y contredire, ledit l'Arragonnois n'eust pas si grandement recueilli ses messaiges comme il faisoit, et par ce lui semble estre vraisemblable que ledit duc le savoit.

Dit plus qu'il scet bien que en icellui temps il fut mandé (mais par qui ne de quelle autorité il n'est recors) à tous les cappitaines de gens de guerre estanz en Normandie qu'ilz alassent au mandement dudit l'Arragonnois, quelque part qu'il les mandast.

Enquis se par les paroles qu'il puet avoir oyes de ceste matière ou parti des Anglois devant et après la prinse de Fougières, il croit que le roy d'Angleterre ou le duc de Sufforlk aient fait faire ladite entreprinse, et se, sans auctorité ou adveu d'eulx, aucun de ceulx de pardeçà eust osé entreprendre le fait dudit Fougières : dit par le serement qu'il a fait qu'il croit et lui est advis que nul de ceulx qui estoient pardeçà et mesmement ledit l'Arragonnoys n'eussent osé entendre à ladite entreprinse ne autre, se ilz n'en eussent eu exprès commandement et adveu desdits roy d'Angleterre et duc de Sufforlk ou de l'ung d'eulx.

Cui quidem depositioni fuerunt præsentes magister Johannes Evrardi, in legibus licentiatus, et Nicolaus de Fonte, burgensis Rothomagensis.

Geoffroy Barnisson, orfévre, demourant à Rouen, aagé de xxxv ans ou environ, tesmoing juré et oy, examiné sur le fait de l'entreprinse de Fougières le viiie jour de novembre oudit an, dit par le serement qu'il a fait que le dimenche.... d'octobre derrenièrement passé, auquel les gens du roy entrèrent en ceste ville de Rouen, devers le soir et de nuyt après ce qu'ilz y furent entrez, ledit qui parle estant au guet de la ville en la compaignie de Estiennot Durand et Michau le Meusnier, demourans aussi audit lieu de Rouen, et de plusieurs autres au quartier de Jehan Antin, quartenier, certains compaignons de guerre desdits gens du roy passèrent par ledit quartier et trouvèrent il qui parle devant l'église de Sainte-Marie-la-Petite, lequel ung desdits compaignons de guerre print de plaine arrivée par soubz le bras en lui disant qu'il seroit son prisonnier : auquel compaignon de guerre il qui parle respondit que en bonne heure, et qu'il estoit tout rendu. Et après ledit compaignon de guerre qui ne se faisoit que esbatre, comme il sembloit à sa manière, dist à il qui parle et lui pria bien affectueusement qu'il le voulsist mener en la maison d'ung Anglois qui estoit illec près, et il qui parle respondit audit compaignon qu'il ne savoit où estoit ladite maison et qu'il estoit nouvellement venu demourer en celle paroisse, comme si estoit-il ; alors ledit compaignon de guerre redist à il qui parle qu'il failloit que lui et ses compaignons qui estoient avec lui le y menassent, et en tenant tousjours il qui parle par soubz le bras le menoit tousjours avant, jusques atant que le dizenier soubz lequel estoit il qui parle et tous les compaignons de la dizaine demandèrent tout hault audit compaignon de guerre où il menoit leur compaignon, en lui disant qu'il ne le meneroit plus avant, sinon qu'ilz alassent tous ensemble avec lui ; et à ces paroles se mirent tous ensemble, et ledit compaignon de guerre leur respondit qu'il demandoit que on lui enseignast la maison d'ung Anglois qui devoit estre illec entour, et ung desdits autres compaignons de ladite dizaine, estant en la compaignie dudit qui parle et de sesdits autres compaignons, respondit que ce estoit à une vigne bien près d'ilec. Aussi dirent aucuns des autres d'icelle dizaine et compaignie comme d'une commune voix qu'ilz savoient bien où c'estoit, et ainsi eulx tous ensemble alèrent à l'ostel tout droit d'ung secretaire du duc de Somercet qui se nommoit Thomas Orchestre, entrèrent tous dedans, et les compaignons de guerre montèrent ou hault où ilz en trouvèrent desjà aucuns autres des gens du roy mesmes, qui serchoient l'ostel, et ledit qui parle demoura ou bas dudit hostel avec ledit Mousnier, dessus nommé, et aucuns autres de sadite dizaine. Et eulx estans illec, ledit Mousnier monta ou hault où estoient lesdits compaignons de guerre premiers et derniers venuz pour adviser que on ne meist le feu à l'ostel, pour ce qu'il avoit veu que on y avoit porté ung grant tourchon de feurre alumé; et comme il fut en hault, il vit, ainsi qu'il dist après à il qui parle, que lesdits compaignons de guerre troussoient avec eulx un grand nombre de livres et papiers et les lyoient pour les emporter hors dudit hostel; et lors ledit Mousnier en print aussi ung fardelet du consentement desdits compaignons de guerre qui l'avoient jetté à part, et leur dit ledit Mousnier que ce seroit pour aprendre son filz à lire, ainsi que ledit qui parle a depuis oy dire audit Mousnier; et avec ledit fardelet icellui Mousnier s'en retourna en bas à ses compaignons de la dizaine et les retrouva tous ensemble, entre lesquels estoit encores il qui parle; et après ce qu'il fut descendu il et ledit depposant avec tous lesdits autres compaignons de la dizaine s'en alèrent ensemble boire à l'ostel de il qui parle, et aussi s'en alèrent autre part aucuns desdits gens de guerre et aucuns demourèrent encores derrière oudit hostel; et ainsi que ledit qui parle et sesdits compaignons de la dizaine furent assis à table, ledit Mousnier tira de sa manche ledit fardelet en disant que c'estoit son butin, et le desploia devant tous; après lequel ainsi desploié Estiennot Durant, dessus nommé, print une des lettres qui y estoit entre les autres, et commença à la lire et la leut ou au moins une grant partie, laquelle letre estoit en parchemin seellée en queue du seel du bailli de Rouen, comme aucuns des oyans ladite lecture disoient, car ledit qui parle ne congnoissoit l'emprainte ne les armes.

Enquis comment elle se commençoit, dit qu'il ne scet, car il ne fut pas au commancement de la lecture et aloit par l'ostel pour faire venir de la servoise ausdits compaignons pour boyre; mais bien est recors que en aucun endroit faisoit mencion comment messire François l'Arragonnoys avoit requis marque audit duc de Somercet comme gouvernant, mais contre qui il ne lui en souvient; et au regart de ce point n'est recors comment ladite letre concluoit. Et en après faisoit aussi mencion ladite letre de la ville de Fougières, et est bien recors que expressément y estoit contenu que ledit gouvernant et aussi autres cappitaines du parti des Anglois, nommez ès dites letres jusques à quatre ou cinq (des noms desquelz ne lui souvient), promettoient audit l'Arragonois que, ou cas qu'il seroit assegié à Fougières, qu'ilz lui donneroient secours. Et adoncques ledit qui parle, après qu'il eut oy ce que dit est du contenu en ladite letre, dist lors que par icelles on véoit bien la mauvaistié des Anglois pour ce qu'il estoit tout commun à Rouen que ledit gouvernant desavouoyt ledit l'Arragonnoys de la prinse de Fougières, et toutes voyes par lesdites letres se véoit le contraire.

Dit plus il qui parle que, avant que ledit Estiennot eust achevé de lire ladite letre, il s'en ennuya et comme par ennuy la getta sur la table en disant que ce n'estoit que mauvaistié du fait des Anglois, et que on la povoit alors bien congnoistre et qu'il leur mescherroit.

Enquis ledit qui parle s'il scet où est ladite letre ne qu'elle est devenue, dit qu'il ne scet et qu'il croit que ledit Mousnier la reprint avecques les autres; toutes voyes il ne le scet au vray.

Et plus n'en deppose.

Præmissæ vero depositioni fuerunt præsentes Arnaldus Guillermi de Bourgoignan, *scutifer, de partibus Vasconiæ oriundus, et Galterus* Phelippe, *barbitonsor Parisiensis diocesis.*

Michaud le Mousnier, demourant à Rouen, aagé de XL ans ou environ, tesmoing juré oy et examiné le VIIIe jour du moys et an dessusdit sur le fait de l'entreprinse de Fougières, par le serement qu'il a fait dit et deppose que, le jour du dimanche que les gens du roy nostre sire entrèrent en ceste ville de Rouen et après qu'ilz y furent entrez, ledit qui parle estoit au guet de la ville en la compaignie de Estiennot Durant et Geuffroy Barnisson, demourant aussi en ladite ville, et de plusieurs autres, ou quartier de Jehan Antin l'ung des quarteniers. Et est bien memoratif lui qui parle que, eulx estans ainsi au guet comme dit est, après que la nuyt fut entrée, aucuns compaignons de guerre des gens du roy nostre dit seigneur, ainsi comme ilz s'espandoient par la ville en divers lieux, passèrent par ledit quartier et trouvèrent de première arrivée ledit Barnisson, auquel ung desdits compaignons de guerre pria et requist qu'il le voulsist mener en la maison d'un Anglois, qui estoit illec près; et pour ce que ledit Barnisson s'excusoit disant qu'il ne savoit où c'estoit, icellui desdits compaignons de guerre qui estoit premier arrivé sur lui et qui l'avoit prins par soubz le bras s'efforçoit de mener tousjours avant ledit Barnisson, en continuant ses paroles et disant qu'il failloit que lui et ses compaignons du guet le menassent audit hostel, et aussi ceulx de sa compaignie, le dixzenier et autres compaignons de la dixzaine s'avancèrent et approuchèrent desdits compaignons de guerre, en leur disant qu'ilz ne meneroient plus avant leur dit compaignon, si non qu'ilz alassent tous ensemble avec lui ; et à ces parolles s'assemblèrent tous lesdits compaignons d'ung cousté et d'autre ; et ainsi qu'ilz tiroient avant ensembléement à l'appétit desdits compaignons de guerre, l'ung d'iceulx redist tout hault qu'il demandoit que on lui enseignast la maison d'ung Anglois qui devoit estre illec entour, et lors aucuns desdits compaignons du guet l'enseignèrent, et en continuant tousjours leur chemin alèrent tout droit à l'ostel du secretaire du duc de Somercet, qui se nomme Thomas Orchestre, et entrèrent comme tous dedans ledit hostel ; mais lesdits compaignons de guerre montèrent en hault et ceulx du guet demourèrent en bas d'icellui hostel. Puis après monta il qui parle en hault, suyvant lesdits compaignons de guerre, en entencion de les adviser que on ne meist le feu en l'ostel, pour ce qu'il avoit veu qu'on y avoit porté ung grant torchon de feurre alumé ; et quant il fut en hault, il y vit aucuns autres compaignons de guerre qui estoient premiers venuz avant les dessusdits, et que tous ensemble comme d'ung accord troussoient pour emporter avec eulx une grant quantité de livres et papiers, et pour ce qu'ilz en gettoient aucuns à part qu'ilz estimoyent estre de nulle valeur, il qui parle se avança de recueillir ung fardelet qu'ilz avoient getté entre aucuns autres, et dist ausdits compaignons de guerre que ce seroit pour apprendre son fils à lire, et à tout ledit fardelet s'en retourna il qui parle à ses compaignons de la dixzaine, lesquelz il trouva tous ensemble, et d'ilec s'en alèrent ensemble boire en l'ostel dudit Barnisson; et en ce moment virent aussi partir aucuns desdits compaignons de guerre dudit hostel, et aucuns d'eulx mesmes y demourèrent derrière. Et est recors il qui parle que, quant lui et ses compaignons de la dixzaine furent assis à table pour boyre en l'ostel dudit Barnisson, il qui parle tira de sa manche ledit fardelet qu'il avoit apporté dudit hostel, en disant que c'estoit son butin, et le desploia devant tous, et ainsi qu'il fut desployé, ledit Estienne Durand print d'avanture une des letres qui y estoit entre les autres, et la leust ou au moins partie d'icelle : laquelle letre estoit en parchemin seellée en queue du seel du bailli de Rouen, comme aucuns d'entre eulx disoient, car il qui parle n'en avoit aucune congnoissance.

Enquis il qui parle s'il scet comment ladite letre se commençoit et de quoy elle faisoit mencion : dit qu'il n'est pas recors du commancement, mais bien lui souvient que en aucun endroit elle faisoit mencion comment messire François l'Arragonnois avoit requis marque audit duc de Somercet, mais contre qui il ne lui en souvient, ne comment ladite letre concluoit au regard de ce point. Aussi lui semble et est aucunement recors que ladite letre faisoit semblablement mencion de la ville de Fougières, et que expressément y estoit contenu que ledit gouvernant et aucuns autres cappitaines du parti des Anglois, ensemble nommez èsdites letres jusques à quatre ou à cinq (des noms desquelz il n'est pas memoratif, fors d'ung nommé Adam Hiketon lequel, à son advis et selon qu'il se puet recorder, y estoit nommé), promettoient audit l'Arragonnois que, ou cas qu'il seroit assiegé à Fougières ou à Loigny ou à Vernueil, ilz le secourroient ; et plus ne scet du contenu en icelle letre, car aussi ne fut elle pas entièrement leue, ainçois, pour ce que ledit Estiennot se ennuyoit de la lire, il la getta comme par despit sur la table en disant que ce n'estoit que mauvaistié du fait des Anglois, et que alors on povoit bien appercevoir leur dite mauvaistié et qu'il leur mescherroit.

Enquis ledit qui parle s'il scet qui recueilli ladite letre ou qu'elle devint : dit par le serement qu'il a fait que depuis que ledit Durand l'eust gettée sur la table, comme dit est, il qui parle ne la reprint ne toucha ne ne la vit en aucune manière, et ne scet qu'elle est devenue.

Et plus n'en deppose.

Cui quidem depositioni fuerunt præsentes Arnaldus Guillermi de Bourgoignan, *scutifer de partibus Vasconiæ oriundus, et Galterus* Philippe, *barbitonsor Parisiensis diocesis.*

Odin de l'Enfernat, natif de Villiers-sur-Tollon en la conté de Joigny, aagé de xxx ans ou environ, juré oy et examiné le xxie jour dudit moys de novembre l'an dessusdit sur le fait de l'entreprinse de Fougières, dit et deppose par le serement qu'il a fait qu'il a esté serviteur tant de messire François l'Arragonnois que de Pierre de Surienne, escuier, son filz, par l'espace de xv ou xvi ans ou environ, et a premièrement servi ledit messire François comme paige et depuis a servi sondit filz en sa chambre et après comme homme d'armes, et jusques au temps de la composicion de la tour de Vernueil faicte avec les gens du roy, en laquelle tour il estoit avec et en la compaignie de Jehan de Surienne, pour lors lieutenant d'icellui messire François audit lieu de Vernueil; après laquelle composicion il qui parle demoura prisonnier de monseigneur le bailli d'Évreux avec plusieurs autres qui lors estoient en ladite tour comme lui, et que ledit qui parle estoit en Angleterre, trois ans ou environ, en la compaignie et au service dudit Pierre de Surienne, qui lors se tenoit avec le duc de Glocestre, auquel temps ung nommé le Rousselet, qui se faisoit appeller le mareschal de Vernueil, vint en Angleterre; et est bien memoratif il qui parle que en celui temps ledit Pierre de Surienne, son maistre, qui estoit assez privé de il qui parle, lui dit en la ville de Londres à une foiz entre les autres ces paroles : « Nous gaignerons assez ung de ces jours, car monsieur mon père doit prendre brief une moult riche place en Bretaigne, ainsi que le Rousselet m'a dit. » Et après, il qui parle et ledit Rousselet se trouvèrent ensemble en ladite ville, ainsi que compaignons accointés les ungs des autres se trouvent volentiers ensemble, auquel Rousselet ledit qui parle, qui estoit bien son privé, se complaignoit en disant qu'il n'estoit pas bien paié de ce que ledit messire François lui avoit promis de gaiges pour servir son dit filz. Et lors ledit Rousselet dist audit depposant que ne lui en chausist et que ung jour ilz seroient tous riches ; et monstra ledit Rousselet audit qui parle certains articles escrips en papier et en françois que ledit Rousselet disoit avoir apportez de par ledit messire François, et dist icellui Rousselet audit qui parle que lesdits articles faisoient mencion de celle matière et s'adressoient au duc de Sufforlk : lesquelz articles ledit depposant vit et en leust ung entre les autres ouquel estoit contenu que ledit Rousselet feust creu de ce qu'il diroit de par ledit messire François; mais se lesdits articles faisoient mencion du duc de Sufforlk ne du fait de Fougières, ledit depposant n'en est bien recors. Bien scet que en la fin d'iceux articles estoit le seing manuel dudit messire François, et lui souvient que ledit Rousselet lui dist qu'il avoit eu charge dudit messire François de parler audit duc de Sufforlk, à savoir s'il vouloit que ledit messire François feist entreprinse sur certaine place, laquelle place ledit Rousselet ne nommoit point à il qui parle; dist oultre ledit Rousselet audit qui parle que ledit duc avoit donné congié audit messire François de faire ladicte entreprinse, et qu'il en avoit les lettres devers lui; et en après, c'est assavoir deux ans a ou environ, ledit Rousselet retourna en Angleterre et porta au roy d'Angleterre une espine de la saincte coronne, laquelle espine il avoit promise audit roy d'Angleterre dès le premier voiage dessusdit, pour ce que ledit roy d'Angleterre lui avoit donné $\mathrm{iii^c}$ livres de pension sur les quatriesmes de Vernueil; mais audit second voiage ledit Rousselet ne parla point de la matière d'icelle entreprinse, au moins qu'il venist à la congnoissance dudit depposant; mais depuis que ledit qui parle fut retourné dudit royaume d'Angleterre après la mort dudit duc de Glocestre, il, estant en l'ostel dudit messire François qui lors estoit audit lieu de Vernueil, environ la feste de Noel derrenièrement passée (autrement du jour ne du moys ne se recorde), il qui parle vit monter à cheval ung nommé Pasquier et ung autre nommé Seigneur Pierre, et oyt il qui parle que on disoit qu'ilz aloient porgetter la place de Fougières pour savoir se elle estoit prenable comme on avoit rapporté audit messire François ; et environ xv jours après, retournèrent les dessusdits devers icellui l'Arragonnois qui encores estoit à Vernueil et faisoit la feste des nopces dudit Jehan de Surienne et de sa bastarde, et alors qu'ilz arrivèrent devers icellui messire François, il qui parle estoit en une chambre ou fort de Vernueil, en laquelle chambre il qui parle estoit et gisoit malade sur ung lit ; et est bien recors ledit depposant que lesdits Pasquier et Seigneur Pierre arrivèrent premièrement en ladite chambre devers ledit messire François, et lui dist ledit Seigneur Pierre entre autres choses ces paroles : « Par ma foy, on n'y fait point de guet, et y eussions bien peu entrer se eussions voulu. » Et ledit messire François leur dist qu'ilz n'en parlassent plus jusques après les nopces, et qu'il estoit assez embesoignié. Et après ces choses s'est ensuyvye la prinse de Fougières, comme chacun scet.

Et plus n'en scet il qui parle.

Isti autem depositioni fuerunt præsentes dominus Symon Brissoneti, presbyter Bituricensis diocesis, et Petrus Valoti, scutifer Bisuntinensis diocesis.

Très révérend père en Dieu messire Raoul, arcevesque de Rouen, aagé de LX ans ou environ, juré oy et examiné le XIIe jour de decembre mil CCCC XLIX sur le fait de la prinse de Fougières, dit et deppose par le serement qu'il a fait que de long temps il qui parle a eu congnoissance de messire François l'Arragonnois, et l'a veu estre du conseil du roy d'Angleterre ordinairement et de son ordre de la Jarretière, aiant charge de par lui de gens et garde de places comme Vernueil et autres. Et est bien recors il qui parle que, ou karesme derrenier passé, le lundi vigille de Nostre Dame de mars, en l'ostel de messire Symon Morhier, appellé le Jardin, estant à Rouen, le duc de Somercet parloit audit depposant et à l'évesque d'Avranches de messire François l'Arragonnois et de ses faiz : à quoy il qui parle, cuidant que ledit duc voulsist parler des maulx qui se faisoient à Vernueil, respondit que ledit messire François et ses gens faisoient beaucoup de maulx entour ledit Vernueil; et ledit duc de Somercet repliqua que ce n'estoit pas cela, mais que icellui François l'Arragonnois devoit lors prendre Fougières. Et il qui parle dist que c'estoit grand peril et mal fait et qu'il en pourroit venir beaucoup de mal, en demandant audit duc se c'estoit point par lui, et l'exhortant de mander audit l'Arragonnois qu'il n'en feist riens : à quoy ledit duc de Somercet lui respondit que ce n'estoit point par lui et qu'il avoit par plusieurs foiz mandé audit l'Arragonnois qu'il n'en feist riens, et l'avoit aussi dit à ung de ses gens mesme pour le lui faire savoir. Et ledit qui parle lui replicqua de rechief qu'il aimeroit mieulx avoir perdu grant chose, que ce feust par ledit duc. Et le lendemain qui fut mardi, feste de Nostre-Dame, après ce que matines furent dictes en l'église de Rouen, pour ce que ledit qui parle véoit et consideroit que par ladite prinse de Fougières se pourroit ensuyvre beaucoup de mal, et avoit aucune compassion du païs de Constantin dont il est natif et lequel païs est voisin dudit Fougières, considerant que ledit païs en pourroit avoir des premiers à souffrir, et desirant pour ces causes, s'il eust peu, obvier au complément de l'entreprinse qu'il véoit estre sur ledit Fougières, eust grant desir de parler encores audit duc pour l'exorter de rechief de rompre ladite entreprinse; mais pour ce que ledit qui parle devoit dire cellui jour la grant messe en ladite église de Rouen, il ne peust aler la matinée devers ledit duc, et pour ce escripst audit évesque d'Avranches, qui se tenoit communément en la compaignie dudit duc et estoit lors à Rouen, et lequel il qui parle ymaginoit devoir dire la grant messe celui jour devant ledit duc, en lui priant que pour Dieu il voulsist dire audit duc qu'il escripsist audit l'Arragonnois qu'il n'alast point audit Fougières. Et le lendemain ou peu après que ledit qui parle trouva ledit évesque d'Avranches, il lui demanda s'il avoit parlé audit duc ainsi que il qui parle lui avoit escript : lequel évesque d'Avranches lui respondit que voirement il lui avoit parlé en celle manière, mais que ledit duc lui avoit respondu que c'estoit jà fait ou failli ; et plus n'en parlèrent alors ; mais aucun trait de temps après ladicte prinse de Fougières (duquel temps il qui parle ne se recorde proprement), ainsi comme ledit duc et il qui parle parlèrent ensemble de plusieurs choses, ilz entrèrent à parler dudit fait de Fougières, lequel fait il qui parle blasmoit toujours pour les maulx qu'il lui sembloit en povoir advenir ; et ledit duc lui dist que tout venoit d'Angleterre et qu'il en y avoit plus en Angleterre qui le savoient qu'il n'y avoit de par deçà.

Dit oultre il qui parle que, environ le moys d'aoust derrenier passé, il parloit à maistre Loys Galet, conseillier et maistre des requestes de l'ostel du roy d'Angleterre, du fait dudit l'Arragonnois, en disant qu'il se esmerveilloit bien dudit l'Arragonnois, qui estoit reputé sage homme, comment il avoit entreprins le fait de Fougières : sur quoy lui dist ledit Galet que ledit l'Arragonnois estoit saige chevalier et ne l'avoit pas fait sans adveu, et qu'il en avoit belles lettres du duc de Sufforlk, comme il semble à il qui parle.

Et plus n'en scet ledit depposant.

Huic vero depositioni fuerunt præsentes dictus dominus cancellarius et magister Guido Bernardi, archidiaconus Turonensis, consiliarius et magister requestarum hospitii dicti domini nostri regis.

Postmodum, videlicet die xvii° *decembris anno prædicto, dictus reverendissimus pater archiepiscopus addendo dictæ suæ depositioni dixit in præsentia mei, Johannis Regis, notarii præfati, ut sibi videtur, memoratum* Galet *sibi dixisse quod viderat dictas litteras ducis* Sufforlk *in penultima linea dictæ depositionis mentionatas, manu dicti ducis signatas*[1].

Le xiii° jour de décembre oudit an, maistre Guillaume Leduc, aagé de lx ans ou environ, conseillier du roy nostre sire et président en sa court de parlement à Paris, juré, oy et examiné, dit et deppose par le serement qu'il a fait que, environ la fin de karesme dernier passé (autrement du temps ne se recorde), ledit qui parle ala ung jour veoir l'évesque d'Avranches

---

1. Ceci est ajouté en marge sous le seing de *Regis*.

qui est à présent, estant lors en son logeis à Rouan, lequel évesque fréquentoit voulentiers entour le duc de Somercet, qui se nommoit lors gouvernant de France et Normandie pour le roy d'Angleterre, et estoit bien son familier ; et est bien mémoratif il qui parle que, après ce que ledit évesque et lui eurent parlé de beaucoup de choses, ledit évesque lui dist qu'il avoit esté le jour precédent devers ledit duc de Somercet, qui estoit lors ou chastel de Rouen, et que le duc lui avoit dist ces paroles ou semblables : « Or çà, je vous puis bien dire maintenant une chose, car aujourd'huy a esté faicte ou faillie. Aujourd'huy doit avoir esté prins Fougières d'eschielle par nos gens. » Et dist aussi ledit évesque à il qui parle qu'il avoit sur ce respondu audit duc qu'il faisoit doubte que ce ne feust pas bien fait et qu'il en pourroit avenir tel inconvenient qu'ilz ne sauroient reparer en ung an.

Dit plus il qui parle que, aucun temps après la prinse de Fougières, certains ambaxadeurs furent envoyez de par le roy au Pont-de-l'Arche, et aussi furent depputez aucuns du conseil des Anglois à Rouen pour eulx trouver avec lesdits ambaxadeurs du roy pour traictier et parler du fait de ladite prinse et des attemptaz faiz contre la trève d'une part et d'autre. Et lui souvient que en celui temps ledit duc de Somercet mist en déliberacion entre plusieurs officiers du Roy d'Angleterre estans à Rouen, mandez par devers ledit duc au chastel dudit Rouen (entre lesquelz il qui parle fut appellé et plusieurs autres jusques au nombre de seize ou vingt, à son advis, tant de ceulx du grant conseil et de la chambre du conseil de Normandie, des comptes que autres), le fait d'icelle prinse, à savoir se on pourroit soustenir que ladite prinse eust esté licitement faicte; et que ledit qui parle fut d'oppinion que ladicte prinse de raison ne se povoit soustenir; et son oppinion dicte, qui fut la deuxiesme, se leva ledit duc de Somercet souldainement du conseil sans demander plus avant des oppinions des autres assistens. Et pour ce qu'il sembla à il qui parle que ledit duc n'avoit pas prins bien agréablement son oppinion, il lui dist après que la matière estoit bien grande et de grant sequelle, et qu'il lui sembloit que on devoit eslire aucuns des plus notables pour la traicter, et que aucuns deussent soustenir que ladite prinse estoit bien faicte et autres deussent soustenir le contraire, et que l'en le pourroit puis après plus sceurement informer : dont ledit duc fut content, et fut appoincté que ainsi se feroit, et fut fait en icellui jour. Et semble audit qui parle que audit conseil estoient présens l'arcevesque de Rouen, les évesques de Bayeulx, Coustances et Avranches, les seigneurs de Rouville et de Sainct-Aubert, Mondford, lors trésorier de Normandie, maistre Philippe de la Rose, trésorier de l'église de Rouen, l'archediacre de Petit-Caux, maistre Jehan de Gonnes, chanoine de Rouen, Guy de La Villette et autres tant de la chambre de la juridicion du conseil de Rouen comme des seigneurs des comptes, entre lesquelz des comptes estoient Jehan de Sainct-Yon et maistre Robert Byote, comme semble à il qui parle, combien qu'il n'en soit pas bien certain.

Cui quidem depositioni fuerunt præsentes Antonius de Vaubelon, scutifer, et Robertus Sesser, clericus Parisiensis diocesis.

Maistre Phelippe de la Rose, trésorier de l'église Nostre-Dame de Rouen, juré, oy et examiné sur la prinse de Fougières le xiii° jour de décembre oudit an mil cccc xlix, dit et deppose par le serement qu'il a fait que, oncques audevant d'icelle prinse de Fougières faicte par messire François l'Arragonnois, il n'avoit oy dire en quelque manière qu'elle deust estre prinse ne que ledit messire François ou autre y tendeist. Bien est vray, comme il dit, que en ung vendredi précédent la karesme derrenier passée, messire Pierre l'Espagnol, chevalier, lors estant des gens dudit messire François, vint en l'ostel de il qui parle pour veoir l'évesque de Bayeux qui ce jour y avoit disné, et en devisant à il qui parle, il se plaignoit de ce que, comme il disoit, les bons services dudit messire François estoient mal recongneuz et qu'il ne povoit avoir croix de ses gaiges, et mesmes se plaignoit icellui l'Espagnol pour sa personne propre, disant qu'il poursuivoit devers le gouvernant pour avoir aucun bienffait, mais qu'il n'en povoit avoir conclusion et qu'il doubtoit qu'il fauldroit par faulte d'argent qu'il s'en alast sans riens faire ; et finablement après plusieurs paroles par lesquelles icellui l'Espagnol sembloit estre mal content de la seigneurie qui lors estoit, dit à il qui parle en lui serrant fort la main que, avant qu'il feust deux mois, ledit messire François feroit ung grant fait ou grant service : ne scet lequel proprement il qui parle, ne il n'en tint pas grant compte ne ne savoit comment il l'entendoit ; mais pour ce que icellui l'Espagnol parloit de courage mehu et comme par une manière de desespoir, il qui parle pensoit qu'il entendoit que ledit messire François remetroit en l'obéissance du roy Vernueil et autres places dont il avoit la garde et qu'il tourneroit le dos aux Anglois ; mais après, quant il qui parle oyst dire que Fougières estoit prins par ledit messire François, il lui souvint desdites paroles et lui sembla et semble que pour Fougières elles avoient esté dictes.

Interrogué se ès conseilz où il a esté ou autrement il a point sceu ou apparceu que le duc de Somercet ait esté consentant de ladite prinse de Fougières : dit que non et que aussi il n'a guères esté ès grans conseilz depuis le gouvernement dudit duc de Somercet, et par especial depuis le premier jour d'aoust mil CCCC XLVIII il n'y a point esté sans mandement espécial ; mais seulement il aloit à la chancelerie et à la chambre du conseil qui lors estoit tenue pour les causes determinées.

Interrogué se il a point sceu que ledit messire François ait esté auctorisé du roy d'Angleterre à faire ladite entreprinse : dit en sa conscience que non de certain, mais bien est vray que il qui parle en a aucunes foiz parlé privéement avecques maistre Loys Galet, lequel est bien amy d'icelui messire François, en lui disant en substance qu'il estoit moult esmerveillé comment ledit messire François avoit ainsi fait, veu qu'il l'avoit veu bon et honnourable chevalier, fort affecté par ses oppinions qu'il bailloit ou grant conseil, quand il y estoit, à l'entretenement des trèves, et mesmes que la dilacion de la reddicion du Mans ne lui plaisoit point, comme il sembloit par ses paroles à il qui parle. A quoy lui disoit ledit Galet en effect qu'il ne doubtoit point que ledit messire François avoit fait ce qu'il avoit fait par mandement et auctorité de dessus, et que plus d'ung an audevant d'icelle prinse, la conclusion en avoit esté faicte et prinse en Angleterre ; et disoit oultre ledit Galet que ledit messire François avoit de ce bonne lettre du roy ou du conte de Sufforlk, ne scet il qui parle lequel, mais ce lui estoit tout ung, veu l'auctorité que avoit icellui conte envers le roy d'Angleterre.

Isti autem depositioni nulli affuerunt testes præter dominum cancellarium et nos, notarios subscriptos.

De et super quibus præmissis omnibus et singulis memoratis dominus cancellarius pro dicto domino nostro rege petiit a nobis, dictis notariis subscriptis, unum vel plura sibi confici instrumentum vel instrumenta, quæ sibi concessimus. Acta fuerunt hæc in civitate Rothomagensi, sub anno, mensibus, diebus, indictione et pontificatu prædictis, præsentibus in qualibet deposicione testibus supra in fine cujuslibet earumdem nominatis ad præmissa.

Et ego Johannes Regis, clericus Andegavensis, publicus apostolica et imperiali auctoritatibus notarius, juramenti testium prædictorum præstationi, examinationi et processus confectioni, cæterisque præmissis omnibus et singulis, dum sic ut præmittitur dicerentur, agerentur et fierent, una cum notario sub et testibus supra scriptis, præsens interfui, eaque sic fieri vidi et audivi ac in notam sumpsi. Ideo præsentem quaternum, vim instrumenti publici obtinentem, manu dicti notarii fideliter scriptum, signo et subscriptione meis solitis signavi, in testimonium præmissorum requisitus.
REGIS.

Et ego, Antonius de Ysoma, notarius apostolicus, juramenti testium prænominatorum præstationi, examinationi et inquisitioni, dictorum attestationi ac to-

tius processus confectioni et ordinationi, cæterisque præmissis omnibus et singulis, dum sic, ut præmittitur, per memoratum dominum cancellarium et coram ipso dicerentur, agerentur et fierent, una cum notario et testibus supra nominatis, præsens interfui, eaque sic fieri vidi et audivi. Ideo præsens quaternum, robur instrumenti publici obtinentem, manu mea fideliter scriptum, signo et subscriptione meis solitis signavi, in testimonium præmissorum requisitus et rogatus.
Dysome.

V.

Justification de Jacques Cœur, écrite par le pape Nicolas V, et lue en consistoire. — Cédule du temps en parchemin, dans le vol. 760 (fol. 12) du recueil de Du Puy.

16 mars 1455.

Copia cedulæ domini Nicolai pp. V.

Quia dudum intelleximus et nunc attentius recordamur propter adventum argentarii Franciæ, qui novissime, ut accepimus, ad Urbem applicuit, quod æmulatores et adversarii ejus, qui eum conati sunt ponere in mala gratia et indignatione regiæ majestatis, inter cætera principaliter calumniati sunt eum quod pro his quæ gesserat pro nobis et romana ecclesia magnam pecuniæ summam usque ad centum millia ducatorum et ultra a nobis acceperat, et nonulla alia contra eamdem majestatem apud nos procuraverat, propter quod gravissimas et infinitas persecutiones injuste perpessus est : considerantes nos ad veri attestationem et sublevationem bonorum esse semper obnoxios, vobis, venerabilibus fratribus, nostris cardinalibus, non immerito visum est de veritate hujus rei fidem ac testimonium perhiberi debere, tam pro exoneratione conscientiæ nostræ, quam comprobatione integritatis et fidei ejusdem argentarii, quam nobis et memoratæ ecclesiæ firmam, stabilem et indeficientem continuo gessit. Attestamur itaque Deo et mundo argentarium ipsum ab hujusmodi sibi objecto perperam crimine penitus fuisse et esse immunem; quin imo pro eo quod ad bonum, unitatem et amplitudinem hujus sedis et nostram indefesso studio elaboravit nullisque unquam pepercit laboribus et expensis, vos omnes sibi plurimum debere una nobiscum profitemur, asseverantes firmissime in judicio animæ nostræ omnia quæcumque adversus eum per quemvis hominum in hac parte pecuniarum objecta unquam exstiterunt, falsa et ab omni prorsus veritatis rectitudine aliena esse. Et quoniam eumdem argentarium reperimus ac continuo cognovimus fidelissimum et devotissimum majestatis regiæ servitorem nec unquam in aliquo sua actione, signo, verbo vel opere a peculiaris servitoris vero ac fideli obsequio alienum, eo magis suis calamitatibus paterno affectu compati compellimur; cumque in ista extremitate constituti, suis necessitatibus congruenter providere nequeamus, sicuti ex corde optaremus et deberemus, eum, quantum fieri potest, vobis omnibus ex animo commendamus, atque ut apud regiam majestatem et alios quoscumque favorabiles sitis obtestamur, justificantes rem suam et in omnibus assistentes eidem sicut tenemini et debetis, ut alii, videntes hunc bonum virum, qui tot et tanta bona pro ecclesia operatus est, vestro favore ac singulari præsidio adjuvari ac pro viribus sublevari, impellantur et animentur ad ea diligenter, sollicite et fideliter peragenda quæ statui, commodis et honori romanæ ecclesiæ ac summi pontificis pertinere cognoverint.

Datum Romæ, apud Sanctum Petrum in palatio apostolico et in camera præfati domini nostri, die xvi martii m cccc lv a nativitate, etc.

Lecta coram reverendissimis d. meis d. cardinalibus, die xx martii anni supradicti, per me, Petrum de Noxeto, etc.

Petrus de Noxeto secretarius, etc., manu propria et de mandato domini nostri scripsit.

VI.

Instructions des commissaires envoyés par Charles VII pour disposer les princes allemands en sa faveur dans la revendication qu'il voulait faire du Luxembourg contre le duc de Bourgogne. — D'après l'original, dans le recueil de Legrand, à la Bibl. imp., t. II, p. 14, des pièces originales.

6 avril 1459.

Instruction de par le roy à Thierry de Lenoncourt, escuier, conseiller du roy, bailly de Vitry, et maistre Jehan de Veroil, licencié en lois, aussi conseiller du roy, lieutenant dudit bailly, sur ce qu'ilz ont à besongnier ou païs d'Allemaigne, devers les princes et seigneurs qui s'ensuivent.

Premiers, se transporteront par devers les arcevesque de Trièves et évesque de Metz et chacun d'eulx, et leur présenteront les lectres de créance que le roy leur rescript, en faisant les salutacions accoustumées.

Item, pour exposicion de ladicte créance, leur diront comment le roy a sceu bien au long par la relacion dudit bailly le bon vouloir qu'il ont envers le roy et sa seignorie, et la bonne response qu'ilz ly ont faicte darnièrement, tant en général comme en particulier, touchant ce dont le roy leur avoit dernièrement fait parler par ledit bailly; en leur disant oultre que de ce, le roy est très content d'eulx et les en mercie.

Item, communiqueront ausdiz arcevesque et évesque comment le duc de Bourgongne a n'a gaires fait prier au roy que son plaisir feust luy assigner journée pour remonstrer le droit de gagière que il prétend sur le duchié de Lucembourg et autres choses touchant le fait dudit duchié, de laquelle journée accorder ou non accorder le roy n'est encores délibéré, et que, après ce qu'il aura eu adviz et conseil sur ce, il le fera savoir ausdiz arcevesque et évesque. Et leur prieront les dessusdiz de par le roy que toujours veuillent persister et demourer en leur bon vouloir envers luy.

Item, pour ce que le chancellier dudit arcevesque de Trièves et de son prédécesseur a dit audit bailly et à son lieutenant qu'il savoit bien que ledit arcevesque avoit plusieurs escriptures et besongnes touchant le fait du duchié de Lucembourg, qui fort povoient servir au roy, et mesmement y avoit délibéracions de plusieurs docteurs des universitez de Ytalie et Alemaigne sur ung cas positif fait par ledit arcevesque, contenant que oudit duchié monseigneur de Bourgongne n'avoit aucun droit touchant les demandes qu'il faisoit au feu roy Lancelot, et luy a esté promis par ledit bailly que, en faisant diligence de trouver lesdictes délibéracions et autres munimens servans audit duchié, il ly fera donner par le roy cent escus pour une robe, et a promis ledit chancellier de en faire diligence, lesditz bailly et lieutenans recouvreront ce que ledit chancellier vouldra baillier et le paieront selon ce qu'il leur semblera qu'il l'aura desservy.

Item, touchant ce que ledit évesque de Metz a fait remonstrer au roy pour le fait d'Espinal, lesdiz bailly et lieutenant diront audit évesque que, bien brief, il fera délibérer ceste matière par les prélatz et gens d'Église estans de son conseil, lesquelz sont de présent absens, et ly fera faire bonne et raisonnable response.

En après yront devers le conte palatin du Rin, auquel pareillement présenteront les lettres de créance que le roy ly escript en faisant les salutacions acoustumées.

Item, récitacion faicte de la créance exposée au roy de par ledit conte par messire Didier de Montereul, chevalier, et de la response que le roy a dès jà sur ce faicte audit chevalier, remonstreront audit conte les grans affaires que le roy a de présent et doubte plus avoir bien brief de ses gens de guerre, mesmement pour ce qu'il a esté naguères adverty que les Angloiz ont entencion en brief faire descente en ce royaume : par quoy le roy n'a pas esté conseillé de fournir pour le présent son royaume de gens, ne rompre son ordonnance.

Et pourceque le roy desire le bien, honneur et proufit dudit conte, son alyé et parent, il s'emploieroit voulentiers à l'apaisement dudit conte avecques ses adversaires par voye amiable, qui semble au roy estre chose plus prouffitable pour ledit conte, que ly envoyer ou faire aide de gens de guerre.

Item, pour ces causes le roy escript lectres de créance aux princes et seigneurs qui s'ensuivent : c'est assavoir aux ducz Alberth et Simon d'Octriche, et Guillaume de Saxen, aux arcevesque de Trièves et évesque de Metz, aux marquis Alberth de Brandeberch et celluy de Baude, et au conte Oulry de Wirtemberch; et envoye lesditz bailly et lieutenant devers eulx ou aucuns d'eulx, telz qu'il semblera estre expédient audit conte Palatin, pour leur prier et requérir très acertes de par le roy que au bien dudit appaisentement se veullent employer.

Item, remonstreront de par le roy audit conte palatin que de sa part il se mecte en tel debvoir que à luy ne tiengne que ledit appaisentement ne soit fait, et ce fait, déclaire aux dessusdiz bailly et lieutenant les moyens qu'ilz ont à tenir à son advis pour y parvenir, en disant audit conte qu'ilz ont charge du roy de oyr l'advis dudit conte ; et au surplus eulx emploier et traveillier au bien dudit appaisentement, comme bons médiateurs.

Item, selon ce que ledit conte Palatin advisera et requerra ausdiz bailly et lieutenant, ilz yront devers les princes et seigneurs dessuz nommez, ausquelz le roy rescript lectres de créance, ou aucuns d'eulx, leur presenteront ou envoyeront lesdictes lectres de créance et leur exposeront ou rescripront le grant desir que le roy a que les questions et débatz qui sont entre ledit conte Palatin et ses adversaires soient appaisées, tant pour le bien desdictz princes qui sont parents du roy, comme pour le bien de leurs pays et seigneuries et de toute la Crestienté, en leur priant et requérant bien acertes et affectueusement de par le roy que en ce se veueillent employer, car c'est une chose que le roy a fort à cuer, et en ce faisant ilz ly feront très agréable plaisir, et leur en saura bon gré.

Item, tiendront moyen, se faire se puet, lesdiz bailly et lieutenant que toutes euvres de fait cessent dès maintenant et que ledit conte Palatin d'une part, et ses parties adverses qui sont l'arcevesque de Mayence, le duc Loys de Bavière, conte de Waldens et le conte Oulry de Wirtemberg d'autre part, se voulsissent laisser appoincter par aucuns desdiz princes et seigneurs neutres avecques lesdiz baillif et lieutenant.

Et ou cas que ledit appoinctement ne pourroit estre fait si brief ou sommèrement que lesdictes parties en voulsissent chargier aucuns desdiz princes neutres, ou autrement, procédront au bien de la matière dudit appaisement selon ce qu'ilz trouveront ladicte matière disposée et aussy que le dit conte conseillera et requerra, sens ce touteffois que le roy entende que lesditz bailly et lieutenant se doivent demonstrer parcialz pour nulle desdictes parties, mais médiateurs de accord et traictié, en eulx y tellement gouvernant, que lesdictes parties aient cause d'en sçavoir gré au roy.

Item, pour ce que le riche duc de Bavière est tenu au roy en grande somme de deniers pour plusieurs bagues et joyaulx, et aussi détient plusieurs belles places qui sont l'éritaige maternel du roy, lesdiz bailly et lieutenant remonstreront audit conte Palatin le tort que le duc tient au roy, lequel duc est prochain parent et allyé dudit conte, et ly requèrent que il se veuille emploier par bon moyen ad ce que ledit duc face restitucion au roy de ce en quoy il ly est tenu.

Item, remonstreront audit conte palatin que, se le roy eust voulu ou vouloit entendre et poursuir ladicte restitucion par autre moyen, il l'eust bien trouvé et trouveroit; mais pour ce que ledit conte est allyé du roy, il aimeroit mieulx avoir son droit amiablement et par le moyen dudit conte que autrement.

Item, en faisant ledit voiage ou après le fait dudit conte acomply, iront devers le duc Guillaume de Saxe et le marquis Albert de Brandeberch, ausquelz et chacun d'eulx ilz présenteront les lectres de créance que le roy leur rescript, en faisant les salutations accoustumées.

Et pour exposicion de ladicte créance leur diront et à chacun d'eulx comment le roy a veu par escript et oy de bouche par la relacion dudit bailly de Vitry les offres et présentacions qu'ilz font au roy de estre de son conseil, ly faire serement, et, pour ce faire, envoyer devers luy gens aians puissance de par eulx, ou en lieu moyen où le roy envoye devers eulx, ou que il face composer telz capitres et articles de alliances ou intelligences que bon ly semblera, et ilz les passeront et accorderont, etc., comme plus à plain est contenu en ce que le docteur Knorre a baillé derrain par escript au lieu de Couvelence ausdiz bailly et lieutenant.

Item, diront lesdiz bailly et lieutenant que le roy les mercie de leurs dictes offres et présentacions, ensemble du bon vouloir qu'ilz démonstrent avoir envers luy et sa seigneurie, et a les dictes offres bien agréables.

Item, en tant qu'il touche le fornissement d'icelles, leur diront comment le duc de Bourgongne, après sommacion et requeste à luy n'a guères faicte de par le roy de ly rendre et restituer ce qu'il tient ou duchié de Lucembourg, a fait responce que ledit duc de Saxen et la duchesse, sa femme, qui ont transporté au roy ledit duchié, n'avoient aucun droit en icellui ; et que de ce, ensemble du droit de gaigière que prétend ledit de Bourgogne sur ledit duchié il fera apparoir au roy par plusieurs lectres et enseignemens qu'il a devers luy, et prie au roy qu'il ly plaise ordonner des gens de son conseil, ensemble jour et lieux, pour veoir lesdictes lectres.

Item, que le roy n'est encore délibéré se il octroiera ladicte requeste ou non, et se il l'octroye a entencion de le faire sçavoir audit duc de Saxen affin qu'il envoye de ses gens instruis pour respondre sur ce, avec lesquelz ledit marquis pourroit envoyer des siens ; et lors, tout d'un voiage, pourroit estre procédé à l'accomplissement desdictes offres.

Item, ledit bailly et lieutenant monstreront audit duc de Saxen les articles que l'évesque de Coutances et autres ambaxadeurs du roy ont apporté dernièrement de Bruxelles touchant le fait dudit duchié de Lucembourg, desquelz ilz portent coppie avecques eulx ; et ly requerront de par le roy que, ou cas qu'il octroyra la requeste dont mencion est faicte cy dessus et èsdiz articles (ce que le roy ly fera sçavoir de bonne heure), que il envoye de ses gens à ladicte journée souffisamment instruis et garnis de lectres, pour respondre aux allégacions contenues èsdiz articles et monstrer que le roy fait bien à recevoir à demander ledit duchié, en remonstrant audit duc comment il est tenu de garendie.

Avec ce, lesdiz bailly et lieutenant se informeront des responses que il semble audit duc et son conseil que l'en puet faire ausdictes allégacions pour en advertir le roy à leur retour, ou plus tost, s'il leur semble expédient, et les pourront renvoyer par le chevaucheur de l'escuirie qu'ilz meinnent avec eulx.

Item, requerront audit duc de Saxen, veuez les alliences et affinité qu'il a au roy George de Behaigne, que il face confermer par ledit roy George le transport du duchié fait au roy par ledit duc, lequel il est tenu de garendir comme dit est.

Item, iront ou envoiront Lorend Coulon, prebstre, chappelain du sire de Rodemach, devers le docteur George qui congnoist fort le fait dudit duchié de Lucembourg, comme on dit, pour ce qu'il a fait les proposicions qui pour le feu roy Lancelot ont esté faictes aux journées sur ce tenues contre le duc de Bourgongne, et ly présenteront les lettres closes de créance et patentes de retenue de conseillier que le roy ly envoye. Avec ce ly bailleront ce que le roy a ordonné, pourveu touteffois que il baille aux dessusdiz ou l'un d'eulx ce qu'il a par escript, et déclaire ce qu'il scet qui puet servir et valoir au fait du roy touchant ledit duchié de Lucembourg, en ly baillant aussi plus bonne espérance que le roy en ceste matière se vuelt servir de ly et ly fera des biens.

Item, en alant ou retournant, passeront par Thionville et diront aux nobles du païs, qui ont fait serement au roy, et aussi aux habitans de ladicte ville, la prière que fait au roy le duc de Bourgongne de ly assigner journée pour remonstrer le fait dudit duchié de Lucembourg, delaquelle octroyer ou non octroyer le roy n'est encore délibéré, mais il a entencion y déliberer bien brief; et que, soit que il octroye ou non octroie ladicte journée, il les ara pour recommandez comme ses bons et loyaulz subgetz en leur entretenant ce que autreffois leur a rescript et fait dire.

Fait à l'Isle-Bouchard, le sixiesme jour de avril, l'an mil cccc cinquante-neuf.

Signé, De Reilhac.

VII.

Cédule des engagements pris par les lords lancastriens vis-à-vis de Marguerite d'Anjou, pièce dont l'original, envoyé à Charles VII, se trouve aujourd'hui dans le vol. 373 (fol. 23) de Gaignières, à la Bibl. imp.

20 janvier 1460.

The yere of oure Lord mccclx, the xx day of janvier, at the city of York, in the presence of the moost excellente princesse Marguerite, qwene of England and of Ffrance and lady of Ireland, by the lords whos names ben underwriten hit was graunted and promysed that thay shal labour by alle moyennes resonable witoute inconvenient to the moost high and myghti prince Henry the vi[e], king of England and of France and lord of Ireland, thaire souverain lord, that suche articles as were moened and commoved at the college of Lyncludan, in the royalme of Scotland, the v^te day of the saide moneth, the yere above saide, that it may please his grace thay may take gade and effectuel conclusion.

Signé : Excester. — Somerset. — W. Byschof of Carlyls. — Northumberland. — Westmoreland. — Devonshire. — John, Coventry bichof. — Nevyll. — H. Ffitzhugh. — Roos. — Thomas Seymour. — H. Dacre.

VIII.

Lettre confidentielle de Pierre de Brézé à Charles VII, où l'on voit la connivence de Marguerite d'Anjou avec le roi de France dans la guerre des deux Roses. — D'après l'original autographe conservé dans le vol. 304 (fol. 15) de Gaignières, à la Bibl. imp.

24 février 1460.

Au Roy.

Sire, je vous anvoye Doucereau, ainsy qu'il vous a pleu me escripre. Les causzes pour lesquellez je desiroye aller devers vous sont tellez. La royne, vostre niepce, m'a fait savoir par ledit Doucereau que incontinent alasse devers vous pour vous parler de ceulx quy doivent venir, et luy fere savoir de vos novellez au certain. Et cé qu'elle demande est que vouloir vous avez anvers le roy, vostre neveu, et elle; car selon qu'elle santira vostre vouloir, elle les instruira ce qu'ilz aront à faire. Ausy elle m'a mandé que je mette toutte la paine que je pourray à guaingner le navire du conte de Warvich, et que en touttez fasons que je pourray le grever et fere dommage, que je le face, car, ainsy qu'il luy semble, cela servira beaucoup à son fait et à la matère pourquoy elle antant anvoyer les gens de par de sà; et pour ce j'ay commancé à faire abiller le navire, et me semble que, cy c'est vostre plesir, que ledit Warvich s'an santira; et est nécessité qu'il se face. Ausy je vous vouloye dire les segrettez chozes qu'elle m'a mandé, par quoy eusiez conneu le bon vouloir qu'elle a eu et a anvers vous, qui n'est pas peu de chosze. D'aultre part, je vouloye savoir comme à leur arivée je me doy conduire; car je ne fais point de doupte qu'ilz ne parlent de la causze de leur venue et que d'isy ilz ne ranvoyent homme pour fere savoir qu'ilz sont seurement passez et ce qu'ilz aront trouvé à leur aryvée, et sans parler à vous je ne saray que leur dire; et ce n'est pas matère quy ne se doye débatre, car quy bien commance, bien achève. Ausy, syre, je ne sçay sy les fauldra aler querir, et je croy que ouy, car à la vérité ilz n'ont point de navire pour eulz sauver devant celuy de Calays. Tous ces poins vouldroye débatre avecquez vous et d'aultrez, car c'est merveillez des mistères quy se jouent an Flandrez. Pour ce vous plesze me mander ce que 'array à fere.

Sire, vous m'escripvez que le tans s'aprouche que me devez mander. Si vous ne le faittez avant que ledit Doucereau soit passé, je ne voy pas que bonnement ce puisse fere, pour ce qu'il sera bessoing que je soye ycy à leur arrivée pour les recuillir ou pour fere partir le navire, s'il est besoing les aler querir, ou à l'avanture avant leur venue me feront savoir quelque aultre chosze que, sy je n'estoye ycy, ce seroit mal fait. D'escripre à la royne, synon par ledit Doucereau, il n'est possible ne raisonnable, car escripre et [si] les lettrez estoient prinszes, il ne fauldroit aultre procès pour la fere mourir; car [si] ceulx quy sont à elle et de son costé savoient son antansion et ce qu'elle a fait, ilz se joindroient avecquez les aultrez pour la faire mourir. Ausy je n'ai nul sauf-conduit pour y anvoyer homme, et quant j'en aroye, sy ne vouldroye descouvrir ceste matière que audit Doucereau, et ne chet pas, veu le personnage, mettre la chosze an tant de mains. Et vous suplie, sire, que autres que mestre Estienne[1] ne voye cestez lettrez, ne aussy ce que ledit Doucereau vous monstrera, pour les dangers quy an pourroient ansuir à vostre dite niepce, dont trop sariés desplaisant, et sy vous seroit grant dommage : lequel je prie Nostre Seigneur que jà n'aviegne, et qu'il vous doint très bonne vye et longue.

Escript ce xxiiie de février.

Sire, ne soyez anvieux du bien que vostre neveu et nièce vous font dire de moy, car vous savez que je suy ung genty chevalier.

Vostre très humble et très obéissant suget et serviteur, BRESZÉ.

1. Étienne Chevalier, trésorier de France.

IX.

Lettre de Bartholomeo et Marco Doria à Charles VII pour lui apprendre dans ses détails la révolte de Gênes. — D'après l'original, tome I (fol. 43) des pièces originales du recueil de Legrand, à la Bibl. imp.

19 mars 1461.

Sacratissime et christianissime rex et domine metuendissime. La maesta vostra de aver inteisso la movuta a facto la citta vostra de Janua; e questo e proceduto per aver dato audatia a li prebei da lo illustrissimo governatore, in modo che, a dii nove de questo, la vira a ore xxiii, tuti li prebei sor artexani a furore populi se levarono e preizeno arme. Se ritrovamo alcuni de noi in palacio, cum lo governatore, confortandolo volesse insultarli, e cosi li ambasatori, li quali inseme non lo volsono fare. Se lo avesseno facto, omni cossa se reducevia in paciffico e tranquilita. L' imdomane, chi fo a li x, venne Prospero Adurno cum alcuni homini e intro ne la cita e preizo acordio cum lo governatore in castelecto, lo quale ge zuro ne le mani che seria cum lui a deffendere il stato; et tandem la zebia, a dii xii de questo, se acordo cum lo arcivescho e suo fratelo, e capitulato inseme se ne ze a palacio e se fece elezer duce contra la promisione facta al governatore. Poi e venuto lo cavalero meser Ludovico da Campofregoso cum sei coxini e molta gente, e sono in castelecto cum lo illustrissimo governatore; e sono avizato che ancii heri, a li xvii, sono venuti sor descrixi de casteleto, vanno quaxi corso la piuparte de la citta sono stati in banchi in

Sancto Siro e in la Piassa de li Spinola; e cosi sono avisato doveano far heri. Se in la citta overo in castelecto fosse uno valente capitaneo, sono certo averianno za ocupato tuta la citta, essendo tuti li nobili mal contenti de tanta iniquita e marvaxita.

Lo duca de Milano a mandato a Jenua uno suo, se chama Thomaxo da Riete, privatissimo suo, lo quale fa omni opera contra de lo stato de la vostra maesta in che lo Adorno reste duce; e non manda gente per dubio de Veneciani, non possandose inpachare de facti nostri per la liga anno tra loro.

Avemo avizato la maesta de re de Sicillia, za jorni fa, et confortato mande le gallee sue qui e cosi quele de Vilagio per contra a octo gallee de Cattalani meze dezarmate, chi se retrovano qui, supra lequale e Villamarino.

Saona se tene per la maesta vostra e lo bailli de Sans manda zente in quella, si che, sacratissime rex et domine, pro la maesta vostra a tanta vergogna e calamita nostra e presto presto che non se ne avera ch'a victoria : a laquale tuta la bonna gente de la citta humiliter se a recommandato et aptissime[1].

Ex Saxello, die 19 marcii 1461.

Sacratissime ac christianissime regie majestati servitores devotissimi,

   BARTHOLOMEUS et MARCHUS DE AURIA.

---

[1]. Comparer le récit de la chronique de Bologne continuée par Bartholomeo della Pugliola, dans Muratori, *Scriptores rerum Italicarum*, t. XVI, col. 736, 738 et 739.

X.

Lettre d'un agent de Louis XI dans les Pays-Bas et en Allemagne, pour avertir le roi qu'il ne croye pas à l'évasion du duc de Gueldre, et l'informer de la disposition des esprits tant dans le duché de Gueldre que dans les évêchés du Rhin. — D'après l'original. ms. 9675 B de Baluze, à la Bibl. imp.

26 février 1471.

Très cher sire, mon souverain et très redoubté seigneur, très humblement je me recommande à vostre bonne grâce. J'ay eu certaines et vrayes nouvelles du duc de Galles, qu'il est encor devers le duc de Bourgogne; et quelque paroles que on vous ay donné à entendre, oncques n'a esté eschappé ne aussy repris, ainsy comme le porteur de cestes vous en pourra plus applain informer, lequel en vient tout battant. Sy m'a dit que les trois estas du pays sont d'une délibéracion de non vouloir prendre aucune parti pour le présent, et dient que pour cause que le duc qui est de présent prisonnier qui a ung jeusne filz aagé de environ trois à quatre ans, que pour ceste cause le tendront pour leur seigneur : ne sçay se c'est couverture pour cause de ravoir le père. Ses choses considérées, me suis arresté au lieu de Triesves, où que les nouvelles me sont venues, jusques adès que sur les choses dessusscriptes aye vostre bonne délibéracion et advis, car j'ay passé tous les dangers. Pareillement je suis informé que MMgrs les arcevesques de Coulongne et de Triesves desirent grandement vostre parti et sont mal content dudit duc de Bourgongne, aussy plusieurs autres grans seigneurs qu'ilz sont bons vrays françoys secrès. Sy me semble qu'il seroit bon que m'envoyssiés instructions, et convenables à iceulx et à chacun d'eulx particulierement, et m'est advis que, au plesir de Nostre Seigneur, on y besongneroit très bien. Aussy m'a dit se présent porteur que le vieilz duc de Galles est delivre et avec son filz à l'ostel dudit de Bourgongne.

Très cher sire et mon souverain seigneur, je suis tousjours appareillé de fere et accomplir tous vos bons plaisirs et desirs.

Escript à Triesves, le xxvi⁰ jour de fevrier.

Vostre très humble serviteur, Jo. DE NYVENHEIN.

Au dos : Au Roy mon souverain seigneur.

XI.

Négociation au sujet du mariage projeté entre la fille de Charles le Téméraire et le prince Maximilien, mariage auquel le duc de Bourgogne met pour condition que l'empereur lui assure sa succession à l'empire en le créant roi des Romains ou tout au moins son vicaire général. Publié par M. Chmel dans les *Monumenta habsburgica* (Sammlung von Actenstücken und Briefen zur Geschichte des Hauses Habsburg, herausgegeben von der histor. Commission der kaiserl. Akademie der Wissenschaften zu Wien), Iʳᵉ partie, p. 32.

Commencement de 1473.

Instruction à messire Pierre de Haguembac, chevalier, conseiller et maistre d'ostel de Mgr. le duc, et son bailli de Feret, de ce qu'il aura a faire et besongnier vers l'empereur, où mondit seigneur le duc l'envoye présentement.

Et premièrement, ledit messire Pierre présentera à

l'empereur les lettres de créance que mondit seigneur lui envoye, et fera les humbles recommandations de mon dit seigneur, ainsi qu'il apartient et en tel cas a coustume.

Et pour sa créance lui exposera comment n'a gaires il a envoyé devers lui l'abé de Casenove pour les matières pourparlées touchant le mariage d'entre hault et puissant prince Mgr. Maximilien, duc d'Otriche, son filz, et de madamoiselle la fille de mondit seigneur le duc. Et pour ce qu'il a entendu que l'on avoit averty l'empereur que mondit seigneur ne vouloit point entendre audit mariage, se n'estoit que l'empereur se déportast de tous poins de sa dignité impériale, ledit messire Pierre dira qu'il n'est pas vray; mais estoit et est l'intencion de mondit seigneur tout au contraire, car il a toujours desiré et desire que l'empereur demourast en ladicte dignité, meismes en cas que ledit mariage se parfeist. Mais à fin que ledit Mgr. Maximilien, lequel en faisant ledit mariage deviendroit filz de mondit seigneur [1]..... il a desiré estre fait roy des Rommains durant la vie de l'empereur, afin que, après le décès de l'empereur, il peust faire créer et constituer en roy des Rommains ledit Mgr. Maximilien: de laquelle chose viendroient à l'empereur et à mondit seigneur Maximilien de grans comoditez. Meismement que mon dit seigneur le duc estant ainsi roy des Rommains, pourra par ce moien faire continuer la dignité impériale en la personne d'icellui Mgr. Maximilien, comme dit est; laquelle chose ne se pourroit faire par autre manière, au moins si facilement,

1. Lacune dans le texte.

car incontinent après le trespas de l'empereur, mondit seigneur, constitué en son lieu, le crêroit et institueroit en roy des Rommains, et par ce moyen empereur futur.

Que mondit seigneur Maximilien, au moien dudit mariage, sera en aparence de avoir les plus grandes et belles seigneuries de la crestienneté, et, avec ce, sans difficulté parvenir à la succession des seigneuries du patrimoine de l'empereur, tant en celles dont il est paisible possesseur, comme ès autres où il n'est obéy: lesquelles seigneuries jointes ensemble seroient plus grandes que de nul prince vivant, et seroit la maison d'Otriche la plus très grande et très puissante que toutes les maisons du monde.

Que l'empereur sera alegié de beaucoup de cures, labeurs et despences, et demourera au moien de mondit seigneur le duc en son estat obéy et estimé plus que n'a esté autre empereur puis iiie ans. Que aussi par ce moien se pourra secourir et aider la crestienneté, et les Turcs estre reboutez.

Que ne sera nul prince au monde, tant soit puissant, qui ose offendre la majesté impériale ne aussi monseigneur Maximilien.

Que les princes et citez de l'empire, qui sont rebelles, se meteront envers lui en bonne obéissance.

Et à la fin que dessus et par les moiens dessusdits et autres à ce pertinens, ledit messire Pierre persuadera l'empereur à ce qu'il veule ainsi le faire. Et sur ce pourra insister le plus longuement et par autant de temps qu'il avisera pour le mieux; et mesmes pourra remonstrer que ce n'est pas la première fois que les empereurs ont fait le semblable. Et si trouvoit l'empereur à ce disposé par quelque manière que ce fust et sur quelques conditions qu'il meist avant, ledit messire Pierre pourroit faire ouverture de faire tenir une journée en la ville d'Aix, où l'empereur envoieroit qui lui plairoit en tel temps qui lui seroit le plus convenable, et mondit seigneur y envoieroit ausi.

Et se, après plusieurs communications, ceste matère du roy des Rommains estoit reboutée de tous poins, en ce cas (et non autrement) et le plus tart que bonnement faire se pourroit, ledit messire Pierre pourroit faire ouverture que, s'il plaisoit à l'empereur faire mondit seigneur son vicaire général et irrévocable par tout l'empire, avec sceurté des esliseurs, se l'empereur trespassoit devant mondit seigneur, il seroit esleu en empereur, mondit seigneur, après qu'il en seroit bien asseuré desditz esliseurs et auctorisé et confermé par le pape, ausi en ce cas seroit content de entendre par effect audit mariage.

Et se sur ce venoient aucunes difficultez, ledit messire Pierre pouroit ausi prendre journée audit lieu d'Aix, comme dit est.

Et se ledit messire Pierre véoit les matières dessusdites en bonne disposition à une fin ou à l'autre, il visitera la personne dudit Mgr. Maximilien et considerera son estature et corpulence, ses meurs et conditions, pour en faire raport à mondit seigneur.

Communiquera toutes ces choses audit abbé de Casenove et le exposera en sa présence à l'empereur; et de ce qu'il besongnera, avertira mondit seigneur diligamment par les aucuns des chevaulcheurs qu'il menra avec lui.

Signé : CHARLES.

XII.

Relation d'une ambassade envoyée par l'archiduc d'Autriche à Louis XI, où l'on voit jusqu'à quel point le roi de France intervint dans les affaires du comté de Ferrette et les difficultés qui s'ensuivirent entre l'archiduc et lui. — Imprimé d'après l'original des archives secrètes de la maison d'Autriche, par M. Chmel, *Monumenta habsburgica*, t. I, p. 261.

Octobre-décembre 1474.

Acta per comitem de Eberstein et magistrum Conradum Stirtzel apud christianissimum Francorum regem, cum essent missi ab illustri Austriæ duce Sigismundo, postridie Galli[1], *anno* LXXIIII° *ex oppido Veltkilch.*

Cum primum venissemus ad civitatem *Meautz*, accepimus regem esse in quodam rure cui nomen est *Habervilier*, distanti milliaribus septem a dicta civitate *Meautz*. Misimus quemdam ex famulis nostris cum missivis ad regem, ad inquirendum quonam loco nobis ad regiam majestatem veniendum sit, quem famulum rex diebus sex remorabatur. Deinde veniens, dicebat regem præcepisse ut veniremus in oppidum *Schettedirre*[2], distans milliaribus decem a *Meautz*; quod statim fecimus, et stetimus ibi diebus XI. In octavo die misit ad nos viros duos nobiles, qui petebant sibi in scriptis tradi puncta concernentia materiam nostræ legationis. Quorum desiderio acquiescentes, tradidimus certa puncta, retinentes tamen penes nos ea quæ videbantur personæ regis proponenda. Rex

1. Le 18 octobre.
2. Château-Thierry.

in oppido *Schettidirre* nos non audivit, neque tractatum aliquem nobiscum habuit, sed remisit nos retro ad civitatem Parisiensem, distantem viginti longis milliaribus a *Schettidirri*, ad quam pervenimus die veneris post Luciæ[1]. Ibi post plures dies rex personaliter nos recepit, statim remittens nos ad hospitium, mittens nobis præpositum Monasteriensem, præsidentem parlamenti Tholosæ et balivum Montisferrandi[2], qui nobiscum aliqua colloquia habuerunt et mandarunt ut iterato omnia puncta, quæcumque et qualiacumque essent, in scriptis conciperemus et traderemus ipsi præsidenti, qui vellet omnia regis personæ aperire, et contra regis mentem nobis quoque exponere. Altera die præsidens et balivus Montisferrandi ista scripta a nobis receperunt, delaturi ad regiam majestatem, ut sequitur :

« Christianissime rex, temporibus præteritis jam annus est, jussu ac nomine regiæ majestatis vestræ generosus comes de *Eberstein* et spectatus vir dominus præpositus Monasteriensis, oratores vestri missi ad illustrem ducem Sigismundum, porrecta credentia, quatuor ordine proposuerunt : primo ut ipse illustris Austriæ dux Sigismundus, herus noster observantissimus, ab omni intelligentia, confœderatione et colli-

1. Le 16 décembre.
2. Joos de Zlin, prévôt de Munster en Argovie, Garcie Fabre, premier président au parlement de Toulouse, et Antoine de Mohet, bailli de Montferrand, les deux derniers, membres d'une ambassade que Louis XI avait envoyée auprès de Sigismond à Veltkirch, et qui revint en même temps que partirent les envoyés allemands de l'archiduc. *Monumenta habsburgica*, l. c., pp. 234, 254 et 256.

gatione, quam cum duce Burgundorum haberet, recederet; secundo cum dominis de liga pacem et concordiam captaret; et tertio ut comitatum Phiretræ recuperaret et ad manus suas reduceret; quibus factis et expletis, V. M. ad statim eum in protectionem, tuitionem sive salvigardiam suam recipere velit, faciendo cum hoc sibi provisionem cum pensione annua tali, qualis pro tali tantoque principe merito dari videatur : annectentes, etiamsi in articulis concordiæ, de qua longe ante in Constantiensi civitate tractatus habebatur [1], gravamen vel difficultatem haberet, quod M. V. velit illud mitigare in favorem principis Austriæ. Sic illustris princeps Austriæ, amore V. M. inductus et persuasus, omnia quæ sui officii fuerunt et quæ pollicitus erat, adimplevit, primum a se abdicans omnem intelligentiam quam cum duce Burgundorum habebat; secundo patriam, posito solido impignorationis, hoc est pecunia pro qua terræ impignoratæ erant, ad manus suas reduxit et recuperavit ; et tertio, quod majus fuit, pacem et concordiam cum dominis de liga, pro tunc suis hæreditariis hostibus, captavit. Et quanquam de hac concordia in singulis suis articulis concepta esset tractatus in Constantia habitus, non tamen fuit ad plenum captata ; sed remanserat quædam discrepantia in nonnullis articulis ejusdem concordiæ, in quos illustris princeps Austriæ noluit consentire, neque eos assumere voluit. Cujus quidem rei occasione in regiam M. V. compromissum est, ita quod M. V., [ut] vigore compromissi indicatur super articulis concordiæ Constantiæ conceptæ, haberet hanc

1. Il s'agit du traité entre l'archiduc et les ligues suisses.

ipsam concordiam concludere et erigere. Itaque, conclusa concordia, tenorem ejusdem in litteris sigillatis ad Alamanniam cum propriis oratoribus misistis. Inter cæteros autem articulos unus, fortasse ex sinistra informatione insertus, continebat et obligare videbatur illustrem principem Austriæ quoad suam personam et suos hæredes in genere. In quem articulum ipse illustris princeps Austriæ salvo honore suo minime habet consentire, nec aliquo jure potest, nec vult neque faciet. Repugnant enim litteratoriæ obligationes quibus ipsi principes Austriæ sibi invicem obligantur, in eo videlicet quod nullus principum Austriæ absque aliorum consensu expresso potest in perpetuum quidpiam a se alienare, donare, sive aliquibus juribus, vel sibi vel domui Austriæ competentibus, perpetuo renuntiare. Idcirco illustris princeps Sigismundus nequit salva honestate huic articulo per V. M. concepto parere. Nam eo modo per hunc articulum plurimum gravaretur, tum quia contra honestatem, tum quia in hoc offenderet omnes alios principes Austriæ sibi consanguineos, et maxime dominum imperatorem, apud quem tanquam apud seniorem ducem Austriæ hujusmodi litteratoriæ obligationes, ut solitum est, jamjam repositæ sunt. Hæc gravamina et ipsorum causas illustris dux Sigismundus vestris oratoribus et etiam dominis de liga in oppido *Veltkilch*, ubi his rebus agitandis dies indictus erat, exposuit; qui etiam, auditis gravaminibus ipsius, consenserunt ut res iterato vigore novi compromissi ad V. M. deveniret, tradereturque declarationi V. M., recepta tamen prius sufficienti informatione principum Austriæ. Ipse enim illustris princeps Austriæ dux Sigismundus minime dubitat, cum vestra serenitas sit bene clare et plene de ea re informata, quin V. M. inclinata sit salvare suum honorem et eum penitus non gravare, attento quod cætera omnia in illa concordia concepta intuitu regiæ M. V. patienter suffert et tolerat, quanquam etiam sibi gravia sunt ; attento præterea quod V. M. hunc ipsum principem Austriæ in nullo puncto tangente materiam illius concordiæ per eum desiderato et petito exaudivit. Petiit enim aliquos articulos mitigari et moderari, per quam moderationem nullum penitus præjudicium dominis de liga fuisset factum ; sed in nullo exauditus est. Ipsi autem domini de liga quæcumque proposuerunt, etsi sint præjudicialia et gravia duci Austriæ, secundum quod estis sufficienter per ejus oratores, cum novissime penes M. V. fuissent, informatus, tamen ad nutum et libitum suæ voluntatis omnia obtinuerunt. Quamobrem illustris Austriæ princeps dux Sigismundus, herus noster observantissimus, petit per V. M. hunc articulum deponi sive immutari saltem in hac forma quæ, sicut supra tactum est, sibi gravamen et præjudicium faceret, ac etiam honestati suæ derogaret ; sed dignetur M. V. hunc articulum arbitrii ordinare vel concipere vel etiam permittere in ea forma sicut Constantiæ conceptus est, ubi dumtaxat ducem Austriæ obligat quoad suam personam et suos liberos sive hæredes descendentes de corpore ejus in recta linea descendentium, quemadmodum eadem concordia Constantiæ concepta, per episcopum Constantiensem et comitem de *Eberstein* sigillata, clare ostendit. »

Verum quanquam id coram auditoribus nostris diximus, non tamen scripsimus ad regem ; ita enim consultum videbatur.

« Et revera omnes articuli in concordia Constantiæ concepta fuissent per dominos de liga assumpti, si saltem princeps Austriæ eos assumpsisset; in quibus tamen articulis minime cogitatum erat de apertura quatuor castrorum *Rinfelden, Seckingen, Waltzhut, Louffenberg,* neque de reciproco auxilio, neque de eo quod illustris dux Sigismundus deberet obligari ultra quam pro se et suis liberis sive descendentibus. Sed ipse illustris dux Sigismundus vehementius adhibuit laborem et operam ut in V. M. compromitteretur, inductus singulari amore, spe et fiducia, quæ omnia in V. M. sibi reposita esse indubito credit, qua utique spe et fiducia immerito frustraretur. Quare, cum cætera capitula omnia ipsius concordiæ in patientia tolerare ac longe majora amore V. M. facere paratus sit, uti ingens exercitus quem jam, sicut fortis princeps, in Burgundiam deducit liquido demonstrat, id tamen solum quod honori et dignitati suæ obviat nequit tolerare neque sufferre, iterum atque iterum precatur ut in recompensam V. M. eum per amorem nobilitatis saltem in hoc uno exaudiat, ut scilicet hic articulus deponatur vel saltem immutetur et permaneat in ea forma sicut Constantiæ conceptus erat, ita quod illustris dux Sigismundus non amplius quam pro se et suis liberis obligetur ad observantiam illius concordiæ per V. M. conclusæ. »

Ad hunc articulum per nos propositum, per organum præsidentis et balivi Montisferrandi rex respondit quod ipse fecerit omnia quæ sui officii fuerunt, et non vellet amplius quidquam immutare.

Nos deliberavimus, et videbatur consultum amplius silentio transire propter causas. Etiam pro nunc domi-

nus præpositus Monasteriensis supervenit, qui dicebat :
« Rex in illo articulo nihil vult amplius agere, sed permittit eum in suspenso ; » et dixit in vulgari alamannico : « *Er laesst in hangen als er hangt.* »

Secundus articulus per nos propositus in hæc verba :
« Illustris princeps Austriæ dux Sigismundus a V. M. oratoribus exhortatus est ut cum exercitu suo campos Burgundiæ peteret : quod illustris princeps Austriæ amore regiæ M. V., vobis in hoc gerens morem, libenti animo se facturum pollicebatur. Et in finem ut ipsi domini de liga una secum ducem Burgundiæ diffidarent et campos Burgundiæ similiter intuitu V. M. peterent, eis ista decem millia francorum, quæ regia M. V. suæ celsitudini circa initium nostri contractus danda ordinavit, dederat. Et quanquam personaliter propria in persona cum exercitu suo in campum ire statuerat, eo etiam animo suas terras ultramontanas exiverat, tamen propter varia avisamenta a suis consiliariis revocatus fuerat, ne Veneti interea, cum exercitum in Burgundia haberet, contra suam celsitudinem quidpiam attentarent, et idcirco etiam magnas copias armigerorum suorum ad obviandum Venetis in Attisi ac cæteris suis terris ultramontanis congregavit : cujus quidem rei occasione intuitu V. M. duplices expensas et habet et patitur. Quare petit a regia M. V. gratiose commendatus haberi, ut futuro tempore eo levius et facilius possit bellum contra ducem Burgundiæ continuare. »

Super illo articulo auditores nostri prænominati, scilicet præsidens et balivus, requirebant qualiter tamen rex principem Austriæ gratiosius deberet commendatum habere quam actu eum habeat. Nos respondimus :

« Cum princeps noster duplices expensas et in Attisi et in Burgundia intuitu regiæ majestatis patiatur, sit mens ut habeatur propter eam rem a rege gratiose commendatus, et quod rex sibi subveniat in aliquo subsidio, ut possit futuris temporibus eo melius et facilius bellum continuare. »

Ipsi auditores iterum percunctati erant quomodo tamen deberet sibi subsidium facere. Nos respondimus, illud subsidium competentius fieri posse cum rex augeret duci Austriæ pensionem suam [1], quam etiam nos ipsius nomine petimus et speramus augeri, committentes in hoc nostrum principem totum gratiæ regis; sic tamen quod initium illius pensionis esset in mense octobris præterito, de anno scilicet LXXIIII, et quod ipse rex ad octobrem proxime venturum, scilicet de anno LXXV, sit ad solutionem illius pensionis obligatus.

Hanc nostram mentem iterum reportarunt ad regem. Redeuntes responderunt quod rex pro præsenti esset pluribus expensis gravatus quia haberet circa sexaginta millia armatorum virorum in Parsilonia [2] prope civitatem *Parpinion*, quibus quotidie tenetur salarium, expensas et alia necessaria administrare; etiam omnes pensiones ac cætera pro præsenti hoc anno per eum exponenda, essent distributa, ita quod pro præsenti omnino non posset propter magnam carentiam pecuniarum principi Austriæ augere pensio-

1. Il venait d'être retenu du conseil du roi de France, aux appointements ordinaires de dix mille francs. *Mon. habsburgica*, l. c. p. 258.

2. Corrigez *in Barcinonia*, équivalent ici du comté de Barcelonne et de ses annexes. Il s'agit du Roussillon.

nem vel etiam aliquod subsidium facere, quanquam in futurum se omnia bona pro principe Austriæ facturum minime negaret; speraret enim ipsorum amicitiam in dies magis ac magis augeri : quapropter deberemus principem Austriæ informare ut hanc regis responsionem pro præsenti non ægre ferat. Sed super pensione decem millium francorum esset paratus nobis expedire litteras in ea forma quod illa pensio initium haberet in octobri sequenti LXXV, ita quod rex in octobri de anno LXXVI tunc primum obligatus esset ad solutionem illius pensionis.

Nos contra : « Quanquam fuisset nobis indubitata spes, pro quanto illa per nos non fuisset oblata, quin rex ultro et sua sponte inclinatus fuisset principi Austriæ amicum subsidium facere in finem ut posset melius posteris temporibus contra hostes et regis et suos bellum continuare, tamen ex quo rex propter inopiam et carentiam pecuniarum, ut vos refertis, jamjam non potest subvenire in hoc modico, non velimus amplius pulsare, sed in hoc omnino principem nostrum et nos suæ gratiæ et magnificentiæ committere et commendare. Tamen expeditionem litterarum placeret nobis penitus fieri taliter quod initium pensionis sit in octobri præterito, de anno LXXIV, et quod solutio ejus pensionis sit in octobri proxime venturo, de anno LXXV. »

Reportantes redierunt quod ita conclusum sit per consilium regis, immutabile : ex quo pensiones in præterito octobri sint distributæ, tunc merito princeps Austriæ debebit habere patientiam et recipere litteras in forma per eos oblata. Etiam rex valde contentus esset dare decem millia francorum dominis de liga, quæ princeps Austriæ eis pollicitus esset, et videretur utique regi quod hæc decem millia [non] deberentur pro hoc anno principi Austriæ pro pensione.

Nos contra, quod ab initio, cum rex oratores suos ad principem Austriæ misisset, ita pactum, promissum et addictum esset, quod princeps Austriæ deberet desiderio regis acquiescere, tunc ad statim rex velit sibi dare decem millia francorum, et in futurum in singulos annos decem millia pro pensione annua assignare. In præterito autem octobri, de anno LXXIV, annus fuit cum oratores regii apud principem Austriæ fuerunt : quare pro initio venient ista decem millia danda, quæ princeps Austriæ dominis de liga ordinavit; sed ab eodem octobri, de anno LXXIV, incipit pensio currere, et complebitur in proxime venturo octobri, de anno LXXV, in quo tempore rex obligabitur ad solutionem illius pensionis ex promisso per suos oratores facto.

Præsidens, postquam reportasset ad regem, rediit ad nos solus, et dicebat sententiam regis et suorum consiliariorum firmam stare et immutabilem esse. Rogabat præterea nos esse contentos vice et nomine principis nostri.

Nos diximus quod, si rex utique sic velit, nos non possimus regem prohibere; sed quod non velimus litteras in ea forma quam ipsi offerunt expeditas recipere, et sic recipiendo quasi contractum firmare : « Deliberavimus penitus non facere, neque faciemus. Hoc enim præjudicaret principi Austriæ, cui ex promisso rex obligatur ad solutionem illius pensionis ad proxime futurum octobrem de anno LXXV; neque etiam habemus mandatum vel instructionem aliquam de hoc, cum princeps noster pro indubitato habuisset nec timuisset sibi in ea re difficultatem aliquam formari eo tempore quo nos ad regiam majestatem oratores misisset. Neque hoc petimus ex gratia regis, sed ex obligatione et debito exposcimus, quia rex ad hoc obligatur ex promisso suorum oratorum, quos super hoc petimus regem requirere, et facile sentiet nos veritatem dixisse. Hæc etiam res nota est domino cancellario et majori magistro curiæ, *conte Amartin*[1], quos rex dignetur pro eo negotio audire. Et si noster princeps in hoc erraret, sumus contenti eorum dictis stare. »

Sic tandem post multos dies præsidens solus rediit, scilicet in die sancti Stephani[2], et dixit quod rex requisiisset cancellarium, qui dixisset se non habere negotium in recenti memoria, sed ejus negotii oblitum esse ; tamen consuleret ut rex annueret petitioni nostræ, etiamsi essent centum millia danda. Rex statim audito illo, consensit in consilium cancellarii, et dixit : « Non faciam me circa principem Austriæ et suos oratores Catellanum vel Castellianum[3], nec etiam tractabo eos ut Catellanos vel Castellianos ; sed servabo eis firmam fidem. Et placet quod litteræ expediantur in forma per eos oblata, secundum quod etiam addictum est per nostros oratores. »

Tertius articulus ita per nos propositus est :

« Cum illustris princeps Austriæ amore V. M. totaliter ab intelligentia et confœderatione, quam cum duce Burgundiæ habuerat, recessisset et se penitus in protectionem V. M. commisisset dedissetque, petit a

---

1. Le comte de Dammartin, grand maître de la maison du roi.
2. Le 26 décembre.
3. Catalan ou castillan.

R. M. V. certior fieri quomodo, qualiter et qua via M. V. velit eum protegere et tueri, si et in quantum fortasse exercitus vester esset in Catellania, sicut jamjam est, vel etiam aliis terris remotis, et dux Burgundiæ interea exercitum contra ducem Austriæ in suas terras deduceret. »

Ad hunc articulum responsum est nomine regis quomodo rex dixerit quod intendat esse perfectus amicus ducis Austriæ, nec sit sibi dubium quin dux Austriæ hoc idem intendat; et ideo rex velit duci Austriæ providere protegendo ipsum circa utrumque tempus et belli et pacis. Nam tempore belli velit eum protegere, et si fortasse exercitum in remotis partibus haberet, velit dare operam quod ipsi domini de liga, quibus pro salario administrat octuaginta millia florenorum rhenensium, veniant in adjutorium duci Austriæ pro tempore quo dux Burgundiæ exercitum contra terras præfati ducis Austriæ deduceret. Sed tempore pacis sic velit duci Austriæ providere quod, cum ipse velit captare pacem cum duce Burgundiæ, tunc velit similiter facere pacem duci Austriæ, etiamsi deberet dare illi octuaginta tria millia florenorum pro quibus comitatus Phiretræ duci Burgundiæ impignoratus erat, si saltem alio casu non posset ducem Burgundiæ pacificare.

Nos replicando, primo circa tempus belli, diximus quod princeps noster esset de hoc responso regis in eo casu bene gratus, si haberet in hoc consensum et voluntatem dominorum de liga, et si ipsi assererent aut alias principi Austriæ certitudinem facerent se id facturos, si dux Burgundiæ cum exercitu intraret terras ducis Austriæ. Præterea rogavimus quod rex velit admonitione ipsos dominos de liga incitare ut in hanc mentem regis consentiant, et quod rex velit super eo principi Austriæ recognitionem et mandatum dare quod ipse princeps Austriæ habeat, in eo casu quo dux Burgundiæ cum exercitu suas terras intrare aut sibi alias cum armigeris suis nocere vellet, dominos de liga, qui habent partem in salario octuaginta millium florenorum, requirere nomine regis ut pro eo stipendio adjutorium et auxilium suæ celsitudini faciant, si dux Burgundiæ sibi, eo modo ut tactum est, nocere vellet.

Respondit præsidens quod rex esset missurus suos oratores infra mensem ad dominos de liga, qui hæc et alia circa eos agitabunt. Dixit deinde quod rex non dubitaret quin facile hoc circa dominos de liga sit obtenturus et impetraturus quod nos petimus. Deinde dicebat quod ipsi domini de liga hoc per se et proprio motu petierint, et signanter scultetus de Berna[1], quod rex velit eis favere quod, illo modo adjuvando principem Austriæ, si dux Burgundiæ velit terras suas intrare, possint salarium suum deservire.

Circa tempus pacis, nos ita diximus quod nesciremus an princeps Austriæ esset duci Burgundiæ in aliquo obligatus; crederemus etiam principem Austriæ minime fateri quod sit in aliqua pecunia duci Burgundiæ obligatus, attento quod ipse dux Burgundiæ contra suas litteratorias obligationes, quibus principi Austriæ et subditis in comitatu Phiretræ et Alsatiæ obligatus fuit, quam plurimos sine justitia pœna mortis plexerit, ipsosque omnibus suis bonis privaverit, novis steuris et exactionibus, vulgariter *mit dem bosen*

---

[1]. Nicolas de Diesbach.

pfening, oneraverit, et hos ipsos homines in suis privilegiis et consuetudinibus læserit; et postea, cum terra Phiretræ et Alsatiæ iterato in manus ducis Austriæ venisset, quamplurimas villas in eisdem terris ipsi Burgundi igne consumpserant, homines neci tradiderant, alios captivos, nedum viros, verum etiam mulieres, pueros infantulos in cunis adhuc degentes, more sarracenico ut dirus et acerrimus Theucer, sævissimus christianorum hostis, secum crudeliter in terras Burgundiæ duxerant, etiam hos captivos variis tormentis puniverant, mulieres impudice tractaverant, virgines stupraverant, ut fertur. Tamen si rex utique velit facere pacem cum duce Burgundiæ, placet nobis nomine principis nostri ut similiter faciat pacem inter ducem Austriæ et Burgundiæ pro omnibus præteritis rebus et actionibus quas contra se invicem utrinque prætendunt habere; et si eo modo fiet, credimus principem nostrum stare contentum, sive rex faciet cum pecunia, sive sine pecunia.

Præsidens iterum ad hoc respondit regem dixisse quod velit circa principem Austriæ agere sicut fidus et perfectus amicus teneatur circa suum fidum et perfectum amicum agere, et quod regi videatur quod princeps Austriæ merito debeat contentari in hoc responso regis et in hac tam amicissima exhibitione. Sic nos stabamus contenti.

Quartus articulus, condependens tertio articulo supra tacto, sic fuit per nos propositus :

« Christianissime rex, in finem ut vestræ ligæ et colligationis, quam habetis cum principe Austriæ, clarior intelligentia habeatur, visum est nobis, oratoribus præfati principis Austriæ nomine ac vice, hoc modo, ut sequitur, esse conveniendum et concordandum quantum est ex parte regiæ M. V.

« Item quod christianissimus Francorum rex, in virtute protectionis et gardiæ qua obligatur et tenetur, illustrem principem Sigismundum, Austriæ ducem, protegere atque tueri, hunc ipsum ducem Sigismundum cum suis honore, terris ac juribus protegendo conservabit ac manutenebit, commodum et utilitatem ejusdem procuraturus, sibique contra omnes suos hostes, adversarios sive contrarios dicto duci Austriæ, suis terris ac subditis damnum inferre, guerram facere aut quovis modo nocere volentes, auxilium et adjutorium pro toto posse faciet ac facere debebit; et maxime cum ipse dux Burgundiæ, sui confœderati sive conjuncti, aut quivis alii hostes sive adversarii præfati ducis Austriæ in ejus terras sibi damnum illaturus vel illaturi, exercitum deducerent aut deducere conarentur, tunc christianissimus Francorum rex pro posse dicto Austriæ duci succurrere, auxilium et adjutorium facere eumque a vexatione et damno hostium redimere et liberare debebit, omni dolo et fraude penitus cessantibus.

« Item quod neuter eorum nec christianissimus Francorum rex, nec Austriæ dux, cum utriusque eorum nunc præsenti hosti, videlicet duce Burgundorum, suis confœderatis, pertinentibus atque conjunctis, aut quovis alio homine qui præfatum regem et ducem hostiliter diffidaverit, pacem, concordiam vel treugas captet sive ineat, aut tractatum aliquem abstinentiarum guerræ, pacis aut concordiæ faciat aut fieri consentiat, nisi quisque eorum pro sui necessitate in eodem tractatu pacis concordiæ aut treugarum expresse et nominatim comprehensus sit. Verum si alter eorum, vel rex, vel dux Austriæ, seorsum exercitum in campis detineret, quod tunc reliquus cum hoste tractatum pacis, concordiæ vel treugarum absque expresso consensu et voluntate illius qui cum exercitu campum occupat, non ineat, captet, faciat aut fieri consentiat, dolo et fraude penitus seclusis. »

Ad hoc respondit rex quod principi Austriæ, quoad tempus pacis et belli sufficienter provisum sit, quemadmodum tactum est super responsione ad tertium articulum, ideo ipse non velit principem Austriæ amplius obligare quam obligatus sit, nec ipse rex velit amplius obligari quam modo sit obligatus, quia gerat bonam et perfectam fidem in duce Austriæ, quam dux etiam debeat habere in ipso rege ; et ipse velit agere ut amicus circa ducem Austriæ, nec sit sibi dubium quin dux Austriæ idem faciat; et ideo sit contentus illa responsione.

XIII.

Lettre de Louis XI au chancelier de France pour l'informer de la situation des affaires après la levée du siége de Neuss par les Bourguignons. — D'après l'original dans la collection de dom Grenier (Paquet 13, n° 5), à la Bibl. imp.

15 juillet 1475.

Monsieur le chancellier, j'ay à ce matin eu nouvelles de Bar sur Seine. Le frère de Guiot Pot y a esté tué, et s'en sont alez ceulx qui estoient dedans chacun ung baston blanc ou poing, et a esté abatu et brûlé. Et à ceste heure ay eu nouvelles que mons. de Craon a prins Danvillier, c'est assavoir la ville, d'assault, et le chasteau estoit en composicion.

L'empereur a escript à mons. de Craon le partement du duc de Bourgongne de devant Nuz, et rescript qu'il s'en est parti à mynuyt, et qu'il s'en est fouy. Il cuidoit avoir son artillerie que les Alemans lui ont ostée; mais il n'en eust pas eu ung grain.

L'empereur s'en vient de tire à Metz, sa personne avec bien c^m combatans, et a envoié l'évesque de Minstre avec bien xx^m hommes prendre la possession de Guerles, qui se sont tous rebeslez, et m'a envoié ici ses ambaxadeurs pour me joindre avec lui, et a envoyé querre les Souysses, et veult venir à Bar, lui et toute sa puissance. Et a le duc de Bourgongne départy son armée en trois : les Lombars en Luxembourg pour faire guerre en Lorraine; les Alemans qui estoient en ordonnance en Guerles, pour garder ung peu de places qui lui sont demourées; il vient sa personne en Picardie faire la guerre, et ameyne les Picars de son ordonnance avec luy pour se joindre avecques les Anglois.

La bende que j'ay ici, c'est assavoir Stevenot le Moyne, Jehan Chenu et le Beauvoisien, sont alé courre devant Abbeville. Ceulx d'Abbeville sont sailliz à ung pont qu'ilz ont fortiffié dès que noz gens se sont trouvez xl archiers à pié. Ilz ont gaignié la barrière, et chargé jusques à la porte, et en ont beaucop prins et tués et fait noyer.

Je foys bouter le feu à Eu et l'abatre le mieulx qu'on peult, et tire tous mes gens sur les champs; et sommes, la garnison d'Amiens et nous, II^m hommes d'armes, Dieppe gardé, sans compter mon hostel.

Monsieur le chancellier, je ne vous sauroie que escripre des Anglois, car ilz n'ont fait jusques ici que dancer à Saint-Omer, ne ne sçavons point au vray que le roy d'Angleterre soit descendu; et s'il est descendu, c'est à si petite compaignie qu'il n'en est point de bruit, ne les prisonniers qui furent hier prins à Abbeville n'en sceurent riens, et ne le croyent point, et a XL jours qu'il n'en descendit Anglois de çà.

Vous direz des nouvelles à mons. de Comminge, et lui recommandez mes besongnes, comme j'ay fiance en lui et à mons. de Thieux et à mons. le vis-admiral. Et adieu. Si riens survient, je le vous feray incontinent savoir.

Escript à Gaillartboys, le xve jour de juillet.

Signé, LOYS; *contresigné*, J. MESME.

XIV.

Lettre de Louis XI à Antoine de Chabannes, grand maître de sa maison, sur une première ouverture à lui faite par les capitaines qui défendaient Avesnes. — D'après l'original, ms. 8437 (f. 62) de Béthune, à la Bibl. imp.

9 juin 1477.

Monsieur le grant maistre, le hérault que vous avez veu aujourduy depescher est revenu et a parlé à mons. de Pervelz et à mons. de Culembourg et à ceulx de la ville; et demandent un sauf conduit pour venir demain disner avec moy, mais que on n'entrepreingne riens sur eulx ne sur leur ville pendant ce qu'ilz seront avecques moy.

Je leur ay envoyé leur saufconduit, et pour ce, de vostre costé ne ceulx de vostre bende, ne faictes semblant de rien tant qu'ilz aient parlé à moy ; mais vous povez bien faire veoir par là où vous les pouriez approcher, affin que, s'ilz ne besongnent, que nous mectons peine de les avoir par force. Et adieu.

Escript à Estreaupont, le ix° jour de juing.

Si vous m'envoiez ung de voz gens demain à mon lever, vous ferez bien.

Signé, Loys ; *contresigné*, Dechaumont.

XV.

Rapport d'un espion de Louis XI, envoyé en Flandre, sur la situation du pays, et notamment sur ce qui se passait à Gand. — D'après l'original, ms. 8448 (f. 29) de la collection de Béthune, à la Bibl. imp.

Juillet 1480.

Translacion du flamenc en françois.

Vray est que en suivant la charge baillée à moy, Herman Vlieestede, par Mgr. l'évesque de Poictiers, ou mois de may derrain passé, je me suis transporté ou pays de Flandres dont peu paravant j'estoye departy pour venir servir le roy mon souverain seigneur.

Le viij° jour dudit mois de may arrivay à Boulongne où je fus arresté et mené au capitaine, lequel, après ce que lui euz fait apparoir que par charge de mondit seigneur de Poictiers et du bailly de Gand je vouloie passer oultre, me depescha incontinent.

Le xij° jour dudit moys, arrivay à Gravelinghes, qui est l'entrée de Flandres ; auquel lieu je fuz incontinent prins et fait prisonnier par ung nommé Jehan de Sainte-Audegonde, lieutenant du capitaine illec, lequel lieutenant, comme fait à présumer, avoit esté adverty de mon fait par aucun dudit Boulongne, et sans avertissement avoit eu, l'on ne se feust jamais prins à moy, veu le passaige qui est illec si commun en venant de Calais et l'abillement ouquel je m'estoie mis.

Item, après ladicte prinse et que ledit lieutenant m'eust imposé pluseurs grans charges, disant que venoye pour espyer et trayr le pays, je fus mis à dure torture ; mais en effect ilz ne eurent autre chose de moy, si non que je dis que par ennuy et desplaisance j'estoye departy de Flandres et venu en France; mais n'y vouloie plus demeurer, et ne desiroye riens plus au monde que d'y retourner et demeurer à jamais [1].

Item, finablement, après pluseurs tortures et autres maulx par moy souffers et endurez, véant que autre chose ne sceurent avoir de moy, ledit lieutenant par grans langaiges, qui longs seroient à mectre par escript, dist et conclut que j'estoie de prinse, et pour saillir de là m'a convenu payer dix livres de gros de Flandres, ainsi que peut apparoir par certifficacion dudit lieutenant icy actachée.

Item, moy estant à delivrance, qui fut le viij° jour du mois de juing, je tiray secretement en la ville de Gand, et moy estant illec arrivé, trouvay moyen de

---

1. C'est-à-dire en Flandre.

faire parler par aucuns de mes amis à ceulx de la Loy, afin que pour la cause que j'avoye esté en France, dont j'estoye retourné, aucun empeschement ne me feust donné.

Item, lesditz de la Loy de Gand estans ainsi advertis que j'estoye venu de France par ung leur sergent, nommé Gilles de le Broucke, me mandèrent que venisse incontinent devers eulx.

Item, moy venu devers eulx en leur chambre de conseil, me firent pluseurs demandes et interrogacions par la bouche de messire Adrien de Raveschot, chevalier, premier eschevin, touchant l'estat et disposicion de la personne et des affaires du roy; ausquelles interrogacions et chacune d'icelles je respondis au mieulx et le plus discretement que je sceuz, selon mon petit entendement, et telement que j'espère que le roy, si bien estoit averty, seroit content.

Item, me demandèrent en oultre se je n'avoye veu ne sceu nouvelles de l'évesque de Thérouenne, de Boudin Quistebout, qui fut leur bailly, et de maistre Olivier, le barbier du roy, lesquelz, comme ilz avoient entendu et rapporté leur a esté, s'estoient demonstrez bons amis de la ville envers le roy en faisant bon rapport d'icelle ville et des habitans, dont ilz se tenoient fort tenus à eulx, car le roy est leur souverain seigneur, et quant les choses seront en bons termes, ilz ont et auront bien mestier de sa bonne grâce. A quoy je respondis que, au regart dudit évesque de Thérouenne, il n'estoit ne n'avoit jamais esté évesque de Thérouenne, mais seulement administrateur de ce qui estoit en Flandres appartenant audit éveschié de Thérouenne, ainsi que eulx mesmes mieulx le savoient;

mais que le roy l'avoit fait évesque de Poictiers, qui est une des belles et grandes éveschiés de son royaume; et avoye parlé à luy et aussi audit Boudin, leur bailly, qui m'avoient grandement receuz et fait bonne chière. Et au regard dudit maistre Olivier le barbier, leur diz que ne le congnoissoye, car je ne l'avoye jamais veu. Leur diz aussi que j'avoye enctendu desdiz évesque et bailly que le roy avoit moult singulière affection à ladicte ville de Gand et que oseroye bien rendre mon corps prisonnier en leurs mains, que le roy obtempéreroit plus et plus voulentiers pour ung mot de ceulx de Gand que pour chose que le duc d'Autriche sauroit faire.

Item, après ces choses oyes par lesditz de la Loy, dirent que ilz vouldroient et doivent bien vouloir que bonne paix et traitté fust, car le roy estoit leur souverain seigneur auquel et à sa souveraine court ilz doivent ressort et nule part ailleurs, combien que ceulx du conseil de monseigneur d'Autriche les veulent contraindre au contraire.

Item, sus ce point me firent dire que je feusse franchement et seurement en la ville, et que pour cause de ma dite alée aucun empeschement ne me seroit fait, et ordonnèrent au trésorier de me baillier ung marc d'argent pour mon vin, qui prestement me fut delivré.

Touchant nouvelles concernant l'estat et disposicion du pays.

Premiers, la commune voix est ou pays que l'en a délibéré et conclu de non pour ceste année lever ne mectre sus armée, se la nécessité ne le requerroit, mais que les garnisons sur les frontières de Flandres seront doublées.

Item, monseigneur de la Vere est reconsilié et a son traicté avec monseigneur d'Autrice. Et dit-l'on que mondit seigneur d'Autrice fait practiquer le mariage de la fille dudit seigneur de la Vere au filz de monseigneur de Ravestain, cuidant par ce moyen rabatre et mectre fin aux grans noises, discords et parcialitez regnans entre les Hous et Cabillaux ès pays de Hollande et Zellande. Mais, à ce que l'en dit, monseigneur de Ravestain n'y veult entendre.

Item, touchant la journée et rencontre que le duc d'Autrice a eu contre les Gheldrois, est vray que le duc de prime face eust beaucop et assez grant nombre de ses gens ruez jus, et luy rebouté bien loing vers Bois-le-Duc, auquel lieu estoit le duc de Juilliers, lequel avec ceulx dudit Bois-le-Duc vindrent au secours dudit duc d'Autrice et reboutèrent lesdiz Gheldrois.

Item, assez tost après icelle journée ledit duc d'Autrice ayant nouvelles que les François à grant puissance venoient sur les marches de Lucembourg, fist ouvrir moyen d'appoinctement avec lesdiz Gheldrois. A quoy lesditz Gheldrois ne vouldrent entendre, se n'estoit que préalablement leur jeune prince et seigneur, que le duc a devers luy, leur feust delivré.

Item, aussi assez tost après ladicte journée, ledit duc d'Autrice fist mander et assembler les estas de Flandres en la ville de Gand. A laquelle assemblée vint messire Jehan Carondelet, chancelier, lequel fist demander ou nom dudit seigneur d'avoir furny par ledit pays de Flandres le nombre de dix mil hommes payez et souldoyez pour avec luy tirer ou pays de Luxembourg à la deffense d'iceluy. Et fist en oultre requeste particulière à ceulx de Gand qu'ilz baillassent et furnissent leur porcion des gens qui par ledit pays avoient esté accordez et ordonnez pour estre en garnison sur les frontières.

Item, tantost après ladite demande et requeste faicte, après que lesdiz estas eusrent ung petit parlé et dellibéré ensemble, ceulx de Gand firent dire pour response de leur part que, en tant que à eulx touchoit, ilz ne pourroient baillier ne furnir aucun nombre ne porcion de gens pour aler audit Luxembourg, car trop avoient de charges à porter en autre manière; mais advisast le duc de lever et recouvrer gens ès autres villes qui pas tant n'estoient chargées. Et quant au regart de leur porcion de gens pour la provision des frontières, disrent qu'ilz y pourvuerroient.

Item, et icelle response par lesditz de Gand bailliée, les autres trois membres de Flandres assavoir Bruges, Ypre et le Franc, estans illec présens, firent dire et respondre que, eu regart aux grans charges qu'ilz avoient aussi à supporter, ilz ne pourroient semblablement baillier ne furnir aucunes gens, mais voulentiers furniroient aucune somme de deniers de laquelle le duc se pourroit ayder à trouver et recouvrer gens pour la deffense dudit Luxembourg.

Item, environ a trois sepmaines, le duc vint de Bois-le-Duc à Brucelles, auquel lieu ledit chancelier lui fist rapport de son besongnié devers lesdiz Estas et de la response desditz de Gand ; de laquelle icelui duc fut fort indigné et mal content, comme il a oy dire.

Item, et en ensuivant ce, ledit duc d'Autriche de ladite ville de Brucelles envoya certaines lettres ausditz de Gand où il remonstroit au long les faultes et desobéissances que lesdiz de Gand lui faisoient journelment, et entre autres choses avoit ès dictes lectres une clouse qui est venue à la congnoissance du peuple et dont il s'est fort mescontenté, contenant icelle clouse ces motz ou en substance : « Puis que voulez user de telz desordres et desobéissances envers nous, mieulx nous sera de trouver apoinctement avec le roy, et pour ce faire lui accorder tout ce qu'il vouldra demander; laquelle chose, se ainsi le nous convient faire, pourroit bien tourner à vostre grant dommaige et confusion; car nous entendons bien de vous le démonstrer que devez et estes tenu d'entendre et obéyr à vostre naturelle princesse et à nous, vostre prince, etc. »

Item, tantost après icelles lectres receues, lesditz de la Loy firent assembler tous les doyens des mestiers et leur firent faire lecture desdictes lectres en leur remonstrant que par icelles le duc demonstroit bien notoirement son indignacion envers eulx, parquoy sembloit estre bon et convenable de pourveoir à la réparacion et fortifficacion de ladicte ville, et singulièrement à ung trou qui mestrye toutes les eaues de ladite ville, appellé le Cupgat, lequel puis ij^c ans n'a pas esté réparé; et que, pour ce faire, fust advisé de mectre sus aucune taille ou subside en icelle ville.

Item, et en ensuivant icelle assemblée et ouverture, iceulx de Gand, de leur auctorité et sans auctorité du prince, ont levé certaine taille pour lesdictes réparacions.

Item, et pour ce que aucunes personnes murmuroient de ladicte taille, disans qu'il eust mieulx valu de accorder en lieu d'icelle taille l'ayde que le chancelier ou nom du prince avoit requis et demandé, iceulx de Gand se sont fait secretement informer desditz murmurans, et puis xv jours en çà ou environ, en firent bannir à ung cop bien jusques ou nombre de ij^e personnes, entre lesquelz y a deux des conseilliers du duc en sa chambre de conseil de Flandres.

Item, est vray que ung nommé Guillaume Van der Staghe, riche bourgois, avoit esté accusé d'avoir esté l'un des principaulx murmurans pour ladicte ayde levé; à laquelle cause lesditz de Gand ne le vouloient pas seulement bannir, mais saichans qu'il s'estoit absenté et alé tenir à Bruges, ilz envoièrent ung leur pensionnaire audit Bruges pour illec le prendre et amener prisonnier audit lieu de Gand comme leur bourgeois; et de fait fut prins et constitué prisonnier audit lieu de Bruges; mais les parens d'icelui Guillaume envoyèrent à tue cheval devers le prince et rapportèrent lectres par vertu desquelles icelui Guillaume fut délivré desdictes prisons de Bruges sans le consentement desditz de Gand. A laquelle cause iceulx de Gand envoyèrent leurs lectres ouvertes en forme de placquart ausditz de Bruges, qui contenaient, selon que la voix couroit, mais autrement ne le scet, que iceulx de Gand demonstroient à ceulx de Bruges qu'ilz sont chiefz de Flandres, ainsi que par leurs prédecesseurs par pluseurs et diverses foiz a esté fait au temps passé.

Item, lesquelles lectres par lesditz de Bruges receues, iceulx de Bruges, doubtans que lesditz de Gand ne feussent desjà aux armes et sur les champs pour les envahir, firent armer les mestiers et eulx tenir en leurs maisons, où ilz se tindrent par l'espace de iij jours.

Item, ceulx de Gand font journelment à grant diligence et à grant nombre de gens besongner aux emparement et reparacion des postes et fortifficacions de la ville et aussi audit Cupegat, qui est une besongne merveilleuse et de grant frait, et dèsjà ont esprouvé de user de leurs eaues, lesquelles ilz ont fait floter jusques oultre Audenarde, qui est cinq lieues loing de la ville, et telement que pluseurs terres et biens en ont esté gastez et perduz.

Item, sont environ iij sepmaines, le duc fist passer à monstres au lieu de Brucelles bien le nombre de iiij^m picquenaers levez en Brabant pour envoyer en Lucembourg.

Item, au regart de la disposicion de l'ostel du duc, la voix est telle que le duc ne peut trouver ne recouvrer plus aucuns deniers pour l'entretenement de son estat et des gentilzhommes de la maison de luy et de la duchesse.

Item, audit lieu de Brucelles le prince d'Orange parla ung jour au duc et lui dist aucunes paroles, lesquelles le duc print fort mal et telement que ledit prince fut contraint de soy absenter de la court bien et par l'espace de xv jours; et, comme la voix courroit, lesdictes paroles meurent à cause de certain argent que le duc avoit promis faire donner au prince, lequel il ne povoit recouvrer.

Item, madame la douagière est alée en Angleterre, ou trayn de laquelle ledit Herman trouva moyen de passer jusques à Calais.

XVI.

Remontrances adressées à Louis XI par Élie de Bourdeilles, archevêque de Tours, au sujet des prélats dépossédés de leur siége, avec les réponses du roi à chaque article. — Cette pièce qui semble avoir été écrite pour l'éclaircissement du chapitre xi, livre VII de l'Histoire du règne de Louis XI, a été imprimée dans l'édition de la Pragmatique Sanction de Charles VII, donnée par Pinsson en 1666 (p. 996).

Août 1482.

Articles baillez par Mgr. de Tours à MMgrs. le chancelier et de Narbonne, le xie *jour d'aoust* m. cccc iiii^{xx} ii, *touchant les prelaz qui font plainte d'aucunes choses qui leur ont esté faictes par les officiers du roy.*

En ce qu'il a pleu au roy, nostre souverain seigneur, faire dire à moy, frère Hélie, archevesque de Tours, son très humble et très obéissant chapellain, luy déclarer touz les prelaz dont j'ay notice, qui se sont doluz et plains, pour leur faire raison selon bonne équité, il monstre qu'il est bon roy de France, très chrestien et très catholique, et croy que, pour ce faire, il a la main de Dieu avec luy.

Au regart de moy, je n'en puis pas grandement parler, si non de ce que on m'en a dit et aulcuns m'en ont escript, et j'en diray tout ce que je sçay par oïr dire ou autrement, protestant toutesfois que n'entens ne ne veux rien dire ne afferrmer de certain ; car je n'ay pas certaine science des choses, comment elles ont esté ne sont, ne aussi ne veux riens dire qui soit contre le bon plaisir du roy, et tout avec sa bonne grâce et toute honneur et révérence.

Et premier, j'ay oy dire que quant Mgr. le légat [1] vint la première fois en Avignon, que l'on luy fist aulcuns excez; mais cela j'ay oy dire par d'aultres que par luy, car jamais n'en fist plainte ne parolle. Vray est qu'il n'y a guières qu'il m'escripvit certaines lectres bien honnestes, comment il desire très fort complaire au roy et luy faire service de tout son cueur, en me priant que je feisse ses recommandacions au roy, en luy faisant supplication qu'il luy pleust donner provision en manière qu'il peust joyr de son abbaye de Coze [2], car il n'en joyssoit point, et que il estoit bien content que ès places, y eust telz capitaines ou officiers qu'il plairoit au roy.

Je ne parle point de Mgr. le cardinal de Balue, car cela je croy estre en bons termes entre nostre Saint Père et luy. Vray est qu'il est expédient qu'il ayt provision de administrateur à sa vicairie, pour exercer la jurisdiction espirituelle et cure d'âmes; car nostre Saint Père ne entend point que maistre Augier de Brie ait ceste puissance, *et sic manet magnum periculum animarum, quia ipse non potest solvere nec ligare; et hoc mihi constat per breve domini Papæ per quod mihi mandatur de ipsum demovendo, cum sit in provincia mea; quod facere distuli donec habuissem verbum cum rege, cujus meritum, ut arbitror, idem dominus noster Papa bene sequetur in providendo.*

Aussi lundi, Mgr. le cardinal m'a escript avec ledit brief *in effectu* que en tout et pour tout il veut faire le bon plaisir du roy, et le veut faire loyaument, à

---

1. Julien de La Rovere, depuis pape sous le nom de Jules II.
2. En Roussillon.

tout son pouvoir. Pour quoy est bien expédient de pourvoir de nouveau au dangier qu'il peut estre ou salut des aames.

Au regart de Mgr. de Verdun, le roy sçait comment il y besoingne avecques nostre Saint Père, et fera bien de y mectre fin, et que la personne ne feust plus detenue.

Au seurplus il fut fait un grant excez en ceste ville de Tours à Mgr. de Pamiers; vray est que le roy le desadvoa [1]. Le roy advisera se il luy doit faire faire aulcune satisfaction.

En après j'ay oy parler souvent de MMgrs. les archevesques de Tholoze et de ceulx de Ambrun et du nepveu de l'archevesque mort de Tholoze.

Aussi de MMgrs. les évesques de Castres, Saint-Flour et Coustances, et de Laon et Séès, translaté en Avranches, et de l'abbé du Pin ou diocèze de Poictiers [2]; mais je ne sçay pas bien le mérite des choses. Mais pour ce que le bon plaisir du roy est que j'en die, je en deiz ce que j'en sçay par oïr dire ou aultrement; et peut bien estre que j'en aye oy parler de pluseurs aultres, dont je n'ay pas souvenance. Le roy scet mieulx le mérite des causes et le tort et le drois d'un chalcun, et en tout il pourveoira selon Dieu et raison,

---

1. Le *Gallia christiana* ne donne aucune explication sur le fait dont il est question ici; on y voit seulement que l'épiscopat de Pascal du Four, mort en 1483, fut troublé par un compétiteur qui lui fit la guerre avec l'aide du vicomte de Narbonne (t. XII, p. 165).

2. Le roi répond sur le fait de tous ces prélats, sauf sur celui de l'évêque de Pamiers et de l'abbé du Pin, qui était un certain Potereau, dépouillé au profit de l'archevêque de Toulouse.

et me pardonnera, se il luy plaist, se je ne sçay le tout si bien conseillier comme il luy appartiendroit.

Response faicte par le roy.

Au regart de l'archevesque de Thoulouse [1], j'en escris au pape pour celuy qui est à ceste heure, tellement qui l'a emporté, et ne se peut dire pour la vérité que je l'aye contrainct que pour l'auctorité du pape. Vray est que on dit que une femme qui gouvernoit le vieil archevesque luy feit faire résignacion à un nepveu qu'il avoit, très maulvais garçon, et n'estoit point en aage. Et le vieil archevesque fut au conte d'Armignac, et tous ceulx du Rosier, et ledit nepveu fut fort Armignac, et n'estoit ce qui failloit à Thoulouze qui est trop prèz d'Armignac. Vray est que ledit nepveu vint à la court pour suborner gens, et apporta beaucop d'argent et l'offrit à mes gens, tellement qu'il y en avoit beaucop déliberez d'en prandre. Je le feis prandre et me feis asseurer par son père et par ses amis, tellement que l'archevesché demoura à celluy pour qui je avoie escript, et perdit son argent.

Item, c'est celuy là où il a esté faict plus de contraincte, devant qu'il eust faict traïson, et de quoy je fais plus de conscience.

Au regart d'Aulx, vous sçavez les biens que je feis à son frère et aussi audit évesque [2]. Le sieur et leur

---

1. Bernard du Rozier, forcé de se démettre en 1475, au profit de Pierre du Lion, frère du sénéchal de Toulouse.
2. Cet archevêque d'Auch était le frère du maréchal de Lescun, dit le Bâtard d'Armagnac. Élu par le chapitre en 1454, il n'avait pu se faire reconnaître ni par le roi ni par le pape, et le siége avait

nepveu me trahirent à Rouen et à Paris, ainsi que se appert par sa confession. Et plusieurs fois ledit archevesque, non obstant que luy avoie fait pourchassier ladicte archevesché, il se joignit avec ledit d'Armignac, et se déclaira en rebellion plaine contre la couronne de France, et lui presta de l'argent grant foison et de vivres, et le servit de tant qu'il avoit contre ladicte couronne jusques à la mort dudit conte. J'ay plus besoin de absolution de ce que je contraingny son prédécesseur de luy faire laissier ladicte archevesché, que je ne ay de luy.

Item, d'Ambrun, il est vray qu'il est filz de messire Jehan Belle, du Daulphiné, que je feis mon advocat et puis mon président, et me fioie en luy. Quant je fus banny, se déclaira contre tous mes loyaulx serviteurs et fut persécuteur extrême contre eux; tellement qu'il confisqua les biens et le corps, s'il eust esté empoingné, et s'enfouit en Savoye et fut banny.

Item, M. le cardinal de Touteville luy feist avoir l'éveschié d'Ambrun à son filz moyennant douze ou quatorze mille ducatz, qu'il donna audit cardinal. Oncques depuys je ne me fié audit cardinal, et dure encores la deffiance. Et feist entendre au pape qu'il avoit passé vingt-deux ans, dont il n'estoit riens. Par quoy, voyant qu'il estoit filz d'un traistre et que il n'avoit nul droict à l'archeveschié (car il avoit donné faulx à entendre), je essayé tout ce que je peu que le pape le translatast ailleurs : ce qu'il eust fait bien legièrement pour les raisons dessusdictes, se n'eust esté

été donné à Philippe de Levis, que Louis XI força de résigner en 1463.

mondit sieur le cardinal auquel il grevoit de rendre cest argent qu'il avoit eu, et tenoit la main au contraire. Après et par le Bien publicque, il feit des sédicions ou pays, ce qu'il peut ; et pour tout cela je l'avoye laissié en paix. Mais quant le duc de Bourgoingne ala en Savoye, il mit la main de voye et de faict sur moult de mes officiers, et tous ceulx qui estoient bons parcias pour moy, il les excommunioit, et s'ilz n'estoient officiers, il les prenoit par voye de fait, ceulx qu'il povoit, et ceulx qu'il ne povoit, il les excommunioit, et les aultres, il les diffamoit, prenoit mon argent de la taille et reançonnoit ceulx qui le payoient.

Item, raençonna moult de particuliers, et brief a raençonné tout le pays, tellement qu'ilz sont venus crier justice et plus que justice, qu'il leur falloit laissier le pays. Et au regart de la prudhommie, se elle ne luy est venue depuis deux ans, il n'en eut oncques renommée ; mais tout au contraire bruit est que son père estoit fort hypocrite et destruioit moult de gens ès montaignes de là où il estoit, et est fort vindicatif et rappineulx, et si est le filz le plus fort vindicatif qui soit ou monde ; et tous ceulx qu'il hait, il les destruit de corps et de biens, seulement ceulx qui ont esté ennemis de luy ou de son père. Vray est qu'il a une sœur qu'on dit qui vit très bien et sainctement ; mais en toute sa lignie n'en y a nul aultre. J'é bien donné des provisions contre les pilleries qu'il faisoit. Il est vray que maistre Jacques[1] se acointa du nepveu du pape, Mgr. le cardinal d'Avignon, lequel luy feit

---

1. Jacques de Canlers, compétiteur de Jean Baile.

avoir des provisions contre ledit évesque sans mon sceu. Depuis n'en ay escript au pape et au cardinal, et le pape m'a escript, ainsi que Mgr d'Alby a veu, par quoy je n'ay nulle charge de conscience. Je ay conseillé audit maistre Jacques que, se le pape le faisoit faire, qu'il ne m'en parlast plus, et se le pape y eust voulu remédier, je l'eusse laissé faire sans l'empescher.

Au regart de Castres[1], c'est ung tristre qui a esté consentant de me faire prandre deux ou trois fois et de me empoisonner. J'en requiere justice au pape, et seroit grant péchié se je n'en demandoie justice et se je ne la requeroie et poursuivoie.

Au regart de Saint-Flour[2], il est gentilhomme, et fut à la guerre pillart sur les champs avec Jehan.... et estoit son cousin, devant qu'il fust bien longtemps; et au Bien publicque il envoya les clefz de Saint-Flour à Mgr de Lion jusques à Rion, et a tenu la ville de Saint-Flour en rebellion douze ou quatorze ans, jusques ad ce que je feis prandre la ville par force par mon nepveu de Joieuse et M. d'Ailly. Et a fait ledit évesque prandre beaucop d'officiers et battre. Aucuns sont mors. Et a fait de voyes de fait un millier contre la couronne, ainsi qu'il apparest par le procez; et pour ce qu'il est vieil et que la ville requiert bien un loyal homme (car elle est forte), je vouldroie bien que M. de Joieuse y feust après luy par la grâce du pape, et m'en a dès jà donné le pape la réservacion.

1. Jean d'Armagnac, frère du duc de Nemours. Les auteurs de la *Gallia christiana* n'ont rien su sur cet évêque.

2. Antoine de Lautoin. Il y a dans le registre 205 du Trésor des chartes le texte d'une abolition qui lui fut accordée au mois de janvier 1479.

Au regart de Mgr de Coustances[1] qui fut arresté à Paris, dictes à Mgr de Tours que ce fut par justice, et, se n'eust esté que je le feis délivrer, en luy eust fait une maulvaise compaignie. Il est invocateur de déables, en latin, grec, et publicque, et y a servi M. de Bourbon et l'y a mis plus avant qu'il n'y estoit; et se ébaïst le roy comment Mgr de Tours luy a mandé qu'il se fasse absouldre de ce qu'il le feit arrester, veu que luy meismes feit preschier en ceste ville les invocacions, lesquelles le roy luy bailla; et comme il appert au procez M. de Bourbon, ledit évesque le luy feit faire.

Item, le roy est tenu de ce faire, car il feit serment à son sacre de débouster tous les hérèges hors du royaulme, à son povoir, et se ébaïst le roy comment Mgr de Tours ne s'est enquis, avant que en parler, quel homme c'estoit et pourquoy il fut arresté.

Au regart de Mgr de Laon[2], le roy ne luy a fait nulle force, reservé qu'il luy a deffendu la ville de Laon et l'environ, pour ce qu'il fut prins dedans Saint-Quentin en tenant pour le duc de Bourgoigne ladicte ville contre le roy, et laissié dedans principal chief sur les gens d'armes de par son père, depuis qu'il estoit party pour porter les clefz au duc de Bourgoigne; et depuis que le roy le baillia à Mgr de Lombez[3], pour le convertir de resigner son éveschié, il ne scet que M. de Lombez y a fait. Il est homme d'église et prélat : le roy ne luy a fait contraincte nulle; et s'en

---

1. Geoffroy Herbert.
2. Charles de Luxembourg, fils du connétable de Saint-Pol.
3. Jean de Villiers de la Groslaye.

est fouy desguisé, et fut congneu à Poictiers et le feirent sçavoir au roy; mais le roy ne l'a point arresté. Et vouldroit bien le roy que le pape y meist homme seur, car c'est une des plus fortes villes du royaulme, et est sur le bourt de Hénault où il a tous ses parens contre le roy.

Au regart de Séez [1], le roy n'y feit oncques violence et l'a pardue [2] Goupillon par la faulx sonnerie qu'il avoit faicte, par contrefaire les lectres du roy et du secretaire, par sentence en cour de Rome.

1. Robert de Cornegrue, forcé de résigner en 1478 en faveur d'Étienne Goupillon.
2. *Sic.*

TABLE ANALYTIQUE.

A

Abbeville, I, 45; II, 51; rentre avec joie sous la domination française, 81; reçoit de Louis XI deux visites consécutives, 85, 86; mésaventure du roi à la première, III, 166. Elle est cédée au comte de Charolais, II, 135; cherche à retourner sous l'obéissance du roi, mais est contenue par une garnison bourguignonne, 251. Combat aux portes d'—, IV, 384. Soumission d'— après la mort de Charles le Téméraire, III, 5. Mort du bailli de Rouen à —, 56.

Abingdon, en Ecosse. Abbaye d'—, II, 53.

Acigné (Amaury d'), évêque de Nantes, refuse au duc de Bretagne le serment de fidélité, II, 46; ses intrigues auprès de Louis XI, ibid.

Acoulomps (Nicolas), député aux États de Normandie, IV, 224.

Adige (l'), fleuve, pris pour désigner le Tyrol italien, IV, 374, 375.

Adorne (Prosper), élu doge de Gênes, IV, 361, 362.

Adriaen, prêtre de Louvain, adversaire de Paul de Middelbourg, IV, 114, 116, 119.

Adriaen (Gilis), bourgmestre de Dordrecht, III, 78.

Afrique. Commerce avec l'—, I, 243.

Agincourt. Voy. Azincourt.

Agnès (Bardin), IV, 234.

Agnès (la belle), ou Agnès Sorel. Epoque de ses relations avec Charles VII, son faste insolent, I, 313; son influence, sa mort, sa sépulture, 314; opinion du roi qu'elle fut empoisonnée, 314, 316.

Aides. Voy. Impôts.

Ailly ou Arly (Jean d'), vidame d'Amiens, II, 253; envoyé pour prendre Saint-Flour, IV, 401.

Aire en Artois, rendue aux Français par trahison, III, 54, 128.

Aix-la-Chapelle, IV, 367.

Alatrayme (Pierre), tabellion en la vicomté de Rouen, IV, 159, 160.

Albergati (Nicolas), cardinal de Sainte-Croix, légat en France, I, 97.

Albert, archiduc d'Autriche, roi de Hongrie et de Bohême, I, 292.

Albi. L'archevêque d'—, IV, 401.

Albret (Amanieu d'). Voy. Orval.

Albret (Charles d'), connétable, tué à Azincourt, I, 23.

Albret (Charles, seigneur de Sainte-Baseille, dit le Cadet d'), nommé régisseur du temporel de Lisieux, III, 281; abuse de son administration, 323; est condamné à mort et exécuté à Poitiers, 281, 323.

Alençon, se rend aux Français, I, 233. Duché d'—, III, 260.

Alençon (Jean I, duc d'), tué à Azincourt, I, 23.
Alençon (Jean II, duc d'), commande à la bataille de Verneuil, I, 49; y est fait prisonnier, 51; épouse Marie d'Armagnac, II, 281; recouvre le château d'Essay, I, 233; s'endette envers Nicolas Basin, IV, 212; a des intelligences avec le dauphin au sujet de la Normandie, III, 244; est condamné à mort pour avoir voulu livrer cette province aux Anglais, I, 323; se justifie en alléguant la suggestion du dauphin, 324; est gracié à l'avénement de Louis XI, II, 284; assiste à l'assemblée de Tours, 84; est enfermé au château du Louvre, III, 172. Son chancelier. Voy. *Lenfant*.
Alençon (Réné, duc d'), gardé à Paris et mis en procès devant le parlement, est élargi à la mort de Louis XI, III, 173.
Alexandrie d'Egypte, I, 243.
Allemagne, III, 309, 312; IV, 15, 21. Mode des chaussures pointues en —, II, 242. La puissance bourguignonne redoutable à l'—, 329, 335. Projets du duc Charles pour s'ouvrir l'—, 333, qui se met tout entière sous les armes pour lui résister, 339. Mauvais état des milices de l'—, 340. — Appréhensions du duc de Bourgogne du côté de l'—, 364; faux bruit de la captivité de ce prince en —, 417. Disette de harengs par toute l'— en 1480, III, 59. Les vignes sont détruites par la gelée en —, 60. Disette générale en — (1481 et 1482), 145. Universités d'—, IV, 86, 350. Basse —, III, 163. Haute —, III, 40, 42.
Allemands, auxiliaires de René d'Anjou contre le comte de Vaudemont, I, 91; sont cause de la défaite de Bulgnéville, 92. Les — de la garnison de Brisach se tournent contre les Bourguignons, II, 331. Nombre des — appelés pour la défense de Neuss, 340; rencontres où ils sont battus par les Bourguignons, 350, 355. Autres — combattant pour le duc de Bourgogne, IV, 384. Les — favorables à la cause de René II, duc de Lorraine, II, 397, 411, 413; combattent à la bataille de Nancy, 415; tuent le duc de Bourgogne, 416, 417, 418; ont été forcés par lui à devenir ses ennemis, 425. Les princes — moins fastueux et moins cupides que les princes français, III, 16. Les — voisins de la Franche-Comté prémunissent cette province contre les artifices de Louis XI, 23. Arrivée d'— au service de Maximilien, 40, 42. Les — incapables de trahison, 52. Corps d' — au siége d'Utrecht, 163.
Alpes (les), II, 385; IV, 14, 15.
Alphonse, roi d'Aragon, s'empare de Naples et de la Sicile, I, 93, 309; y règne, II, 54; sa mort, 58. Barcelone s'était soulevée contre lui, 304; il était le père de Ferdinand, roi de Sicile, 313.
Alphonse (don), infant de Castille, secondé par Louis XI dans sa révolte contre son frère, II, 68.
Alsace (l'), ravagée par les gens d'armes de Charles VII, I, 165, 182, organise contre eux la guerre de partisans, 183. Les terres d'— engagées au duc de Bourgogne sont pressurées par ses agents, IV, 380, 381. Voyage du duc de Bourgogne en —, II, 329. Confédération de —, contre la domination bourguignonne, 330, 332. La conquête de — projetée par le duc de Bourgogne, 333, 334. Alarme de — causée par les progrès des Bourguignons en Lorraine, 373.
Amboise. Louis XI à —, IV, 231, 263. Famille d' —. Voy. *Chaumont*.
Amelgard, prêtre liégeois; ce qu'on sait sur lui, I, xcj; civ. Il n'est pas l'auteur de l'histoire qui porte

son nom, xcvij; III, 211. Recherche infructueuse d'un mémoire qu'il aurait écrit en faveur de Jeanne d'Arc, IV, 94.

Amersfoort, se tourne contre l'évêque d'Utrecht, III, 90; éprouve des pertes considérables dans une sortie de ses habitants, 104, 105; négocie sur des bases impossibles en s'obstinant à repousser l'autorité de David de Bourgogne, 106. Bulle fulminée contre —, 124. Retraite d'Henri de Nyevelt à —, 149. Le damoiseau de Clèves amené à —, 150, y attend la suite des événements d'Utrecht, 154. L'évêque d'Utrecht prisonnier à —, 157, 162.

Amienois (l'), I, 153.

Amiens, se soumet au gouvernement de Henri V, I, 36; dévastation des environs d'—, 43. Cette ville rentre avec joie sous la domination française, II, 81; est visitée par Louis XI, 85; cédée au comte de Charolais, 135; sommée de rentrer sous l'obéissance du roi, 249; refus de ses notables que le menu peuple force de se soumettre, 250. Siége d'— par le duc de Bourgogne, 254, 274, 275, 276, 280, 426; III, 188. Promesse de restituer — au même duc, II, 290. Louis XI à —, 276, 291, III, 188. Mouvements de la garnison d'—, II, 346; IV, 385. Evêque d'—, IV, 226. Vidame d'—. Voy. *Ailly*.

Ampurias. Voy. *Lampourdan*.

Amsterdam. Expédition organisée à — pour la délivrance de Naerden, III, 93. Canal d' — à Utrecht, 160.

Ancône. Flotte réunie à — contre les Turcs, I, 291.

Andernach. La milice d'— battue par les Bourguignons, II, 343.

Andreas (Valerius). Sa notice sur Thomas Basin, IV, 138, 139.

Angenne (Jean d'), abandonne le château de Touques, I, 27.

Angers, II, 12. Insurrection réprimée à —, 41. Evêque d'—. Voy. *Balue*.

Angevins (les), armés contre les Anglais, IV, 285.

Anglais (les) très-adonnés au commerce, I, 16; par nécessité, III, 133. Idée des Normands sur les — en 1417, I, 27, 33; la haine qu'on a pour eux donne naissance au brigandage, 57. Ils font traquer les brigands dans les forêts comme des bêtes fauves, 59. Leur découragement après la délivrance d'Orléans, 72; leur joie à la prise de la Pucelle, 80; ardeur avec laquelle ils poursuivent sa mort, 82. Ils combattent à Bulgnéville, 92; se refusent à traiter avec Charles VII à Arras, 98; oppriment le pays après la mort du duc de Bethford, 102; soulèvent contre eux les paysans, 106; deviennent l'objet d'une haine générale; 108; suivent le dauphin de France en Alsace, 183; observent mal la trêve conclue avec la France, 184; introduisent la vénalité des offices en Normandie, 185; sont naturellement enclins à la sédition, 189. Prisonniers — vendus à vil prix, 238. Projet des — de revenir en France en 1459, IV, 251. Des — servent pour le duc de Bourgogne au siége de Neuss, II, 336; à la bataille de Morat, 390. Leur mollesse dans l'expédition d'Edouard IV en Picardie, 358; IV, 385; leur gloutonnerie, II, 359. Leur expédition de 1475 leur apprendra à ne plus revenir en France, 361; leurs succès sur le continent n'ont tenu qu'à la désunion des Français, 362. La paix d'Arras est pour eux un sujet de deuil, III, 132; désastres que les Français leur font éprouver sur mer (1482), 133.

Angleterre, IV, 11, 15, 294, 295, 296, 297, 298, 299, 302, 308, 309, 322, 323. Emigration des

Cauchois en —, I, 117. Prospérité et amollissement de l'— enrichie des dépouilles de la France, 155. L' — ne s'est pas soumise au fléau des armées permanentes, 176. L'entreprise de Fougères concertée et connue de beaucoup de personnes en —, IV, 340, 345. Troubles en — à cause de la cession du Maine aux Français, I, 189 ; à cause de la perte de la Normandie, 251 à 255. L'— fournie de vins par la Guienne, 257 ; troublée par la rivalité de la France et de la Bourgogne, 301. Cruautés qui signalent le triomphe du parti yorkiste en —, 302. L'appui de l'—, recherché par les princes ligués contre Louis XI, II, 127, et par Louis XI contre le duc de Bourgogne, 177, 178, 179, 180, 222, 228, 229, 230. Descente de Warwick en —, 245, 246 ; l'— en guerre avec la ligue hanséatique, 254. Descente d'Edouard IV en —, 255. Les troubles de l'— ont été l'ouvrage de Louis XI, 273. Prétendue coutume observée en — à l'égard des rois qui ont épousé des veuves, III, 135. Emigration de Normands en — (1480), 170, 185.

Ango (Guillaume), député aux Etats de Normandie, IV, 224, 225.

Angoulême (Jean d'Orléans, comte d'), assiste à l'assemblée de Tours, II, 84.

Anjou (l'), attaqué par le duc de Clarence, I, 40; convoité par les Ecossais, 52. La garde de l'— abandonnée à Louis XI par le roi René, II, 393. Ressorts et exemptions de —, IV, 186.

Anjou (Charles d'). Voy. *Maine*.

Anjou (Marguerite d'), fille du roi René, I, 156; fiancée par le duc de Suffolk pour le roi d'Angleterre, 157; emmenée en Angleterre, 158; aperçu de ses malheurs, 159. Elle était nièce de Charles VII, 296 ; commence la guerre civile contre le parti d'York, 297, qu'elle défait en deux rencontres, 298. Son inflexibilité envers les habitants de Londres qui l'avaient outragée, occasionne une nouvelle guerre, *ibid*. Engagements pris envers elle par les lords de son parti, IV, 357; elle invoque l'appui du grand sénéchal de Normandie contre la flotte de Calais, 359 ; prend avec Charles VII des engagements qui l'auraient fait condamner à mort par ses adhérents eux-mêmes, s'ils les avaient connus, 360 ; elle perd une bataille décisive, I, 299, et voit son parti entièrement ruiné, 300 ; implore le secours de Louis XI, II, 49, 53 ; chassée d'Ecosse, vient se cacher avec son fils dans le duché de Bar, 50. Warwick cherche à se réconcilier avec elle, 222 ; elle est amenée à y consentir malgré sa répugnance, 223 ; fausses protestations de Louis XI à son égard, 230, 231. Elle attend le résultat de la descente de Warwick en Angleterre, 247 ; y aborde elle-même et fait prononcer les provinces de l'Ouest en faveur de son mari et de son fils, 263 ; s'arrête à Bath, à Bristol, 264, et à Tewkesbury, où son armée est battue, 265 ; est amenée prisonnière à Edouard IV, 269 ; vit en Angleterre dans l'intimité de la reine, ayant mieux aimé cette condition que de retourner en France, 270.

Anjou (Marie d'), femme de Charles VII, I, 296 ; mortifiée par Agnès Sorel, 313 ; mère de Louis XI, II, 48.

Anjou (Jean d'). Voy. *Calabre*.

Anjou (Nicolas d'). Voy. *Lorraine*.

Anjou (René, duc d'), roi de Sicile, dispute la possession de la Lorraine au comte de Vaudemont, I, 90 ; prend position à Bulgnéville, 91 ; est fait prisonnier et perd la couronne de

Naples et de Sicile, 193, 309; traite pour le mariage de sa fille avec le roi d'Angleterre, 156; pousse Charles VII à la conquête de Metz pour se libérer d'une dette contractée par lui envers les Messins, 163; se fait rendre son obligation sans avoir payé, 184; accompagne Charles VII à son entrée à Rouen, 234, et au siége de Caen, 239; est chargé du commandement de la flotte qui devait réduire Gênes, 308, IV, 362; assiste du port de cette ville à la défaite d'une armée de terre, I, 309; n'a jamais eu de bonheur dans ses entreprises militaires, *ibid.*, 310; donne à sa fille le duché de Bar, II, 50; assiste à l'assemblée de Tours, 84; reçoit la soumission des Catalans, dont il ne tire pas parti, 305; s'allie au duc de Bourgogne qui épargne son duché de Bar, 372, est soupçonné d'avoir voulu lui livrer la Provence, 392; détourne la vengeance de Louis XI en lui abandonnant la garde de ce pays et celle de l'Anjou, 393.

Anne, fille aîné de Louis XI, proposée en mariage au comte de Charolais, II, 167, 168, qui accepte ce parti, 169. Elle est fiancée au duc de Lorraine, 277.

Anneron (Antoine), commissaire du duc de Bourgogne en Hollande, II, 407, note.

Anneville, donné à l'abbaye de Jumiéges, I, 314.

Antechrist. Idées sur l'avénement de l'—, IV, 103, 104.

Antin (Jean), quartenier de Rouen, IV, 328, 332.

Antioche. Patriarche d'—, IV, 226.

Anvers. Foires d'—, II, 219; III, 346. Troubles d'— après la mort de Charles le Téméraire, III, 3. Fondation du collège d'—, faussement attribuée à Thomas Basin, III, 203 note; IV, 142.

Anvers (Jean de Rans, margrave d'), III, 98.

Apologie de Thomas Basin, I, lxxxiij; pour qui et à quelle époque elle fut composée, III, 204, 205, 206, 207; citée par l'auteur, IV, 20. Description des manuscrits qui nous l'ont conservée, III, 208, 209, 210.

Aragon, II, 280, 284, 310, 313. Retraite des Français par l'—, II, 62. Le style de la Rote introduit à la cour du roi, en —, IV, 47. Rois d'—. Voy. *Alphonse, Jean.* Princes de la maison d'—. Voy. *Ferdinand, Frédéric, Yolande.*

Aragon (don Carlos d'), prince de Viane, mis à mort par son père, II, 54, 56.

Aragonais (François de Surienne, dit l'), capitaine de Verneuil pour les Anglais, I, 195; IV, 336, 339; marié à une française, 320 (Voy. *Vaucelles*); homme sage, 341; honorable, et qui désapprouvait les délais apportés à la restitution du Mans, 345; entre en correspondance avec le duc d'York, 337; est chargé par ce prince de s'emparer d'une place en Bretagne, I, 195; IV, 295, 321, 337; envoie des gens épier la garnison de Fougères, 295, 296, 310, 338; se rend en Angleterre, 296, 323; y est fait chevalier de la Jarretière et conseiller du roi, 297, 308, 323; parle à son retour des assurances que lui a données le duc d'York, 298; suspend ses projets pendant un an, 299; marie un de ses fils et sa bâtarde, 338; est pressé d'agir par le duc d'York, 300, 309; prépare l'entreprise, 300, 309; contremande tout sur une lettre du duc de Somerset provoquée par Talbot; 301, 304, 310, 339; fait porter à Rouen des paroles qui prouvent qu'il n'avait pas renoncé, 302; explique que son contre-ordre n'était qu'une feinte pour éviter les trahisons, 303, 310; reprend ses préparatifs, 313; fait commander à Rouen des pinces de fer, 305; rassure son gendre sur les suites de l'entreprise, 292, 293; a eu des lettres de marque de Somerset, 331, 334; une autorisation écrite du roi d'Angleterre ou du duc d'York, I, 196; IV, 341, 346; emporte Fougères par surprise, I, 197, IV, 306, 310, 325, 342; reçoit de Talbot ainsi que de Somerset des félicitations, des instructions et des provisions, 306, 307, 312, 316, 317, 319, 327; est sollicité par le duc de Bretagne de rendre sa prise, 326; crainte du gouvernement français qu'on ne le représente comme son complice, I, 198. Ses fils. Voy. *Surienne* (Jean et Pierre). Sa fille, IV, 292.

Ardenne (abbaye d'), I, 239.

Aremberg (Guillaume de La Marck, comte d'), confédéré avec les insurgés d'Utrecht, III, 112; chassé du pays de Liége pour ses crimes, *ibid.;* va solliciter Louis XI, 112, 113; revient de France avec une petite armée et menace Liége, 113; tue de sa main l'évêque de Liége, 114; ne le laisse enterrer qu'au bout de trois jours, 115; entre à Liége avec l'assentiment des citoyens, *ibid.*; enferme le clergé de la ville pour le forcer à élire son fils à la place de l'évêque défunt, 116; le contraint de fournir hypothèque pour avoir de quoi faire confirmer l'élection, *ibid.*; requiert le serment de fidélité de toutes les villes du pays, *ibid.*; est attaqué par les milices du Brabant et du comté de Namur, 117; perd Hasselt, Bilsen et Maeseyck, *ibid.*; est battu avec les Clévisiens, ses alliés, 118; se réfugie à Liége et de là à Huy, *ibid.*; y répare ses désastres par la faute des Brabançons, 119; est abandonné par Louis XI, 120, 122; battu une seconde fois près de Huy,

122, 123; rentre à Liége, 123.

Aretin (Léonard). Exemplaire imprimé de son histoire de la guerre des Goths, IV, 269.

Argentan, se rend aux Français, I, 233. Louis XI à —, II, 155.

Arguel (Jean de Chalon, prince d'Orange et seigneur d'), chef de l'insurrection francomtoise, III, 23; secourt Dôle, 24; reçoit une subvention pour défendre la Franche-Comté, 53; succès qui lui sont faussement attribués, *ibid*. Il se brouille avec Maximilien, IV, 394.

Armagnac. Pays d'—, IV, 398.

Armagnacs (bâtards d'). Voy. *Lescun*.

Armagnac (Bernard d'), connétable de France, I, 11; assassiné et exposé sur la table de marbre, 30.

Armagnac (Isabelle d'), épousée par son propre frère, II, 281, 282.

Armagnac (Jacques d'). Voy. *Nemours*.

Armagnac (Jean IV, comte d'), II, 281.

Armagnac (Jean V, comte d'), fils du précédent, élevé à la cour de Charles VII, s'éprend de sa sœur, II, 281; l'épouse moyennant une fausse bulle du Pape, 282; est mis en jugement au parlement de Paris, comparaît et s'évade, 283; se confine dans la vallée d'Aure, 284; est gracié par Louis XI, *ibid.*; s'arme pour la guerre du Bien Public, 104; met la main sur les recettes des finances, 115; ne rejoint pas à temps les Bourguignons, 121; opprime ses sujets et ceux du roi qui lui fait donner la chasse par une armée et le force à se retirer de nouveau dans les Pyrénées, 285; il est rétabli dans ses possessions par le duc de Guienne, 280, 285; soutenu par les archevêques d'Auch et de Toulouse, IV, 398, 399; fournit à Louis XI un prétexte pour garder les abords de la Guienne, II, 289; est frappé une troisième fois de confiscation, 301; surprend le sire de Beaujeu dans Lectoure, *ibid.*; est assiégé dans cette ville, où il laisse entrer les capitaines du roi, 302; est tué dans une rixe, quoique nanti d'une sauvegarde écrite, 303. Sa femme. Voy. *Foix* (Jeanne de).

Armagnac (Jean d'), évêque de Castres, IV, 397; conspire contre Louis XI, 401.

Armagnac (Marie d'), femme du duc d'Alençon, II, 281.

Armagnacs (Faction des). Origine de son nom, I, 11; ses excès, 15, 25, 27; sa durée, III, 74. Les —, chassés de Paris, I, 28; sévices contre leurs adhérents, 31. Ils défendent le château de Montlhéry, *ibid.*; sont battus près de Saint-Riquier, 39.

Armée. Indiscipline de l' — en France, I, 102, 165. Ravages de l'— conduite en Lorraine, 164. Organisation d'une — permanente de quinze cents lances, 165, 166, qui est répartie par petites garnisons, à charge d'être entretenue par les populations, 167; une taxe est substituée aux prestations en nature, 168. Création d'une infanterie nationale sous le nom de francs-archers, 168, 169. Inconvénients de la gendarmerie permanente, 170, 171, 172, 173, 180; ce qu'elle a eu de bon, 179; III, 253; nécessité de la réduire, 248, 256; quelle est l'— naturelle de la France, II, 174; première — stipendiée qu'il y ait eu, 180. Conduite de Charles VII à l'égard de l'—, I, 322, 326. Composition de l'— envoyée en Catalogne, II, 56, note. Les ressources de la Bourgogne épuisées par la permanence des —, 422. Réduction dans l'— française effectuée par Louis XI, III, 48; Suisses substitués aux compagnies licenciées,

50. Souffrance du peuple à cause des dépenses de l'—, 130, 131, 253, 257. Législation de l'—, sous Charles VII et sous Louis XI, 182.

Arnheim, soumise par le duc de Bourgogne, II, 320.

Arnoul, général-conseiller de Charles VII sur le fait des finances, IV, 222.

Arondel (le comte d'), fait serment d'écraser les Cauchois, I, 109; attaque imprudemment les Français devant Gerberoy où il est battu, 110; meurt à Beauvais, 111.

Arques. Le château d'—, I, 218.

Arques (Robin d'), vitrier de la cathédrale de Lisieux, IV, 201.

Arras, est assiégé par le roi et capitule en 1414, I, 12; désigné en 1435 pour traiter de la paix entre Charles VII et le duc de Bourgogne, 96. Paix d'—, 99, 100, impuissante à rétablir la bonne harmonie entre le roi de France et le duc de Bourgogne, 289; observée fidèlement par le duc, 304; II, 80. Campement des Bourguignons autour d'—, II, 253. Combat entre les Français et les Bourguignons devant —, 346. La Cité d' — rendue à Louis XI, III, 8, 27. Entreprise du roi contre la Ville d'—, 26; premières ouvertures faites aux habitants, 27, qui demandent et obtiennent la permission d'en référer à la duchesse de Bourgogne par une ambassade, 27, 28, dont les membres sont arrêtés et condamnés à mort, 28. La Ville, battue en brèche, demande à capituler, 29; elle est frappée d'une contribution de 300 000 écus, *ibid.*; bruits de certaines exécutions qui y auraient eu lieu contre la foi des traités, 30. Garnison laissée à — par Louis XI, 39, qui revient s'y confiner, 43. Second traité d'—, 120, 127, 128; satisfaction avec laquelle

il est accueilli partout, 130, excepté en Angleterre, 132.
Arson (Jean d'), complote l'assassinat du duc de Bourgogne, II, 234, 235, 236.
Artillerie, I, 63, 110, 144, 145, 153, 210 note, 236, 240, 241, 244, 245, 263, 264, 267; II, 57 note, 58, 171, 197, 198, 350; III, 51, 87, 88, 94, 150, 151, 152; IV, 307, 311, 318.
Artois. Campements des Bourguignons en —, II, 253, 291. Ravage de l'— par les Français, 346, 357, L'— soumis par Louis XI après la mort du duc de Bourgogne, III, 5; est approvisionné par lui, 39. Concentration de troupes françaises dans l'—, 43; l'armée de Maximilien vient y prendre position, 42. Cession de l'— à la France, 127. Comté d'—, III, 27.
Artois (Charles d'). Voy. *Eu*.
Ast (comté d'). La défense du — confiée à Dunois, II, 26, 44. Cession du — au duc de Milan, projetée par Louis XI, 45.
Athanase (saint), s'exile à Trèves, III, 333; a écrit son apologie, 239, 344.
Auber (Jean), vicomte de Pontaudemer, IV, 251.
Aubervilliers. Louis XI à —, IV, 368.
Aubry (Guillaume), chanoine de Lisieux, IV, 172, 197; vicaire général de Thomas Basin, 240 note.
Auch. Archevêques d'—. Voy. *Lescun*, *Lévis*.
Audenarde, assiégé par les Gantois, I, 273, qui y sont battus, 274. Ravages autour d'—, III, 41; les Français y subissent un échec, *ibid*. Canal de Gand à —, IV, 394.
Auffoie (Jacquet), habitant de Courthonne, IV, 170.
Auge. Pays d'—, IV, 128. Vicomte d'—, 165, 229, 249. Voy. *Tardif*.

Augustin (saint), cité, II, 192, 371; III, 191, 334, 337, 355, 359; IV, 112, 115, 119; ouvrages de lui, copiés pour Thomas Basin, 268, 269.
Aulne, au diocèse de Liége. L'abbé d'—, IV, 134.
Aumale (Jean de Harcourt, comte d'), chassé de Rouen, I, 11; capitaine des Français à la bataille de Verneuil, 49; y est tué, 51; était le père du patriarche de Jérusalem, II, 126.
Auppegard, en Caux, IV, 232.
Aure (Montagne d'), dans les Pyrénées, II, 280, 284, 285, 302.
Autriche, II, 338; III, 19, 32. Archiducs d'—. Voy. *Albert*, *Frédéric*.
Autriche (Albert, duc d'), frère de l'empereur Frédéric, IV, 352.
Autriche (Marguerite d'), fille de Maximilien et de Marie de Bourgogne, III, 72; mariée au dauphin par le traité d'Arras, 127; emmenée en France, 132.
Autriche (Maximilien, duc et archiduc d'), fils de l'empereur Frédéric IV, demandé comme mari de la fille du duc de Bourgogne, IV, 365; fiancé à cette princesse du vivant de son père, III, 19 note, 20, envoie sa procuration à Gand pour accomplir le mariage, 21; est agréé par les Etats des Pays-Bas, *ibid*.; se fait longtemps attendre de ses nouveaux sujets, 32, 34, 36, auxquels il rend courage par son arrivée, 38; son mariage avec la duchesse est consommé à Bruges, *ibid*. Il visite la Flandre et retourne tenir à Bruges le chapitre de la Toison-d'Or, 39; détruit le pays autour de Tournay, 40; rassemble une nouvelle armée près de Mons, 43; va camper à Pont-à-Vendin, 42; défie Louis XI pour avoir bataille avec lui, 43; ne peut le faire sortir d'Arras et se résout à conclure une trêve, 44; indispose les Fla-

mands par ce traité, III, 44; passe un accord avec les habitants de Tournay, 45; envoie des commissaires à Cambray pour traiter de la paix, 46; assiste à la tenue des États des Pays-Bas à Termonde, 47; perd la Franche-Comté, 51, 53; assiège Thérouanne, 54; va à la rencontre des Français qui s'avancent, *ibid.*; conduit son infanterie contre eux malgré la déroute de sa gendarmerie, 54, 55; passe la nuit sur le champ de bataille, 56, 57; est forcé par la perte de son matériel de licencier une partie de son armée, 58; remporte une victoire dans le pays de Gueldre, IV, 390; ne peut obtenir des subsides des États de Flandre pour défendre le Luxembourg, 391; menace les Gantois de se réconcilier avec le roi de France, 392; se brouille avec le prince d'Orange, 394; conduit quelques troupes en Hollande et recouvre Leyde sur les Trajectins, III, 77; mesures de rigueur qu'il prend à l'égard d'Utrecht, 79, 80; tentative de quelques-uns pour remettre la ville en sa bonne grâce, 86; ambassade qui lui est envoyée pour traiter avec lui sans l'évêque, 94, 95; il rejette une pareille proposition, 95, 96; ses commissaires reçoivent d'autres ouvertures également inacceptables, 106; bruits sinistres répandus sur son compte à Utrecht, 111; fausse sécurité des Trajectins à son égard, 120. Il perd sa femme, 71, pour laquelle il avait la plus vive affection, 72; conclut la paix avec Louis XI, 127; concessions qu'il lui fait, 127, 128; il obtient la neutralité de la France à l'égard de Guillaume d'Aremberg, du duc de Clèves et de la cité d'Utrecht, 120; vit desormais en paix avec Louis XI, 138; envoie des commissaires à plusieurs réunions indiquées pour régler les affaires d'Utrecht, 143; met le siége devant cette ville, 157; accueille des propositions de soumission qui lui sont faites, 157, 158; apprend que l'assaut est donné sans son ordre pendant les négociations, 158; fait retirer ses soldats, *ibid.*; autres griefs contre lui que les assiégés joignent à celui-là, 159; complot contre ses jours imputé au seigneur de Monfoort, *ibid.*; perte qu'il fait dans la personne de Joosse de Lalaing, 160. Il reçoit la capitulation d'Utrecht, 162; entre dans la ville avec son armée, 163, dont il est impuissant à réprimer les désordres, *ibid.* La nouvelle de la mort de Louis XI lui parvient pendant le siége d'Utrecht, 165.

Autriche (Sigismond, duc d'), implore le secours des Français contre les Suisses, I, 181; leur ouvre les places de l'Alsace, 182; est prié par Charles VII d'intervenir dans les affaires du Palatinat, IV, 352; vend au duc de Bourgogne le comté de Ferrette, II, 327, 330; est sollicité par Louis XI de le racheter, IV, 370; éprouve un refus de la part du duc, II, 330, 331; se réconcilie avec les Suisses, 330; IV, 370, 373; ne veut pas engager les autres familles ducales d'Autriche par les accords qu'il prend avec Louis XI, IV, 371 à 374; rentre en possession du comté de Ferrette, 384, 385; a à se défendre à la fois contre les Vénitiens et contre le duc de Bourgogne, 378; fait discuter l'échéance de sa pension comme conseiller de Louis XI, 375 à 378; reçoit du roi l'assurance du concours des Suisses, 379, 380.

Auvergne (l'), pays montagneux, III, 283; soulevée contre Louis XI, II, 114; les impôts y sont excessifs, *ibid.* La noblesse de — guerroye en Bourgogne, 277.

Auvergne (Bertrand de la Tour, dauphin d'), et comte de Boulogne, attaché à l'armée du Roussillon, II, 56 note ; chef d'une armée française en Bourgogne, 277.

Auxerre, se soumet au gouvernement de Henri V, I, 36. Comté d'— cédé au duc de Bourgogne par Charles VII, I, 100; repris par Louis XI, III, 23; cédé à la France comme dot de Marguerite d'Autriche, 127. Evêque d'—. Voy. *Longueil.*

Auxerre (Denis d'), commissaire pour le Bien public, IV, 245.

Auxerrois. Incendie d'un village de l'—, II, 30.

Aux-Espaules (Richard), gendre de François l'Aragonais, dépose sur l'attentat de son beau-père contre Fougères, IV, 291 à 293.

Auxi (Jean d'), aumônier de Charles VII, IV, 182.

Avesnes-le-Comte en Hainaut. Service de Charles VII célébré à —, I, 311; II, 6. Siége et prise d'— par Louis XI, III, 31 ; IV, 385. Cruauté des vainqueurs motivée par la résistance opiniâtre des habitants, III, 32.

Avignon, possession de l'Eglise, I, 283 ; le cardinal Julien de la Rovère y est mal traité, IV, 396. Cardinal d'—. Voy. *Coetivy, Rovère.*

Avranches Eglise d'—, IV, 185. Evêques d'—. Voy. *Bochard, Cornegrue, Pinard.*

Avrechier, seigneur, IV, 227.

Aydie (Odet d') , enlève le frère du roi et le conduit en Bretagne, II, 100; est devenu comte de Comminges, IV, 385.

Azincourt. Bataille d'—, I, 22 ; a été pour les Français l'expiation anniversaire du sac de Soissons, 23.

B

Bade (Charles, margrave de), II, 196, 340; III, 20 ; IV, 352.

Bade (Christophe, margrave de), III, 20.

Bade (Georges de), évêque de Metz, II, 323, 325 ; III, 19.

Bade (Jacques, margrave de), III, 20.

Bade (Jean de), archevêque de Trèves, bien disposé en faveur de Louis XI, IV, 363; fonde l'Université de Trèves, 134, 135; assiste l'empereur au congrès de Trèves, II, 323, et à la délivrance de Neuss, 340.

Bade (Marc de), substitué par les Liégeois à leur évêque, II, 196.

Badouiller, secrétaire du roi, IV, 243.

Baile. Voy. *Belle.*

Bâle, III, 312, 315 ; IV, 21 ; confédérée avec les Suisses, I, 181 ; reste témoin de leur défaite par les Français, 182. Mécontentement des habitants de — contre le seigneur de Hagenbach, II, 329; ils envahissent la Franche-Comté, 345. Voyage du duc de Lorraine à —, 397. Lettres scellées du sceau de —, III, 313. Concile de —, I, 317, 318; III, 376; IV, 78, 81. Léproserie de —, I, 182.

Balue (Jean), évêque d'Evreux, grand ami de Louis XI, III, 282, 317; employé comme intercesseur par Thomas Basin, 283, moyennant finance, 302 ; le trahit, 284, convoitant pour lui-même l'évêché de Lisieux, 302 ; devient cardinal-évêque d'Angers, et porte ses vues ailleurs, 282, 303 ; est employé pour les préliminaires du traité de Péronne, II, 187; entre à Péronne avec le roi, 189 ; reçoit les serments des deux parties contractantes, 190; est mis en prison sous prétexte d'un complot contre les jours du roi, III, 317, où l'on implique aussi Thomas Basin, 318, 321 ; mais en réalité à cause du traité de Péronne, II, 210, 213. Son incarcération très-obscurément expliquée au duc de Bourgogne,

II, 212, se prolonge malgré les instances de la cour de Rome, III, 326, 341, 342. Il est élargi et forcé de partir incontinent pour l'Italie, 174. Coadjuteur qu'on veut lui imposer contre la volonté du pape, IV, 396.

Baluze (Étienne), possesseur du manuscrit de l'Apologie, III, 209, en a fait une copie de sa main, 210; a copié aussi le *Breviloquium*, IV, 4, et le traité contre Paul de Middelbourg, 107, 136, note; a acheté tous les mss. de Thomas Basin, 142.

Bar (duché de), II, 50, 223, 357, 363, 372, 413; III, 25. La noblesse du — guerroye contre le Luxembourg, II, 369; en est punie par le duc de Bourgogne, 372. Duc de —. Voy. *Anjou* (René d').

Bar-le-Duc. L'empereur attendu à —, IV, 384.

Bar-sur-Seine. Prise et incendie de —, IV, 383. Seigneurie de —, III, 127.

Barante (M. de) a attribué à Thomas Basin une partie de l'histoire connue sous le nom d'Amelgard, I, xcviij; a popularisé cette histoire, cxiv.

Barbasan (Arnaud Guilhem de), soupçonné du meurtre de Jean-sans-Peur, passe pour s'en être justifié, I, 38; capitaine des Français en Lorraine, 91; conseil qu'il donne pour la bataille de Bulgnéville, 91, 92, où il est tué, 93.

Barbe (Nicolas), habitant de Lisieux, IV, 273.

Barbery (le seigneur de), député aux Etats de Normandie, IV, 224.

Barbier (Robert), chanoine de Rouen, IV, 148, 149.

Barcelonais (les) en possession du commerce maritime de la France, I, 243; se lient par serment au prince don Carlos, II, 54; entrent en campagne sous le commandement du comte de Pallas, 58; regagnent après la retraite des Français tout ce qu'ils avaient perdu, 63; assiégent le château de Perpignan, *ibid.* Voy. *Catalans, Catalogne*.

Barcelone, II, 54; III, 207, 298; assiégée par les Français, II, 61, 62; abandonnée à elle-même par Louis XI, 66; se donne à René d'Anjou, 304; ne trouve pas en lui ce qu'elle attendait, et se réconcilie avec le roi d'Aragon, 305. Ses relations intimes avec Perpignan, 305, 306. Son nom équivalent du Roussillon. IV, 375. Abbaye de Mout-Sion à —, II, 281, note 5.

Barde. Voy. *Labarde*.

Bardou (Jeanne), abbesse de Notre-Dame de Lisieux, défendue par l'évêque contre le chapitre, IV, 212.

Barenton au diocèse d'Avranches, IV, 185.

Barnet, en Angleterre. Bataille de —, II, 260, 261.

Barnisson (Geoffroi), orfévre de Rouen, monte la garde aux barricades de la ville, IV, 328, 332; assiste au pillage d'une maison par les Français, 330; entend lire une lettre de marque du duc de Somerset à François l'Aragonais, 331, 334.

Barre ou Barré (Jean), notaire d'église à Lisieux, IV, 273.

Basin (Jean), épicier, bourgeois de Caudebec, IV, 146; fait émigrer sa famille en divers lieux, 10, 11, 12; persuade à son fils Thomas de retourner en Italie, 15. Acte de rapport à sa succession non ouverte, 146. Il est anobli avec Colette, son épouse, et toute leur postérité, 188.

Basin (Louis), receveur de l'évêché de Lisieux, IV, 208, 238, 267; est conduit prisonnier à Tours avec son frère Thomas le jeune, III, 312; supplie son autre frère, l'évêque de Lisieux, de quitter la

Savoie, III, 312 ; l'informe des intrigues nouées pour le perdre, 318 ; retourne à Rouen, et en est arraché de nouveau pour être interné à Paris, 346 ; subit un interrogatoire dans la chambre de la torture, au Châtelet, 348 ; rend compte de la gestion qu'il avait eue des biens de l'évêque de Lisieux, 348, 349 ; est forcé de déposer au trésor 4000 florins qu'il avait en caisse, 349 ; obtient la permission d'aller trouver son frère à Trèves, *ibid.* ; lui représente la situation fâcheuse de sa famille et celle de son église, 350, 351 ; le supplie de renoncer au siége de Lisieux, 351.

Basin (Michel), fils aîné de Jean Basin, IV, 146 ; contribue à un emprunt de la ville de Rouen, 145 ; rapporte à la succession de son père trois maisons dont il avait été avantagé, 146 ; procure la soumission de Caudebec au duc de Normandie, 253 ; engage l'évêque de Lisieux à se prononcer dans le même sens, 254 ; est gracié pour ce fait à l'instance de son beau-frère, 254, 255 ; est interné à Paris, III, 346 ; renvoyé après avoir affirmé sous serment qu'il n'avait pas eu part à l'administration des biens de l'évêque de Lisieux, 348.

Basin (Michel), chanoine de Lisieux, IV, 273.

Basin (Nicolas), marchand à Rouen, acquitté d'une somme à lui due, IV, 212 ; exécuteur testamentaire de son frère Thomas, 271 ; enterré à Saint-Jean d'Utrecht, IV, 140.

Basin (Nicolas) le jeune, fils du précédent, IV, 271.

Basin (Thomas). Sa naissance, IV, 9, 11, note. Il émigre avec sa famille à Rouen et à Vernon, 10, à Falaise, 11, à Saint-James de Beuvron, à Rennes, à Nantes, 12 ; voit à Rennes le dominicain Vincent Ferrier, 103 ; commence son instruction à Caudebec, 13 ; est envoyé à l'université de Paris, *ibid.* ; y voit le cordelier frère Richard, 103, 104 ; se rend à Louvain, 13 ; y est reçu maître ès-arts, 138 ; part pour Pavie, 13 ; revient à Caudebec et retourne à Louvain, 13, 14, où il passe docteur en droit canon, 138 ; se rend à Bologne, 14 ; revient trouver sa famille à Rouen, *ibid.* Son deuil dans cette ville, 15 ; anecdote qui paraît se rapporter à lui, I, xxj, 58. Il aborde à Londres et y tombe malade, IV, 15 ; remonte le Rhin pour se rendre à Pavie, puis à Ferrare, *ibid.* ; suit la cour apostolique à Florence, 16 ; y lie connaissance avec le Pogge, 118 ; fait partie d'une légation en Hongrie, 16 ; revient à Florence et quitte l'Italie, *ibid.*, pourvu d'une prébende à la cathédrale de Rouen, *ibid.* ; acquitte son droit d'entrée au chapitre, 147 ; s'accorde avec Hector Coquerel pour la possession de sa prébende, 148, 149 ; enseigne le droit canon à l'Université de Caen, 17 ; est élu recteur, 150 ; chargé d'une mission à la cour de France par le duc d'York, 152 ; devient évêque de Lisieux, 17, 141 ; est appelé en Angleterre, 153 ; demande un délai pour l'acquittement de son past à l'église de Rouen, *ibid.* ; fait évaluer la dépense de cette prestation, 154 ; prête serment au roi d'Angleterre, 159 ; renouvelle les statuts synodaux de son diocèse, 141 ; dispose de la pénitencerie de son église, 160 ; approuve le culte d'une relique apportée à Bernay, 162 ; conteste avec l'archevêque de Rouen au sujet de son past, 155, 156 ; plaide contre les habitants de Marolles pour les astreindre au guet à son château de Courthonne, 164 à 170 ; confirme l'élection d'une abbesse de Notre-Dame de Lisieux, 171 ; apaise le duc de Somerset après la prise de Pont-de-l'Arche I, 203 ; dans quelle disposition d'esprit il voit les Français s'approcher de Lisieux, 211 ; son discours aux Anglais, IV, 126 ; la population entière le fait l'arbitre de son sort, I, 212 ; raisons qu'il porte aux capitaines français, 213 ; traité négocié par lui, 214, 220 ; IV, 128, 129, 130. Il trace aux Français le plan de campagne qu'il leur convient de suivre, I, 216, 217, 218 ; prête serment au roi à Verneuil, IV, 130, 181 ; assiste au serment des ecclésiastiques de son diocèse, 183, et à l'impétration de deux abolitions royales, 186, 187 ; entre le premier à Rouen, I, 228 ; y reçoit Charles VII, IV, 131 ; s'acquiert une grande renommée par sa conduite pendant le recouvrement de la Normandie, III, 242 ; touche un quartier de sa pension de conseiller, élevée à 1000 livres, 191 ; confère la cure de Saint-Vaast en Auge, 192 ; approuve la fondation d'un office au prieuré de Friardel, 194 ; prête serment à l'église de Rouen, 141 ; s'acquitte de son past, 157, 158 ; transige avec son chapitre au sujet de la cure de Mardillay, 196 ; fait réparer la lanterne de sa cathédrale, 199 ; produit l'aveu de son temporel, 141 ; contestation sur son rang d'appel à l'Echiquier de Normandie, 203. Il est consulté par le roi sur le procès de Jeanne d'Arc, 1, 84 ; écrit un mémoire sur ce sujet, ibid.; IV, 93 à 99, avec les matériaux que lui ont communiqués le doyen de Noyon et Paul Pontanus, 99, 100 ; a entendu parler Dunois sur la première entrevue de Charles VII et de la Pucelle, I, 70, et recueilli l'opinion des capitaines français sur la bataille de Verneuil, 52 ; reçoit l'hommage du fief de Magny-le-Freule, IV, 204 ; fait exécuter un débiteur de son temporel à Lisieux, 206 ; son droit sur la halle de cette ville, 209 ; ses tribulations par suite des procès, III, 387. Il est obligé de prendre à sa solde des avocats et procureurs qui le trahissent, ibid.; se livre avec délices à l'étude, IV, 130 ; reçoit un message du dauphin qui le prie de l'aider dans son projet d'obtenir le gouvernement de la province, III, 244 ; refuse d'agir en ce sens sans l'autorisation du roi, ibid.; est dénoncé à Charles VII, comme ayant des intelligences avec son fils, 245 ; livre, pour se justifier, les lettres qu'il avait reçues du dauphin, ibid.; suppose avoir encouru par là la haine de ce prince, ibid.; assiste aux conciles de Chartres et de Bourges, IV, 82 ; y voit l'original de la Pragmatique de Saint-Louis, ibid.; fait partie d'une commission pour la réforme de la justice, 31 ; est prié par Pierre de Brézé d'écrire ses idées sur la matière ; ibid.; résumé de cet ouvrage, I, xxviij à xxxj ; son opinion à l'égard du parlement de Paris, IV, 33 ; ses conférences avec les avocats de cette cour, 37 ; témoignage de son expérience sur la promptitude avec laquelle les causes sont jugées à Rome, 46. Il confère la cure de la Boissière conformément aux dispositions de la Pragmatique-sanction, 210 ; défend l'abbesse de Notre-Dame de Lisieux contre le chapitre de sa cathédrale, 212 ; obtient un délai pour un supplément d'aveu que la chambre des comptes exigeait de lui, 215, 216, 217 ; se fait délivrer une ampliation de l'ordonnance relative au décime demandé par Calixte III, 218 note ; donne quittance pour trois quartiers de sa pension de conseiller, 222; est désigné comme commissaire des Etats de Normandie auprès du roi, 224; fait connaître ses relations avec Charles VII, I, 3; a recueilli de sa bouche une anecdote du siége de Pontoise, 146; ses voyages pour son service, IV, 18, 24, notamment à l'Echiquier de Rouen, 24; ces déplacements lui ont fait voir l'état de dévastation de la France, I, 45. Il va à Reims pour assister au sacre de Louis XI, III, 246; IV, 226, croyant le trouver disposé à rétablir les franchises et la prospérité du royaume, III, 247; lui fait une visite à l'abbaye de Saint-Thierry, *ibid.;* lui adresse brièvement deux requêtes pour la réduction des impôts et de l'armée, et pour la réforme de la justice, II, 10; III, 248; le *voit abonder dans son sens,* 248, 249, 250; est prié par lui de mettre la matière en écrit, 251; se rend à Paris et y rédige un mémoire, 252; résumé de cet ouvrage, 252 à 258. Il le remet au roi à son entrée à Paris, 259; en est vivement remercié et apprend que Louis XI en récite des passages à qui veut l'entendre, 258. Il renouvelle son serment de fidélité au roi, IV, 229; plaide contre son chapitre aux assises d'Orbec, 229; est dispensé d'un nouvel aveu de son temporel, 229; réforme le collége de Lisieux à Paris, 141; plaide à l'Echiquier pour la succession de l'évêque de Bayeux, 234; transige avec son chapitre au sujet de la réconciliation de la cathédrale et de son cimetière, 235; abandonne trois sorciers au bras séculier, 239; siége à l'Echiquier parmi les prélats du diocèse de Rouen, 204,note; obtient délai pour produire le dénombrement des biens de son église, 241; est invité par le roi à écrire ses idées sur les usurpations de la cour de Rome, IV, 79; lui montre un biais pour revenir sur l'obéissance donnée au pape Pie II, 84; propose la réunion d'un concile, 82, et le rétablissement de la Pragmatique-sanction, 86; dicte les termes de l'obéissance à faire au pape Paul II, 88; apprend que Louis XI l'accuse d'avoir, dès 1461, cherché à disposer les choses pour la coalition du Bien public, III, 259, 260; est nommé de la commission pour le Bien public, IV, 245; informé de la cession de la Normandie au frère du roi, III, 261; procure la soumission de Lisieux, 261, 262; IV, 254; son exemple est suivi dans les autres villes de la Basse-Normandie, 262. Il se rend à Rouen pour la réception du nouveau duc, 263; IV, 18; intervient dans une contestation du chapitre métropolitain, 246; investit le duc de Normandie par la tradition de l'anneau, I, xliv; IV, 247; est retenu du conseil de ce prince, III, 264; le suit à Louviers pour une entrevue avec les envoyés du roi, *ibid.;* ses appréhensions, 265. Il préserve le prince d'une surprise en le faisant partir pour Pont-de-l'Arche, 267, 268; aggrave par là le courroux de Louis XI, 269; se charge d'une ambassade auprès des princes de Bourgogne, II, 156; III, 27, 340; joint le comte de Charolais à Saint-Trou, 272; se rend auprès du duc Philippe à Bruxelles, 273; IV, 251; y apprend la soumission complète de la Normandie au roi, 274. Ses meubles deviennent la proie des soldats, 280; ses biens sont mis en la main du roi, IV, 248; donnés à régir au cadet d'Albret, III, 281, 323. Il s'exile à Louvain, 275; IV, 18, 137; y enseigne le droit, 132, 138; consacre l'évêque de Liége, 133; visite l'abbaye de Bethléem en Brabant, 139; est sollicité par ses amis de revenir en France, III, 275; IV, 19. Ses terreurs à cette idée, III, 276; il est rappelé nommément dans un édit d'abolition, 277; les lettres patentes ainsi conçues sont corrigées sur les remontrances du conseil de Rouen, 278; il en reçoit une copie, *ibid.*; se propose d'envoyer quelqu'un en France pour faire examiner la situation, 279; reçoit l'assurance que son temporel est délivré, *ibid.*; se décide à revenir, 280; reçoit l'injonction de se rendre à Orléans, 281; IV, 19; obtient à grand'peine la permission de passer une nuit à Rouen, III, 282; arrive auprès du roi qui le salue à peine, *ibid.*; IV, 19; est conseillé de recourir à Jean Balue, III, 283; lui fait de beaux cadeaux, 302, pour obtenir par son entremise le bénéfice de l'abolition qui lui avait été accordée, 283; est trahi par cet homme qui convoitait pour lui-même l'évêché de Lisieux, 284, 302; reçoit pour toute réponse qu'il doit aller servir le roi en Roussillon, 284, comme chancelier du parlement institué à Perpignan, 286; demande à être transféré à un évêché du Dauphiné ou de l'Auvergne, 285; n'obtient ni cette grâce, ni celle de faire un voyage dans son diocèse, 286; diffère son départ en attendant qu'on ait fixé ses appointements de chancelier, 287; attitude du roi à son égard toutes les fois qu'il soulève cette question au conseil, 288. Il suit la cour à Bourges puis à Tours, 288; IV, 19. Courroux du roi contre le chancelier de France qui l'a laissé venir à Tours, III, 289; instances du chancelier pour qu'il parte en Roussillon, 289. Il arrive à Perpignan, 290; IV, 20. Son administration comme chancelier du Roussillon, III, 291; mandements attentatoires à la justice dont il est accablé, 367; il refuse le siége d'Elne qui lui est offert, 292; est atteint d'une maladie d'estomac, 293; demande à revenir en France, 293; est réconcilié avec le roi par l'évêque d'Avranches, 294; IV, 20; diffère imprudemment son retour, III, 294; reçoit la commission d'aller en ambassade à Barcelonne, 297; ses souffrances dans ce voyage, 298. Il apprend à son retour qu'un messager du roi est en route pour l'empêcher de quitter Perpignan, 299; il consulte le vice-roi de Roussillon, et, d'après son avis, se décide à ne pas attendre l'arrivée du messager, 300, 301; il apprend la nouvelle persécution dirigée contre lui par la famille de Mannoury, 303; brigues pour avoir son évêché, 304. Il s'enfuit en Savoie, 305; IV, 20. Comment il est manqué par le messager du roi, 307, qui ne l'atteint qu'à Genève, III, 306; teneur de la lettre qui lui enjoint de retourner à Perpignan, *ibid.*; autre ambassade qui lui est destinée en Catalogne, 307, dans le dessein de le faire succomber à l'âpreté du climat, 308, 309; il demande au roi la permission de se tenir en Italie ou en Allemagne, 309; ne reçoit que des réponses menaçantes, 310; est accusé de tourner contre le roi les princes de Savoie, 311; privé une seconde fois de son temporel, *ibid.*, qui est donné à régir à Robert Mannoury, IV, 256. Il apprend l'incarcération de deux de ses frères, III, 312; est supplié par eux de s'éloigner de la Savoie, *ibid.*; se rend à Bâle et en informe Louis XI par un acte authentique, 313; IV, 21. Ses ennemis font courir le bruit de sa mort, III, 314; son chapitre est mis en demeure d'élire un nouvel évêque, III, 314. Il fait savoir qu'il vit encore, 315; se rend à la cour de Bourgogne et fait faire par le duc auprès du roi des démarches inutiles, *ibid.*; auxquelles il prie lui-même le duc de mettre un terme, 316. Calomnies de ses persécuteurs, *ibid.*; on l'implique dans la conspiration Balue, 317, 318, 321, 326; fureur du roi contre lui, attestée par des témoins dignes de foi, 317, 321; fin misérable de ses persécuteurs, 321, 322, 323. Louis XI donne la régie de son temporel à Jean de Mannoury, IV, 257; cesse de l'accuser d'avoir conspiré sa mort, III, 319. Nouvelles démarches faites en sa faveur par le duc de Guyenne, 319, 320; le roi ne veut pas entendre parler de son retour à Lisieux, 320. Richard de Thiéville substitué à Jean de Mannoury dans la régie de son temporel, IV, 261. Il quitte les Etats du duc de Bourgogne pour gagner Trèves, III, 345; IV, 21, 137; y séjourne, III, 328, 330; IV, 21; y est témoin de l'entrevue de l'Empereur et du duc de Bourgogne, II, 326; y écrit l'histoire du règne de Charles VII et les deux premiers livres de celle de Louis XI, I, xcix, c; y compose son apologie, III, 205, 206, 207, 392, dans quel but, 237 à 241, 391, 392; y fait copier plusieurs livres de dévotion, IV, 269; y officie le jour de l'établissement de l'Université, 135; obtient, sur les instances du seigneur de Châtillon, de venir garder les arrêts à Orléans, III, 327, 341; refuse cette grâce dérisoire, 328; se justifie d'avoir montré envers le roi une méfiance exagérée, 329; d'avoir été désobéissant à ses ordres, 331; d'avoir approuvé la ligue du Bien public, 339; d'y avoir donné les mains, 362, 364; d'avoir déserté son église, 332 à 333. Les papes Paul II et Sixte IV déjouent toutes les manœuvres tentées en cour de Rome pour obtenir sa déposition ou son transfèrement, 330. Nouvelle persécution contre ses frères et contre des Rouennais qui lui avaient porté de l'argent en Brabant, III, 346, 347, 348; enquête sur la gestion de ses biens, 348; on saisit le produit de son casuel, 349. Ses frères viennent le trouver à Trèves et le supplient de résigner l'évêché de Lisieux, 350, 351. Il part pour Rome, 352; IV, 21; refuse toutes les offres que lui fait le pape, III, 352; n'accepte de lui que le titre d'archevêque de Césarée en Palestine, 353, avec une pension sur le revenu de l'évêché de Lisieux, IV, 137, 138; donne quittance pour une somme que le roi lui restitue, 267; se défend d'avoir été affligé de sa déchéance, III, 354; a trouvé des consolations dans les écrits de Guillaume de Lyon, 361, dans la lecture et les exercices spirituels, 388. Il retourne à Louvain, IV, 22; y continue son histoire de Louis XI, I, cj; va se confiner à Utrecht, IV, 22; habitait cette ville en 1480, III, 73; inquiétude qu'il y éprouve en 1483, 155. Il se réfugie momentanément à Bréda, IV, 23; revient à Utrecht et s'y fait bâtir une maison, *ibid.*; achève son histoire de Louis XI, I, cj, cij; adresse à l'évêque d'Utrecht une lettre contre les rêveries d'un chartreux de Ruremonde, I, lxxxvj; IV, 101 à 105; donne ses livres à la cathédrale de Lisieux, 268; écrit des remarques sur une lettre à l'Université de Louvain, imprimée par Paul de Middelbourg, 105, 116; communique cet opuscule à l'abbé de Middelbourg, 106, 116; reçoit de Paul une lettre d'injures, 114, à laquelle il répond d'abord par une lettre particulière, *ibid.*, puis par un traité, 105 et suiv.; I, lxxxviij; table des chapitres de cet ouvrage, IV, 109 à 114. Il se défend d'avoir écrit ses remarques à l'instigation d'une autre personne, 114, 119; ce qu'il trouve à reprendre dans les traités de Paul, 120; il lui suscite un adversaire en la personne de Pierre *de Rivo*, 136; recommande de faire imprimer après sa mort tout ce qu'il a composé à l'occasion de cette polémique, *ibid.*; fait une disposition en faveur du bas clergé de la cathédrale de Lisieux, 270, 273 note; meurt et reçoit la sépulture à Saint-Jean d'Utrecht, 137, 140; règlement fait par ses exécuteurs testamentaires avec l'administration de la cathédrale de Lisieux, 271. Son tombeau mutilé par les protestants, 139; son épitaphe, *ibid.*; sa figure représentée sur un vitrail à Caudebec, 141. Ses armoiries, III, 208; IV, 191 note; son sceau, IV, 191 note, 270 note; sa signature, IV, 192, 223, 267; ses droits sur l'histoire de Charles VII et de Louis XI constatés par Meyer et par Buchelius, I, xcv; preuves de l'erreur commise à son détriment en faveur d'Almelgard, xcvj; cette erreur reconnue en partie par M. de Barante, xcviij. But avoué de l'auteur en écrivant ce livre, 1; son véritable dessein, lxxvij, ciij; il dit avoir hésité à retracer le règne de Louis XI, II, 1; allègue, au sujet de son entrée à Paris, le témoignage d'un vieux courtisan, II, 17, et celui de deux chanoines de Louvain sur ses principes d'absolutisme, 95. Il a eu entre les mains le traité conclu entre le roi et le prince de Galles, 228. Jugement sur l'histoire en question, I, lxxiv, lxxv; description des manuscrits qui nous l'ont conservée, civ à cviij; latinité de l'auteur, xij. Son caractère jugé par Gaguin, IV, 132; par Guillaume Heda, 137; par Legrand, III, 203; par Duclos, 204; par Laporte du Theil, I, 215 note; par l'éditeur, lxxxix.

Basin (Thomas ou Thomassin), le jeune, frère de l'évêque de Lisieux, III, 312, 318, 345, 348, 349, 350, 351; IV, 238, 272.

Basset (Jean), chantre de la cathédrale de Rouen, IV, 148.

Bastille (la). Voy. *Paris*.

Bataille (Guillaume), écuyer à Lisieux, IV, 238.

Bath, ville d'Angleterre, II, 264.

Baucart. Voy. *Bochard*.

Baudain (Jean), chanoine de Lisieux, IV, 172.

Baudricourt (Robert de), capitaine de Vaucouleurs, I, 67.

Baugenci, pris par les Anglais, I, 61, qui l'abandonnent, 73.

Baugé en Anjou. Bataille de —, I, 40.

Bavière (Frédéric de). Voy. *Palatin du Rhin*.

Bavière (Louis, duc de), en guerre avec le palatin du Rhin, IV, 353; détenteur des joyaux d'Isabelle de Bavière, 353, 354.

Bavière (Louis, duc de), envoyé à Gand, III, 19.

Bavière (Robert de), archevêque de Cologne, d'abord bien disposé pour Louis XI, IV, 363; implore contre ses propres sujets l'assistance du duc de Bourgogne, II, 328, 329; lui représente comme facile à effectuer la soumission du pays, 333. Neuss entre dans la ligue formée contre lui, 234, 335. Il perd la forteresse de Linz, 342.

Bazoges (le sire de), conseiller de Louis XI, IV, 238.

Bayeux. Troupes anglaises sorties de —, I, 234. Projet des Anglais sur —, 236. Siége et prise de — par Dunois, 238. Garnison bretonne à —, II, 185. Capitaine de

—, I, 237, 253. Diocèse de —, III, 243; IV, 196. Evêques de —. Voy. *Castiglione*, *Harcourt* (Louis de). Vicomte de —, IV, 229.

Bayonne, possédée par les Anglais, I, 148; se rend aux Français, 251; ne prend pas part au second soulèvement de la Guienne, 270. Entrevue de Louis XI et du roi de Castille près de —, II, 67.

Beaucaire. Couvent des cordeliers de —, I, 315.

Beauce (la), ravagée, I, 45. Mouvements des confédérés du Bien public dans la —, II, 117, 121, 122.

Beaumont (John, vicomte de), en Angleterre, II, 257, 261.

Beaumont (Thomas de), chef d'une armée anglaise destinée contre la France, IV, 284.

Beaumont (Jacques de), en Dauphiné, I, 204 note.

Beaufort (Henry), cardinal de Winchester; sa richesse, I, 192.

Beaujeu (Pierre de Bourbon, sire de), pris par le comte d'Armagnac, II, 301.

Beauvais, se soumet au gouvernement de Henri V, I, 36; est rendu aux Français, 77. Sortie de la garnison de — pour remparer Gerberoy, 109. Mort du comte d'Arondel à —, 111. Siége de — par les Bourguignons, II, 292, 293, 294, 295, 298, 426. Ravage de la Picardie par les troupes logées à —, 346. Evêque de —. Voy. *Cauchon*.

Beauvaisis (le), I, 45, 153; II, 300.

Beauvau. Voy. *Pressigny*.

Beauvoisien (Martin Petit, dit le) capitaine français, IV, 384; tué à Enquinegate, III, 56.

Bec-Crespin (Antoine du), ou de Mauny, archevêque de Narbonne, ambassadeur auprès du duc de Bourgogne, II, 90; auprès du roi d'Angleterre, 179.

Bec-Crespin (Jeanne du), femme de Pierre de Brézé, livre le château de Rouen dont le roi lui avait confié la garde, II, 126, 128.

Bec-Hellouin (abbaye du). Chronique de l'—, citée, IV, 132.

Behocel (Jacques), témoin dans l'enquête sur le fait de Fougères, IV, 317.

Bellaye (Jean), habitant de Lisieux, IV, 266.

Belle ou Baile (Jean), archevêque d'Embrun, persécuté, III, 175; IV, 397; nommé subrepticement, 399; prend parti pour le Bien public, puis pour le duc de Bourgogne, 400; ses excès en Dauphiné, *ibid*.

Belle (Jean), père du précédent, banni en Savoie pour s'être prononcé contre le dauphin Louis, son bienfaiteur, IV, 399.

Bellegarde (château de), dans les Pyrénées, livré comme gage à Louis XI, II, 56.

Bellême, se rend au Français, I, 233.

Bernard (Gui), archidiacre de Tours, maître des requêtes de Charles VII, IV, 311, 341.

Bernay, I, 207. Charles VII à —, IV, 190. Relique de la Sainte-Vierge apportée à Notre-Dame de la Couture, à —, 162. Siége juridique de —, 168. Vicomte de —. Voy. *Leconte*.

Berne. Voy. *Diesbach*.

Beroult, père et fils, maçons de la cathédrale de Lisieux, IV, 199, 200.

Berry (le), convoité par les Écossais, I, 53; donné au fils puiné de Charles VII, II, 114; soulevé contre Louis XI et reconquis par lui, 115, 117.

Berry (Charles, duc de). Voy. *Charles*.

Berry. Voy. *Bouvier*.

Bertin (Nicole), chanoine de Lisieux, IV, 197.

Besançon. Le diocèse de — envahi par les Suisses, II, 345. Séjour du duc de Bourgogne près de —, 396. Projets du sire de Craon sur —, III, 24. Capitulation de — entre les mains de Charles d'Amboise, qui laisse aux habitants la garde de la ville, 52, 53. Diocèse de —, IV, 338.

Bessin (Pays), son état sous les Anglais, I, 44. Révolte des paysans dans le —, 106; passage d'une armée anglaise par le —, 151. Mouvements des armées française et anglaise sur la frontière du—, 236.

Bethford (Jean de Lancastre, duc de), frère du roi Henri V d'Angleterre, I, 18; délivre Harfleur bloqué par les Français, 25; régent en France, fait estimer son caractère et épouse la sœur du duc de Bourgogne, 47; commande les Anglais à la bataille de Verneuil, 49; ouverture qu'il fait aux Ecossais avant la bataille, 52. Il défend Paris contre la Pucelle, 76; se retire de devant les Français aux environs de Senlis, 77; n'ayant pu reprendre Lagny, se retire à Paris, 88; conséquences de sa mort, 102; sa sévérité à l'égard des chefs de brigands, 105.

Béthune, se soumet à Louis XI, III, 5.

Beuil (Jean de), destitué de l'office d'amiral, II, 20; accompagne le frère de Louis XI en Normandie, 141; cherche à le trahir, 155; III, 267; est excepté de l'amnistie générale après la guerre du Bien public, 158 note.

Bidassoa, rivière, II, 67.

Bien public (Ligue du), formée par Dunois, II, 103; son objet, 104; justifiée, 105 à 113; III, 339. 364. Moyen suggéré à Louis XI pour en venir à bout, II, 124, 125. Partisans du — en Dauphiné et en Auvergne, IV, 400, 401. Commission du —, II, 137; IV, 245; elle n'aboutit à rien, et ne se réunit plus après la retraite des confédérés, II, 138. Valeur des abolitions accordées après la guerre du —, 158, 164; III, 274, 276, 279, 281, 285, 329; IV, 19; elles sont renouvelées pour ne pas être exécutées davantage, II, 215; III, 319, 320, 321.

Bigards (Guillaume de), capitaine du parti français, I, 203.

Bigot (Emery). Un manuscrit de Thomas Basin entre ses mains, IV, 107, 108.

Bilsen, pris sur Guillaume de la Marck, III, 117.

Bitche (Simon, comte de), forme une petite armée dans la Lorraine allemande et inquiète les Bourguignons, II, 396; conduit le duc de Lorraine en Alsace, 397; recouvre les châteaux de Vaudémont et de Sierck, 398; ravage le Luxembourg et se joint à l'armée qui reconquiert la Lorraine, 399.

Blacqueville, en Caux, IV, 233.

Blainville (Guillaume d'Estouteville, seigneur de), signe la capitulation de Lisieux, IV, 174, 181, assiste à l'impétration d'une grâce à Louviers, 187.

Blaye, prise par les Français, I, 249; gardée pendant le soulèvement de la Guienne, 261.

Blondel (Jean), docteur de Rouen, IV, 158.

Blondel (Robert), auteur de l'*Assertio Normanniæ* citée, I, 173, 193, 200, 202, 204, 205, 210, 223, 224, 233, 235, 243; IV, 126 à 129.

Blosset (Etienne), évêque de Lisieux, IV, 272.

Boccace (Jean), cité, II, 97; loué, IV, 118.

Bochard ou Baucart (Jean), évêque d'Avranches, préposé à l'assiette des impôts en Normandie, II, 35; oflicie pour l'inauguration du duc de Normandie, IV, 247; réconcilie Thomas Basin avec le roi, III, 293, 294.

Boèce, cité, II, 97; III, 354, 356, 359.

Boeun (Pierre), pénancier à la cathédrale de Lisieux, IV, 160.

Bohême. La couronne de — usurpée par Georges Pogiebrad, I, 292. Rois de —. Voy. *Albert, Ladislas, Pogiebrad.*

Bois-le-Duc, en Hollande, III, 142; IV, 390, 391.

Boissière (la), au diocèse de Lisieux. Eglise Notre-Dame de —, IV, 211.

Bologne en Italie, IV, 14, 15.

Bon-Desir, poursuivant de François l'Aragonais, IV, 296.

Bonenfant (Guieffroy), rend hommage pour le fief de Magny-le-Freule, IV, 204.

Boppard (Conrad Bayer de), évêque de Metz, prisonnier à Bulgnéville, I, 93; adresse des remontrances à Charles VII au sujet d'Epinal, IV, 351; instructions pour lui parler du Luxembourg, 350, et du palatin du Rhin, 352.

Boquier, chef des insurgés du Val de Vire, I, 107.

Bordeaux, occupé d'ancienneté par les Anglais, I, 148, 180, 248. Préliminaires de la prise de —, 249. Défaite des Anglais devant —, 250. Capitulation de—, *ibid.*, fondée sur la continuation des franchises dont la ville avait joui sous les Anglais, 251. Les Anglais reprennent —, 261. Armée sortie de — pour secourir Castillon, 263, 265. Seconde capitulation de —, 269. Forteresses élevées à —, 269, 270. Procès à — contre les assassins du duc de Guienne, II, 295, 296. Archevêque de —, IV, 226. Voy. *Montauban* (Artus).

Bordelais. Incursions du sire d'Orval dans le —, I, 250. Le — fait défection, 261.

Bordelais (les), avantagés par le commerce de l'Angleterre, I, 257; induits à se soumettre à l'impôt des aides, envoyent une ambassade à Charles VII, 258, 259; conspirent pour reconquérir leurs franchises, 260.

Boschuysen (Jean de), commissaire du duc de Bourgogne en Hollande, II, 407 note.

Botte (Nicolas), procureur de Thomas Basin, IV, 227.

Bouillé (Guillaume), doyen du chapitre de Noyon, employé pour la réhabilitation de Jeanne d'Arc, IV, 99.

Boulevard, confondu avec *bastille*, I, 127.

Boulogne-sur-mer, IV, 386, 387; se soumet au roi de France, III, 5. Comte de —. Voy. *Auvergne.*

Boulou (le), en Roussillon, pris par les Français, II, 59.

Bourbon (Charles, duc de), fait la guerre au duc de Bourgogne et se réconcilie avec lui, I, 95; induit Charles VII à se rapprocher du même prince, 96; excite le dauphin à la révolte, 136; le reçoit dans ses terres, 137; est pardonné, 137.

Bourbon (Charles de), archevêque de Lyon, assiste au sacre de Louis XI, IV, 226; prend parti pour le Bien public, 401.

Bourbon (Isabelle de), première femme de Charles de Bourgogne, II, 167, 182, 192; confondue avec Isabelle de Nevers, III, 15.

Bourbon (Jean I, duc de), prisonnier à Azincourt, I, 23; commande les Français à la bataille des Harengs, 65.

Bourbon (Jean II, duc de), d'abord comte de Clermont, commande les Français à Formigny, I, 236; partage le commandement avec Dunois dans la première guerre de Guienne, 248, 249; déploie beaucoup de magnificence à l'entrée de Louis XI à Paris, II, 18; assiste à l'assemblée de Tours, 84; lève son contingent pour la guerre du Bien public, 104; occupe Bourges, 114; est vivement poursuivi par Louis XI, 115; ne rejoint pas à temps les Bourguignons, 121; est choisi pour exécuter le com-

TABLE ANALYTIQUE.

plot de Rouen, 127; entre par le château et attire les Rouennais au parti des princes, 128, 129; s'entremet pour la composition de Caudebec, IV, 253; retourne au parti du roi, II, 139, 140; est envoyé en ambassade auprès du duc de Normandie, 152; III, 263; lui donne rendez-vous à Louviers, II, 153; III, 264; se fait attendre, 265; s'empare d'Evreux par trahison, II, 153; III, 265; y institue des officiers au nom du roi, 266; prend Vernon par le même moyen, II, 155; III, 266; est sollicité par le duc de Bourgogne en faveur du duc de Normandie, IV, 252; assiste au conseil du roi, 258. Sa parenté avec le comte de Charolais, II, 167; avec l'évêque de Liége, III, 114. Il est impliqué dans un procès de sorcellerie, IV, 402.

Bourbon (Louis, bâtard de), s'empare de Bourges, II, 114; va comme ambassadeur en Angleterre, 179; chasse les Bretons de la Normandie, 185.

Bourbon (Louis de), comte de Vendôme. Voy. *Vendôme*.

Bourbon (Louis de), évêque de Liége, frère du duc de Bourbon, III, 114; allié à la maison de Bourgogne, II, 192; est consacré par Thomas Basin, IV, 133; éprouve l'insubordination de son peuple envers lequel il n'était pas sans reproche, II, 193; invoque l'assistance du saint-siége, 194; obtient du légat du pape une sentence à son profit et se voit substituer un intrus par les Liégeois, 196; est enlevé de Tongres et conduit à Liége, 198; envoyé auprès du duc de Bourgogne pour obtenir le pardon des Liégeois, 199; retenu aux arrêts dans la ville de Gand, III, 15; bannit Guillaume d'Aremberg du pays de Liége, 112; sort en armes pour le chasser des abords de la ville, 113; n'est pas suivi par les Liégeois et périt de la main de son adversaire, 114; reste exposé tout nu sur le bord de la Meuse, *ibid.*; est enterré au bout de trois jours aux Cordeliers de Liége, 115.

Bourbon (Pierre de). Voy. *Beaujeu*.

Bourbonnais (le), II, 344; théâtre de la guerre de la Praguerie, I, 137, 138. Expédition de Louis XI en —, II, 115, 117.

Bourdeilles (Elie de), archevêque de Tours, IV, 395 à 398, 402.

Bourg-sur-mer, pris par les Français, I, 249; gardé pendant le soulèvement de la Guienne, 261.

Bourges, I, 311; III, 307; IV, 18, 20. Ambassade des Bordelais à —, I, 259. Assemblées à — du clergé de France, 318, 319; IV, 83. Prise de — par le bâtard de Bourbon, II, 114, que Louis XI n'a pas le temps d'en chasser, 115. Séjour de Louis XI à —, III, 288; IV, 19. Grosse tour de —, prison d'Etat, I, 312; citadelle, 114. Hôtel de Jacques Cœur à —, I, 244. Diocèse de —, IV, 338. Archevêque de —. Voy. *Cœur* (Jean).

Bourgogne (comté de), envahi par les Suisses, II, 345, 382. Le duc de Bourgogne s'y retire après la défaite de Morat, 390, 391, 396, 400, et y reçoit le secours de quelques troupes, 410. Subsides requis du —, *ibid.* Le — résiste aux suggestions de Louis XI, III, 23; les Français y essuient plusieurs défaites, 23, 24; les habitants, délivrés d'eux, projettent de reconquérir le duché de Bourgogne, 26. Le —, envahi de nouveau et soumis à l'autorité du roi de France, 51, 52, 53, au grand mécontentement de la confédération Suisse, 52. Cession du — à la France, 127.

Bourgogne, duché. Guerre en —, entre le duc de Bourgogne et le duc de Bourbon, I, 95.

Armement des frontières de —, II, 252. La — entamée par une armée française. 275, 277. Séjour du duc Charles en —, 328. Forces concentrées en —, 334. Ravages des Français en —, 344. Faux bruit de la retraite de Charles le Téméraire en — après la bataille de Nancy, 417. Soumission de la — à l'autorité de Louis XI, III, 23, 51, sur la foi d'un prétendu traité conclu entre le roi et la duchesse Marie, 23. Projet de reconquérir la —, formé par les Francomtois, 26. Réduction de la gabelle du sel en —, 184 note. Maréchal de —. Voy. *Neufchâtel, Roucy.*

Bourgogne (maison de), plus puissante que toutes celles de la France et de l'Allemagne, I, 295 ; école de toutes les vertus, III, 246 ; menacée d'une coalition de la France et de l'Angleterre, I, 301 ; d'une guerre avec Charles VII, 303, 304 ; insupportable à Louis XI qui voulait la détruire, II, 94 ; sauvée par le triomphe du parti yorkiste en Angleterre, 274 ; longtemps protégée par la Providence divine, 408 ; éteinte dans sa lignée mâle, 419 ; abhorrée à Utrecht, III, 164.

Bourgogne (royaume de). Projet de le rétablir, II, 321, 324, 325, 326.

Bourgogne (Agnès de), mariée au duc Charles de Bourbon, II, 192.

Bourgogne (Anne de), mariée au duc de Bethford, I, 47.

Bourgogne (Antoine, grand bâtard de), capitaine des Bourguignons dans la croisade qu'interrompit la mort de Pie II, I, 291 ; il reçoit une lettre adressée à son frère Baudoin, II, 237 ; la remet au duc de Bourgogne et évente par là un complot formé contre sa vie, 238 ; accompagne le duc dans sa retraite en Franche-Comté, 400 ; est fait prisonnier à la bataille de Nancy et embrasse le parti de Louis XI, 416.

Bourgogne (Baudoin, bâtard de), induit à assassiner le duc, son frère, II, 235 ; exige de Louis XI la garantie d'un écrit, 236 ; est découvert par l'émissaire secret qui lui portait cet écrit, 237 ; nie qu'il soit adressé à lui, 238 ; se sauve en France, 239 ; ne peut entrer en possession de la vicomté d'Orbec qui lui avait été promise, 240. Son ingratitude à l'égard du duc de Bourgogne, 240, 241.

Bourgogne (Charles, duc de), en premier lieu comte de Charolais, est fiancé à une fille de Charles VII, II, 421. Son père veut le mettre sous la tutelle de Charles VII, I, 290 ; il escorte Louis XI à son entrée en France, II, 6 ; séjourne à Paris, 27 ; lie amitié avec le duc de Bretagne, 47 ; rend visite à Louis XI, 68 ; est créé par lui lieutenant général en Normandie, 69 ; se retire en Hollande sous le coup de la disgrâce de son père, à laquelle se joint celle du roi, 69, 70 ; rend plus étroite son alliance avec le duc de Bretagne, 82 ; apprend par une indiscrétion l'arrivée du bâtard de Rubempré près de Gorcum, 87 ; devait être enlevé et conduit mort ou vif au roi de France, 89 ; informe son père de ce complot, 89, 90 ; devait recevoir des agents du duc de Bretagne, envoyés en Angleterre, 91 ; répond aux plaintes du roi contre lui sans se servir des révélations du bâtard de Rubempré, 92 ; explique par un autre motif l'animosité de Louis XI, 93. Ce qui serait advenu de la rupture de son alliance avec le duc de Bretagne, 94. Il lève son contingent pour la guerre du Bien public, 104 ;

vient à Saint-Denis pour gagner les Parisiens par la persuasion, 116; veut se joindre avec le duc de Bretagne, 117; campe à Montlhéry, 118; est attaqué par Louis XI, 119; reste maître du champ de bataille après avoir été blessé, 120; n'a pas eu les forces sur lesquelles il comptait, 121; va chercher les autres confédérés à Etampes, 122; campe à Saint-Maur, 123; réputé ne pas devoir revenir de sa campagne de France, 131, où il avait emmené presque toute la noblesse des Etats Bourguignons, 132; est insulté par les Liégeois, 133; pendu en effigie à Dinant, 134. Mandé par son père pour venir châtier les Liégeois, il traite avec Louis XI qui lui abandonne les villes de la Somme, 135, et d'autres choses qu'il ne demandait pas, 136, 137; marche contre les Liégeois, 140, au grand dommage du duc de Normandie, 141, 151, 159, qui l'appelle à son secours, 156, et en faveur duquel il écrit au roi, 157; accueil amical qu'il fait à ses envoyés, III, 272. Il disperse les Liégeois et agrée leur soumission, II, 165; concerte avec son père une expédition contre les Dinantais, 166; est recherché comme gendre par Louis XI et envoie des agents à Paris pour traiter de la dot, 168; consent au mariage proposé, 169; envoie pour la conclusion une ambassade qui est mal reçue, 170, et par laquelle il est édifié sur les intentions du roi, 171; assiége et prend Dinant, 169, 171, qu'il fait réduire en cendres, 172; pardonne, malgré son père, une nouvelle prise d'armes des Liégeois, 174; retourne en Brabant avec son père, 175; devenu duc de Bourgogne, envoie une ambassade à Londres pour empêcher l'alliance anglo-française, 180; demande en mariage la sœur d'Edouard IV, 182; a été forcé à cela par les manœuvres de Louis XI, 183; célèbre son mariage avec une grande magnificence, 184; détruit les fortifications de Liége, 187; attire à son parti les princes de Savoie, III, 311, 313; s'avance au-devant de Louis XI, qui feint d'aller chercher son alliance, II, 187; reçoit de sa part de nombreuses ouvertures, 188; lui donne un sauf-conduit pour entrer à Péronne et passe avec lui un traité de paix solennel, 189, 190; abolit les guerres privées en Picardie et en Flandre, 424; prépare une dernière expédition contre les Liégeois, 199, où il consent à regret que Louis XI l'accompagne, 200; campe sur la rive gauche de la Meuse, ibid.; manque d'être surpris par un parti ennemi, 201; enjoint à tout le monde de porter la croix de Saint-André dans son camp, 202; emporte la ville d'assaut, 204; congédie le roi de France, 205; voit des lettres de lui adressées aux Liégeois, 206; détruit Liége par le feu, ibid.; justification de sa conduite à l'égard de cette ville, 207. Il confie la garde du pays de Liége au sire d'Imbercourt, 208; poursuit auprès des cours souveraines l'enregistrement du traité de Péronne, 209; intercède pour Thomas Basin, III, 315, 317, 321; cherche vainement à savoir du roi la cause de la disgrâce de Balue, II, 212; soupçonne sa mauvaise intention au sujet des engagements qu'il venait de prendre, et se précautionne contre lui, 213; persiste dans le dessein de faire rendre la Normandie au frère du roi, 214; bruit d'une guerre contre lui, 216. Il fait saisir les marchandises des Français aux foires d'Anvers, 219; offre de les restituer, 221; est menacé de la coalition de la France et de l'Angleterre, 222; réclame vainement pour quelques-uns de ses sujets capturés dans les eaux de la Seine, 225; arme une escadre contre le comte de Warwick, 226; sa destruction est concertée entre Louis XI et le prince de Galles, 229, en dépit du traité de Péronne, 230, 231, qui autorisait son alliance avec l'Angleterre, 232. Sa mort complotée avec la complicité de Louis XI, 234. Une lettre, détournée de son adresse, le met sur la trace du complot, 238, 239, dont les preuves écrites lui sont livrées, 242, 243, et qu'il notifie à ses sujets par un manifeste, 243, 244. Il fait séjourner Edouard IV en Hollande, 246; perd Saint-Quentin pour avoir observé trop fidèlement le traité de Péronne, 249, et Amiens, malgré ce que les principaux de la ville disent pour la défense de son droit, 250; empêche la défection d'Abbeville en y mettant garnison, 251; prend ses précautions contre la France et contre l'Angleterre, 252; songe à la restauration d'Edouard IV, 252, 253; s'avance de l'Artois sur Picquigny dont il s'empare, 253; assiége Amiens, 254, 274, 275; indispose les archevêques de Cologne et de Trèves, IV, 363; conclut une trêve avec Louis XI, II, 274; l'informe ironiquement de la mort de Warwick, 275; prolonge la trêve et en fait un prétexte pour lever le siége d'Amiens, 276; se trouve dans une situation fâcheuse, surtout par l'hostilité du duc de Lorraine, 277; recouvre l'alliance du frère du roi, 278, 280, 285; lui fait espérer la main de sa fille, 279; reçoit des explications du roi sur les mesures prises pendant la maladie du prince, 289; compte sur une paix qui lui rendra Amiens et Saint-Quentin, 290; se reconnaît joué, forme un camp dans l'Artois et marche contre Nesle qu'il met à sac, 291; sa cruauté dans cette exécution, 292; il enlève Roye et Montdidier, puis met le siége devant Beauvais, *ibid.*; il échoue à un premier assaut, 293, puis à un second, 294; ses convois sont interceptés par les Français, 295; il reçoit les dépositions écrites des assassins du duc de Guienne, 293, 294; se déclare par un manifeste le vengeur de ce prince, 298; envahit la Normandie qu'il ravage sans qu'on sache bien son dessein, *ibid.*; s'approche de Rouen sans être arrêté par les Français qui se bornent à escarmoucher sur ses derrières, 299; campe devant Rouen, puis retourne sur ses pas en faisant le dégât jusqu'à l'Oise, 300; il conclut une nouvelle trêve avec le roi, *ibid.*, par laquelle il compromet ses alliés, 301; cherche à se faire créer roi des Romains, moyennant le mariage de sa fille avec le fils de l'empereur, IV, 365; envahit le duché de Gueldre dont il revendiquait la succession, II, 315; causes de son mécontentement contre le jeune duc de Gueldre, 316; il lui prouve ses machinations contre lui et le fait enfermer d'abord à Vilvorde, 317, ensuite à Courtray, 318; il met en liberté le vieux duc de Gueldre, qui l'institue son héritier, *ibid.* Il prend Venloo et fait capituler Nimègue, 319; est reconnu dans le reste du duché, 320; aurait soumis la Frise s'il avait su profiter de ses avantages, *ibid.* Entrevue qu'il se procure avec l'Empereur pour recevoir de lui la dignité royale, 321. Il entre à Trèves en grande pompe, *ibid.*; loge au monastère de Saint-Maximin, 322; veut faire retourner à l'empereur l'hommage du duché de Gueldre, *ibid.*; fait préparer pour cela une magnifique cérémonie, 323; reçoit l'investiture devant une brillante assemblée, 324; poursuit les préparatifs de son couronnement comme roi de Bourgogne, 325; apprend la retraite inopinée de l'Empereur, 326; envoie après lui de ses gens qui ne peuvent pas le faire revenir, 327; s'en va par le Luxembourg visiter son comté de Ferrette qu'il donne à gouverner au seigneur de Hagenbach, *ibid.*; retourne en Bourgogne où il est rejoint par l'archevêque de Cologne, 328; reçoit de ce prélat la proposition de devenir avoué de son église, 329; retourne en Luxembourg et apprend la révolte du comté de Ferrette, *ibid.*, causée principalement par les craintes que l'extension de sa puissance donnait aux Alsaciens et aux Suisses, 330; nature du contrat qu'il avait passé avec le duc d'Autriche pour l'acquisition de Ferrette, 330, 331; sa colère en apprenant la perte de ce domaine, 332; il se prépare à soumettre l'archevêché de Cologne pour avoir le passage libre jusqu'en Alsace, dont il médite la conquête, 333, 334; rassemble une armée à Maestricht pour assiéger Neuss, 336; s'aperçoit, quand il y est, de la difficulté de son entreprise, 336, 337, 338; voit toute l'Allemagne conjurée contre lui, 339; démarches pour faire entrer la France dans la coalition, *ibid.*; il s'opiniâtre à continuer le siége de Neuss, 341; excite les murmures de sa noblesse par le peu de ménagements qu'il a pour elle, 405; perd la position de Linz, 342, et l'alliance du duc de Lorraine, 343; se voit couper toutes ses communications avec la Bourgogne, 343; péril de sa situation,

346, 347, 348; il se résout à attaquer l'armée impériale, 348; tombe sur elle à l'improviste et regagne ses quartiers après un avantage signalé, 350; se prête à des ouvertures de paix afin de faire sa jonction avec les Anglais qui arrivaient en France, 352; traite par l'entremise d'un légat du pape, 353; perd une partie de son artillerie et de ses bagages par suite d'une querelle entre les Bourguignons et les Allemands, 354; IV, 384; obtient justice de l'Empereur, mais non des Allemands qui viennent le défier dans son camp et sont taillés en pièces, II, 354, 355; recouvre son matériel, 356; laisse son armée en Luxembourg, *ibid.*; IV, 384; va retrouver le roi d'Angleterre à Calais, II, 356; convient avec lui qu'il viendra le joindre en traversant la Lorraine, 357. Edouard IV et Louis XI traitent ensemble en lui laissant la faculté de s'adjoindre au traité, 359; il prend ce parti, 363, 364; conclut une trêve de neuf ans, 366; livre au roi le comte de Saint-Pol qui s'était réfugié dans ses Etats, 368, sur la foi d'un sauf-conduit, 370, 381; reçoit en échange la ville de Saint-Quentin, 368, avec le trésor du connétable et le pouvoir de se venger du duc de Lorraine qui avait abandonné son parti, 369; ses justes griefs contre le comte de Saint-Pol, 368, ne justifient pas la trahison dont il s'est rendu coupable à son égard, 370, 371, 381; ses revers ultérieurs en furent le châtiment, *ibid.* Il établit un parlement à Malines, 408; menace les Etats de Flandre, qui font difficulté de lui accorder les subsides dont il a besoin, 404; discours qu'il tient à cette occasion, 423; il part pour la conquête de la Lorraine en respectant le Barrois, propriété de

René d'Anjou, 372; ne trouve de résistance sérieuse qu'a Nancy qui finit par capituler, *ibid.*; soumet tout le duché, sauf quelques places du pays allemand, 373; alarme l'Alsace et les Suisses qui tombent sur la Savoie en haine de sa puissance, 373, 374; établit son gouvernement en Lorraine et fait passer son armée en Savoie pour attaquer les Suisses, 382; prépare sa campagne à Lausanne, 383; éprouve un échec complet par suite de la perte de son matériel, 384; reçoit de Louis XI le conseil de laisser les Suisses tranquilles, 385; retourne à Lausanne pour réparer ses pertes et y tombe malade, 386; fiance sa fille au fils de l'empereur, III, 19, 20; recommence la campagne par le siége de Morat, II, 387; se met en bataille devant le camp des Suisses, 388; fait rentrer ses gens à cause de l'immobilité de l'ennemi, 389; est attaqué à ses avant-postes et refuse d'y croire, 389; rétablit son ordre de bataille, mais trop tard, *ibid.*; est obligé de fuir, 390; ne peut pas rallier plus de 3000 hommes de son armée après la déroute, *ibid.*; doit en partie ce désastre à ses mauvais traitements envers le soldat, 391; soupçonne de trahison la duchesse de Savoie, qu'il fait mener prisonnière en Bourgogne, *ibid.*; se réfugie en Franche-Comté, 391, 396, 400; perd la Lorraine, 398, 399; est comme bloqué dans sa retraite, 401; ne trouve plus d'obéissance dans ses Etats du Nord, *ibid.*; s'irrite contre ses officiers et s'épuise en menaces, 402; murmures contre l'oppression de son gouvernement, 403; ses lettres furibondes aux Etats des Pays-Bas, 404; la noblesse est indisposée contre lui à cause du peu de ménagement qu'il avait pour elle à la guerre, 405, le clergé, à cause de la recherche qu'il avait ordonnée des biens non amortis de l'Eglise, 406, 407, 408, le peuple, à cause du poids des impôts, 409; le comte de Nassau et le seigneur de Croy lui conduisent ce qu'ils ont pu ramasser de combattants, 409, 410; il fait contribuer la Franche-Comté et rentre en Lorraine, 410; est reçu à Pont-à-Mousson, 411; met de nouveau le siége devant Nancy, *ibid.*; cherche vainement à se procurer des intelligences dans la place, 412; ne peut payer ses troupes, sa caisse militaire étant arrêtée dans le Luxembourg, 413; est cerné dans la Lorraine par une armée française, *ibid.*; compte sur la trêve qu'il a conclue avec Louis XI pour poursuivre son entreprise, 414. Pitoyable état de son armée, 414; il est abandonné du comte de Campo-Basso, 416; attaqué et vaincu par le duc de Lorraine, 415; il se fait tuer plutôt que de fuir, 416. Son sort reste un mystère pendant plusieurs jours, 417; propos divers tenus à ce sujet, *ibid.*; son corps, retrouvé sur le champ de bataille, est reconnu par ses valets de chambre, 418; le duc de Lorraine le fait inhumer à Nancy, *ibid.* Durée de son règne, 419; obstination de quelques-uns à ne pas croire à sa mort, 419. Son portrait physique, 419; sa présomption, 420; quelle aurait dû être sa politique à l'égard de la France, 420, 421; il s'est épuisé par l'entretien d'armées permanentes et a soulevé ses sujets contre lui par sa fiscalité, 422, 423. Sa sollicitude pour la justice, 424. Pureté de ses mœurs, 424, 425; son goût pour le chant d'église, 425; sa tempérance, *ibid.*; son caractère impérieux lui a mis tout le monde à dos, *ibid.*; jugement sur sa capacité militaire, 426. Sa mort est considérée dans les Pays-Bas comme un affranchissement pour les peuples, III, 1, 2; les villes ne font pas célébrer de services pour le repos de son âme, 2, et poursuivent les agents de son gouvernement, 3, 4. Par son trépas, les factions qu'il avait comprimées reprennent leur cours en Hollande, 74, et à Utrecht, 81, 82. Vœu de Thomas Basin pour son salut, 127.

Bourgogne (David de), transféré du siége de Thérouanne à celui d'Utrecht, malgré les Frisons, I, 287, lorsqu'un autre évêque avait été déjà élu, III, 85. Sa naissance et son caractère, 80; résultat des vingt-quatre premières années de son administration, 81; quelques-uns l'accusent d'avoir réduit les priviléges de la cité, 84; réaction contre lui après la mort de Charles le Téméraire, 82, 84; les magistrats de son choix et même ses propres officiers sont chassés d'Utrecht, 82. Regrets qu'on a de son gouvernement dans la haute classe, 85; prise d'armes pour le faire rentrer dans la ville, 87; il quitte son château de Wyck pour seconder le mouvement, qui échoue, 88; malédictions proférées contre lui par la populace, 89. Il garnit de routiers les places qui restaient en son pouvoir, 90; perd Amersfoort, *ibid.*; s'approche plusieurs fois d'Utrecht pour négocier, 91, 92; est malade de la goutte, 92; retourne à Wyck, *ibid*. Les Trajectins veulent l'exclure d'un traité qu'ils négocient avec l'archiduc d'Autriche, 94; l'archiduc tient au contraire à ce qu'il soit compris dans le traité, 95. Propos tenus sur son compte par le seigneur de Montfoort, *ibid.*; ses partisans n'osent pas bouger quoiqu'ils soient les plus nombreux à Utrecht, 96. On lui oppose un compétiteur en la personne d'Engilbert de Clèves, 97; injustice des haines dont il est l'objet, 105; ceux d'Utrecht et d'Amersfoort s'obstinent à repousser son autorité dans de nouvelles négociations qui ont lieu, 106; son clergé est induit à prêter serment à son compétiteur, 107; enquête commencée par ses ennemis dans le but d'obtenir sa déposition, *ibid*. Il obtient de la cour de Rome un monitoire contre les membres du gouvernement révolutionnaire d'Utrecht, 124. Engilbert de Clèves est sur le point de lui restituer ses biens, *ibid.*; calomnies articulées contre lui dans un acte d'appel adressé au pape, 127; efforts inutiles de ceux de son parti pour le réconcilier avec la multitude après un mouvement de réaction contre le gouvernement révolutionnaire, 139, 140, 141; haine des jacobins et des cordeliers contre lui, 142. Il envoie des commissaires à plusieurs réunions indiquées pour traiter de la paix, 143; rentre à Utrecht par l'effet d'un complot, 147; traite avec le seigneur de Montfoort, 148; sort d'Utrecht pour aller mettre sous sa main le château de Montfoort, 149; rentre lorsqu'il apprend que cette place est assiégée par les Hollandais, *ibid*; fait venir des routiers pour se maintenir contre Henri de Nyevelt, 150; est victime de la confiance de ses amis ou de la malveillance de ses ennemis, 150, 151; projet formé contre sa vie, 152. Il est chassé de son palais et gardé à vue dans une hôtellerie, 153; ses partisans se sauvent par-dessus les murs de la ville, les gens de sa maison sont incarcérés, 154; on le transporte à Amersfoort, 157, d'où il est rappelé à Utrecht, 162, pour rentrer en pleine jouissance de son autorité, 163; IV, 23. Il consulte Thomas Basin sur l'ouvrage d'un chartreux de Ruremonde, 102; lettre à lui écrite à ce sujet, 101 à 105.

Bourgogne (Isabelle de Portugal, duchesse de), outragée par les Dinantais, II, 135, 167; avait la physionomie portugaise, 419.

Bourgogne (Jean, duc de), racheté de captivité par la libéralité du roi, IV, 280; autres bienfaits qu'il a reçus de la couronne, *ibid.*; trait de son caractère, I, 4; pourquoi il a fait assassiner le duc d'Orléans, 6. Ses conseillers le détournent de cet attentat, 7; comment il en prépare l'exécution, 8; faveur dont il jouit dans le peuple, 9. Il fuit de Paris après la mort de sa victime dont les partisans s'apprêtent à lui faire la guerre, 10; le roi lui pardonne son crime, IV, 280. Il passe pour avoir provoqué la descente des Anglais en Normandie, I, 17; fait alliance avec eux, 26; entre à Paris, 31; fait mourir Capeluche, 32; conclut la paix avec le dauphin, IV, 278; s'engage à défier le roi d'Angleterre, 279, 281; est vainement attendu par les Rouennais, I, 33; se laisse attirer à Montereau où il est assassiné, 38; comment le dauphin explique cet attentat, IV, 280, 281; paroles du pape Martin V à ce sujet, 281; calamités qui ont suivi, I, 39.

Bourgogne (Marguerite de Bavière, duchesse de), outragée par le duc d'Orléans, I, 6; grand'mère de Charles le Téméraire, II, 328.

Bourgogne (Marguerite d'York, duchesse de), par son mariage avec le duc Charles, II, 182; lui est amenée en Flandre, 184; reçoit Edouard IV à Calais, 356; retourne en Angleterre, IV, 394.

Bourgogne (Marie de), fille unique de Charles de Bourgogne et d'Isabelle de Bourbon, II, 168, 182; filleule de Louis XI, III, 5; promise au duc de Guienne, II, 279, III, 272 note; au duc de Lorraine, II, 277, note; au fils de l'empereur, III, 19, IV, 365; succède à son père au milieu d'un trouble universel, III, 3; IV, 22; révoque l'ordonnance relative à la recherche des biens d'église dans les Pays-Bas, II, 407 note. Prétextes mis en avant par Louis XI pour envahir ses Etats, III, 5, 6. Elle perd la Bourgogne sur le bruit d'un prétendu accommodement par lequel elle aurait cédé cette province, 23. Propositions faites en son nom au roi de France, 7, qui exige qu'elle épouse son fils, 8, tandis que les Etats des Pays-Bas veulent qu'elle prenne un mari allemand, 11. Elle s'efforce inutilement d'évoquer à son conseil l'affaire du chancelier de Bourgogne et du sire d'Imbercourt, 12; ne peut obtenir par ses prières qu'on leur fasse grâce de la vie, 14; le duc de Clèves cherche à la marier avec son fils, 16. Elle reçoit du roi, comme ambassadeur, le barbier Olivier qui veut l'entretenir à part, 17; autre ambassade envoyée en France de sa part, 18. Elle est requise au nom de l'empereur d'accomplir le mariage arrêté entre elle et le prince Maximilien, 19, 20, 21; le mariage se fait par procuration, 21; regrets de quelques-uns de ses sujets qui auraient mieux aimé lui voir épouser le dauphin, *ibid.* Sa détermination fait tomber sur ses pays le courroux de Louis XI, 22. Sort des commissaires que la ville d'Arras envoie pour la consulter, 27, 28. Elle attend son fiancé à Bruges, 38; son mariage est consommé, *ibid.* Elle tombe à bas de cheval, 71, et meurt des suites de cette chute, laissant après elle d'universels regrets, 72. Ses enfants, *ibid.* Elle était nièce de l'évêque de Liége, 114. Vœu de Thomas Basin pour son salut, 127.

Bourgogne (Philippe le Hardi, duc de), I, 6, 7.
Bourgogne (Philippe le Bon, duc de). Eloge de son caractère, I, 39. Il s'allie avec les Anglais pour venger la mort de son père et bat les Armagnacs près de Saint-Riquier dans une rencontre où il est fait chevalier, 39; son amitié pour le duc de Bethford, son beau-frère, 47; il assiste au siége de Compiègne, 87; hérite du Brabant et se réconcilie avec le duc de Bourbon, 95; assiste au congrès d'Arras, 96; conclut la paix avec Charles VII sans avoir pu y amener les Anglais, 98; ce qu'il gagne par le traité d'Arras, 100. Il forme le dessein de chasser les Anglais de Calais, 126; échoue dans cette entreprise, 128; se retire à Lille, 130; est injustement soupçonné par Charles VII, 247, 248, 289. Les Gantois se soulèvent contre lui, 271, 272; il marche contre eux, 275; ses succès rapides, 276; il fait pendre deux doyens des métiers de Gand, 277; ne veut pas la ruine de Gand, 272, 280; réduit pour le bien de cette ville ses priviléges excessifs, 280, 281; l'autorise à s'imposer pour être payé de la contribution qu'il exige, 281. Dessein du dauphin Louis de se réfugier auprès de lui, 286. Il fait la guerre en Frise pour placer un de ses bâtards sur le siège épiscopal d'Utrecht, 287; III, 85; revient pour recevoir le dauphin avec les égards dus à son rang, I, 287; la déférence qu'il lui témoigne aigrit Charles VII contre lui, 288; preuves de ses bonnes intentions envers le roi de France, 289; son projet d'une croisade pendant laquelle il aurait voulu que Charles VII prît en main le gouvernement de ses Etats, 290; refusé dans la demande qu'il en fait, il se borne à envoyer une expédition sous le commandement d'Antoine de Bourgogne, 291. Mal voulu du roi de Hongrie à cause de la possession du Luxembourg, 292, il tient pour une démarche hostile l'ambassade du roi de Hongrie à Charles VII, 292; est débarrassé de cet ennemi par une mort prématurée, 294; manœuvres de Charles VII contre lui, 295; il demande au roi un congrès pour régler l'affaire du Luxembourg, IV, 350, 355, 357; cesse d'être en bonne intelligence avec le roi d'Angleterre, I, 296; voit avec plaisir la déchéance de la maison de Lancastre, qui éloigne le danger d'une coalition de l'Angleterre et de la France contre la Bourgogne, 301; envoie quelques troupes à Edouard d'York, 301, qu'il avait entretenu à sa cour du vivant de son père, 302; est de la part de Charles VII l'objet de précautions menaçantes qu'il fait semblant de ne pas apercevoir, 303, 304; excité contre Charles VII par le dauphin, il aime mieux maintenir le traité d'Arras, 304, 305; se justifie de la manière dont il traitait le dauphin et de son alliance avec l'Angleterre, 305, 306; met ses forces militaires sur pied pour conduire en France le dauphin Louis devenu roi, II, 3; réduit cette escorte à la demande du roi, 4; prend avec lui le chemin de Reims, 7; crée des chevaliers au sacre, 9; suit le roi à Paris, 12; efface tous les princes par la magnificence de son escorte, 17; ne peut rien obtenir de Louis XI, 27; défend à ses sujets de rien demander, 28; voit avec déplaisir l'alliance du roi et des Liégeois, 29; retourne dans ses Etats, 30; se brouille avec son fils, 69; refuse l'intervention de Louis XI dans ce différend, 70; reçoit le prix du rachat des villes de la Somme, 80, dont il avait fait la

prospérité, 81; héberge Louis XI à Hesdin, 85; est empêché de l'y recevoir une seconde fois, 86, parce qu'il est informé de la tentative dirigée contre son fils à Gorcum, 89; il se retire à Lille, 90; reçoit une ambassade de Louis XI, 90, 91, 92; autorise son fils à lever une armée contre le roi, 104. Son protectorat sur les Liégeois contre lesquels il envoie des troupes, 132; insultes contre lui et les siens, 133. Il presse son fils de revenir pour châtier les Liégeois, 135; reçoit une ambassade du duc de Normandie, 156; III, 273, 340; IV, 251; écrit au roi en faveur de ce prince, II, 157, en même temps qu'il sollicite les ducs de Bretagne et de Bourbon, IV, 252; consent à un traité avec les Liégeois dont il excepte les Dinantais, 165; se fait faire amende honorable par deux cents Liégeois désignés par lui, 166; se met en campagne contre les Dinantais pour les châtier avant de mourir, 166, 167; assiége leur ville qui est emportée d'assaut, 171; donne des ordres pour que les femmes soient respectées et que les églises ne périssent pas dans l'incendie qu'il fait allumer, 172; assistait au siége de Dinant porté dans une litière, 174; dissuade son fils de pardonner aux Liégeois soulevés de nouveau, *ibid.*; retourne en Brabant, 175; abandonne le Brabant quand il sent approcher sa fin, 176; se fait transporter à Lille, où il meurt, 177. Justification de sa conduite à l'égard des Liégeois, 207. Il a comprimé de son vivant les factions de la Frise et de la Hollande, III, 74.

Bourguignan (Guilben de), écuyer gascon, IV, 332, 335.

Bourguignon, appellation injurieuse dans la bouche des Armagnacs, I, 11. Ravages commis par la faction bourguignonne, 15, 25, 27; ses excès à Paris en 1418, 30; réaction contre elle en 1436, 122; sa durée, III, 74.

Bourguignons (les), défendent Soissons (1414), I, 13; vainqueurs au pont de Saint-Cloud, 15; s'emparent de Paris, 28; dominent dans les conseils de Charles VI, 35; combattent avec les Anglais, 37, 55, 79; avec le comte de Vaudemont, 91; se tournent contre les Anglais, IV, 286. Une partie des — désertent le champ de bataille de Montlhéry, II, 119. Les — maltraités en Alsace, II, 332. Aversion pour les fonctionnaires — dans les Pays-Bas, III, 10. Sujets des Pays-Bas appelés —, 117.

Bourré (Jean), secrétaire de Louis XI. Son origine, ses concussions, II, 23, 24.

Bouvier (Jacques), dit Berry, chroniqueur. Son témoignage sur Thomas Basin, IV, 129.

Brabançons, à la défense d'Avesnes, III, 31. Les — prennent les armes contre Guillaume d'Aremberg, 117; lui font éprouver une défaite signalée, 118, dont ils ne profitent pas, 119; remportent une seconde victoire, 122, qui n'est pas mieux mise à profit, 123.

Brabant, II, 2, 6, 19, 23, 24, 132, 176; III, 38, 42, 94, 96, 112, 113, 280, 315, 347; IV, 13, 23, 394. Le — transmis en héritage au duc de Bourgogne, I, 95. Fuite du dauphin Louis en —, 286. Le — ravagé par les Liégeois, II, 131, 165; résidence des princes de Bourgogne, 175, 176; résiste aux demandes de subsides que le duc Charles lui fait parvenir dans sa détresse, 403, 404; griefs du clergé et des nobles du — contre lui, 405 à 407; Le — se réjouit de sa mort, III, 1. Terreur du — après la prise d'Avesnes, 32, 34. Subvention accordée par le — pour le recouvrement de la Franche-Comté, 53. Voy. *Pays-Bas*. Sénéchal de —, II, 133.

Brabant (Antoine duc de), tué à Azincourt, I, 23.

Brabant (Philippe, duc de), fonde l'université de Louvain, IV, 13; laisse en mourant son héritage au duc de Bourgogne, I, 95.

Brandebourg (Albert, margrave de), demande à Charles VII d'entrer dans son conseil, IV, 354; est prié par lui de pacifier le Palatin du Rhin, 352; assiége Linz par ordre de l'empereur, II, 342.

Brebançon (Thomas), doyen de Saint-Cande-le-Vieux, IV, 156.

Breda en Brabant, IV, 23. Seigneur de —. Voy. *Nassau*.

Brederode en Hollande. Les seigneurs de — très-affectés au parti hoeck, III, 85.

Brederode (Gisbert de), préféré par les Frisons à David de Bourgogne, pour le siége d'Utrecht, I, 287; avait été élu en premier lieu par le chapitre de la cathédrale, III, 85.

Brederode (Walraven de), seigneur de Vianen, III, 104.

Bressay, en Normandie, IV, 325.

Bresse (Philippe de Savoie, comte de), passe au parti bourguignon, III, 311, 313; assiége Perpignan, II, 309.

Bretagne (la), IV, 11, 295, 326; demeure neutre pendant les guerres de la France et devient le refuge de l'industrie du drap, I, 194. Les Cauchois y vont chercher asile, 117; IV, 12, 13. Elle est attaquée par le duc de Somerset, I, 150. Voyage de Louis XI en —, II, 46, 47; desseins du roi contre cette province, 186. Affinité de la — et de la Normandie, 144. Croisière d'une escadre hollandaise sur les côtes de —, 227. Emigration des Normands en — à la fin du règne de Louis XI, III, 170.

Bretagne (Artus, duc de), I, 237. Voy. *Richemond*.

Bretagne (François I, duc de), I, 193; refuse l'hommage au roi d'Angleterre, 195; fait enfermer son frère Gilles, IV, 295, 323; est compris dans la trêve conclue entre la France et l'Angleterre, I, 204, 205; son courroux de la prise de Fougères, 197; il cherche à ravoir cette place par composition, IV, 236; les Français prennent Pont-de-l'Arche en son nom, I, 204; il est chargé par Charles VII de soumettre la Basse-Normandie, 221; exécute vigoureusement cette commission, 222; règle la capitulation de Coutances, IV, 186; meurt sans enfants, I, 237.

Bretagne (François II, duc de), refuse de figurer au sacre de Louis XI, II, 46; ses démêlés avec l'évêque de Nantes, *ibid*. Il festoye le nouveau roi qui va le visiter, 47; son amitié pour le comte de Charolais, *ibid*. Il recherche l'alliance du roi d'Angleterre et s'unit plus étroitement avec le comte de Charolais, 82; résiste aux manœuvres de Louis XI pour l'isoler, 83. Plaintes portées contre lui à l'assemblée de Tours, *ibid*. Il envoye une ambassade en Angleterre, 91; pourquoi Louis XI cherchait à le détacher du comte de Charolais, 94. Il reçoit à ce sujet une nouvelle ambassade inutile, 99; le frère du roi lui est mené par Odet d'Aydie, 100. Derniers efforts de Louis XI auprès de lui, 102; sa parenté avec le comte de Dunois, 103. Il lève son contingent pour la guerre du Bien public, 104; entre en France, 116; s'avance sur Paris pour se joindre au comte de Charolais, 117; aurait été battu par Louis XI s'il eût été attaqué, 118; n'a pas fait ce qu'il aurait dû pour le comte de Charolais, 121; le rejoint à

Etampes, 122; campe à Saint-Denis, 123; accompagne le frère du roi en Normandie, 141; retarde son arrivée à Rouen pour avoir de lui tous les offices de la province, 142; loge avec lui à Sainte-Catherine, 143; reçoit les félicitations des Normands, 144; s'aigrit contre le duc de Normandie et est soupçonné de vouloir le livrer au roi, 145. 146; se sépare de lui et se retire à Pont-de-l'Arche, 147; envoie négocier son accommodement avec le roi, 148; consomme sa réconciliation, 150; a une entrevue inutile avec le duc de Normandie, 150, 151; entraîne la défection des adhérents de ce prince, 152; éconduit une ambassade qu'il reçoit de lui à Caen, 155; traite avec Louis XI, et obtient de lui l'amnistie des Normands, 158; se tient avec lui à Caen, 159; est sollicité en faveur du duc de Normandie par le duc de Bourgogne, IV, 252; va le retrouver à Honfleur et l'emmène dans ses Etats, 161, 185; est travaillé par Louis XI auprès du roi d'Angleterre, 177; attaqué sur ses frontières par une armée française, 185; efforts du roi pour rompre son alliance avec la Bourgogne, 186, 187; bruit répandu d'un accord entre lui et Louis XI, 188; il persiste à faire rendre la Normandie au frère du roi, 214; bruit d'une guerre contre lui, 216; il renouvelle son alliance avec le prince Charles, devenu duc de Guienne, 279, 280, et avec le duc de Bourgogne, 291, auquel il envoie les informations faites contre les assassins du duc de Guienne, 295; interroge lui-même ces assassins, 296; se défend contre le roi avec des secours envoyés d'Angleterre, 298, 299; tient tête malgré l'infériorité de ses forces jusqu'à la trêve conclue avec le duc de Bourgogne, 301; fait reculer honteusement le roi, III, 187; avait fait alliance avec le roi d'Angleterre lors de sa descente en France, II, 362, quoiqu'il y eût une trêve entre Louis XI et lui, 364. Sa femme. Voy. *Foix* (Marguerite de).

Bretagne (Jean V, duc de), n'assiste pas à la bataille d'Azincourt, s'étant arrêté à Amiens, I, 24; son attitude entre la France et l'Angleterre, 193; a rendu hommage au roi d'Angleterre comme vassal de la Normandie, 195;

Bretagne (Pierre II, duc de), mort sans enfants, I, 237.

Bretagne (Gilles de), mis en prison par son frère, IV, 295, 323, au grand mécontentement du gouvernement Anglais, 295, 320, 322; est confié à la garde du seigneur de Montauban, 321; a été la cause de la prise de Fougères, 326.

Breteuil en Normandie, I, 207.

Bretons (les), se tournent contre les Anglais, IV, 285; les poursuivent dans les eaux de la Manche, 299; nombreux au siége de Caen, I, 240, 241; se distinguent à la bataille de Castillon, 268; ont manqué d'activité dans la guerre du Bien public, II, 120; sont emmenés à Rouen par le duc de Bourbon, 127, 140; soumettent la Normandie au frère du roi, III, 261. Leurs manœuvres pour avoir les offices et les commandements de la province, II, 142, 143; bons traitements qu'ils reçoivent à Rouen, 145, 146; accusation qu'ils répandent contre les Normands, 148, 149. Leurs dévastations dans la Basse-Normandie, 162, allument contre eux une haine implacable dans ce pays, 163. Ils remettent sous l'autorité du duc de Normandie les villes dont ils avaient la garde, 185; sont chassés du pays, 186.

Breviloquium, opuscule de Thomas

Basin, composé à quelle époque, I, lxxxvj ; IV, 3, 7 ; manuscrits qui nous l'ont conservé, 4, 5.

Brézé (Jean de), I, 204 note.

Brézé (Pierre de), sénéchal de Poitou, puis de Normandie, I, 203 ; contribue à la prise de Verneuil, 206 note ; signe la capitulation de Lisieux, IV, 174, 181 ; entre dans cette ville, I, 216 ; prend part à l'assaut de Rouen, 223 note ; reçoit le roi dans cette ville, IV, 131 ; combat à Formigny, I, 236 ; est nommé d'une commission pour la réforme de la justice, IV, 29, 31 ; prie Thomas Basin de lui écrire ses idées sur la matière, *ibid.* ; conduit l'alliance secrète de Charles VII et Marguerite d'Anjou, 358 ; est disgracié par Louis XI, II, 5 ; se cache en divers lieux de la Normandie, 6 ; est envoyé en Ecosse sous l'apparence d'une fausse réconciliation, 27 ; obligé de trouver lui-même une armée et une flotte, 49 ; mal secondé par les Ecossais, il revient en France, 50 ; meurt à la bataille de Montlhéry, assassiné, à ce qu'on croit, par l'ordre de Louis XI, 126. Sa femme. Voy. *Bec-Crespin.*

Brie (la), ravagée, I, 45 ;

Brie (Auger de), prétendant à l'administration du diocèse d'Angers, IV, 396.

Brigands. Origine des — et leurs excès, I, 57 ; opinion d'un prêtre normand sur le moyen de les réduire, 58. Nombre des — suppliciés en Normandie en une seule année, 60. La Normandie organisée militairement contre les —, 103 ; désastre éprouvé par les paysans qui les poursuivent, 104. Chefs de — suppliciés à Rouen, 105. Les — continuent leurs ravages en Normandie, 107, 186.

Brisach en Brisgau, II, 381, 382.

Brissonnet (Simon), prêtre, IV, 338.

Bristol, ville d'Angleterre, II, 264.

Broeckuysen (Reyner de), capitaine au service d'Utrecht, III, 76 ; prend sous sa garde l'évêque d'Utrecht prisonnier, 153 note.

Brogne, au diocèse de Liège. L'abbé de —, IV, 134.

Brouwer (Christophe), annaliste de Trèves ; son témoignage sur Thomas Basin, IV, 134, 135.

Bruges, l'un des quatre membres de la Flandre, IV, 391. Troubles à —, I, 130. Mariage du duc de Bourgogne à —, II, 184. Ambassade de Louis XI à —, II, 290. Effervescence à — après la mort de Charles le Téméraire, III, 3. Mariage de la duchesse de Bourgogne célébré à —, 38. Chapitre de la Toison d'Or tenu à —, 39. Prise d'armes à — pour repousser les Gantois, IV, 393. La duchesse de Bourgogne meurt à —, III, 71. Eglise des Carmes de —, IV, 140. Le Franc de —, IV, 391.

Bruxelles, II, 317 ; IV, 391. Le Dauphin Louis, reçu à —, I, 287. Ambassades de Charles VII à —, 303. Séjour de Philippe le Bon à —, II, 132, 135, 165, 166, 176 ; III, 273 ; IV, 252, 353. Menaces de Charles le Téméraire contre —, II, 404. Troubles à —, après la mort de ce prince, III, 3. Passage de Maximilien à —, 38. Revue de troupes à —, IV, 394.

Buchan (John Stuart, comte de), capitaine des Ecossais à la bataille de Verneuil, I, 48.

Buchelius (Arnold) a nommé Thomas Basin comme auteur de l'histoire de Louis XI, I, xcv, cxi.

Bude en Hongrie, IV, 16.

Buisson (Guillaume), bénéficier de la cathédrale de Lisieux, IV, 173.

Bulgnéville (bataille de), I, 91, 92.

Buquet (Jean), habitant de Lisieux, IV, 238.

Bureau (Jean). Son origine et son

portrait, I, 263; ses services dans la seconde guerre de Guienne, 264. Il reçoit Louis XI dans son hôtel, II, 15; est envoyé en Catalogne, 57 note.

Burman (Gaspard). Sa notice sur Thomas Basin, IV, 140.

Bussy en Beaujolais (combat de), II, 275.

Byote (Robert), maître des comptes du roi d'Angleterre, IV, 343; député aux Etats de Normandie, 234.

C

Cabillauds. Faction des —, III, 74, 75; IV, 390; favorisée par la maison de Bourgogne, III, 84. Ceux de Leyde subissent les représailles des Hoecks qu'ils avaient chassés de la ville, 76. Conjuration de ceux de Dordrecht avec le seigneur d'Egmont, 78. Triomphe du parti en Hollande, 79; sa défaite à Utrecht, 84.

Caen, IV, 313; pris par les Anglais, I, 27; menacé par les paysans soulevés, 106. Thomas Basin vicaire général à —, IV, 17. Propositions envoyées de — aux capitaines français, I, 217. Troupes anglaises sorties de —, 234. Position formidable des Anglais à —, 235. Charles VII assiége —, 239, 240. Traité moyennant lequel les Anglais abandonnent —, 241, 242. Accession de — au parti du Bien public, II, 130. Le duc de Bretagne à —, 155, 161, avec Louis XI, 156, 159. Garnison bretonne à —, 185. Abbayes de Saint-Etienne et de la Sainte-Trinité à —, I, 239, 240, 241. Abbé de —, IV, 224, 234. Bailli de —, 186, 216, 243, 255. Bailliage de —, 204, 224. Château de —, I, 235. Cordeliers de —, IV, 150. Faubourg de Vaucelles à —, I, 239. Porte Millet à —, *ibid.* Université de —, IV, 17, 150, 211.

Calabre (Jean d'Anjou, duc de) et de Lorraine, s'arme pour la guerre du Bien public, II, 104; ne rejoint pas à temps les Bourguignons, 121; reçoit un message de Louis XI à Barcelone, III, 297; meurt en Catalogne, II, 277, 305.

Calais, IV, 387, 394; place appartenant au roi d'Angleterre, I, 19, qui propose de la rendre aux Français, 20. On y mène les prisonniers d'Azincourt, 23; Henri VI y est conduit après son sacre, 93. Attaque de — par le duc de Bourgogne, 126; camp des Flamands devant —, 127. Le siége de — honteusement levé, 129. Armée amenée d'Angleterre à —, 130. Retraite à — des Anglais qui occupaient la Normandie, 242; leur puissance sur le continent réduite à la possession de cette place, 175; inquiétudes dont ils y sont assaillis en 1450, 257. Les défiances de Charles VII à l'égard du duc de Bourgogne l'empêchent de recouvrer —, 248. Warwick gouverneur de —, II, 86, inquiète par sa marine les partisans de Marguerite d'Anjou, 359. Précautions prises du côté de — par le duc de Bourgogne, II, 252. Combattants amenés de — au secours de Henri VI, 267. Entrevue d'Edouard IV et de Charles le Téméraire à —, 356. Retour des Anglais à — après le traité de Picquigny, 359.

Calixte III, pape, reçoit l'obéissance de Charles VII, IV, 87; se défend d'avoir autorisé le mariage incestueux du comte d'Armagnac, II, 282, 283; canonise Vincent Ferrier, IV, 103; impose le clergé de France pour la croisade, I, 321; IV, 218.

Camails (le sire de), guerroye en Basse-Normandie, IV, 298.

Cambray, ville impériale, mise à contribution par Louis XI, III,

30; spoliation du trésor de la cathédrale, 30, 31. Congrès indiqué à —, qui n'a pas lieu, 46. Évêque de —, IV, 226.
Cambray (Ambroise de), fabrique une fausse dispense du pape, II, 282.
Cambremer près Lisieux. Exemption de —, IV, 183.
Camois (lord), partisan lancastrien, II, 267
Campo-Basso (Nicolas de Montfort, comte de), quitte le parti bourguignon pour se rendre au service du duc de Lorraine, II, 415, 416; coupe la retraite aux vaincus de la bataille de Nancy, 416.
Campofregoso (Louis de), partisan du roi de France à Gênes, IV, 361.
Camuzat, a imprimé un passage de Thomas Basin, I, cxj; cité, IV, 142.
Cantorbéry (archevêques de). Voy. Edmond, Théodore, Thomas.
Canlers (Jacques), prétendant à l'archevêché d'Embrun, IV, 400, 401.
Capeluche, bourreau de Paris, livré au supplice par l'ordre du duc de Bourgogne, I, 31.
Capperon (Henri), nommé curé à la Boissière, IV, 210.
Carcassonne. Evêque de —, IV, 182.
Carbonel (Jean), écuyer, gracié pour homicide, II, 163 note.
Cardone (Antoine de), évêque d'Elne. Sa mort, III, 292.
Carentan. Prise de — sur les Anglais, I, 222; sur le duc de Normandie, III, 269.
Carlisle (William, évêque de), IV, 358.
Carondelet (Jean), chancelier de Maximilien, IV, 390, 391, 392.
Casenove. L'abbé de —, négociateur en Allemagne, IV, 365.
Cassel, Ravages autour de —, I, 130; III, 37.
Castiglione (Jean de), évêque de Coutances, III, 131; IV, 343.

Castiglione (Zanon de) évêque de Bayeux, envoyé par le duc d'York au roi de France, IV, 152; sa présence à Rouen, 344; il assiste au grand conseil tenu après la prise de Fougères, 343; console le duc de Somerset de la perte de Pont-de-l'Arche, I, 203. Procès au sujet de sa succession, IV, 234.
Castillan, synonyme de perfide dans la bouche de Louis XI, IV, 378.
Castille. Mercenaires de — au service des Catalans, II, 64. Ancienne alliance de la — et de la France, 67, rétablie, 68. Roi de —. Voy. Henri IV. Infant de —. Voy. Alphonse.
Castillon de Périgord, assiégé par Charles VII, I, 263; Talbot veut y porter secours, 263, 264. Bataille de —, 265, 266, 267. Reddition de —, 268.
Castres. Comte de —. Voy. Armagnac (Jacques d'). Evêque de — Voy. Armagnac (Jean d').
Catalans (les) se soulèvent pour venger la mort du prince don Carlos, II, 54; assiégent la reine dans Girone, 56; sont surpris par la promptitude des Français, 57; abandonnent leur siége, 58; leur forfanterie, 58, 59. Des — restés fidèles à la couronne d'Aragon défendent le château de Perpignan, 64. Les — rebelles sont chassés de Perpignan, 64, 65. Le nom des — synonyme de perfide, IV, 378. Vaisseaux — dans le port de Gênes, IV, 362.
Catalogne, confondue avec le Roussillon, II, 313, 342; III, 285, 288, 301, 309, 310, 367; IV, 20, 379, dont elle était le chef, III, 296. Exportations de France en —, I, 243. Trésor de — à Barcelone, II, 54, 58. Le duc de Calabre en —, II, 277, 305; III, 297. Etat de dévastation de la —, 298. Réconciliation de la — avec l'Aragon, II, 305.
Catherine, fille de Charles VI

mariée au roi d'Angleterre, I, 36; II, 48.
Catherine, fille de Charles VII, fiancée au comte de Charolais, II, 421.
Catherine, sorcière, exécutée à Lisieux, IV, 240.
Catis (Thomas de), professeur à Caen, IV, 150.
Caton (Marcus Porcius), cité, II, 112; III, 169.
Caton d'Utique, serait digne de l'admiration des chrétiens s'il ne s'était pas suicidé, III, 368.
Cauchon (Pierre), évêque de Beauvais, conduit le procès intenté à la Pucelle, I, 80; IV, 95, 97.
Caudebec, patrie de Thomas Basin, IV, 9, 12, 13, 138, 146; opprimé par une garnison française, 10; par Foulques Eton, 14. Défaite des insurgés Cauchois devant —, I, 114. Conseil donné aux Français au sujet de —, 218. Accession de — au parti du Bien public, II, 130; IV, 253, 254. — Monument de Thomas Basin à —, IV, 141. Vicomté de —, 232, 233.
Caux (chef de), ou cap de la Hève, IV, 299.
Caux (pays de), IV, 317; ravagé par les Anglais, I, 20, 45; IV, 10; opprimé par eux, I, 109; IV, 14; s'insurge, I, 113; horribles représailles des Anglais, I, 115; oppression des gentilshommes français rentrés dans leurs domaines, 116; la famine et la peste font émigrer les Cauchois, 117; le pays réduit en désert, 133. Nouvelle dévastation du — par le duc de Bourgogne, II, 299. Bailli de —, IV, 187, 190, 216. Bailliage de —, 224.
Caval (Nicolas), chanoine de Rouen, IV, 147, 148, 153, 154.
Cercey (Jean de), serviteur de François l'Aragonais, IV, 298.
Cerdagne. Voy. *Roussillon*.
Céret (château de). Capitulation du —, II, 60.

Cerisay (Guillaume de), **conseiller** de Louis XI, IV, 258; chargé d'une commission pour Thomas Basin, III, 307.
César (Jules), paraphrasé, II, 361; cité, 385; III, 366.
Césarée en Palestine. Archevêché de —, illustré par les mérites de saint Pamphile et de saint Eusèbe, III, 353; le titre en est conféré à Thomas Basin. Voy. *Basin*.
Chabannes. Voy. *Curton, Dammartin*.
Chaligant, secrétaire de Charles VII, IV, 190.
Châlons, ouvre ses portes à Charles VII, I, 75. Évêque de —, IV, 226.
Chambéry, en Savoie, III, 303.
Chambrois (château de), I, 216; rendu aux Français, 221.
Champagne (la), embrasse le parti bourguignon, I, 36; est proposée comme dot de la princesse Anne, fille de Louis XI, II, 168; demandée comme apanage par le frère du roi, 214; interposée entre les États du duc de Bourgogne, 277; projet de la traverser, 357, 362, 372. Passage du duc de Lorraine en —, 397. Armée française répandue sur les frontières de —, 413.
Charles Martel, persécuteur de saint Euchère, III, 333.
Charles VI. Conjectures sur la cause de sa folie, I, 5. Il assemble l'église de France, IV, 83; on le conduit au siége d'Arras, I, 12; il deshérite son fils au profit du roi d'Angleterre, 35, ce qu'il n'eût point fait s'il eût eu sa raison, 36; il meurt, 42, étant en puissance des Anglais et des Bourguignons, III, 193.
Charles VII, seul survivant des fils de Charles VI, I, 3; a eu l'idée d'émigrer en Espagne ou de céder une partie de la France aux Anglais, 4; est emmené de Paris par Tanneguy du Châtel, 29; devient le chef du parti français

TABLE ANALYTIQUE. 441

sous son titre de dauphin de Viennois, 29. ; est roi de France par le fait, 43, quoique déshérité par son père, 35 ; proteste vainement contre cet acte, 36 ; s'efforce de chasser les Anglais, 37 ; se réconcilie avec le duc de Bourgogne par l'entremise du Saint-Siège, IV, 278 ; lui donne rendez-vous à Montereau, I, 38 ; IV, 280 ; sa version du meurtre de ce prince, 280, 281 ; il se défend d'y avoir eu aucune part : sur quoi Thomas Basin s'abstient de se prononcer, I, 38 ; il se fait excuser auprès du pape Martin V, IV, 278, tout en continuant à entretenir des relations avec Pierre de Luna, 282 ; succède à son père en 1422, mais sans être reconnu par les Anglais ni par les Bourguignons, I, 42 ; son âge à son avénement, 44 ; son goût pour les plaisirs dans lesquels il veut retenir le bâtard d'Orléans, 54 ; il se refuse longtemps à accorder une entrevue à la Pucelle, 68 ; accorde cette entrevue aux instances de Dunois, 69 ; prend le chemin de Reims pour s'y faire couronner, 75 ; est reçu à Troyes, à Châlons, à Reims, *ibid.* Ses démérites ont pu faire que Dieu lui a retiré l'assistance de la Pucelle, 86. Il se rapproche du duc de Bourgogne, 96 ; conclut la paix avec lui, 98 ; concessions qu'il fait, quoique à contre-cœur, 100, 101 ; il compromet par son indifférence la révolte des paysans cauchois en sa faveur, 116 ; n'a visité Paris qu'une fois après son recouvrement, 135 ; est réveillé de sa torpeur par la révolte de son fils contre lui, 135, 136 ; poursuit vivement et dissipe l'insurrection, 137 ; prend Montereau, Meaux, 138, et Creil, 139 ; assiége Pontoise, 140 ; se retire de Maubuisson à Poissy, 141, où il manque d'être pris par Talbot, 142 ; retourne à Pontoise, 143 ; donne les dispositions pour l'assaut, 144 ; y monte, 145 ; ne peut sauver la vie d'un Anglais qui s'était réfugié sous son cheval, 146 ; conduit une armée à Tartas, 148 ; reçoit à Tours une ambassade anglaise, 155 ; accorde une trève avantageuse pour son royaume, 156, 157 ; conduit une armée en Lorraine à la suggestion de René d'Anjou, 163, dans quelle intention, 164, 165 ; séjourne à Nancy, 165 ; institue des compagnies régulières, 166, et une infanterie nationale, 168 ; reçoit une contribution des Messins, 184 ; envoie une ambassade en Angleterre, 186 ; il revendique le Maine, 187 ; protestations que lui fait le roi d'Angleterre à cet égard, IV, 286 ; indique une assemblée du clergé à Lyon pour la paix de l'Église, 288 ; prend le Mans de force sur les Anglais, I, 188 ; considère comme une offense personnelle la prise de Fougères, 197 ; use de prudence pour obtenir réparation, 198 ; envoie des négociateurs à Pont-de-l'Arche, IV, 342 ; réponses évasives des Anglais à ses remontrances, I, 198, 199 ; sa bonne foi dans cette négociation, 205. Il entre en campagne contre les Anglais, 208 ; approuve le plan proposé par Thomas Basin et arrive à Verneuil, 219, 220 ; IV, 130, où il reçoit l'hommage de l'évêque de Lisieux, 182, et donne abolition à deux ecclésiastiques normands, 185, 187 ; appelle le duc de Bretagne en Normandie, I, 221 ; reçoit des ouvertures secrètes de la part des Rouennais, 222 ; s'approche de Rouen avec toutes sortes de précautions, 223 ; se retire à Pont-de-l'Arche et consent à négocier, 224 ; offre aux Anglais de se retirer de Rouen avec leurs biens, 229 ; vient loger à Sainte-Catherine, les Rouennais lui ayant livré leur ville, 228; règle les conditions de la retraite des Anglais, 229, 230; entre à Rouen, 231; IV, 131; assiége Harfleur et Honfleur, qu'il réduit au plus fort de l'hiver, 232, en donnant des marques de son humanité, 233; anoblit la famille Basin, IV, 188; était beau père du comte de Clermont, I, 236; fait prendre Bayeux, 238; ordonne le siége de Caen et y assiste en personne, 239; accorde aux Anglais de se retirer de cette ville, 241; doit à Jacques Cœur d'avoir pu achever la conquête de la Normandie, 242, 243; perpétue par une fête le souvenir de cette conquête, 246; opinion portée de lui en Angleterre par les vaincus, 247; pourquoi il a différé de réduire Calais, 248; il veut garder lui-même la Normandie pendant la première guerre de Guienne, *ibid.*; ne tient pas à la Guienne les promesses de franchise qui lui avaient été faites, 259; sa fermeté en apprenant la défection du Bordelais, dont il se réserve le recouvrement, 262; il assiége Castillon, 263; reprend Bordeaux et se refuse à en détruire les fortifications, 269; ne veut pas intervenir en faveur des Gantois, 282; se livre à une enquête sur les intrigues de son fils en Normandie, III, 244; reçoit de Thomas Basin des pièces à ce sujet, 245; prend la résolution de châtier le dauphin, I, 283; prend le chemin du Dauphiné, 285; s'aigrit du bon accueil que le dauphin fugitif trouve auprès du duc de Bourgogne, 288, 303; refuse au duc de prendre le gouvernement de ses Etats pendant une croisade qu'il projetait, 290, 291; voulait faire la guerre aux Turcs avec le roi de Hongrie, 294; contracte d'autres alliances au préjudice du duc de Bourgogne, 295; recherche celle du roi d'Angleterre, son neveu, 296; fait mettre en jugement le comte d'Armagnac, II, 283; se fait transporter les droits du duc de Saxe sur le Luxembourg, IV, 355; sollicite l'appui de l'archevêque de Trèves et de l'évêque de Metz, 350; veut avoir le consentement du roi de Bohême, 356; fait pratiquer les politiques allemands qui connaissaient cette affaire, 350, 351, 356; redoute une nouvelle invasion des Anglais, 351; cherche à pacifier le palatin du Rhin avec ses voisins, 352; réclame du duc de Bavière les joyaux de sa mère, 353; hésite à accorder au duc de Bourgogne un congrès pour vider l'affaire du Luxembourg, 350, 355, 357; ses traités avec les duchés de Saxe, I, 295, note, et avec l'Aragon, II, 55 note. Il enjoint aux Normands de bien recevoir les Anglais du parti de Lancastre, I, 297; s'afflige de la ruine de ce parti qu'il impute à Philippe le Bon et affecte d'armer son royaume du côté des Etats bourguignons, 303, 304; envoie plusieurs ambassades à Bruxelles pour se plaindre au duc de sa conduite à son égard, 305; prend des mesures pour la restauration de la maison de Lancastre, 302, 306; nature de ses engagements avec Marguerite d'Anjou, IV, 360. Il fait venir des vaisseaux espagnols à l'embouchure de la Seine, I, 307; veut imposer la taille aux Génois qui l'avaient reconnu pour leur seigneur, 307; est informé de la révolte de cette ville par les Doria, IV, 363; ses projets pour réparer l'échec de ses armes à Gênes, I, 310; il meurt avec l'idée qu'on voulait l'empoisonner, 311. Sa mort accueillie comme une bonne nouvelle par son fils, 311. Son portrait physique, 312; son entourage de femmes et ses relations avec la belle Agnès, 313, dont il fonde l'obit à Jumiéges, 314. Cause de l'acharnement avec lequel il poursuit Jacques Cœur, 314, 315, 316. Il contribue à faire cesser le schisme par ses instances auprès de l'antipape Félix, 317; règle les libertés de l'Eglise en France et en Dauphiné, 318; IV, 83; maintient la Pragmatique-Sanction malgré les démarches réitérées de la cour de Rome, II, 319; use avec modération du droit de recommandation, 320; refuse de faire contribuer les ecclésiastiques pour le recouvrement de la Normandie, 320, 321; réduit la taxe du décime réclamé par le pape pour la croisade, 321; IV, 218. Sa conduite à l'égard de sa noblesse et de son armée régulière, I, 322; sa sollicitude envers le parlement, ses réformes judiciaires, 323; IV, 36, 37; sa clémence envers les criminels et notamment envers le duc d'Alençon, I, 323; sa promptitude à disgracier ses serviteurs, sa répugnance à destituer les fonctionnaires, 324; il a trop chargé son peuple d'impôts et permis la vente des offices, 325; n'a pas assez ouvert l'oreille aux plaintes qu'on lui faisait de ses gens d'armes, 326; fuyait le séjour des grandes villes pour celui des lieux retirés, 326, 327; a laissé son royaume dans une prospérité relative, 327; III, 194. Il avait songé à deshériter Louis XI en faveur de son plus jeune fils, II, 3, 26; reçoit une absolution insultante sur son tombeau, 13; ses actes sont abrogés et ses serviteurs destitués par son fils, 25, 26. Charges de la Normandie sous son règne, 31; III, 131, 169, 304; il n'a pas tenu à cette province ce qu'il lui avait promis,

363. Son affection pour le duc de Bretagne, François II, I, 46. Sa législation militaire, III, 182; sa religion du serment ou de la parole donnée, I, 324; III, 192; sobriété et charme de sa conversation, 193. Contraste entre lui et son fils, *ibid.* Les institutions de son règne sont réclamées aux Etats de Tours, 199.

Charles, fils puîné de Charles VII, préféré par son père qui songea à l'instituer son héritier, II, 3; aurait été agréé comme roi par beaucoup de seigneurs français, 4; III, 256. Louis XI le mène partout avec lui, II, 84. Il est enlevé de Poitiers et conduit en Bretagne, 100; le roi le rappelle inutilement, 102; la ligue du Bien public est formée en son nom, 103; son père lui avait donné le duché de Berry, 114; il entre en armes dans le royaume, 116; demandes des confédérés en sa faveur, *ibid.*; il s'avance avec les Bretons, 117, 118; rejoint les Bourguignons, 122; captive les princes par sa ressemblance avec son père, 123; voit jour à s'emparer du duché de Normandie qu'on disait lui avoir été concédé par Charles VII, 127, 285; est reconnu pour duc par les Rouennais, 129, et par le reste de la province, 130, grâce aux concours des Bretons, III, 261. La Normandie lui est cédée en apanage, II, 135; III, 261, 262, 340, à la requête du comte de Charolais, II, 137, dont la présence lui aurait été nécessaire pour s'établir, 141. Les capitaines de Falaise et de Cherbourg refusent de le reconnaître, III, 263. Il prend le chemin de Rouen, II, 241; son arrivée est retardée par le duc de Bretagne, 142. Il séjourne à l'abbaye de Sainte-Catherine, 143; fixe le jour de son entrée, 145; affluence produite par l'attente de cette cérémonie, III, 263. Il fait demander du secours aux Rouennais, II, 145, 146; reçoit cent lances avec lesquelles il entre de nuit dans sa capitale. 146, 147; cérémonie de son inauguration, IV, 247, 248 note; il fait entrer l'évêque de Lisieux dans son conseil, III, 264; a une entrevue avec le duc de Bretagne, II, 150; est attaqué par le roi et abandonné de ses adhérents, 151, 152; mandé par le duc de Bourbon à Louviers, où il se rend, 152, 153; attend inutilement ce prince, III, 265; est préservé d'une trahison par Thomas Basin, 267, 268, 269; se retire à Pont-de-l'Arche, puis à Rouen, II, 155; III, 267, 268; envoie au duc de Bretagne une ambassade inutile, 155; implore l'assistance des princes de Bourgogne, 156, 157; III, 270, 271; fait sonder le comte de Charolais sur un projet de mariage avec sa fille, 271 note; soumet à la cour des pairs le règlement de son apanage, II, 157; exige que les Rouennais fassent leur soumission au roi, 160; se retire à Honfleur pour gagner la Flandre, 161; est ramené par le vent contraire et voit revenir à lui le duc de Bretagne qui l'emmène dans ses états, *ibid.*; III, 274; IV, 132; son alliance avec ce prince insupportable à Louis XI, II, 177. Il induit les Bretons qui gardaient la Basse-Normandie à se prononcer pour lui de nouveau, 183; desseins du roi contre lui, 186; bruit répandu d'un accord de lui avec le roi, 188; séductions de Louis XI auprès de ses conseillers intimes, 211. Il obtient un sauf-conduit pour se rendre auprès du roi d'Angleterre, 213; se laisse induire par Louis XI à accepter la Guienne en apanage 214; se réconcilie avec lui, 215; intercède inutilement pour Thomas Basin, III, 319, 320. Bruits répandus au sujet d'une guerre que les deux frères allaient entreprendre contre les ducs de Bourgogne et de Bretagne, II, 216. Il est mandé pour la défense d'Amiens et soupçonné de nouveau, 276; s'allie plus étroitement que jamais avec le duc de Bourgogne, 278; bruits divers sur la cause de ce revirement, 278, 279; il retourne en Guienne et travaille à se faire des partisans, 280; réintègre dans ses biens le comte d'Armagnac, 281, 283; son chagrin d'avoir été frustré de la Normandie, *ibid.*; il organise contre le roi une confédération redoutable, 286; est empoisonné par deux de ses serviteurs que Louis XI avait gagnés, 287; meurt après plusieurs mois de souffrance, 287, 288; avait été introduit dans la trêve avec le duc de Bourgogne, 289; précautions prises par le roi durant sa maladie, *ibid.*; information commencée de son vivant contre ceux qui l'avaient empoisonné, 295; leurs dépositions établissent la complicité du roi, 296; la mort du prince vengée par le duc de Bourgogne, 298.

Charles VIII, dauphin de Viennois. Sa naissance, II, 279. Projet de mariage entre lui et la fille d'Édouard IV, 359; autre avec la duchesse de Bourgogne, III, 8, 9, 11, 16, 18; les sujets de la duchesse lui préfèrent un prince allemand, 11, 16, 21. Il est marié à la fille de Maximilien par le traité d'Arras, 127, 128; reconnu pour successeur de son père par crainte des troubles inséparables d'un changement de dynastie, 198; offre à Thomas Basin son rappel en France, IV, 138.

Charolais (comte de). Voy. *Bourgogne* (Charles de).

Charruyer (le), chef de l'insurrection des Cauchois contre les Anglais, I, 113.
Chartier (Guillaume), évêque de Paris, assiste au sacre de Louis XI, IV, 226; reçoit son serment à Paris, II, 15, 16; III, 181; est envoyé en ambassade à Rome, IV, 87; nommé de la commission pour le Bien public, 243.
Chartier (Jean), chroniqueur. Son témoignage sur Thomas Basin, IV, 129, 130, 131.
Chartrain (le pays), ravagé, I, 45.
Chartres, IV, 18; se soumet au gouvernement de Henri V, I, 36. Désastre de —, 60. Les Anglais sur le chemin de — après leur expulsion de l'Orléanais, 73. Stratagème par lequel les Français s'emparent de —, 78. Passage de Charles VII à —, 220. Assemblée du clergé de France à —, 319; IV, 83. Louis XI à —, II, 152; III, 263. Evêques de —. Voy. *Festigny; Illiers.*
Chassa (Jean de), transfuge bourguignon, complote l'assassinat du duc de Bourgogne, II, 234, 235, 236.
Chasse (la), prohibée par Louis XI, II, 72, 73, 74, 75; III, 168.
Château-Thierry. Réception d'ambassadeurs autrichiens à —, IV, 368, 369.
Châtel (Tanneguy du), emmène le Dauphin hors de Paris, I, 29; soupçonné du meurtre de Jean-sans-peur, 38.
Châtillon (Louis de Laval, seigneur de), conseiller de Louis XI, IV, 263; intercède pour Thomas Basin, III, 327, 341; reçoit pour cela 2000 écus d'or, 328.
Chaton (Pasquier), homme d'armes au service des Anglais, IV, 296, 303, 310, 338.
Chaumont-sur-Loire (Charles d'Amboise, seigneur de), lieutenant général en Franche-Comté, fait capituler Besançon, III, 53.

Chaumont (Pierre d'Amboise, seigneur de), suit le frère de Louis XI en Normandie, II, 141; fournit des gens d'armes pour occuper Caudebec, IV, 253; cherche à trahir le duc de Normandie, II, 133; III, 267; est excepté de l'amnistie générale après le Bien public, 158, note 3.
Chenu (Jean), capitaine de Louis XI, IV, 384.
Cherbourg. Le duc de Somerset débarque à —, I, 150. Autre armée anglaise introduite en Normandie par —, 234. Siége de — par les Français, 242, entrepris grâce à la libéralité de Jacques Cœur, 243; comment il fut conduit, 244, 245. Reddition de —, 243. Le capitaine de — refuse de reconnaître le duc de Normandie, III, 263. Château de —, I, 245.
Chérences (le seigneur de), député aux Etats de Normandie, IV, 225.
Chevalier (Etienne), confident des affaires d'Angleterre, IV, 360.
Chichester (l'Evêque de). Voy. *Moleyns.*
Chin. Combat du pont de —, III, 33.
Chinon en Touraine, III, 49.
Christiern I, roi de Danemarck; son traité avec Charles VII, I, 294.
Cicéron, cité, I, 177, 178, 217, 233; II, 101, 113, 181, 297, 421; III, 2, 79, 180, 186, 195, 368; IV, 58.
Cirurgien (Jacques), procureur des Basin à Lisieux, IV, 271, 273.
Clarence (Thomas de Lancastre, duc de) frère du roi d'Angleterre, I, 18; se loge à Courthonne, IV, 215; intercède pour les Rouennais, I, 34; meurt à la bataille de Baugé, 40.
Clarence (Georges d'York, duc de), se réfugie en France, II, 219; se réconcilie avec Edouard IV, 256. Duchesse de —. Voy. *Nevill* (Isabelle).

Classidas. Voy. *Glasdale*.
Clay (Jean de), trésorier du duc d'York, IV, 152.
Clères (le baron de), député aux Etats de Normandie, IV, 224, 225 ; présent à l'inauguration du duc de Normandie, 247.
Clermont en Beauvaisis. Comte de —. Voy. *Bourbon*.
Clermont en Dauphiné, (Jacques de), capitaine français, I, 203.
Clermont-Lodève (?). Le seigneur de —, vice-roi du Roussillon, III, 300, 301.
Clèves. Pays de —, III, 146, 149, 151.
Clèves (Adolphe de), accompagne Louis XI à son sacre, II, 12.
Clèves (Engilbert de), fils de Jean I, est appelé à Utrecht comme avoué de la cité, III, 97 ; il y entre aux applaudissements de la multitude, 98 ; son gouvernement est inauguré par un désastre, 98, 100 ; ses partisans lui prêtent serment de fidélité, 107, et veulent induire à en faire autant le clergé qui s'y refuse, *ibid*. Il est logé dans le palais épiscopal, 108 ; fait frapper de la monnaie d'or et d'argent à son nom, *ibid*. ; mène les routiers au pillage d'une ville qui avait acheté sa sécurité, 106 ; monte une expédition contre Yselstein, *ibid*. ; rentre à Utrecht sans avoir rien fait, 110 ; espoir qu'on a de le faire substituer à David de Bourgogne, 112. Il reçoit de Rome l'injonction de restituer les biens qu'il détient, 124 ; est sur le point d'y obéir, *ibid*. ; se rend au conseil d'interjeter appel, 125 ; délivre au clergé des copies de la bulle, *ibid*. ; restaure le gouvernement révolutionnaire renversé par une émeute en faisant des distributions de bière, 141 ; rompt les traités passés avec les villes voisines, 143 ; viole un traité renouvelé par lui-même avec un village des environs de Wyck, 143, 144 ; s'absente d'Utrecht, 145 ; n'est plus rappelé après une nouvelle révolution, 147 ; est ramené du pays de Clèves à Amersfoort, 150 ; son nom, prononcé à Utrecht, assure la victoire de son parti, 152 ; il rentre dans la ville, 154 ; contribution imposée pour lui fournir de l'argent, 155. Il se rend auprès de l'archiduc d'Autriche pour traiter de la paix, 157 ; reste comme otage entre ses mains, 159.
Clèves (Jean I, duc de), accompagne Louis XI à son sacre, II, 12 ; se fait battre par le duc de Gueldre, 316 ; recherche pour son fils la main de la duchesse de Bourgogne, en décriant l'alliance française, III, 15, 16.
Clèves (Jean II, duc de), fils du précédent, III, 97 ; envoie des troupes à Utrecht, 109 ; devient l'espoir des insurgés de cette ville, 111, par suite d'un traité passé avec eux, 119 ; fournit des secours à Guillaume d'Aremberg, 117, 118 ; est abandonné par Louis XI, 120, 122, 165 ; seconde le retour de son frère à Utrecht, 150 ; n'ose pas se mettre en campagne contre Maximilien pour lui faire lever le siége de cette ville, 163.
Clévisiens au service d'Utrecht, III, 106, 107, 150, 152, 153, 155, 156, 157 ; au service de Guillaume d'Aremberg, 117, 118.
Cloistre (Barthelemi), commissaire pour le Bien public, IV, 245.
Cluuy (Guillaume de), administrateur de l'évêché de Thérouanne en Flandre, IV, 388 ; évêque de Poitiers, IV, 386, 389.
Coblence, II, 342 ; IV, 134, 354.
Coëtivy (Alain de), cardinal d'Avignon, légat en France, I, 321 ; IV, 218.
Coëtivy (Olivier de), perd Bordeaux, I, 261 ; est envoyé en Catalogne, II, 57 note.

Coëtquis (Philippe de), évêque de de Saint-Pol de Léon, ambassadeur à Rome, IV, 278.

Cœur (Jacques), argentier de Charles VII, son portrait; étendue de son commerce, I, 243. Il fournit au roi de quoi achever la conquête de la Normandie, 244, 314, 321; le reçoit à Rouen, IV, 131; tombe en disgrâce à la mort d'Agnès Sorel, I, 314; est incarcéré, condamné pour concussion, gardé dans un couvent de Beaucaire d'où il s'évade, 315; se retire à Rome et y est publiquement justifié par le pape, IV, 347. Chargé du commandement d'une flotte pontificale, il meurt en guerroyant les infidèles, I, 316; s'est toujours défendu d'avoir empoisonné la belle Agnès, *ibid.*

Cœur (Jean), archevêque de Bourges, IV, 226; disgracié, III, 175; fait un voyage à Rome, 307.

Collioure (château de), livré comme gage à Louis XI, II, 56.

Colménil, en Caux, IV, 232.

Cologne, refuse l'obéissance à son archevêque, II, 328. Diète tenue à — par l'empereur, *ibid.* Avouerie de l'église de — proposée au duc de Bourgogne, 329, moyennant la réduction préliminaire des cités et villes qui en dépendaient, 333. Confédération de Neuss avec le chapitre de —, 334. Administrateur du temporel de l'église créé à —, 335. Secours envoyés de — à Neuss, 336, 337, 338; garnison établie sur la rive droite du Rhin par ceux de —, 338. L'armée de l'empire convoquée et réunie à —, 339, 340. L'approvisionnement de —, gêné par la garnison de Linz, 342. Butin pris sur les Bourguignons et conduit à —, 354; gardé par les habitants malgré les ordres de l'empereur, et rendu de mauvaise grâce. 355, 356; IV, 384. Archevêque de —. Voy. *Bavière* (Robert de). Banquiers de —, III, 116. Université de —, IV, 136.

Colon (Guillaume de Caseneuve, surnommé), vice-amiral de France, II, 245 note; 313 note; IV, 385; remporte un avantage signalé sur la marine flamande et hollandaise, III, 59.

Compiègne, rendu aux Français, I, 77; assiégé par les Anglais, 80; défendu par la Pucelle qui y fut prise, 80; délivré par les capitaines français, 87. Louis XI à —, II, 187. Troupes concentrées autour de —, III, 187.

Comptes (chambre des), II, 209; IV, 84, 215, 216, 241, 242, 243, 248.

Conches. Prise de —, I, 205. Occupation de — par ordre de Louis XI, II, 154; III, 267.

Concile. Réunion d'un — proposée à Louis XI, IV, 69, 82. Voy. *Bâle*, *Bourges*, *Chartres*, *Constance*, *Florence*, *Rouen*, *Sienne*.

Condé-sur-Noireau, IV, 300, 309, 323, 324.

Condé, au diocèse de Bayeux. Le seigneur de —, III, 243, 244.

Condé en Hainaut, pris par Louis XI et abandonné presque aussitôt, III, 43.

Conflans (traité de), II, 135, 136, 139, 167; III, 187.

Conflans-Sainte-Honorine, I, 143.

Courault (Philippe), abbé de Saint-Pierre de Gand, ambassadeur en France, III, 179.

Constance. Concile de —, I, 318; IV, 78, 278. Traité de —, entre l'Autriche et les Suisses, II, 330; IV, 370, 372, 373. Evêque de —, IV, 372.

Constantinople, prise par les Turcs, I, 289, 321.

Copini (Francesco), évêque de Terni, légat en Angleterre, favorise le parti d'York, et donne à Saint-Denis l'absolution sur le tombeau de Charles VII, II, 13, 14.

Coquerel (Hector de), compétiteur de Thomas Basin à la cathédrale

de Rouen, IV, 148, 149; doyen du chapitre de Lisieux, 197, 202, 227, 235; député aux Etats de Normandie, 225.
Corbeil. Retraite de Louis XI à —, II, 120.
Corbie, prise par les Français, II, 347.
Cordebugle près Lisieux, IV, 170.
Cornegrue (Robert), évêque de Séez, transféré à Avranches, IV, 397; commet des faux, 403.
Cotentin, IV, 340; son état sous les Anglais, I, 44; reconquis par les Bretons, 222; perdu l'année suivante, 234. Marche des Français vers le —, 236. Le — reconquis, 238. Bailli de —, IV, 186. Bailliage de —, IV, 224.
Coulon (Laurent), chapelain du seigneur de Rodemack, IV, 356.
Courcelles (Jean de), IV, 245.
Courcelles (Thomas de), doyen du chapitre de Paris, IV, 245.
Courel (Jean), garde du sceau de la vicomté de Rouen, IV, 232, note.
Courthonne-la-Meuldrac, château des évêques de Lisieux, I, 212; occupé par les Anglais, IV, 213; procès pour y faire faire le guet par les habitants de Marolles, IV, 165 à 471. Capitaine de —, 168.
Courtonne, secrétaire de l'évêché de Lisieux, IV, 211.
Courtray en Flandre, III, 33, 39. Château de —, II, 318. Ravages autour de —, III, 41.
Cousinot (Guillaume), ambassadeur en Angleterre, I, 187 note; institué bailli de Rouen, signe la capitulation de Lisieux, IV, 174, 181; reçoit Charles VII à Rouen, 131; envoyé en ambassade à Rome, 87; auprès du duc de Normandie, III, 264 note.
Coutances. Prise de — I, 222. La capitulation de —, réglée par le duc de Bretagne, IV, 186. Eglise de —, IV, 185. Evêques de —. Voy. *Castiglione* (Jean), *Herbert*, *Longueil*, *Malatesta*, *Montjeu*.
Coutumiers (pays), en France, IV, 39.
Coventry. Ville d'Angleterre, II, 256, 257, 260, 267, 268.
Coventry (John, évêque de), IV, 358.
Coze ou Coxan (Abbaye de Saint-Michel de), en Roussillon, IV, 396.
Craon (Georges de la Trémouille, sire de), conseiller de Louis XI, IV, 258; prend Damvilliers, 384; apprend le premier la levée du siège de Neuss, *ibid.*; est gratifié du comté de Ligny, III, 25; chargé de soumettre la Bourgogne, 23; assiége Dôle, 24; laisse s'exécuter une attaque dont il avait été prévenu, 24, 25; est battu, prend la fuite et va se mettre en sûreté dans son château de Ligny jusqu'à ce que le roi se soit apaisé, 25, 26.
Creil, au pouvoir des Anglais, I, 123; repris par les Français, 139.
Cressonnière (la), au diocèse de Lisieux, IV, 169.
Croisade. Projet de — par le duc de Bourgogne, I, 289, 290; par le pape Calixte III, IV, 218; par le pape Pie II, I, 291. Décime levé pour en faire les frais, 321; IV, 219, 220.
Croismare (Robert de), procureur du roi au bailliage de Rouen, IV, 251.
Croix. Bois de la vraie —, II, 189, 230. — rouge, insigne des Anglais, II, 233 note. — de Saint-André, insigne des Bourguignons, I, 30; II, 172, 202, 209; III, 178. — de Saint-Laud-d'Angers, II, 215 note, 393 note.
Croy (Antoine de), favori du duc de Bourgogne, II, 69.
Croy (Philippe de), se porte au secours du duc de Bourgogne, II, 409; est pris à la bataille de Nancy, 416.

Crussol (Louis, seigneur de), IV, 255; attaché à l'armée de Catalogne, II, 57 note.
Cuiller (Geoffroi), pénancier à la cathédrale de Lisieux, IV, 160.
Culant (Louis, seigneur de) I, 219; règle la capitulation de Lisieux, IV, 174.
Culant (Philippe de). Voy. *Jalognes.*
Culembourg (Gaspard, seigneur de), en pourparler avec Louis XI pour la reddition d'Avesnes, IV, 385; est pris à l'assaut de la ville, III, 31.
Curton (Gilbert de Chabannes, seigneur de), corrompu par l'or de Louis XI, II, 279.
Cygne. Collier de l'ordre du —, en Angleterre, IV, 320.

D

Dacre (lord R.), partisan de la maison de Lancastre, IV, 358.
Daguerre (Menault), préposé à la défense de Nancy, II, 411.
Daim (Olivier le). Voy. *Olivier.*
Dammartin (Antoine de Chabannes, comte de), s'exile pour éviter les poursuites de Louis XI, II, 5. Son témoignage invoqué en faveur du duc d'Autriche, IV, 378. Il coopère au siége d'Avesnes, 385.
Damvilliers, dans le Luxembourg, II, 344; IV, 388.
Danemark (roi de). Voy. *Christiern.*
Daniel, affidé d'Olivier le Daim, III, 197.
Danube, fleuve, IV, 16.
Daron (Pierre), procureur général de Rouen, IV, 146.
Dauphiné, III, 306; IV, 20; pays montagneux, III, 285; résidence de Louis, fils de Charles VII, I, 283; désordres qu'il y commet, 284, 285; II, 12. Le — mis sous la main du roi, I, 288. La noblesse du — guerroye en Bourgogne, II, 377. Députés du — aux Etats généraux de Tours, III, 199. Libertés de l'Eglise du —, I, 318, 319, 320. Président à la cour du —, IV, 399.
Dauvet (Jean), commissaire pour le Bien public, IV, 245.
Delafont (Nicolas), bourgeois de Rouen, IV, 314, 320, 328.
Delahazardière (Pierre), notaire à Rouen, IV, 155.
Delaligne (Arnoul), habitant de Lisieux, IV, 266.
Delaloere (Jean), secrétaire de Charles VII, IV, 221.
Delarue (Alain), évêque de Saint-Pol de Léon, conclut la paix entre le Dauphin et le duc de Bourgogne, IV, 278.
Delarue (Galehaut), lieutenant du vicomte de Montreuil et de Bernay, IV, 164, 170.
Delebroucke (Gilles), sergent de l'échevinage de Gand, IV, 388.
Delettre (Jean), tabellion au siége de Bernay, IV, 168, 170.
Delisle (Guillemin), trompette de François I'Aragonais, IV, 304, 312, 313, 326.
Delisle (Willebin), homme d'armes anglais, IV, 300.
Derby (Thomas Stanley, comte de), II, 268.
Deschamps (Gilles), substitut de l'official de Rouen, IV, 158.
Désert (Guillaume du), chanoine de Rouen, IV, 155, 156.
Deshayes (Jacques), chanoine de Rouen, IV, 147, 148, 149, 153.
Desmares (Roger), procureur de l'évêque de Bayeux, IV, 234, 235.
Desmarets (Charles), ouvrier terrassier du pays de Caux, I, 111; se rend maître de Dieppe, 112.
Desmarets (Jean), bénéficier de la cathédrale de Lisieux, IV, 173.
Devonshire (John Courtney, comte de), IV, 160, 358.
Devonshire (Thomas Courtney, comte de), II, 266.
Die, en Dauphiné, II, 287.
Dieppe. Prise de — par les Fran-

çais, I, 112; IV, 285; siége des Anglais devant —, I, 152; concours utile donné par les marins de la ville aux Français qui viennent la délivrer, 153, 154. Accession de — au parti du Bien public, II, 130; III, 261. Escadre équipée à — par le comte d'Oxford, IV, 267. Garnison à —, IV, 385.

Diesbach (Nicolas de), écoutète de Berne, IV, 380.

Dinant. Insolente prospérité de cette ville, II, 133; on y pend en effigie le comte de Charolais, 134, 167; elle est assiégée par les princes de Bourgogne, 169; emportée d'assaut, 171, livrée au feu et détruite, 172, en dépit des promesses du roi de France, 173, 175. Le sort de — promis à Liége, 199.

Dinantais (les), exceptés du traité des Liégeois avec le duc de Bourgogne, II, 165; continuent leurs insolences, 166; courroux du duc de Bourgogne contre eux, 167; ils attendent en vain le secours de Louis XI, 170; se sauvent en partie dans la confusion qui suit l'assaut de leur ville, 172; leurs femmes obtiennent de s'en aller avec ce qu'elles avaient de hardes sur le corps, 173.

Disome. Voy. *Isomes* (Antoine d').

Dole, assiégée par les Français, III, 24; délivrée par le seigneur d'Arguel, dont les habitants secondent les mouvements en faisant une sortie, 24, 26; est assiégée une seconde fois, prise et réduite en cendres, 51; sa perte attribuée à une trahison des Suisses, 51, 52.

Doléance. Ce qu'on appelle ainsi en Normandie, III, 382. Impétration de —, IV, 34. Inconvénients de cette formalité, 55. — sortissant jurisdiction en l'Echiquier de Normandie, 166.

Domfront (château de), au pouvoir des Anglais, I, 233, 242; pris par les Français, 244. Vicomte de —, IV, 187.

Doms. Voy. *Orms*.

Donner (Jean), abbé de Saint-Mathias de Trèves, IV, 135.

Doria (Barthélemi et Marc), informent Charles VII de la révolte de Gênes, IV, 361.

Dordrecht, foyer de la faction des Hoecks, III, 77; tombe au pouvoir du seigneur d'Egmont par un stratagême que secondent les Cabillauds, 78; fait alliance avec Utrecht, 111 note. Bouguemestre de —. Voy. *Adriaen*.

Dorset (John Beaufort, marquis de), tué à Tewkeshury, II, 265.

Douay, en Flandre, III, 39. Droit prétendu par le roi sur —, 128.

Doucereau, agent de Pierre de Brézé auprès de Marguerite d'Anjou, IV, 358, 359, 360.

Douglas (Archibald, comte de), capitaine des Ecossais à la bataille de Verneuil, I, 48.

Doullens, pris par les Français, II, 347.

Douynel (Jean), IV, 170.

Dragona (l'évêque de), suffragant de Tournay, IV, 133.

Drakenborch, allégué à propos de Nicolas Basin, IV, 140.

Draps. L'industrie des — se réfugie de la Normandie en Bretagne, I, 194. Commerce des — exercé par Jacques Cœur, 243; par les Anglais, 257. Payement fait en — par le gouvernement anglais, IV, 322. Supériorité des — de Rouen, II, 179. Souffrance de l'industrie des — dans les Flandres, III, 130.

Dresnay (Regnauld du), bailli de Sens, IV, 362.

Dreux, ville, II, 153; III, 265.

Drosay (Jean du), secrétaire du roi d'Angleterre, IV, 152.

Drouais (le), ravagé, I, 45.

Druides, assimilés au clergé de France, III, 366.

Dubec (Jean), trésorier de la cathédrale de Rouen, IV, 246.

Dubosc (Jean), official de Rouen, I, 224 note.

Dubosc (Nicolas), doyen du chapitre de Rouen, député aux Etats de Normandie, IV, 155, 224; préposé à la levée des impôts de la province, II, 36; félicite le duc de Normandie à son avénement, IV, 247; le préserve d'une surprise, III, 267; est banni par Louis XI, 276 note.

Duclos; son jugement sur Thomas Basin, III, 204.

Dudley (John), ambassadeur en France, I, 187.

Dufour (Pascal), évêque de Pamiers, outragé à Tours, IV, 397.

Dugardin (Jean), procureur de Thomas Basin à Lisieux, IV, 209.

Dunois (comté de), I, 53.

Dunois (Jean, bâtard d'Orléans, comte de), n'a jamais désespéré du salut de la France, I, 53. Eloge de sa capacité. Le roi essaye de le retenir auprès de lui par le plaisir, 54; il organise la défense du royaume après la bataille de Verneuil, 55; connu d'abord sous le nom de bâtard d'Orléans, il a été gratifié plus tard des comtés de Dunois et de Longueville, ibid.; décide Charles VII à recevoir la Pucelle, 69; instruit Thomas Basin de ce que le roi disait de l'entretien secret qu'il eut avec Jeanne, 70; contribue avec la Pucelle à la délivrance de l'Orléanais, 73; assiste au congrès d'Arras, 96; contribue à la réduction de Paris, 121; ne peut délivrer Harfleur, 133; dirige les opérations pour la délivrance de Dieppe, 153; est l'auteur principal du succès, 154; est chargé d'une ambassade en Angleterre, 186; conduit la guerre de Normandie comme lieutenant général du roi, IV, 183; assiège Lisieux, 125, 126, 129; signe la capitulation de cette ville, 174, 181; y entre en triomphe, I, 216; entre à Rouen, IV, 130; assiège et prend Bayeux, I, 238; prend ses positions pour le siége de Caen, 239; a le plus contribué au recouvrement de la Normandie, 248. Le roi le charge de la première guerre de Guienne, 248, 249, qu'il termine par la réduction de cette province, 251. Il est commis à la garde de la Normandie en 1453, 262; confiance que Charles VII avait en lui, ibid. Il est relégué par Louis XI dans le comté d'Ast, II, 26; chargé de guerroyer contre le duc de Milan, il réconcilie ce prince avec le roi, 44; s'acquitte d'une ambassade auprès du duc de Bretagne, 83; assiste à l'assemblée de Tours, 84; est chargé d'une autre ambassade en Bretagne avec contrainte de réussir, 99; renvoyé de nouveau pour obtenir le retour du frère du roi, 102, il emmène ses meubles avec lui, reste en Bretagne et forme la ligue des princes, 103; entre en France les armes à la main, 116; rejoint les autres confédérés, 122; reçoit la confidence du complot tramé pour enlever Rouen au roi, 127; accompagne le frère du roi en Normandie, 141; lui procure une entrevue avec le duc de Bretagne, 150; est nommé de la commission pour le Bien public, IV, 245.

Dupont (Jean), homme d'armes du seigneur de Chaumont, IV, 253.

Duquesne (Thomassin), surnommé l'Echelleur, homme d'armes de François l'Aragonais, reçoit diverses confidences de l'entreprise de Fougères, IV, 309; n'ose pas aller reconnaître la place, 310; reçoit l'ordre de s'y rendre au dernier moment, 310; entre à Fougères par escalade, 293.

Durand (Etiennot), bourgeois de Rouen, IV, 328, 332; lit une

lettre qui prouve la connivence du gouvernement anglais dans l'attentat de Fougères, IV, 330, 331, 334, 335.
Duval (Guillaume), trésorier du chapitre de Lisieux, IV, 197, 202.
Duval (Pierre), lieutenant du bailli d'Evreux, IV, 227.
Dechaumont (Jean), secrétaire de Louis XI, IV, 386.
Duchesne (André), a imprimé un passage de Thomas Basin, I, cxj.

E

Eaux et forêts (Maîtrise des), comment administrée sous Louis XI, II, 20, 21.
Eberstein (Jean, comte d'), ambassadeur de Sigismond d'Autriche auprès de Louis XI, IV, 368 à 383; accrédité d'abord par Louis XI auprès de Sigismond, 369; signataire de l'accord de Constance entre les Suisses et l'Autriche, 372.
Échiquier de Normandie, cour souveraine, IV, 24, 63, 166, 167, 186; lenteur de la procédure à ce tribunal, 35; longueur des plaidoieries, 40; surabondance des juges, 35, 40; lourdeur des frais de justice, 57. Contestation à l' —, sur le rang d'appel de l'évêque de Lisieux, 203, 204. Procès à l' — pour la succession de l'évêque de Bayeux, 234. Registres de l'—, IV, 142.
Écorcheurs. Ravages des —, I, 125, 132.
Écossais, combattent à la bataille de Baugé, I, 40; à celle de Verneuil, 48, 50, où ils sont presque tous détruits, 51, pour quelle raison, 52; les capitaines français se réjouissent de leur anéantissement, 52. D'autres — défendent Lagny, 88; nouvelle descente d' — en France, en 1436, IV, 285. Les — envahissent l'Angleterre, I, 131; soulevés en faveur de Henri VI, ils le secondent mal, II, 50. Les — de la garde de Louis XI envoyés en Catalogne, 56 note.
Écosse. Henri VI fuit en —, I, 300; II, 27, 48, 232. Expédition française en —, II, 27, 49, sans aucun résultat, 50. Guerre d'Édouard IV en —, 52. Henri VI abandonne l' —, 53. Roi d' —. Voy. Jacques.
Écosse (Marguerite d'), première femme du dauphin Louis, I, 283.
Édouard IV, roi d'Angleterre. Projet de mariage entre une fille de Charles VII et lui, IV, 151; substitué à Henri VI par les manœuvres de Warwick, il bat les Lancastriens, I, 299; entre triomphalement à Londres, où il est inauguré, 300; son avénement agréable au duc de Bourgogne 301, qui l'avait entretenu à sa cour du vivant de son père, 302; son amitié avec le dauphin, 301, 302, qui voulait le faire exciter contre Charles VII par le duc de Bourgogne, 304; affliction causée au roi de France par sa prospérité, 303; desseins de Charles VII contre lui, 306; II, 48; Louis XI le menace de la guerre, 49; puis cherche à se réconcilier avec lui, 51. Il conclut deux trèves consécutives avec la France, 52; achève de détruire le parti lancastrien, ibid.; devient maître par trahison de la personne du roi Henri, 53; l'enferme à la Tour de Londres, ibid. Son alliance est recherchée par le duc de Bretagne, 82; Louis XI veut la détourner à son profit par le moyen du comte de Warwick, 86. Ses moyens de gouvernement imités par le roi de France, 95. Nouvelles manœuvres pour le détacher des ducs de Bourgogne et de Bretagne, 177; engagements pris en son nom par le comte de Warwick, 179; une

ambassade solennelle lui est envoyée, *ibid.*, lorsqu'il avait déjà à sa cour d'autres ambassadeurs du duc de Bourgogne, 180. Offres séduisantes qui lui sont faites de la part de Louis XI, 181; il n'accorde rien de ce que Warwick avait promis, *ibid.*; donne la main de sa sœur au duc de Bourgogne, 182; s'attire par là l'inimitié du comte de Warwick, 183; est desservi par ce seigneur auprès de la multitude, 184. Son alliance avec les ducs de Bourgogne et de Bretagne empêche Louis XI d'agir contre ces princes, 216. Une insurrection éclate contre lui, 218; il contraint à s'éloigner d'Angleterre le comte de Warwick, chef du mouvement, 218; est abandonné par son frère le duc de Clarence, 219; sourdement travaillé par les agents de Warwick, 221; perd la faveur populaire, 222. Descente préparée contre lui par Warwick et Louis XI, 227; sa déchéance spécifiée dans un traité, 229, où on le nomme Edouard de March, 229, 231; il est abandonné par le peuple, 245; renonce à livrer bataille au comte de Warwick, 245, 246; s'enfuit en Hollande, 246, va demander au duc de Bourgogne les moyens de rentrer en possession de son royaume, 252, 253; profite d'un dissentiment des Ostrelins avec l'Angleterre et la France pour se former une flotte, 254; aborde en Angleterre, 255; ne peut amener le comte de Warwick à lui livrer bataille et se réconcilie avec le duc de Clarence, 256; bat un parti de Lancastriens, entreprend le siège de Coventry, y renonce pour aller à Londres où il est reçu, 257; remet en captivité le roi Henri, 258; sort de Londres à la rencontre de Warwick, 260; remporte la victoire de Barnet, 261; retourne à Londres et en sort de nouveau pour marcher contre la reine et le prince de Galles, 263, 264, qu'il bat à Tewkesbury, 265; se dirige vers le nord de l'Angleterre, 266; remporte un avantage près de Coventry, 267; revient pour secourir Londres menacé par les gens du Kentshire, 268; est reçu en triomphe dans sa capitale, 269; offre à Marguerite d'Anjou, prisonnière, l'alternative de rester en Angleterre ou de retourner en France, 270; est soupçonné par quelques-uns d'avoir fait mettre à mort Henri VI, 271; entreprend une dernière campagne contre les restes du parti lancastrien, 272; éloge de l'activité qu'il a déployée pour reconquérir son royaume, 272, 273; sa restauration considérée comme une faveur divine faite à la maison de Bourgogne, 275; il envoie du secours au duc de Bretagne en 1472, 299; concerte avec le duc de Bourgogne une descente en France, 351, 352, dont la nouvelle devance l'exécution, 352; IV, 383. Il descend à Calais et y a une entrevue avec le duc de Bourgogne, II, 356; son plan de campagne est de gagner Reims pour y être couronné roi de France, 357; il s'avance jusqu'à Péronne, *ibid.*; ne peut passer la Somme ni réconforter son armée découragée de ce que les Bourguignons n'arrivaient pas, 358; demande au roi de France une suspension d'armes qui se convertit bientôt en une trêve de sept ans, 355; instruit Louis XI des trahisons de son connétable, 367; il regagne Calais, puis l'Angleterre, 355; honte de sa retraite après les projets qu'il avait formés, 361; il sera un exemple à ses successeurs pour ne plus revenir en France, 361, 362. Il se voit retrancher la pension que lui faisait Louis XI, III, 133;

songe à recommencer la guerre; *ibid*.; meurt d'une indigestion, 133, 134. Sort funeste de ses fils, 137, 138. Sa femme. Voy. *Wydevill*.

Edmond (Saint), archevêque de Cantorbery, III, 333, 334.

Églises contraintes à produire le dénombrement de leurs biens, II, 76, 77; 406, 407; IV, 241.

Egmont (Jean, seigneur, d'), s'empare de Dordrecht par un stratagème, III, 78.

Elne, II, 310. L'évêché d'— offert à Thomas Basin, III, 292. Evêques d'—. Voy. *Cardone (Antoine de), Gui*.

Ely (Evêque d'). Voy. *Morton*.

Embrun. Archevêques d'—. Voy. *Belle, Canlers*.

Emeresse. Prise et incendie d'—, III, 99.

Empire. Fiefs français de l'—, cédés au duc de Bourgogne par Charles VII, I, 100. Hommage du duché de Gueldre rendu à l'—, II, 322, 324. Contingent militaire fourni par les cités de l'—, 340. Insubordination de plusieurs princes et cités de l'—, IV, 366. Electeurs de l'—, II, 322, 323, 339, 354; IV, 367. Vicaire général de l'—, IV, 367. Voy. *Allemagne*.

Enfernat (Odin de l'), dépose sur les préliminaires de l'entreprise de Fougères, IV, 335 à 338.

Enquête du pays. Ce qu'on appelle ainsi en Normandie, III, 381.

Enquinegatte. Batataille d'—, III, 54, 55, 56, 57.

Épinal. Difficultés faites à Charles VII au sujet d'—, IV, 351.

Eschallart (Jean), lieutenant du sénéchal de Lisieux, IV, 206; garde du sceau de la vicomté d'Orbec, 214, 241; de la sénéchaussée de Lisieux, 265.

Ésope, cité, II, 66.

Espagne. Projet de Charles VII d'émigrer en —, I, 4. Exportations anglaises de Guienne en —, 257. Vaisseaux amenés d'— à l'embouchure de la Seine, 307. Voy. *Aragon, Castille*.

Espagnols, au service de l'archiduc d'Autriche, III, 98, 163.

Espagnol (Pierre l'), chevalier au service des Anglais, IV, 344.

Espierres. Combat du pont d'—, III, 33.

Essarts (Cardin des), écuyer normand, envoyé auprès des princes de Bourgogne, II, 157; III, 271; IV, 251; ne juge pas prudent de rentrer en France, III, 274; est rappelé nommément par des lettres patentes de Louis XI, 277.

Essay (Château d'), I, 233.

Esternay (Jean Leboursier, seigneur d'), général conseiller du roi sur le fait des finances, IV, 222; s'entremet pour la composition de Caudebec, 253; est noyé dans l'Eure, III, 276, note.

Estouteville (Guillaume, cardinal d'), archevêque de Rouen, absent de son diocèse, IV, 247. Cause de la haine de Louis XI contre lui, 399.

Estouville (Jean d'). Voy. *Torcy*.

Estouville (Louis d'), grand sénéchal de Normandie, IV, 232 note.

Estouteville (Robert), prévôt de Paris, I, 216; IV, 218.

Étampes. Les confédérés du Bien public à —, II, 122.

Étampes (Jean de Nevers, comte d'), bat les Gantois, I, 274.

Étampes (Robert d'), IV, 150.

États généraux, demandés par les confédérés du bien public, II, 104, 116; assemblés à Tours après la mort de Louis XI, III, 199; leurs doléances imprimées et répandues à un grand nombre d'exemplaires, 200.

Etréaupont, IV, 386.

Etrepigny, en Normandie, IV, 324.

Eton (Foulques), capitaine anglais, opprime le pays de Caux, IV, 14; défend Pontaudemer, I, 209.

Eu. Destruction d'—, IV, 384.
Eu (Charles d'Artois, comte d'), prisonnier à Azincourt, I, 23; prend part au recouvrement de la Normandie, 209, comme lieutenant du roi, IV, 183, règle la capitulation de Lisieux, 174, 181; entre dans cette ville, I, 216; est envoyé en ambassade au duc de Bourgogne, II, 90; assiste à l'inauguration du duc de Normandie, IV, 247.
Euchère (Saint), évêque d'Orléans, fuit en Hesbaye, III, 333.
Eudemare (Jean d'), chanoine de Rouen, IV, 147, 153.
Eugène IV, pape, s'emploie à pacifier la France, I, 97; tient sa cour à Bologne, IV, 14; est déposé par le concile de Bâle, I, 317; ouvre un concile œcuménique à Ferrare, IV, 15; le transporte à Florence, 16; reçoit l'obédience de Charles VII, 85, 87; donne au dauphin Louis le protectorat du comté Venaissin, I, 283, note 6.
Evrard (Jean), juriste de Rouen, IV, 314, 317, 320, 328.
Evreux. Calamité d'—, I, 60. Prise d'—, par Floquet, I, 147. Charles VII à —, 221. Prise d'— par le duc de Bourbon, II, 153; III, 265, 266. L'évêché d'—, moins fructueux que celui de Lisieux, III, 302. Évêques d'—. Voy. *Balue*, *Floques*, *Formier*. Bailli d'—, IV, 187, 216, 227, 241, 243, 249, 250, 256, 258. Voy. *Floquet*, *Las*. Bailliage d'—, II, 240; IV, 203, 204. Capitaine d'—, I, 205. Voy. *Harcourt*.
Evreux (Guillaume d'), IV, 205.
Evringham (Thomas), désapprouve la bataille de Castillon, I, 265, 266, où il est tué, 267.
Exeter (Henri Holland, duc d'), II, 261; IV, 358.
Exmes, rendu aux Français, I, 221; à Louis XI, III, 269.

F

Fabre (Garcie), premier président au Parlement de Toulouse, IV, 369, 373, 374, 375, 377, 378, 380, 381.
Falaise, III, 261; IV, 311, 312, 316; place très-forte, 11; Talbot y amasse des munitions pour Fougères, 313, 314. Propositions envoyées de — aux capitaines français, I, 217. Troupes anglaises cantonnées à —, 234, 244. Prise de — par les Français, 244. Le duc de Normandie non reconnu à —, III, 263. Louis XI à —, II, 156; III, 269. Château de —, IV, 315, 316, 318. Maréchal des gens d'armes de —, 313.
Falconbridge ou Falkemberg (Thomas, bâtard de), soulève le Kentshire en faveur de Henri VI, II, 267; tente une nouvelle entreprise et finit par demander son pardon à Edouard IV, 272.
Falconbridge (William Nevill, lord), est tué en défendant Pont-de-l'Arche, I, 201.
Falstoff (John), déshonoré pour avoir déserté le champ de bataille de Patay, I, 74; est désintéressé pour la possession de Condé-sur-Noireau qu'on lui retire, IV, 323.
Faure (Jourdain), dit Vercors, empoisonne le duc de Guienne, II, 287; ses aveux, 296.
Faux-Visages (les), I, 184.
Faviel (Guillaume), IV, 170.
Fécamp (l'abbaye de), prise par les Anglais, I, 131; reprise par les Français, 132. Abbé de —, IV, 247.
Félix, antipape. Voy. *Savoie* (Amédée de).
Félix (Jean), IV, 214.
Ferdinand d'Aragon, roi de Sicile, l'un des modèles de Louis XI, II, 95; fournit des secours au roi d'Aragon, 313; s'allie avec

le pape contre les Florentins, III, 65 ; en vient à un arrangement avec Laurent Médicis, 66 ; reçoit de Louis XI l'avis d'une prochaine invasion des Turcs, 70, note ; cherche à bloquer les Turcs dans Otrante, 69 ; les réduit à abandonner l'Italie, 70.

Ferdinand, fils du roi Jean II d'Aragon, II, 311.

Féré (Guillaume), IV, 170.

Ferrare. Concile œcuménique indiqué à —, IV, 15, 16.

Ferrette ou Pfirdt (le comté de), acheté par le duc de Bourgogne, II, 327 ; donné à régir au seigneur de Hagenbach, *ibid.* ; redemandé par Sigismond d'Autriche à l'instigation de Louis XI, IV, 370 ; foulé par les Bourguignons, II, 329 ; IV, 380, 381 ; se soulève, II, 330 ; sous quel prétexte, 330, 331. Projets du duc de Bourgogne pour se procurer un accès facile dans ce pays, 332, 333. Les milices du — envahissent la Franche-Comté, 345. Alarme dans — à cause des progrès des Bourguignons en Lorraine, 373. Les habitants du — à la bataille de Morat, 387.

Ferrici (Pierre), légat du saint-siége auprès des Liégeois, II, 194.

Ferté (La), près Saint-Pourçain, IV, 221.

Fervagu (Bellot), IV, 170.

Festigny (Jean de), évêque de Chartres, fervent Bourguignon, I, 78.

Filleul (Jean), IV, 214.

Fitzhugh (Lord H.), IV, 358.

Flamands (les), soumis par le duc Jean-sans-Peur avec l'argent de la France, IV, 280 ; se chargent de chasser les Anglais de Calais, I, 126 ; assiégent cette ville, 127 ; se croient trahis, 128 ; prennent la fuite, 129 ; n'étaient pas propres à la guerre, *ibid.* ; marchandent au duc Charles de Bourgogne les subsides dont il avait besoin et encourent ses reproches, II, 404, 423 ; refusent de l'assister dans sa détresse, 401, 402 ; appellent à lui des mandements de ses officiers, 404 ; se choisissent un capitaine pour résister aux Français, III, 32 ; sont réduits au découragement par deux échecs consécutifs, 33, 34, 35. Ils laissent passer le Neuf-Fossé aux Français, 36, 37 ; leur succès dans quelques escarmouches, 37. L'arrivée de Maximilien leur rend courage, 38 ; ils ravagent le Tournaisis sous son commandement, sans pouvoir réduire Tournay, 40, 41 ; remportent un avantage près d'Audenarde, 41, 42 ; envahissent l'Artois, 42 ; murmurent contre Maximilien de ce qu'il prend trève avec Louis XI, 44 ; menacent les négociateurs du traité, *ibid.* ; refusent de l'exécuter à l'égard des Tournaisiens, 45 ; l'exécutent mal sur les autres points, 45, 46 ; soutiennent avec leurs piques le choc de la gendarmerie française à Enquinegatte, 55 ; regagnent l'artillerie perdue, 56 ; remportent sur les francs-archers une victoire très disputée, 55, 57. Pêcheurs — capturés par des corsaires français, 58, 59.

Flaming (Sir Thomas), IV, 234.

Flandre, II, 127, 161, 176, 184, 254, 255, 356 ; 401 ; III, 42, 44, 45 ; IV, 359, 387. La — ravagée par les Anglais, I, 130 ; opprimée par les Gantois, 271, qui désolent ses campagnes, 273 ; séjour ordinaire du duc Charles de Bourgogne, II, 277, qui y abolit les guerres privées, 424. Mauvaise volonté des nobles de la — pour son service, 402, 403 ; leurs griefs contre lui, 405. Charges imposées au clergé de —, 405, 406 ; recherche des biens d'église non amortis, 406, 407. Joie et troubles en — à la mort de Charles le Téméraire, III, 1, 2, 3 ; sévices contre la noblesse soupconnée de favoriser Louis XI, 4. La — attaquée par les Français, 22. Les communications interceptées entre la — et la Bourgogne, 23. Terreur en — après la prise d'Avesnes; 32, elle aurait pu être conquise par les Français, 34. La — impraticable à la cavalerie pendant la saison des pluies, 36, 39. Guerre dans la — maritime, 36, 37. Subvention accordée en — pour le recouvrement de la Franche-Comté, 53. La — fournit la plus grande partie de l'armée qui combat à Enquinegatte, 54; capture d'une partie de sa marine par les Français, 58, 59. Les garnisons doublées sur la frontière de —, IV, 389. Etats de —, II, 404; IV, 390. Les quatre membres de —, IV, 391. Voy. *Pays-Bas*.

Flandres (les), III, 60, 247. Commerce des —, 130.

Flandrin (Guigue), IV, 282.

Fleurie (Jean), IV, 150.

Floques (Guillaume de), évêque d'Evreux, IV, 131; conteste avec le chapitre de Rouen au sujet de son past, 135.

Floques (Jacques de), bailli d'Evreux, IV, 241, 243.

Floquet (Robert de Floques, dit) prend Evreux par trahison, I, 147; gagne le Neufbourg, 148; commande à Pont-de-l'Arche, 202; prend Conches, 205, et Verneuil, 206; IV, 336; règle la capitulation de Lisieux, IV, 174; entre dans cette ville, I, 216; prend part à l'assaut de Rouen, 233, note; reçoit Charles VII dans cette ville, IV, 131; combat à Formigny, I, 236. Ses titres en 1461, IV, 227.

Floreffe. Abbé de —, IV, 134.

Florence. Concile œcuménique à —, IV, 15. Thomas Basin y séjourne, 15, 16, 118. Les Pazzi y conspirent contre les Médicis, III, 61; y font venir le neveu du pape et d'autres conjurés, 62.

Le peuple de — s'ameute contre les meurtriers de Julien Médicis 63, 64. Opposition de — au pape Sixte IV, 65. L'interdit sur —, *ibid*. Cathédrale de —, 62, 63, 64. Grande place et Palais vieux de —, 64.

Florentins (les) envoient une ambassade à Louis XI pour son avénement, II, 42 et 43, note 2; sévissent contre les meurtriers des Médicis, III, 63, 64; soutiennent la guerre contre le pape et le roi de Naples, 65, 66; cherchent à s'assurer du secours des Vénitiens, 66; obtiennent la paix, *ibid*. Banquiers —, III, 116.

Foix (Comté de), II, 62.

Foix (Gaston, comte de), général des Français en Catalogne, II, 62; ses alliances, 304.

Foix (Jeanne de), femme du comte d'Armagnac, II, 304.

Foix (Marguerite de), duc Hesse de Bretagne, II, 304.

Folie (Gérard), IV, 153.

Forêt (Louis de Beaumont, seigneur de la), III, 284; IV, 245.

Forges (Les), près de Chinon, III, 49.

Forli (Alexandre Malatieri, évêque de), légat en Allemagne, II, 353.

Formier (Martial), évêque d'Evreux, démissionnaire, III, 375; assiste au concile de Bâle, 376.

Formigny. Bataille de —, I, 236.

Fougères. Projets des Anglais sur —, I, 195; à cause de la captivité de Gilles de Bretagne, IV, 295, 320, 322, 323, 326; exécutés, I, 197; IV, 306, 310, 325, 342. Provisions conduites à — par ordre de Talbot, 307, 312, 316, 317, 319, 327. Information faite par le gouvernement français sur la prise de —, 290. Recouvrement de —, I, 208.

Fournier (Jacques), juge du Mans, IV, 245.

Fournier (Philippe), IV, 153.

Fournier (Etienne le), IV, 245.
Fournival, poursuivant d'armes de Talbot, IV, 312, 316, 317, 319.
Français (les) avaient désappris le métier des armes en 1415, I, 20; quelques-uns s'expatrient quand les Anglais sont chassés du royaume, 242. Les — taillables à la volonté du roi, 260; leur servitude odieuse aux Génois, 308; ardeur avec laquelle ils recherchent les places, II, 7, 8; 19; ils sont méprisés par les Catalans, 58; terreur de leur nom après la campagne de Catalogne, 63. Ils sont détestés dans le Roussillon, 307, 308; habitués à se laisser opprimer par les officiers des finances, 422; le régime sous lequel ils vivent abhorré des peuples germaniques, III, 11, et des peuples français de la domination bourguignonne, 16. Combattants — au service des Pays-Bas, 98, 163. Emigrations de — 131, 170. Corsaires — très incommodes à la marine anglaise, 133. Les — trop dédaigneux pour les coutumes étrangères, IV, 49; doivent leur état de civilisation à des améliorations successives, 50; tiennent à l'usage de la parole dans les tribunaux, 50, 51.
France, I, 161, 297; II; 203, 242, 254, 357, 358, 392, 408, 417; III, 6, 9, 57; IV, 351. Tableau de la —, à l'avénement de Charles VII, I, 44; dans les premières années de son règne, 45, 56; après la paix d'Arras, 102; IV, 283, 284, 285; sous Louis XI, II, 11, 110, 111; III, 131, 148, 170, 185, 248, 249. Persistance de l'esprit de faction en —, 74; abus des pensions, 253, 255. La — serait la première puissance du monde si elle était unie —, II, 362; plus sage que les autres nations chrétiennes par sa conduite vis-à-vis de Rome, IV, 26. Abondance des forêts en —, II, 75. Les vignes détruites en — par la gelée, III, 60.
Francs-archers, I, 168, 169; 238, 240, 241; II, 57 note, 122, 226, 292; III, 55, 57; IV, 260.
Franche-Comté. Voy. *Bourgogne* (comté de).
François, fils de Louis XI, II, 280.
Frédéric III ou IV, empereur et duc d'Autriche, sollicité par le duc de Bourgogne de le faire roi des Romains, IV, 365, 366; vient à Trèves, II, 322; siége la couronne impériale sur la tête, 323; donne au duc l'investiture du duché de Gueldre, 324; consent à l'instituer roi de Bourgogne 325; s'éloigne clandestinement de Trèves, 326; ne peut être décidé à revenir, 327; se rend à Cologne pour juger le différend du peuple avec son archevêque, 328; réunit les forces de l'empire contre le duc de Bourgogne, 338; envoie des ambassades au roi de France, 339; arrive à Cologne avec sa maison militaire, 340; ne déconcerte pas le duc de Bourgogne par son approche, 341; compte sur l'assistance de Louis XI, 341, 342; fait enlever Linz aux Bourguignons, 342; campe entre Cologne et Neuss, 348; s'avance près des Bourguignons, 349; se prête à des ouvertures de paix, 350; 351, 352; s'arrange par l'entremise du légat du pape, 353; juge à l'avantage du duc de Bourgogne une querelle élevée entre ses soldats et ceux de l'empire, 354, 355; fait annoncer son arrivée en France, IV, 384; délivre la Gueldre, *ibid.*; requiert l'accomplissement d'un accord conclu entre le duc de Bourgogne et lui pour le mariage de leurs enfants, III, 19; est annoncé comme devant venir au secours de la Flandre, 32; fait désespérer de lui, 34; déclare la

guerre à la France, 174 note; envoie une ambassade à son fils, pendant le siége d'Utrecht, 162.
Frédéric, fils du roi de Sicile Ferdinand, III, 66.
Fréville (Nicolas de), IV, 258.
Friardel. Prieuré de Saint-Cyr à —, IV, 194.
Frise (la), I, 286, 287; III, 73, 74.
Frisons (les), II, 316, 320.
Fumée (Adam), médecin de Charles VII, I, 312.

G

Gabelle du sel, I, 271, 272; III, 131, 183, 184. Voy. *Impôts*.
Gaguin (Robert), son témoignage sur Thomas Basin, I, lxxvj; IV, 132.
Gaillarbois, en Normandie, IV, 385.
Galants de la feuillée (les), partisans en Normandie, II, 163.
Galles (Edouard de Lancastre, prince de), diffamé à Londres, I, 299; amené dans le duché de Bar, II, 50. Warwick cherche à se réconcilier avec lui, 222; Louis XI le fait venir du Barrois, 223; il épouse l'une des filles de Warwick, 224; traité qu'il passe avec Louis XI, 228, 229, 247, 252, et dont l'original fut trouvé dans sa cassette après sa mort, 230, 273. Il attend le résultat de la descente de Warwick en Angleterre, 247; y aborde lui-même avec sa mère, 263; ses mouvements avant d'en venir aux mains avec Edouard IV, 264. Il est battu et tué à Tewkesbury, 265.
Gallet (Louis), IV, 283, 341, 345.
Gand. Troubles à — sous Philippe le Bon, I, 270, 272, 279, 280, 281; après la mort de Charles le Téméraire, III, 3, 12, 13, 15; sous Maximilien, IV, 392, 393, 394. Séjour à — de Philippe le Bon, II, 176; de Charles le Téméraire, II, 290; III, 315; de la duchesse Marie, 6, 17, 19, 21. Etats de Flandre réunis à —, 6, 7, 9, 11, 28; IV, 390, 391. Abbaye de Saint-Pierre de —, Voy. *Conrault*. Bailli de —. Voy. *Quistebout*. Canal de Cupgat à —, IV, 392, 394. La loi de —, 388, 389 Pensionnaire de —, 393. Premier échevin. Voy. *Raveschot*. Doyen des métiers, I, 277.
Gantois (les) ont le privilége de précéder les autres Flamands dans les attaques, I, 127; se laissent surprendre dans leur camp devant Calais, 128; résistent à l'établissement de la gabelle du sel, 271; abusent de leurs priviléges, *ibid.*; commencent la guerre contre le duc de Bourgogne, 272, 273; sont battus à Audenarde, à Gavre et à Rupelmonde, 274; perdent les châteaux de Poucke et de Schendelbeke, 276; arrivent trop tard pour sauver celui de Gavre, 277; sont taillés en pièces, 278; leur consternation après la défaite, 279; sont autorisés à constituer des rentes sur leurs propriétés pour payer contribution au duc de Bourgogne, 281; réclament vainement l'intervention de Charles VII en leur faveur, 282. Leur acharnement contre le sire d'Imbercourt et le chancelier de Bourgogne, III, 12; ils s'adoucissent à l'égard de Louis XI, IV, 388; refusent à l'archiduc des subsides pour la guerre du Luxembourg, 391; prennent leurs précautions contre lui, 392; sévissent contre ceux qui ne les approuvent pas, 393; réparent le canal de Cupgat, 392, 394; se prétendent chefs de Flandre, 393.
Gascart, IV, 300, 303, 310.
Gascogne (la) I, 132, 133, 148, 180, 248, 251, 270; II, 68; 99; III, 194.
Gascons (les), très-affectionnés aux Anglais, I, 248; appréhensions à leur égard, après le traité d'Ar-

ras, IV, 283. Ils défendent la Guienne contre les Français, I, 249; cherchent à se soustraire à l'impôt des aides, 258, 259; appellent les Anglais pour conserver leurs franchises, 260; suivent Talbot à la défense de Castillon, 263, 264.

Gasteligneul(Olivier de)IV,224,225.

Gâtinais (le), ravagé, I, 45,

Gaucourt (Raoul de), I, 216, 219; IV, 174, 181.

Gavre en Flandre, I, 274, 276, 277, 278, 279.

Gênes, se donne à la France, I, 307; se révolte, 307, 308, IV, 361; chasse de son port une flotte française, I, 309; est cédée au duc de Milan, II, 45. Eglise Saint-Cyr et place Spinola à —, IV, 362. Châtelet de —, I, 308; IV, 361, 362.

Genève, III, 305, 306, 307, 312; IV, 20; en paix avec la France, III, 313; mise à contribution par les Suisses, II, 374. Massacre des Bourguignons à —, 391. Palais des ducs de Savoie à —, III, 311. Évêque de — Voy. *Savoie* (Jean-Louis de).

Génois (Les) fournissent une flottille pour bloquer Harfleur, I, 25; sont en possession du commerce maritime de la France, 243; battent les Français avec l'aide du duc de Milan, 308; II, 44; envoient une ambassade à Louis XI, II, 42.

Gentil (Jean), IV, 202.

Geoffroy (Jean), chanoine de Rouen, IV, 147, 148, 153.

Georges (le docteur), négociateur allemand, IV, 356.

Gerberoy. Château de — I, 109. Bataille de —, 110.

Geymar (Jean de), IV, 135.

Gibelins. Faction des —, III, 74.

Gillain ou Guillain (Jean), IV, 196, 207, 227, 228.

Gipy. Combat de —, II, 344.

Girault, maître canonnier, I, 245 note; II, 57, note.

Gironde, fleuve, I, 249.

Girone (château de), II, 56, 58.

Gisors, I, 218, 221. Bailli de — IV, 187. Voy. *Marbury*.

Glasdale (William) commande au siége d'Orléans, I, 63; se noie dans la Loire, 71.

Glocester (Humfried de Lancastre, duc de), frère du roi Henri V, I, 18; régent en Angleterre, 46; ravage la Flandre maritime, 130; sa politique vis-à-vis de la France, 189; sa mort, 190, 252; IV, 303.

Glocester (Richard, duc de). Voy. *Richard III*.

Gloz-sur-Lisieux, IV, 170.

Gondouin (Jean), IV, 173, 174.

Gonnes ou Gouves (Jean de), chanoine de Rouen, IV, 246, 343.

Gonneville, seigneurie, IV, 261, 263.

Gorcum, en Hollande, II, 69, 87.

Gosset (Jean), IV, 206.

Gouda en Hollande, III, 77.

Gouel (Roger), IV, 224, 225, 246.

Gough (Math), fuit à Formigny, I, 237; est tué à Londres, 253.

Goupil (Gilles), IV, 224.

Goupillières, près Lisieux, IV, 208.

Goupillon (Étienne) évêque de Séez, IV, 403.

Gournay en Bray, I, 109, 218.

Gousselin (Jean), IV, 170.

Gran. Voy. *Strigonie*.

Grandpré. L'abbé de —, IV, 134.

Granson. Désastre de —, II, 383, 384.

Gravelines en Flandre, IV, 387.

Grèce (la), I, 294; III, 69.

Grecs. Concile pour les réunir à l'Eglise romaine, IV, 15.

Grey (John, lord), III, 135.

Gruthuyse (Jean de Bruges, seigneur de la), III, 7, 36 note.

Gueldre (pays de), II, 315, 316, 318, 319, 320, 322, 323, 324, 330, 335; III, 111 note; IV, 363, 384, 390.

Gueldre (Adolphe d'Egmont, duc de), emprisonne son père, II, 315; bat le duc de Clèves, 316;

forme des alliances contre le duc de Bourgogne, *ibid.*; est emprisonné lui-même, 317 ; s'évade et est rattrapé, *ibid.*; négation de ce fait par un agent de Louis XI, IV, 363. Il reste incarcéré jusqu'à la mort de Charles le Téméraire, II, 318; est mis à la tête des Flamands, III, 32, tué dans une rencontre avec les Français, 33.

Gueldre (Arnoul d'Egmont, duc de), père du précédent, II, 318, 315 ; IV, 364.

Gueldre (Charles d'Egmont, héritier de), IV, 363, 390.

Gueldre (Catherine de Clèves, duchesse de), II, 315.

Guelfes. Faction des —, III, 74.

Guerche (La), en Bretagne, I, 150.

Guernier (Ollivier), IV, 150.

Gueroult (Guillaume), IV, 207.

Gui, *évêque d'Elne*; IV, 269.

Guienne, soumise pendant plusieurs siècles aux Anglais, I, 4, 248, 270 ; III, 194, 253. Armée anglaise en —, I, 132 ; combattants français appelés de —, 133; expédition des Français en — (1442), 148; premier recouvrement de la —, 248, 249, 250, 251. Vins de — consommée par les Anglais, 257. La — soumise aux aides pour la guerre malgré ses réclamations, 258, 259. Seconde guerre des Français en —, 262; nouveau recouvrement de la —, 270. La — donnée en apanage au frère de Louis XI, II, 214. Armée amenée de — au secours d'Amiens, 276, 280. Armée royale sur les frontières de la —, 289. Craintes d'une descente des Anglais en —, 290. Droits sur la — revendiqués par les Anglais, 359.

Guinegatte. Voy. *Enquinegatte*.

Guillaume de Lyon. Ses écrits. III, 361 ; IV, 269, 270.

H

Hagenbach (Pierre de), agent de Charles le Téméraire, II, 327, 329, 330, 331, 332; IV, 364.

Hainaut (le), I, 45, 273; II, 19, 176, 346, 347; III, 22, 31. 34, 36, 37, 42, 55, 160 ; IV, 403.

Hales (William), IV, 299.

Hallé (François), archevêque de Narbonne, IV, 147, 148.

Halley (Jean), IV, 239.

Hangest (Raoul de), chanoine de Rouen, IV, 147, 148.

Hanséatiques. Voy. *Ostrelins*.

Haraucourt (Guillaume de), évêque de Verdun, s'attache à Louis XI, III, 341 note; suit le duc de Normandie en Bretagne, II, 161 note; est débauché de son service par le roi, 211; III, 341; incarcéré avec Balue, II, 211, 212; III, 317, 318, 321, 341; languit en prison, 326 ; est soumis à des rigueurs exceptionnelles, 342; passe pour mort, *ibid.*; sert de prétexte à une déclaration de guerre de l'empereur, III, 174 note; reste en prison presque jusqu'à la mort du roi, 174; IV, 397.

Harcourt. Bataille offerte en vue de —, I, 207. Château de —, 221. Vicomté de —, IV, 222.

Harcourt (Jean de). Voy. *Aumale*.

Harcourt (Louis, bâtard de), évêque de Bayeux et patriarche de Jérusalem, plaide pour l'héritage de son prédécesseur, IV, 234, 235 ; est dénoncé par le roi comme ennemi de la cour de Rome, 80, note; fait livrer le château de Rouen aux confédérés du Bien public, II, 126, 128 ; s'entremet pour la composition de Candebec, IV, 253 ; officie le jour de l'inauguration du duc de Normandie, 247; abandonne ses bénéfices pour suivre ce prince, 132 ; est excepté

de l'amnistie générale, II, 158 note 3.
Harcourt (Jean de Lorraine, comte de), introduit à Rouen le duc de Normandie, II, 146; l'investit par la tradition de l'étendard, IV, 247; refuse l'entrée d'Évreux au duc de Bourbon, II, 154 note; fait aller le clergé audevant de lui, III, 265; est excepté de l'amnistie générale, II, 158 note 3.
Harengs. Bataille des —, I, 65. Pêche des —, III, 58, 130. Disette de — dans les pays germaniques en 1480, 59.
Harfleur, IV, 297, 323; repaire de piraterie contre la marine anglaise, I, 15, 19; assiégé et pris par les Anglais en 1415, 18, 19; IV, 9, 11; bloqué par une flotte franco-génoise, I, 25; pris par les insurgés cauchois, 113; IV, 285; assiégé par les Anglais en 1440, I, 132; leur est rendu, 133, par la faute des Français, 134; une armée anglaise y débarque, 140; instances des Normands pour que les Anglais en soient chassés, 231. Siége mémorable qui rend — à la France, 232. Accession de — au parti du bien public, II, 130; III, 261. Réception de Warwick à — II, 179.
Harnois (Jean), bailli de Mantes, IV, 151, 152.
Haro (clameur de), III, 384.
Hasselt, au pays de Liége, III, 117.
Hastings (lord William), victime du duc de Glocester, III, 134, 136.
Hawsklin (Richard), IV, 299.
Haye-le-Comte (la), en Hollande, II, 246; III, 79, 142.
Hébert (Jean), IV, 253.
Hedgley-Moor (bataille de), II, 52.
Heda (Guillaume), cité, II, 407. Son témoignage sur Thomas Basin, IV, 137, 139, 142.
Helichem ou Hellinchines, près de Liége. Abbé de —, IV, 134.

Hellande (Robert de), bailli de Rouen, IV, 250.
Henri IV, roi d'Angleterre, I, 253, 300.
Henri V, roi d'Angleterre, fait voile pour la Normandie, I, 18; assiége et prend Harfleur, 18, 19; IV, 9; prend le chemin de Calais, I, 19, 20; passe pour avoir offert aux Français la restitution de Calais, 20; sa harangue avant la bataille d'Azincourt, 21; retourne vainqueur en Angleterre, 24; se porte prétendant à la couronne de France, 24, 25; assemble une nouvelle armée, IV, 10; débarque à Touques, I, 26; soumet la Basse Normandie et assiége Rouen, 32; s'en empare, 34; est déclaré héritier de la couronne de France, 35; épouse Catherine, fille du roi, 36; peine qu'il éprouve à retenir son nouvel héritage, 37; il prend Meaux et Melun, 40; aurait puni son frère d'avoir livré la bataille de Baugé, ibid.; meurt d'hydropisie, 41; avait fait mourir le père du duc d'York, 254.
Henri VI, roi de France et d'Angleterre, succède à son père en bas âge, I, 41; est amené à Rouen, 79; y réside pendant le procès de la Pucelle, 79, 80, 83; est sacré à Paris, 90; II, 259; reconduit en Angleterre, I, 93. Torpeur de son gouvernement après la paix d'Arras, IV, 284, 285. Les lords songent à le marier à une princesse française, I, 154; raison qui empêche de penser à une fille de Charles VII, 155, 156. Il épouse par procuration Marguerite d'Anjou, 157; le mariage est consommé en Angleterre, 158; malheurs qui en ont résulté, 158, 159. Ambassade envoyée par — au roi de France, 187; par le roi de France à —, 198. Lettre écrite par lui pour la restitution du Mans, IV, 286. Il reçoit l'hommage de Thomas

Basin pour l'évêché de Lisieux, 159; confère l'ordre de la Jarretière à François l'Aragonais, 297, 323; reçoit une relique de la sainte couronne, 321. Le duc d'York s'empare de sa personne, I, 254. Il s'échappe, bat le duc et lui fait faire amende honorable, 255; est éloigné de l'alliance du duc de Bourgogne par Charles VII qui lui offre la sienne, 296; accusé par le parti d'York de vouloir renoncer aux droits de l'Angleterre, 297; soutenu par la noblesse, il remporte deux victoires, 298; recommande Pierre de Brézé à Charles VII, IV, 360; se tient à York pendant la bataille de Towton, I, 299; fuit de cette ville en Écosse, 300; II, 27, 48; sa déchéance utile au duc de Bourgogne, I, 301; cruelle pour le roi de France, 303; mesures prises par Charles VII pour sa restauration, 306, II, 48; il est desservi par le légat du pape, 13; proclamation de Louis XI en sa faveur, 49. Ses derniers partisans sont anéantis, 52; il est livré au roi Edouard qui l'incarcère à la tour de Londres, 53, 259. Ses partisans se réunissent à ceux de Warwick, 221; sa restauration est concertée en France, 222, 224; son fils l'engage dans un traité contre le duc de Bourgogne, 229; fausses allégations de Louis XI à son égard, 230, 231, 232. Il est remis sur le trône par le comte de Warwick, 245, 246. Précautions prises contre son gouvernement par le duc de Bourgogne, 252, 253. Il est remis en captivité par Edouard IV, 258. Réflexions sur sa destinée, 258, 259; conséquences de la bataille de Barnet à son égard, 262. Son parti soutenu dans l'ouest de l'Angleterre, 263, et dans le nord, 266. Tentative pour le tirer hors de la tour de Londres, 268. Incertitude sur son genre de mort, 271; ses obsèques, ibid.

Henri IV, roi de Castille et de Léon, a une entrevue avec Louis XI, II, 67, d'où il se retire mal satisfait, 68. Révolte de son frère contre lui, ibid.

Herbert (Geoffroi), évêque de Coutances, IV, 397, 402.

Hersant, serviteur de Talbot, IV, 307.

Hersteler ou Heszler (Georges), chancelier d'Autriche, III, 20.

Hervieu (Pierre), IV, 232.

Hesbain ou Hesbaye (Pays de), III, 333.

Hesbert (Adam), IV, 206.

Hesbert (Jean), IV, 240.

Hesdin, en Artois, I, 23; II, 85, 86, 89, 90. 237, 242, 346; III, 5, 28, 54, 56, 132.

Hesse (Henri landgrave de), II, 340.

Hesse (Herman de), II, 335.

Heton, Voy. *Eton*.

Hicquecombz, en Caux, IV, 317.

Hiketon (Adam), anglais, IV, 335.

Hire (Etienne de Vignolles, dit la), se laisse prendre pendant le siège de Louviers, I, 89; charge et bat les Anglais devant Gerberoy, 110; désastres dont il afflige leur parti, IV, 285.

Hiver, rigoureux en 1480, III, 60.

Hoecks. Faction des —, III, 74, 75; IV, 390, abattue par les princes bourguignons, 84; puissante à Utrecht, 75; elle s'empare de Leyde, 76; a son principal foyer à Dordrecht, 77; y est presque entièrement détruite par une conjuration des cabillauds, 78; est chassé de Leyde, 77; attend en silence l'occasion de se reformer, 79; a été la cause des soulèvements d'Utrecht, 84, 85.

Hoel (Guillaume), I, 200 note.

Hollande, II, 69, 70, 82, 87, 92, 246, 255, 316, 320, 406, 407; III, 59, 73, 74, 75, 78, 80, 81, 84, 93, 94, 96, 143; IV, 15,

390. Stathouder de — Voy. Lalaing.

Hollandais. Caboteurs — capturés dans les eaux de la Seine, II, 224, 225. Courses de corsaires —, III, 47. Pêcheurs — capturés par des corsaires français, 58, 59. Les — prennent les armes contre Utrecht, 94; se laissent mettre en déroute par défaut de précaution, 95; fausse sécurité des Trajectins à leur endroit, 120. Négociations entre Utrecht et les —, 143. Siége de Montfort par les —, 149, qui l'abandonnent, 155.

Honfleur, au pouvoir des Anglais, I, 216, qui s'engagent à le rendre et manquent à leur parole, 230, 261; instances des Normands pour qu'ils en soient chassés, 231. Siége mémorable qui rend — à la France, 232. Accession de — au parti du bien public, II, 130; III, 261. Fuite du duc de Normandie à —, II, 161.

Hongrie. III, 162. Légation en —, IV, 16. Ambassade envoyée de — à Tours, I, 292. Rois de —. Voy. *Albert, Ladislas.*

Houet (Georges de), IV, 245.

Houx (Guilbert du), IV, 173, 192.

Hugonet (Guillaume), nommé commissaire pour le Bien public, IV, 245; chancelier de Bourgogne, est menacé sur sa tête de faire parvenir des subsides au duc de Bourgogne, II, 402; ne peut rien tirer des Pays-Bas, 402, 403; lutte vainement contre les états de Flandre et de Brabant, 403; est envoyé en ambassade auprès de Louis XI, III, 6; emprisonné à son retour, 12; mis en jugement sous prétexte de concussion, 12, 13; il subit la question et la peine de mort, 13, malgré les supplications de la duchesse de Bourgogne, 14. Son éloge, *ibid.*

Huet (Guillaume), IV, 156.

Hull, port d'Angleterre, IV, 297.

Humbercourt. Voy. *Imbercourt.*

Huntington (le comte de), amène une armée en Guienne, I, 132.

Huy, ville du pays de Liége, III, 118, 119, 122; IV, 134. Notre-Dame de —, IV, 133.

I

Iaszbereny. Voy. *Javarin.*

Igny. Abbé d' —, IV, 226.

Illiers (Mile d'), évêque de Chartres, IV, 226.

Illyrie. Mer d' —, III, 67.

Imbercourt (Gui de Brimeu, seigneur d'), envoyé en France pour les affaires du duc de Normandie, IV, 252; mené de force de Tongres à Liége, II, 198; commis à la garde du pays de Liége, 208; envoyé en ambassade à Louis XI, III, 6; emprisonné, 12; mis en jugement et à la question, 13; condamné à mort et exécuté, 14.

Impôt ou aide, établi pour l'entretien d'une armée, I, 168, 171; comparé à ce qu'on dépensait jadis pour la défense du pays, 181; introduit en Guienne, 257; en Dauphiné, 284; à Gênes, 307.

Impôts (les) insuffisants pour achever la conquête de la Normandie, I, 242; très-lourds en France, 251, 258; 284; plus modérés sous les Anglais qu'après leur expulsion, III, 364; faute de Charles VII de les avoir maintenus, I, 335, 327. Suppliques bien accueillies par Louis XI pour la réduction des —, II, 10, 30; III, 248, 258, 255. Les — convertis en abonnement pour la Normandie, II, 31 et suiv. Leur augmentation dans toutes les provinces, 39, 42; ceux qui frappent le transport des vins, étendus à toutes les personnes, 78. Augmentation des — perçus à Pont-de-l'Arche,

79. Les — plus lourds en France que sous la domination bourguignonne, 81 ; excessifs en Berry et en Auvergne, 114 ; augmentés en Normandie après la guerre du Bien public, 164 ; rétablis sur le sel dans les villes de Picardie, 176 note. Les boissons frappées d' — dans le comté de Ferette, 330. Lourdeur des — mis dans les Pays-Bas par Charles le Téméraire, 403, 404, 408, 409. Différence entre les Pays-Bas et la France à l'égard des —, 422. Augmentation des — en France en 1479, III, 50. Souffrance des Pays-Bas par les —, 130. Comparaison entre les — à la fin du règne de Charles VII et à la fin de celui de Louis XI, 131 ; leur accroissement dans toutes les provinces, II, 39, 42 ; III, 169, 170, et particulièrement en Normandie, 364.

Isle-Adam (Jean de Villiers, seigneur de l'), I, 28, 121.

Isle-Bouchard (l'), IV, 357.

Isomes (Antoine d'), IV, 291, 346.

Italie, III, 74, 174, 309 ; IV, 14, 15, 16, 64, 116. Les Turcs en —, 67, 68, 69, 70. Universités d' —, IV, 85, 350.

Italiens (hommes d'armes) à la bataille de Verneuil, I, 49, 50, au siége de Neuss, II, 336 ; 337 ; amenés au service du duc de Bourgogne en traversant la Savoie, 374 ; combattent à la bataille de Morat, 390 ; vont en Lorraine, 415, 416. Voy. *Lombards*.

Ivry-le-château. Siége d' —, I, 48. Baron d' —, IV, 218.

J

Jacques I, roi d'Écosse, I, 131, 283.

Jaille (Bertrand de la), III, 297.

Jalognes (Philippe de Culant, seigneur de), I, 216.

Jargeau, pris par les Anglais, I, 61 ; emporté d'assaut par la Pucelle, 73.

Jarretière, (ordre de la), IV, 297, 302, 308.

Javarin ou Jaszbereny en Hongrie, IV, 16.

Jean II, roi d'Aragon, meurtrier de son fils, requiert l'assistance de Louis XI, II, 54, à quelles conditions, 55. Il livre trois places du Roussillon aux Français, 56 ; joint ses forces aux leurs, 60 ; assiége avec eux Barcelone, 61 ; est contraint de se retirer, 62 ; perd tout ce qu'il avait gagné en Catalogne, 63 ; voit avec déplaisir Louis XI se faire prêter serment de fidélité en Roussillon et en Cerdagne, 66 ; recouvre Perpignan par une conspiration, 304, après s'être réconcilié avec les Catalans, 305. Les portes de Perpignan lui sont ouvertes pendant la nuit, 308 ; il déploie une grande énergie pour conserver cette ville, 309 ; parvient à faire lever le siége aux Français, 312 ; négocie avec Louis XI sur les bases de leur premier traité, 313.

Jeanne, reine d'Aragon, seconde femme du précédent, II, 54, 56, 58, 60, 63.

Jeanne, fille de Charles VII, demandée pour Edouard d'York, IV, 152.

Jeanne la Pucelle, native de Vaucouleurs, I, 66 ; ses révélations, 66, 67 ; elle va trouver le seigneur de Vaucouleurs qui la fait mener au roi, 67, 68 ; le roi se refuse longtemps à la recevoir, 68 ; elle a avec lui un entretien secret, 69 ; est envoyée au secours d'Orléans, 70, qu'elle délivre, 71, 72. Terreur que son nom inspire aux Anglais, 72 ; elle les chasse de l'Orléanais, 73 ; les bat à Patay, 74 ; assiste en armes au sacre de Charles VII, 75 ; blessée à l'assaut de Paris, 76 ; prise à Compiègne et vendue aux Anglais, est conduite à Rouen où on lui fait son procès, 80. Etonnement que ses réponses causent aux docteurs; on ne peut tirer d'elle aucune proposition hétérodoxe; détails sur son enfance; sa virginité constatée par des sages-femmes; justification de l'habit d'homme qu'elle portait, 81. Inébranlable sur la réalité de ses apparitions, elle se laisse induire par ses juges à les déclarer fausses, 82 : ayant dit que ses voix lui avaient reproché sa condescendance, elle est condamnée comme relapse, brûlée et ses cendres jetées dans la Seine, 83. Thomas Basin a lu son procès après le recouvrement de la Normandie; il en a dit son opinion à Charles VII dans un mémoire composé par lui lors de la réhabilitation de Jeanne, 84; IV, 93, 94, 95; extraits de ce mémoire, 95 à 100. Comment l'auteur accorde la mission divine de la Pucelle avec sa fin misérable, I, 85, 86.

Jean (Robin) IV, 199, 200.

Jérôme (saint), cité, II, 379; III, 353; défendu comme traducteur de la Vulgate, IV, 113, 122. Son Apologie, III, 239.

Jérusalem. Patriarche de —. Voy. Harcourt (Louis de).

Joigny (comté de), IV, 333.

Jolivet (Raoul le), IV, 185.

Josèphe (Flavius), cité, II, 97.

Jouffroy (Jean), évêque d'Arras, cardinal légat en France, IV, 226.

Jouvelin (Joachim), IV, 245.

Jouvenel des Ursins (Guillaume), seigneur de Traînel, chancelier de France ouvre une enquête à Rouen sur l'attentat de Fougères, IV, 290, 291, 293, 308, 310, 341, 346. Mot de lui sur l'encombrement des procès au parlement, IV, 33. Il est destitué par Louis XI, II, 25; remplacé par Pierre de Morvilliers, 90;

commissaire pour le Bien public, IV, 245; réintégré et envoyé en ambassade au duc de Normandie, III, 263; tancé par le roi, 289, il supplie Thomas Basin de partir pour le Roussillon, *ibid.*

Jouvenel des Ursins (Jacques), I, 186.

Jouvenel des Ursins (Jean), archevêque de Reims, sacre Louis XI, II, 9; IV, 226; est nommé de la commission pour le Bien Public, 245.

Joyeuse (Guillaume, vicomte, et Charles, puiné de), IV, 401.

Juliers (Guillaume duc de), IV, 390.

Jumièges (abbaye de), I, 314.

Justinien. Principes de la législation en matière de procédure, IV, 38, 39, 40.

K

Kent (comté de), I, 252; 253; 298; II, 267, 268, 269.

Knorre (le docteur), IV, 354.

Kœur-lès-Saint-Mihiel, IV, 151.

Kuilenborch. Voy. *Culembourg*.

L

Labarde (Jacques d'Estuer, seigneur de), I, 301; II, 56 note, 232.

Labbe (Philippe), a imprimé un passage de Th. Basin, I, cxi.

Labbé (Jacquet), IV, 206.

Lachère (Guillaume), IV, 241; 243.

Lacu (Robert de), IV, 139.

Ladislas ou Lancelot, roi de Hongrie et de Bohême, recherche en mariage Madeleine, fille de Charles VII, I, 292; envoye une ambassade à Tours et meurt empoisonné pendant la négociation, 293. Ce qu'il aurait fait s'il avait vécu, 294. Sa revendication du Luxembourg reprise après sa mort, IV, 351, 356.

Lagny-sur-Marne, I, 79, 87, 88, 120.

Lagny (Pierre de), IV, 147, 148.
Lafosse, capitaine français, IV, 322.
Lagarde (J. de), IV, 186; 187.
Laiguisé (Jean), évêque de Troyes, I, 75.
Laitre (Jacques de), IV, 153.
Lalaing (Josse de) stathouder de Hollande, assiége la tour de Waert, III. 93; perd son camp et son artillerie, 94; prend sa revanche en brûlant Emeresse, 99; remporte un avantage signalé sur les Trajectins, 99, 100; est tué au siége d'Utrecht, 160.
Lalaing (comte de), possesseur d'un ms. de l'histoire de Thomas Basin, I, cv.
Lallier (Michel), échevin de Paris, I, 120.
Lalouyer (Jean), IV, 173.
Lampourdan (le), II, 57, 59, 60, 310; III, 298.
Lancastre. Princes de la maison de —. Voy. *Beaufort, Bethford, Clarence, Galles, Somerset.* Rois. Voy. *Henri IV, Henri V, Henri VI.*
Lancelot. Voy. *Ladislas.*
Langres. Évêque de —, IV, 226, 245.
Langstrother (sir John), II, 266.
Languedoc, III, 320; IV, 20. Les villes de — se déclarent pour le parti bourguignon en 1407, I, 10; se rendent sans beaucoup de résistance aux capitaines du parti d'Orléans, 12. Administration de Jacques Cœur en —, 318. Augmentation des charges du —sous Louis XI, III, 169.
Lannoy (Jean de), IV, 265, 266.
Lannoy (Macé de), IV, 191.
Lanquetot. Fief et église de —, IV, 232.
Lanscroen (Jean de), bourgmestre d'Utrecht, III, 87.
Laon, important comme ville frontière, IV, 403; rendu aux Français (1429), I, 77. Emeute à—, II, 42, note. Abbé de Saint-Vincent de —, IV, 226. Evêque de —, IV, 226. Voy. *Luxembourg* (Charles de).
Laonnais (le), I, 45; II, 387.
Lap van Waveren (Gisbert) a eu entre les mains un fragment de l'histoire de Thomas Basin, I, xcv; imprimé depuis par Matthæus, cix.
Laporte du Theil (M. de); son analyse de l'histoire de Charles VII, I, cxiij; remarque de lui sur Thomas Basin, 215, note.
Las (Guillaume de), IV, 258.
Lau (Antoine du), II, 306, 310.
Lauffenberg, en Autriche. Château de —, IV, 373.
Lausanne, mise à contribution par les Suisses, II, 374. Les Bourguignons à —, 382, 386, 387.
Lautoin (Antoine de), évêque de Saint-Flour, IV, 397, 401.
Lavache (Robert), IV, 231.
Laval. Projet des Anglais contre—, IV, 295.
Laval (Gui XIV, comte de), III, 327. Voy. *Châtillon.*
Lebourlier (Simon), IV, 221, 222.
Leboursier. Voy. *Esternay.*
Leboy (Laurent), IV, 170.
Lebrince (Jean), IV, 224.
Lecarpentier (Jean), IV, 234.
Lecarpentier (Thomas), IV, 108, 214, 217.
Leck. Voy. *Rhin.*
Leconte (Jean), IV, 164.
Lecoq (Guillaume), IV, 224, 225.
Lectoure en Armagnac. Prise de—, II, 301, 302.
Ledo (Thomas, IV, 214.
Leduc (Guillaume), président au parlement de Paris, IV, 341, 342, 343.
Lefeustrier (Guillaume), IV, 109.
Lefèvre (Guillaume) IV, 148, 156.
Lefèvre (Jacques), IV, 192.
Légats en France, voy. *Albergati, Coetivy, Jouffroy, Lusignan, Rovère;* en Angleterre, voy. *Copini;* en Allemagne, voy. *Malatiери;* à Florence, voy. *Riario;* en Hongrie, voy. *Tagliacozzo;* dans le pays de Liége, voy. *Ferrici.*

Legentil (Thomas), IV, 198, 214.
Legrand. Son jugement sur Thomas Basin, III, 203.
Leicester, ville d'Angleterre, II, 257.
Lelouin (Thomas), IV, 173.
Lemachecrier (Guill.), IV, 149.
Leman (le lac), II, 373.
Lemasuyer (Jean), IV, 197, 198.
Lemengnen (Robert), IV, 183.
Lemonnier (Jean), IV, 209.
Lemousnier (Michaud), bourgeois de Rouen, IV, 328, 330, 332, 333, 334, 335.
Lemoyne (Stevenot), capitaine de Louis XI, IV, 384.
Lendit. Voy. *Saint-Denis*.
Lenfant (Jean), chancelier du duc d'Alençon, puis maître des requêtes du roi, III, 260; IV, 245.
Lenoncourt (Thierry de) bailli de Vitry, commissaire de Charles VII auprès des princes d'Allemagne, IV, 350.
Léonard de Sainte-Catherine (frère), Augustin, acquéreur d'un ms. de l'histoire de Thomas Basin, I, cviij.
Lepage (Thibaud), IV, 196.
Leperché (Guillaume), IV, 227.
Leprieur (Jean), IV, 240.
Lequien (Jean), IV 170.
Lerebours (Guillaume), III, 209; IV 141.
Leroux (Guillaume), bourgeois de Rouen, I, 225 note; IV, 222, 232 note,
Leroux (Jean), beau-frère de Thomas Basin, IV, 253, 254 ; anobli par Louis XI, 253 note.
Leroy (Jean), IV, 147, 148, 154.
Lesage (Guillaume), IV, 214.
Leschamps (Pierre), IV, 156.
Lescun (Jean, bâtard d'Armagnac, seigneur de), II, 57, note; IV, 398.
Lescun (Jean de), ou d'Armagnac, archevêque d'Auch, IV, 398.
Leset (Cosinet), IV, 169.
Lestourmy (Jean), IV, 172.

Lesueur (Michel et Robert), IV, 147, 148.
Letocqueur (Jaquet),IV, 311, 312, 315, 318, 327.
Letourneur (Guill.) , IV, 147.
Levant. Commerce avec le —, I, 243.
Levenenr (Jacques), évêque de Lisieux, IV, 273.
Levis (Philippe de), archevêque d'Auch, IV, 399.
Leyde en Hollande, III, 57, 76, 77.
Lhermite (Tristan), II, 57, note; III, 182.
Lheureux (Guillaume), IV, 194.
Libérie (l'Évêque de), suffragant de Liége, IV, 133.
Liberge (Cardin et Marion), IV, 206.
Libertés gallicanes, I, 318, 319, 320, 322; II, 13, 14 ; IV, 218 note, 219, 220. Comment elles sont violées par la cour de Rome, IV, 74 à 78. Proposition de les rétablir. Voy. *Pragmatique-sanction*. Ce qu'elles sont devenues sous le gouvernement de Louis XI, III, 366, 367.
Liége (ville de), II, 131, 165, 187, 197, 198, 200, 201, 202, 203, 204, 205, 206, 209, 329; III, 113, 114, 115, 116, 118, 122, 123. Evêques de —. Voy. *Bourbon, Marck*. Bourgmestre de —, III, 113; bannières des métiers, *ibid.*; Cordeliers, 115.
Liége (pays de), II, 347, 357 ; III, 112, 113, 116, Etats du —, III, 112.
Liégeois. Traité de Charles VII avec eux, I, 295. Menacés par Louis XI, ils demandent son alliance, II, 29; se soulèvent à son instigation contre le duc de Bourgogne, 130 ; III, 274 ; ravagent le Brabant et le Limbourg, II, 131 ; leur état politique, 131, 132. Ils sont battus à Montenaek, 133. Le comte de Charolais est appelé de France pour les soumettre, 135, 140;

TABLE ANALYTIQUE. 469

leur pays est envahi de nouveau, 151, 157; ils obtiennent la paix, 165, moyennant une forte contribution et une amende honorable, 166; comptent sur Louis XI pour sauver Dinant, 170; prennent de nouveau les armes, 173; se font encore une fois pardonner leur turbulence, 174, en livrant des otages, 175; combien ils auraient pu incommoder la puissance bourguignonne avec les secours de Louis XI, 176; ils sont désarmés après un nouveau soulèvement, 187; ne trouvent pas bon qu'on ait renversé leurs murailles, 191; avaient reçu la protection gratuite des princes bourguignons, 192; ont commencé leurs rébellions par chasser ou tuer les officiers de leur évêque, 193; entrent en procès contre lui par devant un légat du pape, 194; sont condamnés par le pape en seconde instance, 195, et excommuniés, 196; se donnent un autre évêque qui ne tarde pas à les abandonner, *ibid.*; rappellent les bannis et relèvent leurs murailles, 197; sont encouragés par les promesses du roi de France, III, 188; vont chercher de force leur évêque, II, 198; le chargent de raccommoder leurs affaires, 199; sont assiégés par Louis XI et par le duc de Bourgogne, 200; action héroïque de quatre cents d'entre eux, 201, qui échoue par la faute des autres, 202. Ils se sauvent au moment de l'assaut, 204. Leurs malédictions contre le roi de France, 205, dont ils montrent des lettres à eux adressées, 206. La garde de leur pays confiée au sire d'Imbercourt, 208. Des réfugiés — guerroyent en Bourgogne pour le compte de Louis XI, 277. Appel aux armes des — pour défendre la cité contre Guillaume d'Aremberg, III, 113;

ils laissent sortir leur évêque sans le suivre, 114; reçoivent son meurtrier comme leur protecteur, 115; combattent pour lui, 122, 123; sont abandonnés du côté de la France, 120, note.
Lieurey (Vincent, IV), 213, 238, 239.
Ligny. Comté de —, II, 378; III, 25. Château de —, III, 25.
Lille en Flandre, I, 130; II, 90, 176; III, 39, 41, 44. Droit du roi sur —, 128.
Limbourg (pays de), II, 131.
Linz, sur le Rhin, II, 342, 343.
Lion (Jean), II, 407 note.
Lion (Pierre du), archevêque de Toulouse, IV, 398.
Lirondel (Martin), IV, 183, 197, 202.
Lisieux, ville du bailliage d'Evreux, IV, 203, 204; prise par les Anglais, I, 27; assiégée par les Français, 211; capitule par l'entremise de Thomas Basin, 210 à 214; IV, 127 à 129; 174; alimente l'armée française sans la faire payer, 128; entraîne tout le diocèse par son exemple, I, 215. Entrée des capitaines français à —, 216. La capitulation de — copiée par les autres villes de Normandie, 220. Prestation de serment à — par le clergé du diocèse, IV, 184. Accession de — au parti du Bien public, II, 130; III, 262; IV, 254. Louis XI recouvre —, III, 269; livre au pillage le palais de l'évêque, 280. Scandale donné à — par les Mannoury, 322. Evêché de —, III, 237, 281, 284, 285, 286, 302, 303, 304, 311, 314, 320, 321, 330, 350, 351; IV, 256, 257, 258, 261, 259, 263, 265; ses registres détruits, 215. Evêques. Voy. *Basin, Blosset, Leveneur, Oresme, Raguier, Vaux*. Cathédrale, IV, 161, 171, 172, 173, 199 à 202, 213, 236, 237, 272, 273; chapelle de l'évêque, 171, 200; chapelles Saint-Ouen et

Saint-Jean-Baptiste, 200, 201, 207, 208; Saint-Nicolas et Saint-Ursin, 202. Chambre épiscopale, 162, 194, 195, 205, 211, 213. Chapitre, 161, 171, 172, 192, 196, 212, 214, note. Official du chapitre, 237; de l'évêque, 183, 237, 272. Bibliothèque, 107, 268. Chapelains, 271, 273 note. Chœurier, 192. Cimetière, 213, 237. Abbaye de Notre-Dame hors des murs de —, IV, 171, 210. Voy. *Bardou, Peynel.* Jacobins de —, 213, 240, note, 272. Paroisse Saint-Germain, 206, 207; Saint-Jacques, 168. Hôtel-Dieu, 213. Comte et comté de —, 135, 137, 175, 204, 206, 209. Capitaine, III, 261; IV, 178. Gardes des clés, 177. Sénéchaussée, 196, 206. Assises, 207, 228; plaids de meuble, 209. Grenier à sel, 180. Halle, 209. Bourgeoisie, 206. Métiers, 179. Faubourg Saint-Désir, 240, note. Rue de la Petite Couture, 206. Ferme des Belles-Croix, 240 note.

Livet (Guillaume du), IV, 147, 148, 153.

Loges (les), près Lisieux, IV, 168.

Loigny. Château de —, IV, 292, 300, 301, 306, 335. Étangs de —, 310.

Loing, rivière, I, 123.

Loire, fleuve, I, 44, 61, 62, 71, 73; II, 99, 103, 117; III, 39, 42, 49; IV, 12.

Lombards, au service du duc de Bourgogne, IV, 384.

Lombez, évêque de —, IV, 402.

Londres, I, 187, 253, 254, 255, 298, 299, 300; II, 53, 179, 245, 257, 260, 263, 264, 268, 269; III, 135, 136, 137; IV, 15, 320, 321. Jacobins de —, 302. Pont, I, 253; portes, II, 268; la Tour, 53, 230, 245, 257, 259; III, 136, 137.

Longcamp (Brunet de), chevalier normand, II, 157; III, 271, 274, 277; IV, 225, 251.

Longueil (Pierre de), évêque d'Auxerre, II, 30; III, 258, note; IV, 130.

Longueil (Richard-Olivier, cardinal de), évêque de Coutances, IV, 226, 355.

Longueville (comté de), I, 55.

Loo, fait alliance avec Utrecht, III, 111 note.

Loraille (Thomas de), serviteur du duc de Normandie, II, 211, 214.

Lorraine (la), I, 90, 163, 165, 184; II, 327, 345, 357, 369, 372, 373, 382, 396, 397, 398, 399, 401, 410, 411, 413; III, 23; IV, 384. — allemande, II, 373, 393.

Lorraine (Antoine de). Voy. *Vaudémont.*

Lorraine (Nicolas d'Anjou, duc de), d'abord marquis de Pont-à-Mousson, IV, 263; attaché à l'expédition de Catalogne, II, 57, note : fiancé à la fille de Louis XI, 277.

Lorraine (René de Vaudémont, duc de), quitte l'alliance bourguignonne, II, 343, 369; ravage le Luxembourg, *ibid.*, sans le conquérir, 344; est livré à la vengeance du duc de Bourgogne, 369, 371; perd la Lorraine pendant une absence, 372, sans être défendu par Louis XI, 373; va trouver les Suisses qui lui donnent un commandement à la bataille de Morat, 397; est soutenu par la faveur des Allemands et par l'affection de ses sujets, 397, 398; rentre avec une armée dans la Lorraine qui se soumet à l'exception de Nancy, 399; réduit cette ville, 400; retourne en Suisse, 411, 413; voit venir à son parti le comte de Campo-Basso, 416; défait les Bourguignons devant Nancy, 415, 416; fait inhumer le duc de Bourgogne, 418.

Lorrains. Leur affection pour le duc Réné, II, 382, 398.

Louf (Étienne), favori de Louis XI, III, 197. Voy. *Loup* (le).
Louis (saint). L'original de sa Pragmatique sanction, IV, 83.
Louis XI, encore dauphin, cherche à s'emparer du pouvoir, I, 135, 136; est poursuivi les armes à la main et obtient son pardon, 137 ; seconde son père au siége de Pontoise, 140, 141 ; est envoyé contre les Anglais qui assiégeaient Dieppe, 153; délivre cette ville, 154; conduit une armée en Alsace, 165 ; marche contre les Suisses, 181; laisse des garnisons en Alsace, 183; retiré en Dauphiné, s'y marie contre le gré du roi, fait la guerre au duc de Savoie et au pape, 283 ; dépouille les prélats de leurs juridictions, opprime les nobles, soumet le peuple aux tailles, 284 ; n'aide pas son père à expulser les Anglais de la Normandie , III , 243 ; intrigue après le recouvrement de cette province pour en avoir le gouvernement, *ibid.*; envoie des affidés au duc d'Alençon et à l'évêque de Lisieux, 244; cherche à séduire celui-ci par l'appât d'une pension, *ibid.*; est dénoncé au roi et l'apprend par les agents qu'il avait à la cour, 244, 245; aurait volontiers privé Charles VII de la couronne, I, 285; débauche ses capitaines, *ibid.*; s'exile en Brabant lorsqu'il se reconnaît le plus faible, 286; est reçu par le duc de Bourgogne avec toutes les marques du respect, 287; touche une pension de 36 000 ridders, 288 ; fait porter son étendard dans l'armée d'Édouard d'York, 301; II, 232, avec qui il s'était lié à la cour de Bourgogne, I, 302; passe pour avoir excité une coalition de la Bourgogne et de l'Angleterre contre son père, 304; est l'instigateur de la trahison du duc d'Alençon, 324; confirme les soupçons répandus sur la mort de Charles VII par le peu d'affliction qu'il en montre, 311; rend la liberté à Adam Fumée accusé d'avoir empoisonné le roi, 312; empêche de porter le deuil en sa présence, II, 7; succède à la couronne, 1; craint de trouver de l'opposition parmi les grands, 2, son père ayant songé à le deshériter, 3; III, 256. Il voit néanmoins tous les capitaines et les fonctionnaires accourir au-devant de lui, II, 4; doit ce revirement à l'attitude du duc de Bourgogne, III, 256; opinion sur la reconnaissance qu'il devait à ce prince, 255 ; il lui demanda de réduire l'escorte avec laquelle il veut l'accompagner, II, 4; inaugure son règne par des destitutions, 5; bannit Jean Belle qui l'avait trahi en Dauphiné, IV, 399; fait célébrer à Avesnes le service funèbre de son père, I, 311 ; II, 6; met le même jour un vêtement mi-parti rouge et blanc, I, 311; II, 7; loge à l'abbaye de Saint Thierry, 8; est sacré dans la cathédrale de Reims et y fait des chevaliers, 9; IV, 226; retourne à Saint-Thierry et y fait entendre les paroles les plus encourageantes, II, 19; III, 247; reçoit la visite de Thomas Basin, *ibid.*; écoute deux requêtes qu'il lui adresse, II, 10; III, 248; proteste de son désir d'alléger les misères du royaume, et retrace lui-même le contraste que présentent ses États avec ceux du duc de Bourgogne, II, 11; III, 248, 249, 250; prie l'évêque de Lisieux de lui rédiger un mémoire sur ce qu'il y a à faire, 251: loue fort cet écrit et en répète les termes à tout le monde, 258 ; n'est pas cru par ceux qui connaissaient sa conduite passée, II, 12; gracie le comte d'Armagnac et le duc d'Alen-

çon, 284; prend le chemin de Paris et fait donner l'absolution sur le tombeau de son père, 13, 14; s'arrête à Montmartre, 15; renouvelle après bien des contestations le serment qu'il avait déjà prêté à Reims, 16; III, 181, 296; teneur de ce serment, 181, note; magnificence et cérémonies de son arrivée à Paris, II, 17, 18. Il fait joindre par une galerie l'hôtel Saint-Paul et celui des Tournelles, 18; rend obéissance pleine et entière au pape Pie II, IV, 79, 85; lui envoie une ambassade, 87; distribue les offices du royaume, II, 19; gorge de faveurs le seigneur de Montauban, 20; est soupçonné de partager le fruit des rapines de Jean Bourré, 24; prend plaisir à destituer les serviteurs de son père, 25, 26; reste sourd aux demandes que lui adresse le duc de Bourgogne, 27; ne tient aucune des promesses qu'il avait faites durant son exil, 28; s'offre spontanément à châtier les Liégeois, puis fait alliance avec eux, 29; réitère la promesse de diminuer les impôts, 30; convertit ceux de la Normandie en abonnement, 31; supprime les officiers des finances dans cette province, 35, qu'il disait aimer mieux que toutes les autres, 39; soumet la France par la terreur à l'arbitraire de sa fiscalité, 42; dispense l'évêque de Lisieux d'un nouveau dénombrement, IV, 229; reçoit mal les ambassades des Etats italiens, II, 43; est réconcilié avec le duc de Milan qu'il menaçait de la guerre, 44; lui cède Gênes et Savonne, 45; fait un voyage en Bretagne, et accueille les suggestions de l'évêque de Nantes, 46; entre en lutte avec le duc de Bretagne, 47. Sa parenté avec le roi et la reine d'Angleterre, 47; il feint d'accueillir les sollicitations de Marguerite d'Anjou, 49; envoye une expédition dérisoire en Ecosse, 49, 50; cherche à se rapprocher d'Edouard IV, 51; négocie avec lui deux trêves qui sont l'anéantissement du parti de Lancastre, 52; traite avec le roi d'Aragon pour l'envoi d'une armée en Catalogne, 55; reçoit en gage trois places du Roussillon, 56; envoye une armée au secours de la garnison de Perpignan, 64; se comporte comme s'il eût conquis pour son propre compte le Roussillon et la Cerdagne, 65, 66; obtient une entrevue du roi de Castille, 67; lui déplait et lui suscite plus tard des embarras dans son royaume, 68; retourne en France et donne la lieutenance générale de la Normandie au comte de Charolais, 69; offre au duc de Bourgogne de sévir contre ce prince, 70; songe à racheter les villes de la Somme, et vient à Paris pour enlever la caisse des dépôts et consignations, 70, 71; sa manière de faire des emprunts, 72; il rend une ordonnance pour prohiber la chasse, 73, III, 168, qu'il va exécuter lui-même chez le seigneur de Montmorency, 74; il contraint les églises à produire le dénombrement de leurs biens 76; abolit le privilége du transport des vins en franchise, 78; augmente les droits perçus à Pont-de-l'Arche, 79; rentre en possession des villes de la Somme, 81; cherche vainement à isoler le duc de Bretagne, 82; visite la Picardie, Tournay et le duc de Bourgogne, 85. Mortification qu'il éprouva pour avoir voulu entrer incognito à Abbeville, III, 166; il retourne dans cette ville, négocie avec Warwick et annonce une nouvelle visite au duc Bourgogne, II,

86; charge d'une mission secrète le bâtard de Rubempré, 87; passe pour avoir voulu enlever le comte de Charolais, 89; cherche à se justifier de cette intention auprès du duc de Bourgogne, 90, 91; demande l'élargissement de ses gens arrêtés à Gorcum, 92; ne l'obtient pas, 93; défend l'exportation du numéraire à Rome, IV, 79; demande à Thomas Basin son avis sur les empiétements du saint-siége, *idid.*; accuse le duc de Bretagne devant les princes français, II, 83; se fait promettre assistance contre lui, 84; pourquoi il aurait voulu détacher ce prince du comté de Charolais, 94; son sentiment sur l'autorité des princes, 95; tyrans sur la conduite desquels il modelait la sienne, 95, 96. Il essaye une dernière tentative auprès du duc de Bretagne, 99; laisse imprudemment son frère à Poitiers, 100; cherche à le faire revenir après qu'il s'est enfui en Bretagne, 102; apprend la coalition des princes et accuse Thomas Basin de l'avoir préparée de longue main, III, 559; s'oppose en vain à l'armement des Bourguignons, II, 104; actes d'oppression que lui reprochent les confédérés, 104, 110, 111. Il réduit le Berry et le Bourbonnais, 115; revient pour empêcher la jonction des Bourguignons et des Bretons, 117; atteint les Bourguignons à Montlhéry, 118; les attaque avec trop de précipitation, 119; passe pour avoir fait tuer Pierre de Brézé par ses propres soldats, 126; aurait pu s'attribuer la victoire s'il ne s'était pas retiré après la bataille, 120; III, 187; vole en Normandie dont il amène à Paris le ban et l'arrière-ban, II, 122; défend Paris, 123; se conduit par les conseils de François Sforce, 124, 125; est trahi par la veuve de Pierre de Brézé, 125; perd la Normandie, 129, 130; négocie avec les princes pour tâcher de les brouiller, et soulève les Liégeois, 130, 192, en leur promettant de faire merveilles pour eux, 131; cède la Normandie à son frère, 135; III, 261; fait dire aux seigneurs Normands de se soumettre au prince, II, 141; III, 262, 295, 340; délivre les lettres patentes de la cession, *ibid.*; envoye ses compliments à quelques capitaines qui lui désobéissent, 263; cède les villes de la Somme au comte de Charolais, II, 135; lui donne plus qu'il ne demandait, 136; III, 187; proteste contre tous ses engagements sauf contre ceux qui concernent ce prince, 273, note; prodigue les grâces aux autres membres de la confédération, II, 137; montre après leur départ son aversion pour tous leurs adhérents, 138; redevient plus absolu que jamais, 139; détache le duc de Bourbon du parti des princes, 140; reçoit de la part du duc de Bretagne des ouvertures de rapprochement, 148; se réconcilie avec lui et lui livre les commandements militaires de la Normandie, 150, où il entre en armes, 151; feint de vouloir se réconcilier avec son frère, 152; III, 264; fait avancer des troupes pour l'assiéger à Louviers, II, 154; III, 265, 267; soumet la Basse-Normandie, 155, 156, 158; III, 267, 268; sévit contre les partisans de son frère, IV, 18; passe un traité avec le duc de Bretagne, II, 158; se tient avec lui à Caen et va s'emparer de Pont-de-l'Arche, 159; fait garder les abords de la Normandie, III, 274; met sous sa main l'évêché de Lisieux, 281; pardonne à Michel Basin la défection de Caudebec, IV, 253; reçoit la soumission des Rouennais, II, 160; pressure la province après qu'il l'a recouvrée, 158; ne tient aucun compte des amnisties publiées en son nom, 158, 162, 164; III, 276, 285; IV, 19; en promulgue une nouvelle où Thomas Basin est nommé spécialement, III, 277; la corrige sur les remontrances de ses officiers à Rouen, 278; enjoint à l'évêque de Lisieux de venir le trouver à Orléans, 281; le reçoit plus que froidement, 282; lui fait proposer un office à Perpignan, 284, au parlement de Roussillon qu'il venait d'instituer, 286; offre la main de sa fille aînée au comte de Charolais, II, 167, avec la Champagne pour dot, 168; lui écrit en l'appelant son fils, 169; maltraite les ambassadeurs qui viennent pour ratifier le mariage et fait mine de préparer une expédition pour secourir Dinant, 170, qu'il laisse détruire sans avoir bougé, 173, 175; diversion qu'il pouvait opérer, 175, 176. Il fait nommer Balue évêque d'Angers et cardinal, III, 282; refuse à l'évêque de Lisieux, la grâce d'aller visiter son diocèse, 286; lui fait attendre le règlement de ses appointements comme chancelier de Roussillon, 287; le reçoit fort mal lorsqu'il veut en parler, 288; se rend d'Orléans à Bourges, puis à Meun-sur-Evre, *ibid.*; se fâche contre son chancelier qui n'a pas expédié Thomas Basin, 289; cherche à s'appuyer sur le roi d'Angleterre contre les maisons de Bourgogne et de Bretagne, II, 177; attire le comte de Warwick à Rouen, 178; obtient de lui des engagements formels, 179; envoie une ambassade à Londres, 179, 180; ne peut surmonter les défiances du roi Edouard, 181; conduit une armée contre le duc de Bretagne, 185; III, 187; cherche à détacher ce prince de l'alliance bourguignonne, II, 186; se laisse toucher à l'égard de Thomas Basin et lui permet de revenir en France, III, 293, 294; le charge auparavant d'une ambassade à Barcelone, 297; révoque la grâce qu'il lui avait faite, 299, 300, à la requête d'un de ses gardes du corps qui passe pour l'avoir ensorcelé, 304; teneur de sa dépêche à l'évêque de Lisieux, 306; autre ambassade en Catalogne dont il veut le charger, 307; son dessein de le faire mourir à la peine, 309; lettre d'excuse que lui écrit Thomas Basin réfugié en Savoie, 309. Il le soupçonne de travailler contre lui à la cour de Savoie, 311; saisit de nouveau son temporel, *ibid.*; IV, 256, 257, 261; fait conduire prisonniers à Tours deux de ses frères, III, 312; livre à la mort quantité de gens arrachés de leur domicile, *ibid.*; reçoit un acte authentique de la retraite de l'évêque de Lisieux à Bâle, 313; concentre des troupes entre Compiègne et Noyon, 187; cherche à traiter avec le duc de Bourgogne, II, 187; entame avec lui de longs pourparlers, 188; obtient un sauf-conduit pour entrer à Péronne où la paix est conclue, 189, 190; III, 188; s'offre de son propre mouvement à accompagner le duc de Bourgogne à Liége et campe avec lui devant cette ville, II, 200, quoique le soulèvement des Liégeois ait été son ouvrage, III, 188. Il est sur le point d'être enlevé par un parti de Liégeois, II, 201; acclamé dans la ville comme s'il était venu pour la secourir, 202; prend la croix de Saint-André et affecte de crier *vive Bourgogne*, 202, 203; III, 178; prend congé du duc de Bourgogne, II, 205; on montre des lettres qu'il avait écrites aux Liégeois, 206; il n'ose pas se montrer à Paris à son retour de Liége, 208; fait défendre de parler de sa campagne ainsi que du traité de Péronne, 209; ordonne de procéder au remplacement de Thomas Basin sur le faux bruit de sa mort, III, 314; rejette la faute du traité de Péronne sur Balue qu'il fait mettre en prison, II, 210; III, 174; implique dans la même disgrâce l'évêque de Verdun, II, 211; III, 174; les détient longtemps malgré les représentations de la cour de Rome, 326, 341, 342; se laisse persuader que Thomas Basin a été l'instigateur de la conspiration de Balue, 317, 318, 321; cherche à retirer du service de son frère Thomas de l'Oraille, qui meurt empoisonné, II, 211, 212; veut endormir le duc de Bourgogne sur la cause de l'incarcération de Balue et de l'évêque de Verdun, 212; laisse paraître malgré lui son intention de rompre le traité, 213; repousse les ouvertures que le duc de Bourgogne lui fait en faveur de l'évêque de Lisieux, III, 317, 321; induit son frère à accepter l'apanage de Guienne, II, 214; se réconcilie avec lui par un traité suivi d'une entrevue, 215; refuse à ce prince la grâce de l'évêque de Lisieux, III, 319; finit par lui proposer pour Thomas Basin le choix d'un autre évêché en Languedoc, 326; envoie une armée contre le comte d'Armagnac, II, 285; ne songe plus qu'à détacher le roi d'Angleterre des ducs de Bourgogne et de Bretagne, 216; accueille le comte de Warwick qui vient chargé de dépouilles prises sur les Bourguignons, 219; fait saisir les marchandises bourguignonnes à la foire du Lendit, 220; est mis en demeure de les restituer, 221; prié de réconcilier Marguerite d'Anjou et le comte de Warwick, *ibid.*; il se fait promettre l'appui de l'Angleterre contre le duc de Bourgogne, 222; fait venir du Barrois Marguerite et son fils, 223; opère la réconciliation avec Warwick au moyen d'un mariage, 223, 224; arme les côtes de la Normandie, 226; prépare la descente de Warwick en Angleterre, 227; conclut avec le prince de Galles un traité contre la Bourgogne, 228, 229, 247, qui est la violation la plus flagrante de celui de Péronne, 230, 231, et un tissu de fausses allégations, 231, 232. Il machine la mort du duc de Bourgogne, 234: fait promettre en son nom de grandes faveurs au bâtard Baudouin, 235; lui expédie sur sa demande, des garanties écrites, 236; ses lettres tombent dans les mains du grand bâtard de Bourgogne, 137, et sont portées au duc lui-même, 238. Il reçoit froidement le bâtard Baudouin, réfugié en France, 240; son endurcissement au crime, 241; lettres signées de lui qui mettent à jour toute la conduite du complot, 242, 243. Il arme une escadre pour faire escorter Warwick en Angleterre, 245; sa joie de la restauration de Henri VI, 246; il fait offrir à Thomas Basin de venir se rendre à sa merci à Orléans, III, 327; cherche à ramener à lui les villes de la Somme, II, 247; rentre en possession de Saint-Quentin, 248, et d'Amiens, 249; attire à son parti les princes des bords du Rhin, IV, 363; viole son traité avec le prince de Galles en concluant une trêve avec le duc de Bourgogne, II, 274; apprend ironiquement au duc Charles la défaite d'un parti bourguignon, 275; reçoit sur le même ton la nouvelle de la mort de Warwick, *ibid.*; prolonge la trêve à cause de l'arrivée du duc de Guienne à l'armée, 276, plutôt que de profiter des circonstances qui lui permettaient d'anéantir son adversaire, III, 188 ; incommode fort la puissance bourguignonne, II, 276, 277 ; négocie sans succès pour la paix, 278 ; s'aliène le duc de Guienne en se vantant de l'avoir dupé, 279 ; il lui naît un premier fils, *ibid.* ; puis un second, 280 ; il poursuit vainement en cour de Rome la déposition de l'évêque de Lisieux, III, 330 ; se sent menacé par les intelligences de son frère avec les princes, II, 285, 286 ; corrompt deux de ses serviteurs pour l'empoisonner, 287 ; fait avancer des troupes sur la Guienne pendant sa maladie, 289 ; leurre le duc de Bourgogne par de fausses promesses, 290 ; refuse tout quand il est informé de la mort de son frère, 291 ; preuves de sa complicité avec les auteurs de cette mort, 296 ; manifeste du duc de Bourgogne contre lui, 298. Il marche contre le duc de Bretagne, *ibid.* ; se retire honteusement à la nouvelle de son approche, III, 187 ; fait trêve avec le duc de Bourgogne, II, 300 ; dépouille de nouveau le comte d'Armagnac, 301 ; le fait assiéger dans Lectoure, 302 ; livre à la mort le cadet d'Albret, III, 281, 323 ; excite le duc d'Autriche à racheter le comté de Ferrette, IV, 380, et à se réconcilier avec les Suisses, *ibid.* ; perd Perpignan par une conspiration, II, 304 ; n'avait pas secondé les princes d'Anjou en Catalogne, 305 ; sa domination exécrée dans le Roussillon, 306. Il y envoye deux armées avec des ordres impitoyables, 309 ; traite avec le roi d'Aragon sur le pied de leurs premières conventions, 313, 314 ; fatigue la cour de Rome de ses obsessions pour être débarrassé de Thomas Basin, III, 330 ; laisse poursuivre en son nom la famille et les amis de ce prélat, 345, 346, 347, 348, 349 ; fait un emprunt forcé sur les fruits de son casuel, IV, 267 ; permet à ses frères d'aller lui demander sa résignation, III, 349 ; lui rend l'argent qu'il lui avait pris, IV, 266 ; est choisi comme arbitre entre le duc d'Autriche et les Suisses, IV, 370 ; introduit dans sa sentence une clause à laquelle Sigismond ne veut pas souscrire, 371 ; se fait attendre à Château-Thierry par les ambassadeurs de ce prince, 368, 369 ; cherche à retenir un an de la pension qu'il lui avait assignée, 375 ; cesse de contester davantage sur les remontrances de son chancelier, 378 ; assure Sigismond de l'assistance des Suisses s'il est attaqué par le duc de Bourgogne, 379, 380 ; est sollicité de se confédérer avec l'Allemagne, II, 339 ; attendu par l'empereur, 341 ; soumet définitivement Perpignan, 342 ; détache le duc de Lorraine du parti bourguignon, 343 ; fait attaquer la Bourgogne, 344 ; conduit lui-même une armée en Picardie, 346 ; aurait pu s'avancer jusqu'à Neuss, 247, et accabler le duc de Bourgogne en se joignant aux Allemands, 348 ; tient l'empereur au courant de toutes ses démarches, 349 ; est forcé d'abandonner la Picardie par la fausse nouvelle du débarquement des Anglais en Normandie, 351 ; motive par là le rapprochement de l'empereur et du duc de Bourgogne, 352 ; ordonne la destruction d'Eu, IV, 384 ; surveille la marche des Anglais en Picardie, II, 358 ; leur fournit des vivres et conclut une trêve de sept ans avec leur roi, 359 ; ce qu'il dit à Édouard IV pour lui donner confiance, III, 175, 176 ; il s'est

TABLE ANALYTIQUE. 477

fait son tributaire, lorsqu'il aurait pu l'accabler, 360; a ôté néanmoins aux Anglais l'envie de revenir en France, 361; voit le duc de Bourgogne privé de toutes ses alliances, 364; brûle de se venger du comte de Saint-Pol, 365, 367; accorde pour cette raison la trêve que lui demande le duc de Bourgogne, 366, en stipulant que le connétable lui sera livré, 368; il céde en échange Saint-Quentin et abandonne le duc de Lorraine, 368, 339, qu'il avait retiré lui-même du parti bourguignon, 371; envoie son chancelier à Paris pour diriger le procès du connétable, 375; le connétable lui recommande son âme en mourant, 377; il donne le comté de Ligny au sire de Craon, III, 25; s'établit à Lyon pour suivre de plus près les opérations du duc de Bourgogne en Suisse, II, 385, 392; conseil qu'il lui donne de ne pas s'attaquer aux habitants de ce pays, 385; il reste sourd aux supplications du duc de Lorraine et se borne à le faire reconduire jusqu'à Saint-Nicolas-du-Port, 397; Sa joie en apprenant la bataille de Morat, 392; il projette l'occupation armée de la Provence, 392, 393; s'en abstient par l'offre que lui fait Réné d'Anjou de recevoir des officiers royaux dans ses villes, 393; dirige une partie de ses troupes contre le duc de Nemours, 393; fait mener ce prince à Paris pour y être jugé, 394; distribue ses dépouilles avant l'arrêt rendu, *ibid.*; passe pour avoir destitué les conseillers du parlement qui ne l'avaient pas jugé coupable, 395; prend sous sa main le gouvernement de la Savoie et du Piémont, 400, 401; fait cerner le duc de Bourgogne en Lorraine, 413; entre en Picardie à la nouvelle de sa mort, III, 4; attire à lui les serviteurs du duc, 5; se porte comme tuteur de la duchesse, son héritière, 5, 27; fait réduire à son obéissance le duché de Bourgogne, 23; ne peut faire tomber les Francs-Comtois dans ses piéges, *ibid.*; reçoit une ambassade des États réunis à Gand, 7; propositions qui lui sont faites, 7, 8; la cité d'Arras lui est livrée, 8; il met pour condition à la paix le mariage de la duchesse avec son fils, 8, 9; promet d'envoyer à son tour une ambassade à Gand, 9; cause une grande irritation en Flandre, 9, 10; envoie son barbier comme ambassadeur auprès de la duchesse et des États, 17; reçoit d'eux de nouveaux envoyés auprès desquels il maintient ses premières conditions, 18; met à feu et à sang les pays de la duchesse quand il apprend la conclusion de son mariage avec Maximilien, 22; sa colère contre le sire de Craon, 25; ses propositions aux habitants de la ville d'Arras, 27; il leur permet d'en référer à la duchesse de Bourgogne, *ibid.*; fait arrêter et décapiter leurs commissaires, 28, donne l'assaut à la ville et reçoit sa soumission au prix de 300 000 écus, 29; passe pour avoir sévi contre plusieurs au mépris du traité, 30; abuse de l'hospitalité qu'il reçoit à Cambrai, *ibid.*; y substitue ses armes à celles de l'empire, *ibid.*; est accusé à tort d'avoir spolié l'église de Cambrai, 30, 31; assiége et prend Avesnes, 31, IV, 385; met une forte garnison à Tournay, III, 32; aurait conquis les Pays-Bas s'il avait poursuivi ses succès avec plus de vigueur, 34, 35; son hésitation a été un effet de la clémence divine, 35, 36. Il se retire sur la Loire après avoir approvisionné Tournay et l'Artois, 39; retourne dans le nord après l'hiver, 42; assiége et prend Condé en Hainaut, 43; se renferme à Arras, *ibid.*; résiste aux provocations de Maximilien, 43, 44; l'amène à lui demander une trêve, 44; permet aux Tournaisiens de rester neutres entre la France et les Pays-Bas, 45, 48; députe pour un congrès indiqué à Cambrai des commissaires qui ne veulent pas aller plus loin que Saint-Quentin, 46; réduit son armée de plus de mille lances, 48; désire sincèrement la paix, mais ne peut amener la population des Pays-Bas à croire en lui, 48, 49; passe l'hiver dans un château de la Touraine où il affecte tant de mystère, qu'il passe pour atteint d'une maladie incurable, 49; faux bruit de sa mort, démenti par les édits fiscaux qu'il promulgue, 50; il remplace par des Suisses les compagnies qu'il avait licenciées, *ibid.*; envoie une nouvelle armée en Franche-Comté, 51; congédie une partie de ses Suisses que rappelle la confédération, 52; reçoit la soumission de Besançon et de toute la province, 53. Le gain de la bataille d'Enquinegatte lui est attribué en France, 57; il signe une nouvelle trêve avec les Pays-Bas, 60, 71; interdit l'entrée de son royaume aux meurtriers des Médicis, 67, note; ses négociations avec le pape au sujet de l'invasion de l'Italie par les Turcs, 70, note. Il délivre Balue de prison, III, 174; travaille à coaliser les villes de la basse Allemagne contre Maximilien, 111, note; espoir fondé sur lui par les insurgés d'Utrecht, 111, 119, qu'il appelle ses bons amis et encourage par des promesses écrites, 164; il ramène les Gantois à lui, IV, 188, 189; accueille les sollicitations de Guillaume d'Aremberg, 112; lui fournit quelques troupes, 113;

sa parenté avec l'évêque de Liége, 114. Il élève les impôts au triple de ce qu'ils étaient sous son père, 131, 169, 364; corrompt le capitaine d'Aire, 128, 129; conclut la paix avec Maximilien, 127, 128; abandonne Guillaume d'Aremberg, le duc de Clèves et les Trajectins, 120, 165; indignité de sa conduite à l'égard de Guillaume d'Aremberg, 122. Changement des esprits à son égard dans les Pays-Bas, 131; manière dont il prête serment devant leurs ambassadeurs, 179, 180. Il envoie chercher par des commissaires la fille de Maximilien, 132; retranche au roi d'Angleterre la pension qu'il lui faisait, 133; vit en paix avec Maximilien, 138; meurt pour le bonheur de tout le monde, 165. Sa laideur et sa chétive apparence; il a passé pour lépreux; son goût pour les habits courts, 166. Son aversion pour les entrées solennelles; mesures prises pour le forcer à passer dans les rues qu'on avait décorées en son honneur, 166, 167. Sa dureté à la fatigue, 167; sa passion pour la chasse : chasse aux rats et aux souris dans sa chambre; réquisitions de chiens par tout le royaume, 168, 178. Constraste de sa parcimonie et de sa prodigalité, 169; avec quoi il faisait ses largesses, 169, 170; il force ses sujets à émigrer, 170, 185; aliène le domaine de la couronne, 171. Son genre de clémence, 172; son acharnement contre le duc de Nemours et le jeune duc d'Alençon, 172, 173; nombreuses exécutions d'innocents sous son règne, 173; persécutions contre les prélats, 174; il demande à ce sujet un mémoire à l'archevêque de Tours, IV, 395; y répond, 398 à 403; oppression du clergé, III, 366. Sa perfidie, 175, connue du monde entier, II, 421; III, 192; abhorrée dans les Pays-Bas, 10, 48; ses maximes sur la religion du serment, 175, 176; son genre de sagesse, 176; sa manière de recevoir les députations provinciales, 177; sa loquacité, 177, 178; défaut dans sa prononciation, 178; ses inconséquences et sa bizarrerie, 178, 179; sa justice, 180, 181. Changements introduits par lui dans la législation militaire, 182; sa réforme des gabelles, 183; sa pusillanimité prouvée par les guerres qu'il a conduites, 186, 187, 188. Ses aumônes, 189; ses condamnations à l'offrande, 190; sa police, *ibid.*; sa gloutonnerie publiquement affichée à Rouen, 192, 193; cynisme et malveillance de ses propos, 193; contraste entre son père et lui, 194. Il n'a eu ni culture d'esprit, ni éloquence, pas même en français, 196. Ses préférences pour les gens de bas étage, 197; ses libéralités à l'égard des délateurs, 198. Il est comparable à Busiris et à Polymnestor, 191; aux Atrides, II, 297; à Caïn, *ibid.*; à Etéocle ou Polynice, *ibid.*; à Phalaris, 113; III, 195; à Denys l'ancien, 196; à Marius et à Sylla, 195; à Néron, II, 113; III, 196; à Domitien, 168. Son héritier n'est accepté des princes français que par crainte d'une révolution, 198. Explosion de plaintes contre son gouvernement aux Etats de Tours, 199.

Loumagne (Jacques de), II, 301.
Loup (Étienne le), III, 197, note.
Louvain en Brabant, III, 38, 275; IV, 14, 18, 19, 21, 22. Collégiale de Saint-Pierre à —, II, 95. Université de —, IV, 13, 14, 116, 118, 119, 120, 133, 138. Abbaye de Bethléem, près —, IV, 139,
Louviers, I, 78, 89, 133, 134, 147, 199, 221, 222; II, 152, 153, 154; III, 264, 265, 266, 268; IV, 186, 187.
Louvigny (R. de), IV, 244.

Luna (Alvaro de), II, 56.
Luna (Pierre de), antipape, IV, 282.
Lusignan (château de), I, 315,
Lusignan (Hugues de), légat en France, I, 97.
Luxembourg (duché de), I, 292; II, 327, 329, 343, 344, 356, 396, 413; IV, 350, 351, 355, 356, 357, 384, 390, 391.
Luxembourg (maison impériale de), II, 378. Princes de la—. Voy. *Richebourg*, *Roucy*, *Saint-Pol*.
Luxembourg (Charles de), évêque de Laon, III, 175; IV, 397, 402, 403.
Luxembourg (Jacqueline de), II, 378.
Lyncludan, en Écosse, IV, 358.
Lyon, I, 285, 295; II, 385, 392, 393; III, 297, 305, 306, 307; IV, 288. Archevêque de—. Voy. *Bourbon* (Charles de).
Lyon (Guillaume) de. Voy. *Guillaume*.
Lyonnais (le), II, 344.

M

Mâcon, I, 36. Combat près de —, II, 275. Comté de, I, 100; III, 23, 127.
Madeleine, fille de Charles VII, I, 292; IV, 151.
Maestricht, II, 334.
Magistri (Jean), IV, 95.
Magny-le-Freule, au bailliage de Caen, IV, 204. Voy. *Bonenfant*.
Mahomet II, prend Constantinople, I, 289. Projets du roi Ladislas contre lui, 294, encouragés par le pape Calixte III, IV, 218, 219. Il fait la paix avec le soudan d'Egypte pour attaquer l'Italie, III, 70, note; sa mort arrête les progrès des Turcs, 68, 70.
Maine (le), I, 40, 45, 188; II, 117, 185, 186; III, 186. Ressorts et exceptions du —, IV, 186.
Maine (Charles d'Anjou, comte du), commande à la journée des harengs, I, 65; favori de Charles VII,

188; reçoit la restitution du Maine, IV, 288; assiste à l'assemblée de Tours, II, 84; fuit à la bataille de Montlhéry, 119, 120.

Malatesta (Pandolfo), évêque de Coutances, III, 376.

Malatieri (Andre de), évêque de Forli, légat en Allemagne, II, 353, 354.

Malestroit (Guillaume de), évêque de Nantes, 1, 186.

Malines, II, 176, 317. Parlement de —, II, 408.

Mannoury (Guillaume de), persécuteur de Thomas Basin, III, 302; suggère à ses fils l'idée de l'impliquer dans la conspiration Balue, 318; est poursuivi pour fait de sauve-garde violée, 322.

Mannoury (Henri de), tué d'un coup de poignard, III, 322.

Mannoury (Jean de), chargé d'une mission en Angleterre, III, 322, note; succède à son frère Robert dans la régie du temporel de Lisieux, IV, 256, 258; prend le curé de Saint-Denis d'Augeron pour agent comptable, 259; se compromet dans une rixe, III, 322; est déchargé de son administration à Lisieux, IV, 262; combat à la journée d'Enquinegatte, III, 322 note.

Mannoury (Robert de), garde du corps de Louis XI, capitaine de Lisieux, III, 303; IV, 256. Son crédit auprès du roi, III, 304; il s'oppose au rappel de Thomas Basin, 305, 308, 310; se fait adjuger la régie de ses biens, 311; IV, 256; le fait passer pour mort, III, 314; obtient pour son frère la provision de l'évêché de Lisieux, ibid.; accuse Thomas Basin de complicité avec Balue, 318; meurt à Niort, 321; IV, 257; en se jetant dans un puits, 137.

Mannoury (N. de), ordonné prêtre par Thomas Basin, III, 303; lui est suscité comme compétiteur, 304; obtient des lettres de provision de la cour de Rome, 314; devient la risée de tout le monde, 314, 315; traîne une vie misérable, 323; meurt dans le mépris, IV, 138.

Mans (le), I, 60, 187, 188, 194; II, 185; IV, 286, 345. Château du —, IV, 288. Diocèse du — étendu jusqu'en Normandie, 185. Evêque du —, 226, 246. Juge du —. Voy. *Fournier.*

Mantes, I, 123, 139, 142, 218, 220. Pont de —, 142. Bailli de —. Voy. *Harnois.*

Manuscrits, légués par Th. Basin à l'Eglise de Lisieux, IV, 107; de ses ouvrages, I, ciij; III, 208; IV, 3, 29, 70, 94, 101, 106.

Marafin (Louis), III, 30.

Marbury (Richard), bailli de Gisors, I, 221 note; IV, 151, 152.

March (comte de), Voy. *Edouard IV.*

Marche (comte de la) —. Voy. *Nemours.*

Mark (Guill. de la). Voy. *Aremberg.*

Mark (Jean de la), élu évêque de Liége, III, 116.

Mardillay au diocèse de Lisieux, IV, 196.

Mare (Nicolas), IV, 156.

Marguerie (André), IV, 153, 343.

Marne, rivière, I, 79, 87, 120, 123, 138; II, 13.

Marolles au diocèse de Lisieux, IV, 165, 169. Seigneur de —. Voy. *Rupierre.*

Martène (Dom). Son erreur au sujet de Th. Basin, I, xcviij, cxii.

Martin V, pape, envoie une légation solennelle à Paris après son élection, IV, 278; reçoit les ambassadeurs du dauphin après le meurtre du duc de Bourgogne, 277; est prié par eux de leur accorder une audience secrète, 281, sans qu'ils parlent d'obédience, ibid.; sa réponse, 281, 282; le dauphin, devenu roi, lui fait sa soumission, 85, 87.

Maseyck. Reddition de —, III, 117.

Massé (Jean), IV, 238.
Masselin (Robert), IV, 150.
Masser (Jean), IV, 268, 269.
Matthæus (Antoine), a imprimé un fragment de l'histoire de Louis XI par Thomas Basin, I, xcv, cix, cxj.
Maubuisson. Abbaye de —, I, 140, 141.
Mauny. Le seigneur de —, I, 204 note. Voy. Rec-Crespin.
Maximilien. Voy. Autriche.
Mayence. Diocèse de —, II, 333. Archevêque de —. Voy. Nassau (Adolphe de), Schence d'Erbach.
Meaux, I, 40, 123, 138; II, 13; IV, 368. Marché de —, I, 138.
Médicis (Laurent et Julien de), III, 61, 62, 63, 65, 66.
Melun, I, 40, 120.
Melun (Charles de), III, 264 note.
Menou (Jean de), IV, 245.
Mesme (Jean), IV, 385.
Mesnil (Pierre), IV, 173.
Mesnil (le) près Jumiéges, I, 314.
Mesnil-Guillaume (le), IV, 170. Seigneur du —. Voy. Trousseauville.
Mesnil-Mauger. Doyenné du —, au diocèse de Lisieux, IV, 211.
Messin. Le pays —, I, 163, 184.
Metz. Projet du roi René de conquérir, — I, 163. Attachement de — à sa liberté; sa force militaire, 164; intention de Charles VII en se dirigeant du côté de cette ville, 164, 165, qui lui paye contribution, 184. L'empereur annonce son arrivée à —, IV, 384. Evêques de —. Voy. Bade, Boppard.
Meulan Prise de —, I, 119. Comté de —, III, 17.
Meun-sur-Evre, I, 311; III, 288.
Meun-sur-Loire, I, 61, 63, 73.
Meuse, fleuve, II, 29, 131, 172, 200, 204, 319, 334.
Meyer (Antoine) continuateur de l'histoire de Flandre, I, xciij.
Meyer (Jacques), auteur des Annales de Flandre, I, xciij. Son incertitude en se servant du manuscrit de Thomas Basin, xciv. extraits qu'il en a donnés, xc
Mézières en Ardenne, II, 29.
Middelbourg en Zélande. Abbé de —, IV, 106, 116.
Middelbourg (Paul de), regrette de n'avoir pas pu tirer l'horoscope de Maximilien, IV, 118; fait imprimer une épître à l'université de Louvain, I, lxxxvij; IV, 116, 120; reçoit par indiscrétion des remarques manuscrites de Thomas Basin sur cet ouvrage, 106, 116; adresse une lettre d'injures à l'archevêque de Césarée, 114, 120, 136. Traité composé contre lui, 105 et suiv., 136; relevé de ses erreurs, 120. Ses idées sur le terme de pâques soumises au concile de Latran, I, lxxxviij.
Milan, IV, 47. Duc de —. Voy. Sforce.
Milly en Bessin, I, 222.
Mite (Guillaume), IV, 173.
Mohet (Antoine de), bailli de Montferrand, IV, 369, 373, 374.
Moleyns (Adam), évêque de Chichester, I, 155, 156, 187, 190, 191; IV, 160.
Molineaux ou Mühlenheim (Jacquemin de), écuyer allemand, IV, 293, 313, 320, 322, 323, 324, 325, 326, 327, 328.
Moncade. Château de —, II, 62.
Mons en Hainaut, II, 368; III, 43.
Montague (John Nevill, marquis de), II, 261.
Montaigu (Jean de), IV, 245.
Montargis, I, 123, 139; II, 170.
Montauban (Artus de), archevêque de Bordeaux, II, 296.
Montauban (château de), en Bretagne, IV, 321, 322.
Montauban (Jean de), gardien du prince Gilles de Bretagne, IV, 321, pourvu par Louis XI de deux des grands offices de la couronne, II, 20, 21; influence qu'il a eue jusqu'à sa mort, 22; sa fuite honteuse à Montlhéry, 119, 120. Il est nommé de la commission du Bien public, IV, 243.

Montdidier en Picardie, II, 292, 347.
Montenaek. Bataille de —, II, 133.
Montereau-faut-Yonne, I, 38, 123, 138; IV, 280, 281.
Montereul (Didier de), IV, 351.
Montesecco (Jean-Baptiste de), capitaine du pape, III, 62, 65.
Montespedon. Voy. *Wast*.
Montfaucon, dans le Luxembourg, II, 344.
Montfaucon. Gibet de —. Voy. *Paris*.
Montferrand. Bailli de —. Voy. *Mohet*.
Montfoort en Frise, III, 148, 149.
Montfoort (Jean, burgrave de), appelé à Utrecht, y change le gouvernement, III, 82; est salué comme le restaurateur de la liberté, 83; son expulsion demandée par l'archiduc d'Autriche, 80. Il fait venir des routiers à son secours, 86; reçoit l'injonction d'évacuer Utrecht, *ibid.*; appelle le peuple aux armes, 87; pousse le parti opposé hors de la ville, 88; remplit Utrecht de routiers, 89. Ses propos contre l'évêque, 95. Il règne par la terreur, 96; échoue devant Yselstein, 110; préside une assemblée politique, 146; y est fait prisonnier avec tous les membres de sa faction, *ibid.*; son neveu se charge de le venger, 149. Il est délivré de prison, 153; se fait donner un sauf-conduit pour aller traiter avec l'archiduc d'Autriche, 157; ne veut pas prendre sur lui certaines conditions imposées par le prince, 158; est soupçonné d'avoir voulu l'attirer dans Utrecht pour se défaire de lui, 159; est contraint par la multitude de négocier sérieusement la paix, 161. Autres personnages du même nom, 111 note.
Montford (Osborn de), I, 209; IV, 343.
Montilz-lès-Tours, IV, 258.
Montivilliers, I, 113, 133.

Montjeu (Philibert de), évêque de Coutances, III, 375, 376.
Montlhéry, bourg et château, I, 31; II, 118. Bataille de —, 119, 120, 126, 167; III, 187.
Montmartre, près Paris, II, 15.
Montmorency. Habitants de —, II, 74.
Montmorency (Jean, seigneur de), II, 74.
Montpellier, III, 307.
Montreuil en Normandie. Vicomte de —, IV, 164, 165, 166, 168.
Montreuil-sur-Mer, III, 5.
Montsoreau. Le seigneur de —, IV, 245.
Morat, II, 387. Bataille de —, 388, 389, 390, 391, 392, 397, 400, 426.
Moravie. Marquis de —, I, 292.
Morellet (Robert), IV, 147, 148, 153, 154.
Morbier (Simon), IV, 339.
Morialmé (Jacques de), II, 199.
Morice (Pierre), IV, 283.
Mortain, en Normandie, LV, 312, 316, 317. Saint-Guillaume de —, 316, 319.
Mortain, héraut du duc de Somerset, IV, 301, 302, 303, 306, 307, 327.
Morton (John), évêque d'Ely, III, 137.
Morvilliers (Pierre de), chancelier de France, II, 90, 91.
Moselle, rivière, II, 326, 398, 411.
Mouillon (Guil. de), IV, 278.
Munster en Argovie, Voy. *Zlin*.
Munster, en Westphalie. Evêque de —. Voy. *Rietperg*.
Mye (Guillaume), IV, 197, 202.

N

Naerden, en Hollande, III, 92, 93.
Namur, II, 317. Comté de —, II, 131, 165, 176; III, 112, 117.
Nancy, II, 372, 399, 400, 411, 412, 418. Bataille de —, 415, 416, 426.

Nantes, II, 46, 47; IV, 12. Evêques de —. Voy. *Acigné*, *Malestroit*.
Naples, III, 66. Royaume de —, I, 93, 310. Rois de —. Voy. *Anjou* (René d'), *Ferdinand*.
Narbonne, II, 64, archevêques de —. Voy. *Bec-Crespin*, *Hallé*.
Nassau (Adolphe de), archevêque de Mayence, II, 323, 340.
Nassau (Engilbert de), II, 409, 416.
Nassau (Jean, comte de), seigneur de Bréda et sénéchal de Hainaut, II, 133.
Nemours (Jacques d'Armagnac, duc de), comte de la Marche et de Castres, fait lever le siége du château de Perpignan, II, 64; sa clémence à l'égard des vaincus, 65. Il s'arme pour la guerre du Bien public, 104; ne rejoint pas à temps les Bourguignons, 121. Expédition envoyée contre lui par Louis XI, 393. Son éloge, 394. Il est mené prisonnier à Paris, jugé et condamné en Parlement, 394, 395. Ses dépouilles sont distribuées avant l'arrêt rendu, 394; intimidation exercée contre ses juges, 395; III, 172; le peuple de Paris pleure à son supplice, II, 395; sa réhabilitation après la mort du roi, III, 173.
Nesle, en Picardie, II, 291, 292.
Neufchâtel de Nycourt, IV, 323.
Neufchâtel en Caux, I, 218; II, 298.
Neufchâtel (Thibaud de), maréchal de Bourgogne, I, 286; II, 116, 121.
Neuf-fossé. Canal appelé le —, III, 36, 37.
Neumoustier, au diocèse de Liége. L'abbé de —, IV, 134.
Neuss, au diocèse de Cologne, II, 334, 335, 336, 337, 338, 339, 341, 342, 343, 350, 353, 355, 405; IV, 384.
Neuville (Guillaume de), IV, 169.
Neuville (Pierre de), seigneur des Loges près Lisieux, IV, 168.

Nevers (Jean de). Voy. *Etampes*.
Nevill (Anne), princesse de Galles, II, 124, 219.
Nevill (Georges), archevêque d'York, II, 258.
Nevill (Isabelle), duchesse de Clarence, II, 219.
Nevill (John). Voy. *Montague*.
Nevill. Lord —, IV, 358.
Nevill (Richard), le père, I, 298.
Nevill (Richard), le fils. Voy. *Warwick*.
Nicolas V, pape. Son élection fait cesser le schisme, I, 317. Il reçoit l'obéissance de Charles VII, IV, 187; nomme Thomas Basin évêque de Lisieux, 17, 141; autorise la création d'une université à Trèves, 134; justifie Jacques Cœur d'avoir été soudoyé par le saint-siége, 347; adjure les cardinaux de lui être secourables, 348; lui donne le commandement d'une flotte, I, 316.
Nimègue, II, 315, 316, 319, 320.
Niort. Château de —, III, 321.
Noceto (Pierre de), IV, 349.
Nocy (Olivier de), IV, 272.
Norbery (Henry), I, 238 note.
Normands. Charte aux —, II, 31; III, 373, 387.
Normandie. Les villes de — s'attachent au parti bourguignon dès 1407, I, 10. Les côtes de — écumées par les corsaires d'Harfleur, 16. Etat de dévastation de la — après la conquête anglaise, 45. Brigandage, 57 à 60. La noblesse de — au siége d'Orléans, 64. Les Anglais chassés de l'Orléanais se dirigent sur la —, 73. Courses en — par la garnison française de Louviers, 78. Supplique de la — au roi d'Angleterre, après le traité d'Arras, IV, 283. Paris approvisionné par la —, 94, 119. La — organisée militairement, I, 103. Désolation de la — en 1435, 17; aspect du pays pendant dix ans, 118. La — défendue par le duc d'York,

131, 132 ; ravagée de nouveau par les Français, 133. Vénalité des charges introduite en — par les Anglais,183.Le gouvernement de — donné au duc de Somerset, 191. Les drapiers de — réfugiés en Bretagne, 194. Les garnisons de — employées à la prise de Fougères, IV, 293, 300, 327. Croisière de Bretons sur la côte de —, 299. La — attaquée par Charles VII en personne, I, 209. Plan suggéré aux Français pour le recouvrement de la —, 217, 218. Tentative des Anglais pour reconquérir la — après la perte de Rouen, 234. Evacuation de la — par les Anglais, 242, 245. Fête anniversaire du recouvrement de la —, 246. La — ne trouve pas sous le gouvernement de Charles VII ce qu'elle attendait de lui, III, 363 ; est imposée au double de ce qu'elle payait aux Anglais, 364 ; gardée par le roi en personne, 248; convoitée par le dauphin, 243, 244. Vaines menaces des Anglais contre la — en 1453, I, 262, 263. Proclamations en — en faveur des Anglais du parti de Lancastre, 297. Décime levée en — et réclamation du clergé à cet égard, 321. Les Anglais appelés en — par le duc d'Alençon, 323. La — obtient de convertir ses impôts en un abonnement, II, 31. Oppression de la — par les avocats, 32 ; leur haine contre le clergé, III, 371, 373 ; leur entente avec Louis XI, 372; ils achètent tous les offices judiciaires, 374, 383 ; possèdent l'influence et la fortune, 386. Assemblée des états de —, II, 34, dont les délibérations,portées à Tours, amènent la suppression des officiers des finances, 35 ; exactions des receveurs du domaine substituées à ces officiers, 36, 37, 38. Expédition pour l'Ecosse préparée en —, 50. Lieutenance générale de la — donnée et retirée au comte de Charolais, 69. Transport des vins en —, 79. Armement de la —, contre la ligue du Bien public,122. La — ouverte par la défection de Pontoise,126; Elle est donnée en apanage au fils puîné de Charles VII, 127, 135 ; I, 261, 262, à la demande du comte de Charolais, II, 137 ; lettres patentes délivrées à cet effet, 141 ; III, 262. Visées des Bretons sur la —, II, 141, 142, 143. Affinité de la — et de la Bretagne, 144. Les places de —données à garder aux Bretons, 150. Louis XI attaque la —, 151 ; la soumet, 155, 156, 159 ; III, 269, 270 ; IV, 132 ; exactions et cruautés commises par lui, 164; III, 274, 276. La — continue à être revendiquée comme apanage par le frère du roi, II, 214. Captures de Warwick sur les Bourguignons amenées et vendues en — 219. Escadre hollandaise amenée sur les côtes de —, 226, 227, 244. Secours mené de — à Beauvais, 293. Invasion et ravage de la — par le duc de Bourgogne, 298, 299. Faux bruit de la descente d'Edouard IV en —, 351. Droits sur la — revendiqués par l'Angleterre, 359. Approvisionnements menés de — à Tournay, III, 39. La — imposée par Louis XI à 775000 francs, 50 ; à plus de 1200000 de francs, 131, 169 ; au triple de ce qu'elle payait sous son père, 364. Entreprises dirigées des ports de — contre la pêche des harengs, 59. Emigration causée par la misère en —, 170. Aliénation du revenu des vicomtés de —, 171. Situation du clergé vis-à-vis de la justice séculière en —, 372, 374, 375. Etats de —, II, 34, 35 ; III, 243 ; IV, 222 ; procès verbal d'une de leurs délibérations, 223 à 226. Commissaires du roi d'Angleterre en —, 321. Trésorier et receveur général des finances en France et en —, 321. Voy. *Montford.* Receveurs généraux de —. Voy. *Esternay, Lannoy, Lebourlier, Raguier.*

Normandie (basse), terrifiée en 1417, I, 26 ; IV, 11 ; conquise par les Anglais, I, 32 ; IV, 12 ; plus heureuse sous leur gouvernement que les autres parties de la province, I, 44 ; la population des campagnes s'y révolte, 106, est amnistisée par le gouvernement anglais, 107 ; taillée en pièces dans le val de Vire, 108. Marche des garnisons de la — sur le pays de Caux, 113. Le gouvernement de la — délégué à lord Talbot par le duc de Somerset, IV, 314. Courses des capitaines français en —, 298, 322. Conquête de la — confiée au duc de Bretagne, I, 221. Accession de la — au parti du Bien public, III, 262 ; elle est ravagée par les Bretons, II, 162 ; défendue par les galants de la Feuillée, 163 note ; remise sous l'autorité du frère du roi par les Bretons qui en sont chassés, 185, 186. Descente en Angleterre préparée sur les côtes de la — 244.

Normandie (haute). Voy. *Caux.*

Normandie. Coutume de —. Dispositions de la —, III, 376, 377, 378, 379, 380, 381, 382, 384, 385 ; IV, 34, 52, 53, 61, 146, 216.

Northumberland. Le comte de —, I, 131 ; IV, 358.

Notre-Dame de Livaye, près Lisieux, IV, 170.

Noyers. Seigneurie de —, III, 127.

Noyon, I, 36 ; III, 187. Evêque de —, IV, 226. Doyen de la cathédrale de. Voy. *Bouillé.*

Noyonnais (le), II, 300.

Noytot, en Caux, IV, 232.

Nugues (Guill.), IV, 148, 153.

Nyevelt (Henri de) capitaine au service d'Utrecht, III, 76, 88, 149, 150, 151, 152.

Nyvenheim (Jean de), IV, 364.

O

Oestbroeck, en Hollande, III, 142.

Offémont (Gui de Nesles, seigneur d'), II, 74.

Offrainville, en Caux, IV, 232.

Oise, rivière, I, 118, 123, 139, 141, 143 ; II, 116, 126, 139, 309.

Olive (Jean), IV, 234.

Olive (Jean de l'), IV, 245.

Olivier, le Mauvais ou le Daim, envoyé en ambassade à Gand, III, 17, 20 ; demande une entrevue secrète avec la duchesse de Bourgogne, 17 ; ne consent pas à exposer sa créance devant des témoins, 17, 18 ; reçoit son congé, 18 ; s'attire l'estime des Gantois par les services qu'il leur rend, IV, 388, 389 ; est pendu à Paris, III, 197.

Orange. Prince d' —. Voy. *Argu.*

Orbec. Assises d' —, IV, 166, 227, 241. Vicomte d' —, 229, 243, 249, 250. Vicomté d' —, II, 240 ; IV, 214, 241.

Orbette, rivière, IV, 206.

Orchester (Thomas), IV, 329, 330, 333.

Orchies. Droit du roi sur —, III, 128.

Oresme (Nicolas), évêque de Lisieux, IV, 104.

Orges (Hugues d'), archevêque de Rouen, III, 375, 376.

Oriole (Pierre d'), partisan du duc de Normandie, II, 161 note ; nommé commissaire pour le Bien public, IV, 245 ; chancelier de France, II, 375 ; conseille à Louis XI de satisfaire Sigismond d'Autriche, IV, 378 ; est informé par le roi de ce qui se passe après la levée du siège de Neuss, 383 ; préside le parlement pendant le procès du connétable de Saint-Pol, II, 375. Son éloge,

III, 172. Il est forcé d'instruire le procès du jeune duc d'Alençon, *ibid*.
Orléans, I, 61, 62, 70, 71; II, 117; III, 281, 282, 288, 327, 341; IV, 19. Evêque d'—, IV, 226, 245. Fort des Tourelles à —, I, 62, 71. Collégiale de Saint-Aignan, 61. Ce que c'est que la glose d'—, IV, 117.
Orléans. Bâtard d'—. Voy. *Dunois*.
Orléans (Charles, duc d'), prisonnier à Azincourt, I, 23; possédait l'hôtel des Tournelles à Paris, II, 18; ainsi que le comté d'Ast, 45; assiste à l'assemblée de Tours et meurt, 84.
Orléans (Louis duc d'), assassiné à l'instigation de Jean sans Peur, I, 5, dont il avait outragé la femme, 6. Système de calomnie imaginé pour le perdre dans l'esprit public, 8. Détails sur sa mort, 10; conséquences de ce crime, IV, 279.
Orms (Bernard d'), II, 306, 307.
Orose (Paul), cité, II, 97; III, 191.
Orval (Amanieu d'Albret, seigneur d'), I, 228, 249, 250; II, 57 note.
Osmont. Le seigneur d' —, I, 230.
Ostrelins (les) ou Hanséatiques, II, 254, 255.
Otrante en Pouille, III, 67, 68, 69, 70.
Oude-Water, en Frise, IV, 135.
Ovide, cité, III, 365.
Oxford, ville d'Angleterre, II, 263.
Oxford (John Vere, comte d'), II, 257, 261; IV, 267.

P

Pacy-sur-Eure, II, 134; III, 267.
Pain (Jean), IV, 192.
Pairs de France, I, 323; II, 157, 231.
Palatin du Rhin (Frédéric de Bavière. comte), II, 328; IV, 352.
Pallas (Ugo Roger, comte de), II, 58.

Pamiers. Evêque de—. Voy. *Dufour*.
Paonnier (S.), IV, 228.
Parey (Clément), IV, 183.
Parigault, IV, 278.
Paris, III, 232, 259, 261, 262; IV, 18, 24, 278, 294, 399; théâtre des manœuvres du duc de Bourgogne contre le duc d'Orléans, I, 8; regorge de femmes fugitives de Soissons, 14; est pris par les Bourguignons, 28; excès qui s'y commettent, 30; se soumet au gouvernement de Henri V, 36. Prédications de frère Richard à —, IV, 104. Approvisionnements conduits de — à Orléans, I, 64; assaut donné par la Pucelle, 76. Ravages des Français aux environs de —, 79. Docteurs appelés de — pour interroger la Pucelle, 80. Bethfort s'y retire après la levée du siége de Lagny, 88. Henri VI y est sacré, 90. Ambassade envoyée par la ville de — en Angleterre après le traité d'Arras, IV, 283. Difficulté des approvisionnements, I, 94; détresse qui amène la réduction de —, 120; conjuration en faveur du roi de France, 120, 121; les Français s'y introduisent, 122; les Anglais en sont expulsés, 123; misère et dépopulation sous le gouvernement de Charles VII, 124, 135; premier soulagement reçu du roi 138; le duc d'York aux environs 141; retour de la prospérité après la prise de Pontoise, 147. Commission réunie à — pour la réforme de la justice, IV, 31; arrivée de Louis XI à —, II, 13, 15; magnificence du cortège, 16, 17; affluence des solliciteurs, 19; séjour des princes de Bourgogne, 27, 28, 30; ambassade des Liégeois, 29; projet d'une assemblée des états généraux, 104; on cherche à y faire acquiescer les habitants 116, qui refusent aux confédérés l'entrée de leur ville,

117. Exploits de la garnison de — après la bataille de Montlhéry, 119. Défense de — par Louis XI, 123. Séjour de — évité par Louis XI à son retour de Péronne, 208. Secours mené de — à Beauvais, 293. Ambassade autrichienne à —, IV, 369. Projet d'Edouard IV d'être reconnu roi de France à —, II, 361. Le connétable de Saint-Pol amené, jugé, exécuté et inhumé à —, 375, 376, 377. Affliction à — au moment de l'exécution du duc de Nemours, 395. Le duc d'Alençon gardé à —, III, 173. Eglise Notre-Dame de —, II, 15, 18, 71 ; III, 181. Evêque. Voy. *Chartier*. Cordeliers, II, 377. Bastille Saint-Antoine, I, 28, 122; II, 18. Châtelet, III, 348. Château du Louvre, 172. Hôtel Saint-Paul, I, 29; II, 18. Hôtel des Tournelles, *ibid*. Palais royal en la Cité, I, 30; II, 18. Gibet de Montfaucon, 134. Place de Grève, 376. Université, I, 36; IV, 13, 104, 116. Prévôt de —. Voy. *Estouteville*.

Paris (Guillaume de), IV, 245.

Parlement de Paris, IV, 182, 186; bien traité par Charles VII, I, 323 ; s'oppose à l'enlèvement de la caisse des dépôts II, 7; enregistre le traité de Péronne, 209; procède contre le comte d'Armagnac, 283; juge et condamne le comte de Saint-Pol sous la présidence du chancelier, 375; condamne le duc de Nemours, sous la pression de Louis XI, 394, 395; III, 172; est saisi du procès de René d'Alençon, 173 ; loué de ce que les causes n'y sont pas rapportées par le conseiller qui les examine, IV, 60, 63; lenteurs de sa procédure, I, 323 ; III, 371 ; IV, 32, 34, ruineuses pour les plaideurs, 57. Son équité à l'égard de l'Eglise, III, 371 ; le clergé normand n'y peut plus déférer d'appels, 372. Son ressort sur la Flandre, 7. Grand'chambre du —, IV, 41 ; requêtes, III, 372. Premier président. Voy. *Scépeaux*. Président. Voy. *Leduc*. Avocats, IV, 37. Registres, 84.

Parlements de Malines, de Roussillon. Voy. *Malines*, *Perpignan*.

Parthenay (Michel de), IV, 326.

Passot (Antoine), chroniqueur, cité, II, 309, 310, 312, 313.

Patay. Bataille de —, I, 74.

Paul II, pape. Forme dans laquelle Louis XI est conseillé de lui rendre obédience, IV, 88; mesure prise contre lui et presque aussitôt désavouée, 80, 81 note. Il prononce de sa bouche la condamnation des Liégeois, II, 195; est sollicité de pourvoir au remplacement de Thomas Basin, III, 314, 330 ; envoie des délégués en France pour instruire le procès de Balue, 174 note.

Pavie, IV, 13. Ecole de droit civil à —, I, vij; IV, 13.

Pays-Bas, possessions septentrionales de la maison de Bourgogne, II, 401; III, 60, 71, 72, 130, 131, 179 ; IV, 21. Etats des — réunis à Bruges, II, 404, 423 ; à Bruxelles, 403, 404 ; à Gand, III, 3, 6, 9, 17, 18, 19; à Termonde, 47, 49, 54.

Pazzi. Famille de Florence —, III, 61, 62, 63, 64.

Perche (le), I, 45, 233.

Péronne, II, 186, 187, 208, 357, III, 5.

Péronne. Traité de —, II, 189, 190; III, 313 ; IV, 21 ; honteux et infâme, III, 188 ; ce qu'il contenait relativement à la justice souveraine en Flandre, III, 7. Défense d'en parler en France, II, 209. Sa rupture attendue, 213, 216; consommée, 219, 220, 230, 232, 248, 249, 251 ; III, 327 ; IV, 21.

Perpignan, II, 65, 304, 305, 306, 307, 308, 309, 310, 311, 312, 342 ; III, 284, 289, 290, 293,

297, 299, 303, 306, 308, 331;
IV, 20, 375. Château de —, II,
56, 63, 64, 65, 308, 313. Parlement institué à —, III, 286.
Peruwels (Henri de Horne, seigneur de), III, 31; IV, 385.
Peste, à Montereau, IV, 280; en Normandie, I, 117; à Rouen, IV, 10, 14; à Bordeaux, I, 269; à Ferrare, IV, 15; inguinaire à Gand, I, 281; fréquente en France à la fin du règne de Louis XI, III, 131; causée par la disette, 145, 170.
Peynel (Jacques), chevalier, IV, 173.
Peynel (Jeanne), abbesse de Notre-Dame de Lisieux, IV, 171.
Pfirdt. Voy. *Ferrette*.
Philippe (Gautier), IV, 332, 335.
Philippe le Beau, fils de Maximilien, III, 72, 128.
Picards, à la bataille de Bulgnéville, I, 92; armés contre les Anglais, IV, 285; au siége de Calais, I, 127, 128; à la bataille de Gavre, 278; au siége de Neuss, II, 336; IV, 384.
Picardie, II, 52, 85, 90, 175, 277, 401; IV, 384. Rachat de terres de —, II, 70, 80, 420. Guerres en — sous Louis XI, 346, 347, 349, 351, 352, 357, 358; III, 4, 5. Abolition des guerres privées en —, II, 424.
Picart (Guillaume), IV, 255.
Pichot (Gui), IV, 194.
Pichot (Jean), IV, 214.
Picquigny. Château de —, II, 253. Traité de —, 359, 360, 361, 362.
Pie II, pape, détourne Charles VII de déshériter son fils ainé, II, 3 note; tire de celui-ci la promesse d'abroger la Pragmatique-sanction, IV, 84. Conduite de son légat en Angleterre, II, 13. Il reçoit l'obéissance plénière de Louis XI, IV, 74, 79, 83; ambassadeurs qui lui sont envoyés à cet effet, 87; comment il abuse de cette soumission, 74, 75, 76, 85. Sa mort, I, 291.

Piémont (le), II, 26, 400.
Pierfort, en Luxembourg, II, 344.
Pierre, Seigneur —, IV, 295, 296, 297, 300, 303, 310, 338.
Pin (le), au diocèse de Poitiers. L'abbé du —, IV, 397.
Pinard (Martin), évêque d'Avranches, I, 203; IV, 340, 342, 343.
Pise. Port de —, III, 66. Eglise de —, III, 65. Archevêque de — V. *Salviati*.
Plante (Pierre), IV, 211.
Platon, cité III, 186.
Pogge (Le), connu de Thomas Basin, I, xij; IV, 118; cité III, 356.
Pogiebrad (Georges), roi de Bohême, I, 293; IV, 356, II, 43 note.
Poignant (Pierre), II, 283.
Poignant (Thomas), IV, 251.
Poillevilain (Jean), IV, 272.
Poirette (Nicole), IV, 197.
Poissy, I, 141, 142, 143.
Poitiers, II, 57 note, 99, 100; III, 281; IV, 403. Evêque de —, III, 175. Voy. *Cluny*.
Poitou, II, 127; III, 321. Comté de — II, 279.
Pole ou Poule (John), I, 73. Voy. *Suffolk*.
Pommeraye (Le P.), son témoignage sur Th. Basin, IV, 141.
Pont-à-Mousson, II, 411.
Pont-à-Mousson. Marquis de —. V. *Lorraine* (Nicolas de).
Pontaudemer, I, 209, 210, 211, 245; IV, 125, 127, 129, 324. Vicomte de —, IV, 229, 249, 250. Voy. *Auber*.
Pont-à-Vendin en Artois, III, 42, 43, 44.
Pont-de-l'Arche, I, 199, 200, 203, 204, 244; II, 79, 143, 146, 147, 155, 159; III, 267, 268, 269; IV, 255, 342. Vicomté de —, 222.
Pontanus (Paul), IV, 97, 100.
Ponthieu (le), II, 346, 357; III, 5, 43.
Pontigny. Abbaye de —, III, 334.
Pontoise, I, 60, 119, 120, 121, 139, 140, 141, 142, 144, 146;

II, 126, 127; IV, 279. Abbaye Saint-Martin de —, I, 140, 141.
Porchester, port d'Angleterre, IV, 297, 299.
Port-de-Braud (le), en Poitou, II, 216.
Port-Saint-Ouen, I, 224, 229; II, 150, 151.
Portsmouth, I, 190; IV, 286.
Portugais. Teint des —, II, 419.
Portugal (Isabelle de). Voy. *Bourgogne*.
Pot (Guyot), IV, 383.
Poton. Voy. *Xaintrailles*.
Pouancé. Château de —, I, 151.
Poucke. Château de —, I, 275.
Pouille (la), III, 67.
Poulaine, Mode des chaussures à la —, II, 242.
Poullard (Guillaume), IV, 147, 148, 153.
Poulletier (Michel Le), IV, 158.
Pragmatique sanction, IV, 86; de Saint-Louis, 83; de Charles VII, 81; établie, I, 319; proposée au roi d'Angleterre, IV, 189; maintenue malgré les efforts de la Cour de Rome, I, 319, 320; invoquée dans une collation de bénéfice par Thomas Basin, IV, 211; abolie, 84, 87. Elle attire à Charles VII mort une absolution insultante, II, 14. Proposition à Louis XI de la rétablir, IV, 82, 86, 87.
Pressigny (Bertrand de Beauvau, seigneur de), I, 186; IV, 187, 245.
Prince (le) ou le Petit prince, IV, 307, 311, 315, 316, 318.
Procédure, verbale dans les pays coutumiers, IV, 39; à l'échiquier de Normandie, 40; à la grand' chambre du parlement, 41; inconvénients de ce mode 51, surtout en Normandie, 55. Ordonnances pour la réforme de la —, I, 323; IV, 36, 37. Mémoire de Thomas Basin sur le même sujet, 29 à 65.
Progier (Cardin), IV, 265, 266.
Provence, I, 156, 308; II, 392, 393.

Pucelle (la). Voy. *Jeanne*.
Puiguernon (Pierre de), IV, 208.
Puy (le). Evêque du —, IV, 226.
Puy (Pierre du) a imprimé un passage de Th. Basin, I, cxi; annoté une transcription de son apologie, III, 210. Son manuscrit du *Breviloquium*, IV, 4; du Mémoire pour la réforme de la procédure, 29.
Puycerda. Prise de —, II, 65.
Pyrénées, II, 57, 63, 284; I, 298, 307.

Q

Quesnay (Catherine de), femme de Jean Basin, IV, 140.
Quesnay (Jean de), IV, 147, 148.
Quesne (Jean du), IV, 209.
Quistebout (Boudin), bailli de Gand, IV, 388, 389.

R

Raemsdonck (Nicolas), IV, 135.
Raguier (Jean), IV, 266.
Raguier (Louis), évêque de Lisieux, IV, 138, 142; autres personnages de la même famille, 142.
Rambures. Le château de —, I, 112.
Rambures. Le seigneur de —, IV, 245.
Ravenstein (Adolphe de Clèves, seigneur de), IV, 390.
Raveschot (Adrien de), IV, 388.
Regis (Jean), IV, 291, 339, 346.
Regnard (André), IV, 187.
Reilhac (Jean de), IV, 357.
Reims, I, 75; II, 6, 8, 9, 10, 39, 40, 41, 357, 361; III, 246, 247. Archevêque de —. Voy. *Jouvenel des Ursins* (Jean). Abbaye de Saint-Thierry de —, II, 8, 10, 12; III, 247; de Saint-Remi, Saint-Denis et Saint-Nicaise, IV, 226.
Renaut (Michel), IV, 173.
Renchey (Pierre de), IV, 196.
Renessse en Frise, III, 90.
Rennes en Bretagne, IV, 12, 103, 326. Evêque de —, 226.

Ressencourt (Simon), IV, 170.
Rhin (le), fleuve, II, 69, 87, 88, 326, 333, 334, 338, 339, 342, 343, 353; IV, 21. Le Leck, bras du —, III, 94, 98, 99; l'Yssel bras du —, 139, 156. Florins du —, II, 166; IV, 379. Palatin du —. Voy. *Palatin*.
Rhinfelden. Château de —, IV, 373.
Rhône, fleuve, I, 243, 315; II, 373; III, 306.
Riario (le comte Hiéronyme), III, 62, 63, 65, 166, 67 notes.
Riario (Raphaël), cardinal légat à Forence, III, 62.
Richard II, roi d'Angleterre, I, 17, 253, 300.
Richard III, roi d'Angleterre, d'abord duc de Glocester, abuse de la minorité de ses neveux, III, 134; met à mort les lords Rivers et Hastings, *ibid.*; se fait couronner roi, 135; sous quel prétexte, 135, 136, manière dont il s'est débarrassé de lord Hastings, 136. Il met en prison l'archevêque d'York et l'évêque d'Ely, 137; enferme à la tour de Londres les enfants d'Edouard IV, *ibid.*; réprime un complot ayant pour but de les délivrer, *ibid.*; est soupçonné de les avoir assassinés, *ibid.*, opinion qui se change bientôt en certitude, 138.
Richard (frère), cordelier, IV, 104.
Richebourg (Jacques de Luxembourg, seigneur de), II, 346.
Richemond (Artus de Bretagne, comte de), connétable de France, contribue à la réduction de Paris, I, 121; à la victoire de Formigny, 237; commande une division au siége de Caen, 240; devient duc de Bretagne, 237; envoie trois cents lances au recouvrement de la Guienne, 269.
Rieti (Thomas de), IV, 362.
Rietperg (Conrad de), évêque de Munster, II, 340, 350; IV, 384.
Riom en Auvergne, IV, 401.
Rivel (Jean de), IV, 168, 283, 289.

Rivers (Antoine Wydvill, lord), II, 268; III, 134.
Rivo (Pierre de), IV, 136.
Roche. Henri de la —, II, 287, 289.
Roche. Le seigneur de la —, en Normandie, IV, 224.
Roche-Guyon. Château de la —, I, 221.
Rocque (Cardinot), marchand de Rouen, IV, 311, 313, 314, 315, 317, 318, 325, 327.
Rodemack. Le seigneur de —, IV, 356.
Roes (Jean), II, 235 note 2.
Rolant (Adam), IV, 182, 186, 187, 231, 293.
Romains. Empereur des —, II, 321; III, 19. Roi des —, I, 292; IV, 118, 365, 366, 367. Voy. *Autriche* (Maximilien d'), *Bourgogne* (Charles de).
Rome, III, 307, 352; IV, 21, 87, 277, 348. Saint-Pierre de —, 349. Tribunal de la Rote à —, Voy. *Rote*.
Rome. Cour de —. Ses efforts pour la pacification de la France, I, 97; IV, 278; contre la Pragmatique-sanction, I, 319. Ses usurpations relativement à la collation des bénéfices, IV, 74 à 79; moyen d'y remédier 79 à 90. Démarches en — pour le remplacement de Thomas Basin, III, 314, 323, 330. Sentence de la — contre l'évêque de Séez, IV, 403. Voy. *Calixte III*, *Eugène IV*, *Martin V*, *Nicolas V*, *Paul II*, *Sixte IV*.
Romont (Jacques de Savoie, comte de), II, 346, 382, 383; III, 55, 58, 311, 313.
Roos. Lord —, IV, 358.
Rose (Philippe de la), IV, 153, 154, 155, 157, 343, 344, 345.
Rote (tribunal de la), à Rome. Son éloge, IV, 41; son personnel, 42; bonne renommée de ses juges, 60; origine de son nom, 43; comment on y procède, 42, 43, 45, 56, 60; tenue des audiences, 44, 45; remises qu'on y accorde,

46. La justice y est moins dispendieuse qu'au Parlement, 57. Son style introduit dans plusieurs tribunaux étrangers, 47; proposé comme modèle à la France, *ibid.*, moyennant quelques modifications, 53, 59, 60, 61; on trouverait des Français capables de l'appliquer, 64.

Rothelin (Philippe de Hochberg, marquis de), III, 23.

Rotheram (Thomas), archevêque d'York, III, 137.

Rotterdam, en Hollande, III, 77.

Roucy (Antoine de Luxembourg, comte de), II, 344.

Rouen, III, 281, 348; IV, 9, 16, 17, 24, 152, 168, 250, 259, 293, 294, 296, 297, 300, 301, 313, 316, 317, 319, 322, 323, 324, 399; seule ville importante du pays de Caux, I, 111; chasse de ses murs le comte d'Aumale, 11; devient à l'arrivée des Anglais, le refuge de la population du pays, 32; IV, 10; est assiégé par le roi Henri V, I, 32; IV, 11, 12; compte vainement sur l'assistance du duc de Bourgogne, I, 33; est forcé de se rendre à de dures conditions, 34; s'acquitte du prix de sa capitulation au bout de dix ans, IV, 146; devient le siége du gouvernement anglais en France, 112, 130; est inquiété par les courses des Français, 79; reçoit Henri VI dans ses murs, 79, 93. La Pucelle y est mise en jugement, 80; affluence de peuple qui assiste à son supplice, 83. Deux chefs de brigands y sont exécutés, 105; une armée s'y rassemble pour réduire le pays de Caux, 110. Tableau de sa misère en 1436, 117; 14, 15; les Anglais en auraient été dès lors expulsés si les Français s'y étaient prêtés, I, 118. Secours envoyés de — à Pontoise, 140; état pitoyable dans lequel les Anglois y retournent, 140, 141. Deux gouverneurs de la Normandie proclamés le même jour à —, 192. Ceux qui avaient pris part à l'entreprise de Fougères déclarés bannis de —, IV, 326. Nouvelle de la prise de Pont-de-l'Arche portée à —, I, 201. Expédition dirigée de — sur Verneuil, 207, 208. Conseil donné aux Français de commencer par — la conquête de la Normandie, 218; faute d'avoir agi autrement en 1436, 219. Complot à — pour introduire les Français, 222, 223, qui échoue par la vigilance de Talbot, 224. Emeute contre les chefs du gouvernement, 225 note. Journée des barricades, 225, 226, signalée par la douceur avec laquelle sont traités les Anglais, 228; approche et entrée des Français, *ibid.*; scène qui se passe pendant la nuit, IV, 328 à 335; investissement du palais et du château, I, 229; retraite des Anglais, 230; entrée de Charles VII, 231; IV, 134. Services rendus par la famille Basin à la réduction de —, 188. Information faite à — sur la prise de Fougères par les Anglais, 290 à 346. Milice de — envoyée au siége de Caen, I, 241. Assemblée du clergé de France à —, 319; assemblées des Etats de Normandie, II, 34; IV, 223. Visite du comte de Charolais à —, II, 69. Louis XI à — pendant la guerre du Bien public, 122. Complot pour livrer — aux confédérés, 126, 127. Départ du frère du roi pour —, 141; délibérations sur le cérémonial de son entrée, 142, affluence de Normands venus pour en être témoins, III, 263. On va de — le visiter au mont Sainte-Catherine, II, 143. Les magistrats de — informés d'un complot des Bretons, 145, 146; sortie des habitants au-devant de leur duc qu'ils introduisent de nuit dans leur ville, 146, 147; IV, 248, ils sont accusés d'avoir conjuré la mort des Bretons, II, 148; invraisemblance de cette imputation, 148, 149. Cérémonie de l'inauguration du prince, IV, 246; gens de — mis dans son conseil, II, 154; il quitte — et y retourne, 153, 155. Louis XI s'approche de —, 158, pour y mettre le siége, 159. Désolation dans la ville; le duc de Normandie lui enjoint de se soumettre au roi, 160. Réception du comte de Warwick à —, 178. Abordage de caboteurs hollandais à —, 224. Réclamations adressées par le duc de Bourgogne aux officiers du roi à —, 225. Course armée de Bourguignons jusqu'à —, 299, 300. Commissaires du roi envoyés à — pour une réquisition de chiens, 168. Débauche de Louis XI dans un cabaret de —, 192. Marchands de — poursuivis pour avoir porté de l'argent à Thomas Basin, 346, 347. Transport des marchandises entre — et Louviers, I, 199. Draperie de —, II, 179. Archevêques de —. Voy. *Estouteville, Orges, Roussel.* Cathédrale, 10, 131, 157, 247, 339, 340; portail de la Calendre, 158; chapelle du manoir archiépiscopal, 223. Chapitre, 147, 148, 149, 153 à 158, 246, 247. Doyen. Voy. *Dubosc.* Trésorier et chantre, 224. Voy. *Dubec.* Officialité, 214 note, 237. Eglises, I, 225; Saint-Candé-le-Vieux, xiv note; IV, 156; Saint-Denis, 145; Saint-Maclou, 305; Sainte-Marie-la-Petite, 328. Saint-Vincent, 146. Abbaye de Sainte-Catherine, I, 228, 229; II, 143, 145, 146; IV, 247. Cour ou chambre du conseil du roi d'Angleterre séant à —, 168, 342, 343, 345. Grand conseil du roi de France, 224, 225. Chambre des comptes, 159, 160, 342, 343. Bailliage, III, 278; IV, 146, 159, 203, 204, 249, 260. Bailli,

III, 56; IV, 166, 187, 190, 216, 243, 250, 255, 305, 331, 335. Voy. *Cousinot, Hellande, Wast.* Vicomté, 158, 232 note. Tabellionage, 146 note. Sceau privé, 322. Procureur général, voy. *Daron.* Grèneliers, 311. Château, I, 80, 225 note, 227, 229; II, 126, 127, 128; IV, 342. Palais, I, 202, 227, 229. Pont, 79, 83, 227. Hôtel de Ville, II, 141. Tour de la grosse horloge, I, 226. Quartier, quartenier et dixaine, IV, 328, 329, 330, 332, 333. Porte Beauvoisine, 130. Maisons de l'évêque de Lisieux, III, 282; IV, 158; de Jean Basin, 146. Hôtel du Jardin, 329; de la Levrière, 315.

Rousseauville, près d'Azincourt, I, 23.

Roussel (Raoul), archevêque de Rouen, IV, 131, 147, 154, 155, 156, 157, 158, 339, 340, 341, 343.

Rousselet (Jean le), IV, 294, 295, 308, 309, 320, 321, 322, 336, 337. Son fils, 319.

Roussillon et Cerdagne. Comtés de —, II, 55, 57, 65, 66, 304, 305, 311, 312, 313, 342; III, 285, 292. Chancellerie des —, 286, 290, 291, 367. Vice-roi dans les —. Voy. *Clermont.*

Routiers de la Basse-Allemagne, III, 86, 88, 90, 92, 93, 94, 96, 99, 103, 106, 107, 118, 122, 126, 139, 143, 145, 146, 147, 148, 150, 151, 155, 161.

Rouville. Le seigneur de —, IV, 343.

Rovère (Julien de la), cardinal d'Avignon, légat en France, IV, 396, 400, 401.

Roye en Picardie, II, 292, 347.

Rozier (Bernard du), archevêque de Toulouse, IV, 398.

Rubempré. Le bâtard de —, II, 87, 88, 89, 91, 92, 93.

Rupelmonde. Bataille de —, I, 274, 275.

Rupierre (Guillaume de), seigneur en partie de Marolles, IV, 169.

TABLE ANALYTIQUE.

Ruremonde. Lettre de Thomas Basin contre les rêveries d'un chartreux de —, I, lxxxvj ; IV, 101 à 105.

S

Sablons (Huet des), IV, 170.
Saint-Alban. Bataille de —, I, 298.
Saint-Antoine en Dauphiné, III, 305.
   Saint-Aubert. Le seigneur de —, 343.
Saint-Aubin du Cormier, IV, 317.
Saint-Belin (Geoffroi de), II, 56 note.
Saint-Christ en Picardie, II, 358.
Saint-Cloud. Pont de —, I, 15.
Saint-Denis d'Augeron en Normandie, IV, 260. 263, 265.
Saint-Denis en France, I, 75, 76, 77, 79, 120 ; II, 13, 15, 116, 123. Abbé de —, IV, 226. Foire de —, II, 220.
Saint-Edmund's bury, I 190.
Saint-Fiacre. Chapelle —, près de Meaux, I, 41.
Saint-Flour. IV, 401. Evêque de. Voy. *Lautoin*.
Saint-Germain-en-Laye. Château de —, I, 221.
Saint-Hubert. Abbé de —, IV, 133.
Saint-James de Beuvron, IV, 12, 310.
Saint-Jean d'Angely, II, 57 note. Abbaye de —, 287. Voy. *Faure*.
Saint-Lô, I, 222, 237.
Saint-Malo. Droit du roi sur —, II, 46.
Saint-Mard d'Esgrue, en Normandie, IV, 187.
Saint-Maur-les-Fossés, II, 123. Traité de —, 135.
Saint-Michel. Mont —, I, 216 note.
Saint-Nicolas du Port, en Lorraine, II, 397.
Saint-Omer, II, 237, 238, 239, 242 ; III, 36, 42, 54, 55 ; IV, 385.
Saint-Pierre-sur-Dive, I, 104.
Saint-Pol (Louis de Luxembourg, comte de) et de Ligny, prend part à la conquête de la Normandie par les Français, I, 209, comme lieutenant-général du roi, IV, 183 ; assiége Lisieux, 129 ; signe la capitulation de cette ville, 174, 181 ; y entre, I, 216 ; se confédère pour le Bien public, II, 116 ; intercède pour les Liégeois auprès du comte de Charolais, 174 ; est employé par Louis XI dans les préliminaires du traité de Péronne, 188 ; entre à Péronne avec le roi, 189 ; lui fait ravoir Saint-Quentin, 248 ; soupçonné de connivence avec les Bourguignons lorsqu'ils envahissent la Normandie, 299 ; trompe Louis XI sur le lieu de la descente des Anglais en France, 351 ; traite avec lui de puissance à puissance, 365 ; s'expose par là à un châtiment exemplaire, 366, que rendent inévitable des révélations faites contre lui par le roi d'Angleterre, 367. Il s'enfuit à Mons, 368, sur la foi d'un sauf-conduit du duc de Bourgogne, 371, 381, qui néanmoins accorde son extradition à la demande de Louis XI, 368. Ses trésors deviennent la proie du duc, 369 ; il est mené à Paris, jugé et condamné en parlement, 375 ; conduit au supplice avec les insignes de ses dignités et dépouillé sur l'échafaud, 375, 376 ; espère sa grâce jusqu'à ce moment, 376 ; demande pardon au roi et reçoit la mort, 377 ; le bourreau montre sa tête au peuple ; les cordeliers prennent son corps pour l'inhumer dans leur église, *ibid*. Ses seigneuries, ses alliances, 378 ; ses immenses revenus, sa cupidité, 369, 379 ; sa témérité d'avoir voulu se poser comme arbitre entre la France et la puissance bourguignonne, 380 ; blâme de la trahison dont il a péri victime, 370, 371, 381. Son comté de Ligny est donné au seigneur de Craon, III, 25. Sa femme, Voy. *Savoie* (Marie

de). Ses fils, Voy. *Luxembourg, Richebourg, Roucy*.

Saint-Pol de Léon. Evêque de —. Voy. *Coetquis; Delarue*.

Saint-Pourçain, en Bourbonnais, III, 307; IV, 221.

Saint-Quentin, II, 248, 280, 368; III, 46, 188, 327; IV, 402.

Saint-Riquier, I, 39; II, 347.

Saint-Sauveur sur Dive, IV, 313, 323.

Saint-Thierry. Abbaye de —. Voy. *Reims*.

Saint-Trond, II, 165; III, 117, 272, 333. Abbé de —, IV, 433.

Saint-Vaast en Auge, 192. Voy. *Houx* (du); *Pain*.

Saint-Wandrille. Abbé de —, IV, 247.

Saint-Yon (Jean de), IV, 343.

Sainte-Aldegonde (Jean de), IV, 387.

Sainte-Barbe en Auge. Prieuré de —, IV, 211.

Sainte-Marie, seigneurie, IV, 219.

Salazar (Jean de) II, 57 note.

Salazar. Le petit —, III, 98, 161 note.

Salebrie. L'évêque de —, suffragant de Cambrai, IV, 133, 226.

Salins. Seigneurie de —, III, 127.

Salisbury (Thomas Montague, comte de), I, 49, 62, 63.

Salluste, cité, I, 171, 192, 327; II, 379; III, 195, 196, 253, 259; IV, 49.

Saltzbourg. Archevêque de —, III, 102.

Salviati (Francesco), archevêque de Pise, III, 62, 64, 65.

Sandwich, en Angleterre, II, 272.

Sanguin (Guillaume), I, 120.

Saone. Le sire de —, IV, 283.

Sassello, près de Gênes, IV, 362.

Sauvage (Colette), IV, 206.

Savoie (la), I, 283; II, 373, 374, 382, 392, 396, 400; III, 305, 309, 311; IV, 20, 47, 399, 400.

Savoie (Amédée VIII, duc de) élu pape sous le nom de Félix, I, 317.

Savoie (Amédée IX, duc de), II, 382; III, 311, 313.

Savoie (Charlotte de), femme de Louis XI, I, 283, 288; III; 313.

Savoie (Jacques de). Voy. *Romont*.

Savoie (Jean Louis de), évêque de Genève, III, 311, 313.

Savoie (Louis, duc de), I, 283, 295.

Savoie (Marie de), femme du connétable de Saint-Pol, II, 378.

Savoie (Philippe de). Voy. *Bresse*.

Savoie (Yolande, duchesse de), sœur de Louis XI, II, 374; III, 313; accueille Thomas Basin à Genève, 311; va au-devant du duc de Bourgogne, à Lausanne, II, 382; le soigne pendant une maladie, 386; est emmenée prisonnière en Bourgogne, 391, 400.

Savone près de Gênes, I, 308; II, 44, 45; IV, 362.

Saxe (Ernest duc de), II, 340.

Saxe (Guillaume duc de), 352, 355, 356.

Scales. Lord —, I, 50, 108.

Scépeaux (Yves de), II, 25.

Schence d'Erbach (Thierry), archevêque de Mayence, IV, 352.

Schendelbeke. Château de —, I, 276.

Schisme, né au concile de Bâle, I, 317; IV, 288.

Schoonhove en Hollande, III, 77.

Séez, III, 269. Evêques de —. Voy. *Cornegrue, Goupillon*.

Sekingen. Château de —, IV, 373.

Seine, fleuve, I, 16, 17, 18, 44, 82, 94, 109, 118, 119, 120, 123, 132, 138, 141, 142, 143, 199; 201, 218, 221, 231, 233, 307; II, 79, 121, 123; 139, 150, 224, 299; IV, 9, 11.

Sellier (Jean), IV, 245.

Sénèque le Philosophe, cité III, 331, 355, 358.

Sénèque le Tragique, cité I, 157, 158, 159; II, 26, 97, 98, 159, 161, 258; III, 171, 259, 281, 287, 295.

Senlis, I, 36, 77. Bailli de —, II, 74. Evêque de —, IV, 236.

Senlissois (le), ravagé, I, 45.
Senot (Jean), IV, 150.
Sens, I, 36, 60, 77. Bailli de —. Voy. *Dresnay*.
Sesser (Robert), IV, 343.
Sèvre (la), rivière, II, 216.
Seymour (sir Thomas), IV, 358.
Sforce (François), duc de Milan, secourt les Génois contre les Français, I, 308; IV, 362; envoie féliciter Louis XI à son avénement, II, 42; est menacé de la guerre, puis réconcilié avec ce roi, 44, qui lui cède Gênes et Savone, 45, 95 note, et modèle sa conduite sur la sienne, 95. Il lui indique le moyen de dissoudre la ligue du Bien public, 124, 125, 157.
Sforce (Galéas-Marie), II, 121.
Shrewsbury. Voy. *Talbot*.
Shrewsbury, héraut de Talbot, IV, 319.
Sicile. Royaume de —, I, 93, 309. Rois de —. Voy. *Alphonse, Anjou* (René d'), *Ferdinand, Yolande*.
Sienne. Concile de —, IV, 78.
Sierck. Château de —, II, 398, 399.
Sierck (Jacques de), archevêque de Trèves, IV, 134, 350, 352.
Sierck (Philippe de), IV, 135.
Sigismond, empereur, I, 292.
Sinel (Pierre), IV, 172, 173, 183, 184.
Sixte IV, pape, reçoit une ambassade de Louis XI au sujet de l'affaire Balue, III, 174 note; demande justice pour ce prélat, 326; autorise la création d'une université à Trèves, IV, 134; repousse les ouvertures de Louis XI au sujet de la déposition de Thomas Basin, III, 330; confère à ce prélat le titre d'archevêque de Césarée, 352, 353; éprouve de l'opposition de la part des Florentins, 65; a des parents compromis dans la conjuration des Pazzi, 62; recherches des Florentins pour savoir s'il n'y trempait pas lui-même, 65. Il jette l'interdit sur Florence, *ibid*. Son armée dévaste la Toscane, 66. Il accorde la paix aux Florentins, *ibid*.; se ligue avec le roi de Naples pour faire la guerre aux Turcs, 69; implore contre eux l'assistance de Louis XI, 70 note; fulmine un monitoire contre Utrecht et Amersfoort, 124, 125; soutient le cardinal Balue dans le refus du coadjuteur qu'on voulait lui donner, IV, 396. Démarches auprès de lui pour l'archevêché d'Embrun et l'évêché de Saint-Flour, 401.
Soissonnais (le), I, 45; II, 13, 357.
Soissons, I, 13, 14, 15, 77; II, 13. Evêque de —, IV, 226.
Solèvre. Traité de —, II, 366, 367, 370, 371, 397; III, 10, 47, 48; IV, 22.
Somerset (Edmond Beaufort, duc de), prince du sang de Lancastre, I, 255; nommé gouverneur de Normandie, I, 191; IV, 168; enrichi par la succession du cardinal de Winchester, I, 192; son portrait, *ibid*. Il abandonne a lord Talbot une partie de son gouvernement, IV, 314; concerte à Londres l'entreprise de Fougères, 302; fait visiter les places de la basse Normandie, 324; suspend l'exécution du projet contre Fougères, 301; pour quel motif, 304; donne l'ordre d'agir à François l'Aragonais, I, 193; IV, 293, 310; s'engage à le secourir s'il est attaqué par les Français, 335; lui délivre des lettres de marque, 331, 334; confie le secret de l'entreprise à l'archevêque de Rouen, 339; refuse à l'évêque d'Avranches d'envoyer un contre-ordre, 340; autorise un serrurier de Rouen à à livrer aux agents de François l'Aragonais un instrument prohibé, 305; fait passer ses compliments à ce capitaine après

l'exécution, 306; se fâche de l'improbation du grand conseil, 343; rejette la faute de l'attentat sur les lords anglais, 340; déclare bannis de Rouen ceux qui y avaient pris part, 326; continue néanmoins de se tenir en relation avec eux, 327; reçoit une ambassade de Charles VII, I, 198; délègue des commissaires pour discuter le fait, IV, 342; son trouble et celui de sa femme en apprenant la prise de Pont-de-l'Arche, I, 202. Il envoie demander par l'ordre de qui ce coup a été fait, 203, 204; dirige Talbot sur Verneuil, 207; est arrêté dans une rue de Rouen par un ouvrier drapier, 225 note; réclame à tort les conditions offertes en premier lieu par Charles VII, 229; se retranche à Caen, 233, 239; sa confiance présomptueuse, 235 note. Il obtient de se retirer de Caen avec son armée, 241; repasse en Angleterre, 251; accuse le duc de Suffolk d'être la cause de ses revers, 252; est assassiné par l'ordre du duc d'York, 254.

Somerset (Edmond Beaufort, duc de), fils du précédent, II, 266; IV, 338.

Somerset (John Beaufort, comte, puis duc de), assiége Harfleur, I, 132; se fait donner par son outrecuidance le commandement d'une grande armée, 149; débarque à Cherbourg, sans avoir dit à personne ce qu'il voulait faire, 150; échoue devant Pouancé et retourne en Angleterre, 151, où il meurt de confusion et de chagrin, 152; aurait pu recouvrer Dieppe, *ibid.*

Somme, rivière, I, 44, 100, 109, 118; II, 187, 239, 248, 253, 254, 299, 357, 358.

Somme. Villes de la —, cédées à la maison de Bourgogne, I, 100; II, 70, 80, 81, 135, 167, 247, 248, 249, 420; III, 187.

Soquel (N.), IV, 208.
Sorel. Voy. *Agnès*.
Souabe. Milices de la — II, 387.
Southampton, port d'Angleterre, 18.
Stavelo. Abbé de —, IV, 133.
Strasbourg, II, 329, 373, 397.
  Evêché de —, I, 182; II, 333.
  Milices de —, 345.
Strigonie ou Gran, en Hongrie, IV, 16. Archevêque de —, III, 162.
Stürtzel (Conrad), IV, 368 à 383.
Suétone, cité II, 371, 426; III, 84, 168, 196; IV, 53.
Suffolk (William Pole, comte, puis duc de), prisonnier à Jargeau, I, 73; ambassadeur en France pour le mariage de Henri VI, 155; jette les yeux sur Marguerite d'Anjou, 156; conclut une trêve avec Charles VII, et fiance la princesse Marguerite; 157; la conduit en Angleterre, 158; son influence, 187; il met à mort le duc de Glocester, 190; est le premier auteur de l'attentat de Fougères, IV, 294, 295, 320; concerte cette entreprise sous le couvert du roi d'Angleterre, 298, 308, 321; se fait donner en cadeau par un solliciteur une épine de la sainte couronne, 309, 321; reçoit de François l'Aragonais une Bible en français, 299; s'impatiente des retards de ce capitaine, 300; l'autorise à attaquer Fougères, 337, 341, 346; le presse d'agir par lettres et par commissions, 309; s'enfuit d'Angleterre et périt assassiné, I, 252.

Suisse (la), II, 385, 401.
Suisses (les), veulent défendre Bâle contre les Français, I, 181; se retirent après la défaite d'un de leurs corps devant cette ville, 182; sont indisposés par le seigneur de Hagenbach, II, 329; se réconcilient avec Sigismond d'Autriche, 330; IV, 370, 373; sont désignés par Louis XI pour

protéger l'archiduc contre le duc de Bourgogne, 379, 380; forment dans l'Alsace une confédération contre la puissance bourguignonne, II, 330; sont mandés par l'empereur, IV, 384; envahissent le diocèse de Besançon, II, 345; inquiètent le duc de Bourgogne, 364; sont attendus comme défenseurs de la Lorraine, 373; font une irruption sur les bords du Léman, 373, 382; mettent à contribution Lausanne et Genève, 374; leurs raisons pour justifier cette agression, 373, 383; campagne préparée contre eux par le duc de Bourgogne, 382, 383; ils vont au-devant de lui, 383; mettent son armée en déroute, 384; gagnent le plus riche butin, ibid.; pauvreté de leur pays, 385; conseil de Louis XI à leur égard, ibid.; ils attendent les mouvements ultérieurs du duc de Bourgogne, 387; forment une grosse armée pour secourir Morat, ibid.; se logent en vue du duc de Bourgogne, 388; se voient offrir la bataille et ne bougent pas, ibid.; profitent de ce que l'ennemi regagne ses quartiers pour attaquer ses avant-postes, 388, 389; culbutent les Bourguignons qui retournent contre eux, 389; font fuir le duc et anéantissent sa puissance, 390; accueillent le duc de Lorraine dans son infortune, 397; lui fournissent des troupes pour rentrer dans ses Etats, 399; sont priés de nouveau de lui fournir des combattants, 411, 413; l'assistent à la bataille de Nancy, 415; ont été forcés de devenir malgré eux les ennemis du duc de Bourgogne, 425. Mercenaires — engagés par les Francs-Comtois, III, 23; ils battent les Français devant Dôle, 24, 25, 26. Dix mille — incorporés à l'armée française, 50. Intelligence des — qui défendaient Dôle avec ceux qui servaient le roi de France, 51; ces derniers sont rappelés dans leur pays par un édit de la confédération, 52; un certain nombre restent dans l'armée française, ibid.

Surienne (François de). V. Aragonais.

Surienne (Jean de), IV, 336, 338.

Surienne (Pierre de), IV, 335, 336.

Surreau (Laurent), IV, 148, 153, 154, 224, 225.

Svettehuyse. Le seigneur de —, III, 36.

T

Tagliacozzo (Jean de), archevêque de Tarente, IV, 16.

Talbot. Lord —, comte de Shrewsbury, commande à la bataille de Verneuil, I, 49; est pris à Patay, 74; assiége Harfleur, 133; défend Pontoise, 140; conseil inutile qu'il donne au duc d'York, 142; court à Poissy pour y surprendre Charles VII, 142, 143; tue de sa main un prisonnier français, 146; assiége Dieppe sans succès, 152; gouverne la basse Normandie sous le duc de Somerset, IV, 314; conçoit des appréhensions sur le succès de l'entreprise préparée contre Fougères, 304; envoie ses compliments à François l'Aragonais après que le coup a réussi, 306; amasse des munitions pour approvisionner Fougères, 307, 311, 312, 315, 316, 318; ordonne de détruire les lettres écrites à ce sujet, 311; donne des instructions pour la conservation de la place, 307; offre la bataille aux Français qui ne l'acceptent pas, I, 207, 208; fait échouer un complot tendant à livrer Rouen, 224; loge au château de Rouen, 225 note; est donné pour otage de la capitulation de Rouen, 230; conduit à Bordeaux l'armée qui devait appuyer l'insurrection de Guienne, 261; sort pour aller délivrer Castillon, 263, 264; erreur par laquelle il est entraîné, 265; sa témérité, 266; sa mort, 267. Son fils périt en même temps que lui, *ibid*.

Tancarville (Guillaume de Harcourt, comte de), II, 20; IV, 247.

Tardif (Jean), IV, 251.

Tarente. Archevêque de —. Voy. *Tagliacozzo*.

Tartas, en Gascogne, I, 148, 149, 262.

Tassin l'aîné, IV, 200, 201.

Térence, cité III, 339.

Termonde, III, 47, 49, 54.

Terni. Evêque de —. Voy. *Copini*.

Terragone. Prise de —, II, 62.

Tewkesbury. Bataille de —, II, 265.

Thalauresse (Estevenot de), IV, 57 note.

Théodore, archevêque de Cantorbéry, IV, 70.

Thérouanne, III, 54, 55, 56, 57. Evêque de —. Voy. *Bourgogne* (David de), *Cluny*.

Thibault (Jean), IV, 173.

Thibout (Raoul), IV, 260, 263, 265.

Thieux. Le seigneur de —, IV, 385.

Thieville (Richard de), IV, 261, 263.

Thionville, IV, 356.

Thomas (saint) d'Aquin, cité III, 335, 337.

Thomas (saint), archevêque de Cantorbéry, III, 333, 334.

Thorigny. Rixe à —, II, 163 note.

Tiessé (Robert), IV, 272.

Tiphaine (Jean), I, 202.

Toison-d'Or. Ordre de la —, II, 316; III, 39.

Tongres, au pays de Liége, II, 198.

Torcy (Jean d'Estouteville, seigneur de), I, 216 note, 228 ; IV, 245.

Toscane (la), III, 61, 66.

Toulouse, IV, 398. Archevêques de —. Voy. *Lion* (Pierre du), *Rozier*. Parlement de —. Voy. *Fabre*.

Touques en Normandie, I, 26, 27, 216 ; IV, 11.

Touraine (la), I, 52. Bailli de —, IV, 186.

Tournay en Hainaut, I, 273; II, 85; III, 32, 33, 34, 37, 39, 40, 41, 44, 45, 48. Evêque de —, IV, 226.

Tourneton (N. de), IV, 259.

Tours, I, 68, 155, 293 ; II, 35, 45, 57 note, 68, 83, 90, 99 ; III, 198 note, 288, 289, 312, 318, 320, 345 ; IV, 397, 402. Assemblée des princes à —, II, 83, 228, 231, notes ; des états généraux, III, 199. Archevêque de —. Voy. *Bourdeilles*. Archidiacre, IV, 311, 341.

Toustain (Jean), IV, 258.

Toustain (Yves), IV, 238.

Towton. Bataille de —, I, 299; II, 232.

Trèves, II, 194, 195, 321, 323, 324, 325, 326; III, 328, 330, 333, 345, 349, 392; IV, 21, 22, 135, 137, 269, 363. Archevêché de —, I, 65. Archevêques de —. Voy. *Bade*, *Sierck*. Chancelier de l'archevêque, IV, 350, 351. Palais archiépiscopal, II, 322. Cathédrale, II, 325; IV, 135. Abbaye de Saint-Mathias. Voy. *Donner*; de Saint-Maximin, II, 322; IV, 135. Eglise de Sainte-Marie aux Martyrs, près de —, II, 327 ; de Saint-Wangulfe à —, 323. Chartreux. Voy. *Geymar*.

Trollop (sir Andrew), I, 299.

Trousseauville (Guillaume de), III, 261; seigneur du Mesnil-Guillaume, IV, 169.

Troyes, I, 46, 75. Traité de —, 35. Evêque de —, IV, 226. Voy. *Laiguisé*.

Turc. Le grand —, IV, 219, Voy. *Mahomet II*.

Turcs (les) à Constantinople, I, 289, 294; IV, 366; en Italie, III, 67, 68, 69, 70. Les Bourguignons comparés aux —, IV, 381.

Turquefeu (Regnault), IV, 234.

Tuvache (Pierre), IV, 293 à 307, 319, 327.

U

Utrecht, I, 286, 287; III, 73, 75, 77, 82, 83, 87, 88, 89, 90, 91, 94, 95, 96, 97, 98, 99, 100, 101, 102, 105, 108, 110, 124, 139, 141, 142, 143, 144, 147, 148, 150, 151, 155, 157, 158, 159, 160, 162, 163, 164; IV, 23. Voy. *Trajectins.* Séjour de Thomas Basin à —, III, 73, 155; IV, 22, 23, 25, 105, 137, 138, 271. Evêque d' —. Voy. *Bourgogne* (David de); *Brederode.* Palais épiscopal, III, 108, 124, 148, 153. Cathédrale ou Saint-Martin d' —, 85, 126, 142, 146. Collégiale Saint-Jean, 126, 142; IV, 137, 139, 140. Chanoines réguliers, III, 87. Couvent des Dames blanches, 157. Ordres mendiants, 125, 126. Prieur des Dominicains, IV, 102. Bourgmestres, III, 139. Voy. *Lanscroen, Zondelbach.* Hôtel de ville, 87, 141, 146, 150, 151. Porte Sainte-Catherine, 90, 146; de Smebrugge, 87; de Tollensteghe, 87, 88. Poterne des tanneurs, 151. Canal de Leckendyck, 87.

V

Val-Richer. L'abbé de —, IV, 183.
Valence, en Dauphiné, III, 305.
Valence, en Espagne, II, 311.
Valenciennes, I, 312; II, 347.
Valentin, juif de Lisieux, IV, 240.
Valette (Roger de la), IV, 224.
Valognes, I, 222, 234.
Valois (le), ravagé, I, 45.
Valot (Jean Dumoustier), dit, IV, 311, 312, 315, 318, 327.
Valot (Pierre), IV, 338.
Vallée (Guillaume de), II, 293.
Vanderstaghe (Guillaume), IV, 393.
Varie (Guillaume), I, 315.
Vatine (Colin de la), IV, 170.
Vattier (Richard), IV, 240 note.
Vaubelon (Antoine de), IV, 343.

Vaucelle. Faubourg de —. Voy. *Caen.*
Vaucelles (Marguerite de), IV, 297, 320.
Vaudémont (Antoine de Lorraine, comte de), I, 90.
Vaudémont (Ferry, comte de), II, 343.
Vaudémont. Château de —, II, 398.
Vaudémont. Comté de —, II, 369, 373, 381.
Vausselas (le), seigneurie, IV, 258.
Vaux (Pasquier de), évêque de Lisieux, IV, 17, 141.
Veltkirch, IV, 368, 371.
Venables, chef de brigands, I, 104, 105.
Venaissin. Le comtat —, I, 283.
Vendôme, I, 323; II, 117.
Vendôme (Louis de Bourbon, comte de), I, 96.
Venise. Banquiers de — III, 116.
Vénitiens (les) en possession du commerce maritime de la France, I, 243; gênent le duc de Milan dans son intervention en faveur des Génois, IV, 362; envoient à Louis XI une ambassade, II, 42, 43; s'allient avec les rois de France et de Bohême, 43, note 2; avec les Florentins, III, 66; inquiètent Sigismond d'Autriche, IV, 374, 375.
Venloo, dans la Gueldre, II, 319.
Ver (John de). Voy. *Oxford.*
Ver (Robert), I, 238.
Vercors. Voy. *Faure.*
Verdun. Évêché de —, III, 342. Evêque de —. Voy. *Haraucourt.*
Vère (Henri de Borssele, seigneur de la), II, 226; IV, 390.
Veret (Raoul), IV, 147, 148.
Vermandois (le), II, 248, 291, 300, 357, 368.
Verneuil au Perche, I, 48, 53, 195, 206, 207, 208, 220; IV, 130, 182, 291, 300, 301, 313, 322, 323, 335, 336, 337, 339. Bataille de —, 49, 52. Maréchal de —, IV, 294, 336. Quatrièmes de —, 308, 321, 337. Tour, de — I, 208; IV, 336, 338.

Vernon, I, 122, 218, 220; II, 143, 154; III, 268, 269; IV, 10, 18.
Veroil (Jean de), IV, 349.
Verson (Guillaume de), IV, 234.
Vertot, en Caux, IV, 233.
Veteri-Bosco (Adrien de), cité IV, 133.
Veuke (Gervais le), IV, 299.
Vexin (le), ravagé, I, 45.
Vianen, en Hollande, III, 103, 104. Seigneur de —. Voy. *Brederode*.
Vicegrad, en Hongrie, IV, 16.
Vicques. Victoire des brigands à —, I, 105.
Vienne, en Autriche, III, 19.
Vienne, en Dauphiné, I, 285.
Village, capitaine des galères provençales, IV, 362.
Villamarino, amiral catalan, IV, 362.
Villeneuve (Robert de), IV, 206, 224.
Villiers, au diocèse de Liége. L'abbé de —, IV, 134.
Villette (Gui de la), IV, 343.
Villette (Guillaume de la), IV, 224, 225.
Villiers-sur-Tholon, IV, 335.
Vilvorde. Château de —, II, 317.
Vincennes. Château de —, I, 122.
Vincent Ferrier (saint), IV, 103.
Vipart (Jean), IV, 209.
Vire. Val de —, I, 107. Château de —, 222.
Virgile, cité I, 20, 128; II, 425; III, 37, 94, 100, 191; IV, 64.
Viry (Jean), IV, 197, 202.
Vitré, en Bretagne, IV, 295.
Vitry, en Champagne. Bailli de —. Voy. *Lenoncourt*.
Vlieestede (Herman), IV, 386, 387, 388, 389, 394.
Vollant (Alexandre), IV, 172.
Vyon d'Hérouval, IV, 70.

W

Wachtendonck, capitaine clévisien, III, 118.
Waert, sous Utrecht, III, 93, 98, 99.
Wakefield. Bataille de —, I, 298.
Waldshutt. Château de —, IV, 373.
Warwick, ville d'Angleterre, II, 256.
Warwick (Richard Nevill, comte de), sape l'autorité de Henri VI, I, 296, en l'accusant de sacrifier les droits de l'Angleterre, 297; est battu deux fois, 298; diffame la reine à Londres, *ibid.*; dirige contre ses agents la marine de Calais, IV, 359; fait proclamer roi le duc d'York, 299, qu'il avait envoyé chercher en Flandre, 302; est très-cultivé par Louis XI, II, 51, auquel il procure deux trêves consécutives avec Edouard IV, 52, sans oser lui accorder une entrevue, 86; se décide à venir à Rouen où il est comblé d'honneurs et de présents par le roi, 178; s'engage à lui procurer quand même l'alliance de l'Angleterre, 179; ne réussit pas à y amener Edouard IV, 180, 182; prend ce roi en haine, 183; se réfugie en France après une tentative d'insurrection avortée, 218; aborde en Normandie avec des prises faites en mer sur des sujets bourguignons, 219, 220; travaille au renversement d'Edouard IV, 221; incite Louis XI à le réconcilier avec Marguerite d'Anjou, 222; n'obtient qu'avec beaucoup de peine le consentement de la reine, 223; marie sa fille au prince de Galles et s'engage à remettre Henri VI sur le trône, 224; inquiète la marine du duc de Bourgogne par des corsaires à lui, *ibid.*; met ses vaisseaux à l'abri d'une escadre armée contre lui, 226; se tient constamment en relation avec l'Angleterre, 227; procure un traité entre le prince de Galles et Louis XI, 228; insinuation contre lui au sujet de l'attentat du bâtard Baudoin, 244. Il met à la voile pour l'Angleterre, et replace Henri VI

sur le trône, 244, 245; précautions prises contre lui par le duc de Bourgogne, 252. Il indispose ses partisans par son orgueil, 254; s'enferme dans Coventry d'où il n'ose plus sortir, IV, 256, 257; marche sur Londres, 260; est battu et tué par Edouard IV, 261. Résumé de ses perfidies, 262. La nouvelle d'un accord entre Louis XI et le duc de Bourgogne, qu'il a eue avant de mourir, l'a rendu presque fou, 274. Sa mort annoncée à Louis XI par le duc de Bourgogne, 275.

Wast (Jean de Montespedon, dit), bailli de Rouen, III, 56.

Waterhoo, chef de brigands, I, 105.

Weldenz. Le comte de —, IV, 353.

Wenlock. Lord. — Sa mort, II, 266.

Westminster, III, 134; IV, 289.

Westmoreland. Le comte de —, IV, 358.

Westphaliens (les) à la délivrance de Neuss, II, 350.

Winchester. Evêque de —, IV, 160. Voy. *Beaufort* (Henri).

Windsor. Château de —, IV, 159.

Wurtemberg (Ulrich, comte de), IV, 352, 353.

Wyck, près d'Utrecht, III, 88, 90, 92, 143.

Wydevill (Elisabeth), femme d'Edouard IV, reine d'Angleterre, II, 270, 378; III, 134, 135, 137, 138.

Wydewill (John). Voy. *Rivers.*

X

Xaintrailles (Pierre, dit Poton de), I, 110, 216; IV, 174, 285.

Y

Yolande d'Aragon, reine de Sicile, IV, 278.

Yonne, rivière, I, 37, 123, 138.

York, ville d'Angleterre, I, 254, 299, 300; II, 232, 255; IV, 357. Archevêques d' —. Voy. *Nevill* (Georges), *Rotheram*.

York (Édouard duc d'). Voy. *Édouard IV*.

York (Marguerite d'). Voy. *Bourgogne*.

York (Richard d'), comte de Derby, I, 254.

York (Richard duc d') amène à deux reprises une armée en Normandie, I, 131, 140; fait décamper Charles VII de devant Pontoise, 141; ramène son armée à Rouen en mauvais état, 141, 142; sa faute de n'avoir pas suivi les conseils de Talbot, 142. Il demande pour son fils aîné la main d'une fille de France, IV, 151; s'acquitte à grand'peine d'une dette envers François l'Aragonais, 320; dispute le gouvernement de la Normandie au duc de Somerset, I, 191; article en faveur de ses serviteurs dans le traité de capitulation de Lisieux, IV, 179. Il aspire à la couronne d'Angleterre, I, 253; fait assassiner Somerset et s'assure de la personne du roi, 254; commence la guerre civile et est battu, 255; fait amende honorable par la manière dont il rentre à Londres, 255, 256; continue de saper l'autorité de Henri VI, 296; lui impute de vouloir renoncer aux prétentions de l'Angleterre sur la couronne de France, 297; prend les armes, est vaincu deux fois et meurt, 298; descendait en droite ligne du roi Richard II, 300; avait mis ses fils en sûreté auprès du duc de Bourgogne, 302.

Ypre, en Flandre, I, 130; IV, 391.

Yselstein, en Frise, III, 90, 109, 110.

Yselstein (Frédéric, seigneur d'), III, 90, 91.

Yssel. Voy. *Rhin*.

Z

Zélande, I, lxxxvij; II, 254, 255; III, 59; IV, 15, 114, 390.

Zlin (Josse de), prévôt de Munster en Argovie, IV, 369, 374.

Zondenbalch (Gérard), bourgmestre d'Utrecht, III, 159.

Zutphen, en Gueldre, II, 320.

Zwanenborch (Vincent de), III, 104.

FIN DE LA TABLE ANALYTIQUE.

TABLE DES MATIÈRES

DU QUATRIÈME VOLUME.

Notice sur le *Breviloquium* 3
BREVILOQUIUM 7
Notice sur le Projet de réforme en matière de procédure 29
PROJET DE RÉFORME EN MATIÈRE DE PROCÉDURE 31
Notice sur le mémoire pour le rétablissement de la Pragmatique sanction 70
MÉMOIRE POUR LE RÉTABLISSEMENT DE LA PRAGMATIQUE SANCTION .. 73
Notice de la consultation sur le procès de Jeanne d'Arc 93
Notice du mémoire pour la réduction des impôts et de l'armée ... 100
Notice de la censure des erreurs d'un chartreux de Ruremonde .. 101
Notice du traité contre Paul de Middelbourg 105

TÉMOIGNAGES DES AUTEURS ORIGINAUX SUR THOMAS BASIN.

Robert Blondel 125
Jacques Bouvier dit Berry 129
Jean Chartier .... ibid.
Relation de l'entrée de Charles VII à Rouen 131
Chronique du Bec-Hellouin 132
Robert Gaguin .... ibid.
Adrianus de Veteri-Bosco 133
Christophe Brower 134
Petrus de Rivo 136
Willem Heda 137
Valerius Andreas 138
Gaspard Burman 140
Le P. Pommeraye 141
Les auteurs du *Gallia christiana* .... ibid.

PIÈCES CONCERNANT LES AFFAIRES OU LA FAMILLE DE THOMAS BASIN.

Obligation de la ville de Rouen envers Michel Basin 145
Acte de rapport à la succession non encore ouverte de Jean Basin. 146
Droit acquitté par Thomas Basin pour son entrée au chapitre de Rouen 147

Difficultés suscitées à Thomas Basin au sujet de sa prébende à la cathédrale de Rouen... 148
Élection de Thomas Basin comme recteur de l'université de Caen. 150
Lettres de créance pour Thomas Basin et autres négociateurs envoyés à Charles VII, au sujet du mariage projeté de l'une de ses filles avec le fils aîné du duc d'York........................... 151
Affaire du past dû par Thomas Basin au clergé de la cathédrale de Rouen... 153
Hommage de Thomas Basin au roi d'Angleterre après son institution à l'évêché de Lisieux... 158
Collation par Thomas Basin de l'office de penancier à la cathédrale de Lisieux... 160
Approbation donnée par Thomas Basin au culte d'une relique de la Vierge nouvellement apportée dans l'église de Notre-Dame de la Couture à Bernay... 162
Information pour un procès soutenu par Thomas Basin contre les habitants de Marolles... 164
Procès-verbal de l'institution de Jeanne Peynel, abbesse de Notre-Dame de Lisieux.. 171
Traité entre Thomas Basin et les capitaines français pour la reddition de Lisieux.. 174
Serment de fidélité prêté à Charles VII par Thomas Basin....... 181
Attestation du serment de fidélité au roi, prêté par l'abbé de Val-Richer en présence de Thomas Basin........................... 183
Abolitions accordées, Thomas Basin étant présent au conseil..... 185
Anoblissement de Jean Basin, père[1] de Thomas Basin.......... 188
Quittance de Thomas Basin pour partie de sa pension comme conseiller du roi... 191
Collation par Thomas Basin de la cure de Saint-Vaast en Auge... 192
Approbation donnée par Thomas Basin à la célébration d'un office hebdomadaire de Notre-Dame en l'église du prieuré de Saint-Cyr, à Friardel... 194
Transaction entre Thomas Basin et son chapitre au sujet du droit de présentation à la cure de Mardillay......................... 196
Extraits des comptes des travaux faits à la cathédrale de Lisieux, sous l'administration de Thomas Basin......................... 199
Contestation sur l'ordre d'appel de Thomas Basin, comme évêque de Lisieux, à l'Échiquier de Normandie........................ 203
Hommage rendu à Thomas Basin pour le fief de Magny-le-Freule. 204
Adjudication d'une propriété à Lisieux, exécutée par décret de justice à la poursuite de Thomas Basin......................... 206

[1]. C'est par erreur que *frère* a été laissé au lieu de *père* dans l'intitulé du texte.

TABLE DES MATIÈRES. 505

Amende subie par un marchand de Lisieux qui s'était soustrait à l'obligation d'aller vendre à la halle de l'évêque...............	209
Collation de la cure de la Boissière faite par Thomas Basin, conformément à la Pragmatique-sanction.....................	210
Décret de Thomas Basin relevant l'abbesse de Notre-Dame de Lisieux d'une condamnation portée contre elle par le chapitre de la cathédrale..	212
Difficultés faites à Thomas Basin au sujet d'un supplément d'aveu que la chambre des comptes exigeait de lui.................	214
Vidimus délivré à Thomas Basin de l'ordonnance de Charles VII qui fit droit aux réclamations du clergé normand relativement à la taxe que devait lever le cardinal d'Avignon..............	219
Mémoire d'une somme payée à Nicolas Basin pour l'acquit de partie d'un emprunt qu'il avait fourni au roi.....................	221
Quittance de Thomas Basin pour le payement de sa pension comme conseiller du roi..	222
Procès-verbal d'une délibération des états de Normandie dans laquelle Thomas Basin est désigné comme commissaire de l'assemblée auprès du roi...	223
Liste des prélats qui assistèrent au sacre de Louis XI...........	226
Jugement interlocutoire rendu aux assises d'Orbec dans un procès entre Thomas Basin et son chapitre........................	227
Lettres patentes de Louis XI dispensant Thomas Basin des formalités d'un nouveau dénombrement........................	229
Aveu et dénombrement rendus par Michel Basin pour les fiefs de Lanquetot et de Vertot......................................	232
Mention d'un procès soutenu à l'Échiquier de Rouen par Thomas Basin et autres, au sujet de la succession de Zanon de Castiglione, évêque défunt de Bayeux......................................	234
Accord par suite de contestations survenues entre Thomas Basin et son chapitre, au sujet de leurs droits respectifs quant à la réconciliation de la cathédrale et de son cimetière.............	235
Extrait d'une sentence en matière de foi contre trois sorciers abandonnés par Thomas Basin à la justice séculière...............	239
Délai obtenu par Thomas Basin pour produire le dénombrement des biens de son église, conformément à l'ordonnance du 20 juillet 1463..	241
Liste des commissaires pour le Bien public.....................	245
Arbitrage de Thomas Basin dans une contestation entre le chapitre de Rouen et son trésorier.....................................	246
Investiture de la Normandie donnée au prince Charles, frère de Louis XI, par Thomas Basin...............................	ibid.
Réclamation des officiers du bailliage de Rouen contre ceux du bailliage d'Evreux, du sujet de la saisie du temporel de Lisieux.	248

Lettres du duc de Bourgogne au duc de Normandie après la réception de l'ambassade dont Thomas Basin faisait partie.......... 251
Abolition accordée à Michel Basin pour avoir contribué à faire passer Caudebec et Lisieux au parti des princes.............. 252
Nomination de Jean de Mannoury comme administrateur du temporel de Lisieux après le décès de son frère................... 256
Mise en possession du même Jean de Mannoury............... 258
Nomination de Raoul Thibout, curé de Saint-Denis d'Augeron, comme agent comptable pour la régie du temporel de Lisieux.. 259
Substitution de Richard de Thieville à Jean de Mannoury....... 261
Continuation de Raoul Thibout dans les fonctions de receveur... 263
Décharge donnée au même Thibout pour sa gestion pendant que la régie appartint à Jean de Mannoury...................... 265
Quittance de Thomas Basin pour la restitution d'une somme précédemment retirée des mains de ses frères à titre d'emprunt... 266
Notice de trois manuscrits de la bibliothèque publique de Caen, qui furent légués par Thomas Basin à l'église de Lisieux.......... 268
Disposition de Thomas Basin en faveur des chapelains de la cathédrale de Lisieux..................................... 270
Quittance d'une partie de la pension alimentaire de Thomas Basin, échue au moment de sa mort............................. 271

PIÈCES POUR L'ÉCLAIRCISSEMENT DE QUELQUES POINTS DES HISTOIRES DE CHARLES VII ET DE LOUIS XI.

Rapport des agents anglais en cour de Rome sur les démarches faites auprès du pape Martin V, de la part du dauphin, après l'assassinat du duc de Bourgogne........................ 277
Lettre sur la détresse des sujets français de la couronne d'Angleterre au commencement de 1436............................. 283
Lettre de Henri VI à Charles VII sur la cession du Maine à la maison d'Anjou....................................... 286
Information faite à Rouen pour constater la connivence du gouvernement anglais dans l'attentat de Fougères............... 290
Instructions des commissaires envoyés par Charles VII pour disposer les princes allemands en sa faveur dans sa revendication du Luxembourg contre le duc de Bourgogne................ 349
Cédule des engagements pris par les lords lancastriens vis-à-vis de Marguerite d'Anjou..................................... 357
Lettre confidentielle de Pierre de Brézé à Charles VII sur la situation de Marguerite d'Anjou............................. 358
Lettre de Bartholomeo et Marco Doria à Charles VII pour lui apprendre dans ses détails la révolte de Gênes................. 361
Lettre d'un agent de Louis XI dans les Pays-Bas sur les affaires de la Gueldre et des évêchés du Rhin......................... 363

Négociation au sujet du mariage projeté entre la fille de Charles le Téméraire et le prince Maximilien, fils de l'empereur......... 364

Relation d'une ambassade envoyée par Sigismond d'Autriche à Louis XI, après le rachat du comté de Ferrette............. 368

Lettre de Louis XI à son chancelier pour l'informer de la situation des affaires après la levée du siége de Neuss par les Bourguignons... 383

Lettre de Louis XI à Antoine de Chabannes sur une première ouverture à lui faite par les capitaines qui défendaient Avesnes... 385

Rapport d'un espion de Louis XI, envoyé en Flandre, sur la situation du pays et notamment sur ce qui se passait à Gand....... 386

Remontrances adressées à Louis XI par l'archevêque de Tours au sujet des prélats dépossédés de leur siége, avec les réponses du roi sur chaque article.. 395

Table analytique des matières................................ 405

FIN DE LA TABLE DES MATIÈRES.

PARIS. — IMPRIMERIE DE CH. LAHURE ET Cie
Rues de Fleurus, 9, et de l'Ouest, 21

www.ingramcontent.com/pod-product-compliance
Lightning Source LLC
Chambersburg PA
CBHW071713230426
43670CB00008B/994